圖 1，本書作者（左）多次在公共電視節目上，講述有關當代臺灣佛教爆發社會事件問題。

圖 2，1996 年 4 月 21 日作者與印順長老在福嚴二樓長談關於他的著作要在大陸出版的問題。

圖 3，新竹市北門鄭家所有的傳統齋堂，淨業院的外觀，在日治
時代遠近馳名，來訪名流很多。

圖 4，傳統齋堂淨業院內部的大殿擺設款式。

圖 5，傳統齋堂淨業院的齋姑服飾裝扮，這是第一代住持。

圖 6，新竹青草湖靈隱寺的著名靈壽塔外觀。

圖 7，新竹青草湖靈隱寺的第一代女性主持翁妙全，她出巨資促
成該寺新建完成。

圖 8，新竹青草湖靈隱寺的續任住持無上法師。

圖 9，戰後中國佛教會開始舉辦僧女出家的三壇大戒，儀式之一，
落髮與光頭上燒香疤記號。

圖 10，儀式之二，傳戒儀式壇的外觀裝飾。

圖 11，儀式之三，傳戒師教導如何使用錫杖，但這只是傳統的
沿襲，現在實際上作用不大。

圖 12，戰後戒嚴時期的佛教大型集會一定掛國旗舉行。

圖 13，新竹市著名留日比丘尼之一：從齋姑轉型的勝光比丘尼。

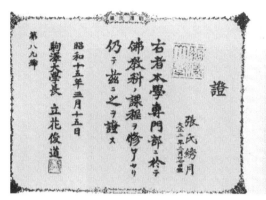

圖 14，新竹市著名留日比丘尼之二：有臺灣尼姑王之稱的如學
比丘尼在日本就讀駒澤大學的畢業證書和照片。

圖 15，太虛大師，是避難臺灣又埋骨風城的佛教改革健將：大
醒比丘的一生最重要的佛教志業導師。

圖 16，大醒比丘受聘在新竹市青草湖靈隱寺，主持第一屆臺灣
省佛教講習會的開學典禮與導入現在型僧尼教育教學事宜。

圖 17，大醒比丘死後，他的著作被幻生比丘編成《大醒法師著
作遺集》一冊出版。

怀蓮留意：

凡是佛教徒的事，只要有力做得到，我们一定要本「利他」目的帮助人。但是，如其是理由不顺利十分有理的事件，雖有師命（如親筆信）也不得照办。凡事，都要对事考重一下。8 切切是囑。佛教徒縱然不用什麼手段，但（要以誠待人，）但是遇到要用方便的時候，也有這樣的苦衷，不可不知也。

隨緣老人，九月十九日

圖 18，大醒比丘的書信字跡與內容。

圖 19，靈隱寺為大醒所蓋的「隨緣塔」，他的學員在塔基上留影紀念。

圖 20，現在大醒的骨灰罈，已安置在福嚴精舍所增蓋的「福慧塔院」內。

圖 22，傅偉勳教授的名著
《生命的尊嚴和死亡的尊
嚴》一書的封面書影翻拍。

圖 21，白頭髮的傅偉勳教授。

圖 23，傅偉勳教授死前深
盼我能寫出的《臺灣佛教
史》一書的封面書影翻拍。

法苑長春

福嚴精舍

印順題

圖 24，福嚴精舍，
法苑長青。

圖 25，印順導師身影之一。

圖 26，印順導師身影之二。

圖 27，印順導師親自剃度的女高徒：慈濟的證嚴比丘尼。

圖 28，印順導師的人間佛教思想的著名追隨者：寬謙比丘尼與
安藤忠雄簽約建新寺院。

圖 29，印順導師的人間佛教思想的著名追隨者：現代禪與昭慧比丘尼共同為慈濟主持公道。

圖 30，臺灣第一位開創人間佛教禪法理論與實修的性廣比丘尼，在禪堂指導現場。

風城佛影的歷史構造

三百年來新竹齋堂佛寺與代表性人物誌

江燦騰　著

臺灣學生書局印行

代序：瑕不掩瑜的佳作

王見川

南臺科技大學專任助理教授

　　不久前，燦騰兄來電表示：他要在著名的學生書局出版新書《風城佛影的歷史構造：三百年來新竹齋堂佛寺與代表性人物誌》，希望我寫個序。當下，我拒絕，因為我對新竹佛教史研究不多，了解有限，講不出建設性的意見或讚美之詞。一般而言，被交情極好的朋友拒絕，通常的反應是惱怒不爽。可是，燦騰兄卻心平氣和地說：他是基於專業考量，邀請我從齋教的角度，來對他寫的新書說幾句話。他的回答，讓我無法拒絕，果然是學界特殊人物。

　　照著這樣的要求，我對燦騰兄的新著，就有話直說了。個人認為《風城佛影的歷史構造》一書，在談到新竹佛教著名僧人（比丘／比丘尼）與佛教學者部分，是全書最精采之處：這些文章有的填補空白，有的訂正錯誤，有的則是詮釋其意義。由於其章數近十章，比例佔新書的 2/3 以上。就此來說，這書可說是佳作，好書。買它一讀，一定會有所獲益，增廣識見。

　　若你是要做研究，那就要注意此書的弱點或不足之處。道理很簡單，江燦騰研究好的，你要超越不容易。但他不深入或搞錯的地方，恰恰是有興趣者可大展身手之處。那麼，此書的弱點或不足之處在哪裡？大致來說，主要出現在此書的第二章：談清代

竹塹佛教部分。雖然，作者很睿智地分辨出清代竹塹佛教，包含佛寺、齋堂：出家佛教與在家佛教，但在相關內容方面，卻顯得空洞，很少提及細節。也就是說，此書作者從宏觀角度，鳥瞰清代官方對佛教的相關規定與限制，以及新竹佛教佛寺齋堂的概況！之所以出現如此情況，主要是資料缺乏。所謂的資料缺乏，係指此書作者掌握的清代新竹佛教資料有限。資料不足，就算是高手，也只能粗覽，很難細描。

實際上，清代新竹佛教資料雖不算豐富，但還是有一些，主要分布在下列幾類資料中：

碑文。

方志：《新竹縣采訪冊》。

檔案：淡新檔案。

日治初期的調查。

齋堂內部經卷文獻。

像《新竹縣采訪冊》即收錄幾塊清代竹蓮寺碑文與匾、聯，而淡新檔案也有一些關於新竹香山長清禪寺（又稱金山寺）的資料。這一些資料，此書作者都未利用，實在可惜！至於齋堂內部經卷文獻，對年紀漸大、身體有恙的燦騰兄而言，更難取得！因為這大部分要透過田野調查，才能看到。

所幸，如一善堂、證善堂等的相關文獻，我在《漢人宗教、民間信仰與預言書的探索：王見川自選集》（臺北：博揚文化公司，2008 年）、《王見川臺灣史名家研究論集》（臺北：蘭臺出版社，2018 年）中皆有大幅引錄。此書作者只要參閱，相信可以補充清代新竹佛教更多的細節。其他，像竹蓮寺、長毛僧、香花僧、林汝梅對清末新竹佛教金幢教道教的影響等課題，都有

待後來者的努力補充！

　　學術研究的基本原則：就是在前人，特別是重要學者的研究基礎上前行，才能日益有所進展，這是鐵律。繞開此路或忽視不見，縱能博取名聲，也是一時，不出幾年，必被淘汰。有心研究新竹佛教或是**臺灣佛教**，若能吸收江燦騰的研究成果，補足或注意他沒／少關注的課題，不用太久，必有所成。

王見川 2021.1.1

附記：

　　收到王見川教授得此一大作之後，我回信如下，以見我們彼此論學是如何真誠與相知相惜！

　　　見川兄：

　　　　感謝之至，你我論學多年，我們都是有話直說，好壞判斷出自專業考量，這是承襲早期我們在「東方宗教討論會」時期的開放論學傳統，所以我們才能一直進步而不老化。並且，多年來，我是一直請教你在齋教研究的新發展，因我已無法有多餘精力顧及這一點。

　　　　其實你贈我書都看過也和你討論過，所以照理說，我該增訂你的新研究才對。但我平時都是單打獨鬥型的堅毅苦撐於新主題的探索，且已窮盡全身力氣才能達成目標，所以實在沒有餘力去做那些早該訂正的部分。而我是知道你的個性，你能如此指正，我完全虛心接受，並心懷感激。因此，我將大序放在第一篇，且一字未動。

　　　敬祝愉快

　　　　　　　　　　　　　　　江燦騰鞠躬　　2021-1-2

江燦騰教授出新書，
我想問他幾句話

侯坤宏
玄奘大學宗教與文化學系教授
前國史館纂修

　　江燦騰教授是我多年來學術界的諍友，我們曾先後合作過：
《戰後臺灣漢傳佛教史》（臺北：五南，2011 年）、《浩劫與
重生：1949 年以來的大陸佛教》（臺南：妙心，2012 年）、
《跨世紀的新透視──臺灣新竹市 300 年佛教文化史導論》（臺
北：前衛出版社，2018 年）等書的編輯與出版。

　　現在他要出版《風城佛影的歷史構造：三百年來新竹齋堂佛
寺與代表性人物誌》這本書，要我為此書寫一篇〈序〉，我實在找
不出拒絕的理由，也就藉此機會來說說一些個人的想法。

　　由於江教授個性直率，比較「兇」，比較「霸」，在臺灣學
術界常被視為麻煩的「討厭人物」；不知怎的？我對比較「兇」
「霸」的人反而不怕，不知是否因為我們是近代（臺灣）佛教史
的研究同行？還是因為我們都強調──研究當代佛教史應具備足
夠的批判意識？

　　據江教授自己說：《風城佛影的歷史構造：三百年來新竹齋
堂佛寺與代表性人物誌》這本書，係由齋堂、佛寺與具有代表性

人物誌所構成，是新竹市新型態在地轉型構造史。「基於清代以來竹塹地區的各處齋堂的興盛發展，即成為最具全臺特色的歷史現象；而其後續轉型發展也影響深遠，迄今猶存遺習，軌跡歷歷，令識者印象深刻。」

值得重視的是：戰後竹塹地區，在歷經日本殖民統治五十年後，出現了具有現代知識性的多位重要佛教人物（如大醒法師、印順法師；勝光比丘尼、如學比丘尼；李世傑居士、傅偉勳教授等），可以視為是戰後影響全臺新佛學教育的主要發祥地。由此，構成竹塹地區三百年來佛教發展的特色，亦為江教授撰寫本書的深意。

江教授這本新書，是新竹地區佛教的「地方史」（指地理區域），也是三百多年來新竹地區佛教的「通史」（指時間上的貫通）。

由於期間跨越三百多年，在此地區產生的佛教，不免就因臺灣在不同時期不同統治集團的更迭過程，產生不同時期的佛教文化變異，尤其是來自中國大陸與來自日本佛教兩個不同來源。

依此觀點來看，新竹地區三百多年來的佛教發展，本身就「具有東亞佛教文化圈的交流與對話」之意味。這樣，新竹地區三百多年的佛教史，就不僅是新竹地區佛教史，也不僅僅是臺灣佛教史的一環而已。

在《風城佛影的歷史構造：三百年來新竹齋堂佛寺與代表性人物誌》一書（及由江教授主編之《跨世紀的新透視——臺灣新竹市 300 年佛教文化史導論》）出版之前，學界對臺灣佛教史研究，未見有專門針對某一縣市之佛教史做過深度、多元之論述者。

　　江教授在本研究中指出：當代的新竹市是臺灣前衛地區型現代佛教文化城市之一，也是「臺灣現代佛教高度多元發展、多藝術文化創新的精華縮影」。本書之出版，將有助於總體臺灣佛教史研究細緻化（與深度化）之推進，也是未來臺灣佛教史研究可以努力的一個方向（可以此為範例，進行其他各縣市佛教史研究）。

　　身為江教授長期論諍的學友之一的筆者，肯定他過去研究臺灣佛教史，對臺灣佛教史研究的奠基貢獻。但我想：江教授是不是可以利用其學術功底，好好為「如何展開未來的臺灣佛教史研究」，做出更為深刻的反思，為大家指出一條可以讓後繼者（或對此有興趣之同行）在研究臺灣佛教史時，可以依循（參考）的大方向？

　　江教授研究臺灣佛教史，他重視學者在研究時，要能對此研究對象提出一些合理的解釋，構建完整的「詮釋體系」，這也是一位嚴謹學者應該著力的地方。而在 2011 年出版的《戰後臺灣漢傳佛教史》一書，他亦曾提出「從雙源匯流到逆中心傳播」的主張，對於解釋近代（臺灣）佛教史有一定之意義與價值。

　　但這種提法似乎不適合用在區域比較小的——如江教授在本所研究的竹塹地區。所以我想請教江教授：對於新竹市地區佛教史研究，我們能提出怎樣的新詮釋體系？

　　說至這裡，感覺有點像是在學術場合的「提問」。一般的〈序〉似乎不應該這樣寫。但是我肯定：江教授一定不會介意的。

侯坤宏 2020 年 12 月 24 日
在新北新店自宅

代序：
我對新竹佛教界藝術文化的期許

釋寬謙
新竹市永修精舍現任住持
北投覺風佛教藝術園區創辦人

　　江燦騰教授的《風城佛影的歷史構造：三百年來新竹齋堂佛寺與代表性人物誌》一書，即將出版，承蒙他的好意邀我，為此新書寫序。基於他和我過去曾有過不少次對於佛教知識與經驗的愉快交流，讓我獲益不少，所以我雖不擅長對於佛教史方面的專精研究，但我既已身為新竹市佛教界的佛學弘傳者與佛教藝術教育及其創新的熱心推廣者，所以我便藉此短序，來與江教授和此一新書的讀者進行交流。

　　我通常稱江教授為「江老師」，他則稱我為「謙法師」。這是他作為佛業史家與我作為出家僧侶的：不同身份與角色的相互交流時的稱謂。所以，我以下就不稱他「江教授」，而是稱他為「江老師」，這樣比較親切與自然一些。

　　話說從頭，新竹法源講寺的住持覺心法師是家父楊英風大師的好友，一九六三年家父為法源講寺的「華藏寶塔」，塑造了《文殊師利菩薩》浮雕及《釋迦牟尼佛及菩薩與飛天》像。一九七二年於「大殿」塑造《釋迦牟尼佛說法像》與一九七三年《法

界須彌圖》磨石子地面，一九八三年為後棟「法堂」塑造《毗盧遮那佛》像，一九八六年東壁《天人禮菩薩》銅浮雕，一九八七年放置《天地星緣》不鏽鋼作品，及一九八八年約三樓高的《三摩塔》水泥造作品。

因此一九八六年我出家於法源講寺，法源講寺因為家父的作品而成了我的首選。三十多載的悠悠歲月中，弘揚佛法與佛教藝術藝術是我終生的志業。

只因為生來就遺傳家父的藝術基因，讓我的所學總帶著藝術的眼光看待一切，加上出家後值遇印順導師的佛學著作，更讓我遊心於佛法的大海中，不斷地以導師的著作為文本，與大眾分享我的學佛心得。

甚至二十年來跨足於海內外及電視與網站的弘法，繼而佛法成了我的人生觀。這兩股泉源匯流，形成我推動佛法與佛教藝術責無旁貸的使命與力量。

我的世學是建築，建築一向是尋求感性與理性衝突後的平衡，理論方面都是相當理想的，但卻與現實有很大的落差，如何將這種落差能尋求落實，這是建築學上一直以來的功課。

佛法更是如此的，成佛的境界是非常高遠的，如何從凡夫到超凡入聖，到十地菩薩的完成而成佛。因為透過印順導師思想的引導，次地清楚明白，因此縱然仍須三大阿僧祇劫的完成，生生世世都需要點點滴滴地累積完成，這是個能安身立命的修行過程。

因此修行直到成佛是無量的時間，但是可行的，是有明確的希望，也因此透過佛學對佛陀的崇敬是更五體投地。

建築學的訓練，使我以圖像思惟，以結構性、系統性的立體

方式鳥瞰佛法、理解佛法、學習佛法，乃至於實踐佛法。我認為生生世世人間行菩薩道的修行中，因為向上修智慧，向善修福報，必然也得將人間佛教的理念落實於現實人間，直接的方式即是佛教藝術的展現。

反過來說，佛教藝術的深層內涵就是佛法修行的義理，也是透過佛教藝術的學習，理想的狀況是明白修行的道理與思想，而不只是佛教藝術的表象。修行的道理與思想——佛法，尤其是大乘佛法，就是印順導師對整體佛法的詮釋，講得豐富、寬廣而深邃，而成就「人間佛教」的體系。

因此這兩大系統的結合，就是「人間佛教」落實於人間的具體展現，也是保有大乘佛教深觀廣行的思想與實踐：這是對社會大眾的佛法思想教育與佛教藝術生命美學的陶養要素。

而我與江老師的認識，是來自約三十年前「參加東方宗教研討會」的震撼，竟然學者如此強悍霸氣地發表他的意見。

我還記得一九九七年江老師罹患癌症後，當時因為推展佛教藝術的因緣，與賴鵬舉醫師經常接觸，他建議我居住於新竹地區的地緣，應該對江老師多一點關懷與探視，加上師母：許麗霞居士（法號學斯），也是我的皈依弟子，她經常出入於法源講寺。

後來每當農曆過年，常住舉行新春梁皇法會期間，學斯幾乎都來參加法會，完畢後，我便藉著載學斯回家，順便探訪江老師。雖然江老師一直都罹病中，但他還是相當關懷佛教界與出家法師們，因此也常提出種種建議與看法，我可以說是受教甚多，更感受到江老師堅毅的生命力。

二〇〇七年我離開法源講寺，移居到了永修精舍，每個農曆過年仍然持續著這個習慣。二〇一一年，我們因緣際會於北投貴

子坑旁，設立了「覺風佛教藝術園區」，二〇一二年「覺風佛教藝術學院」開學。許多弘法與佛教藝術課程活動，逐漸轉移到北投「覺風學院」，其實新竹「永修精舍」的弘法與佛教藝術課程也沒有減少，只能說是我們更忙更累了。

沒有想到的是江老師十多年來於臺北關渡的「臺北城市科技大學」教書，因此設在北投的住家，竟然就是我們走路可到的鄰居。之後，我偶爾沒事的晚上，就走路過去坐坐談談。近幾年來新春法會晚上的聚會沒了，而化為平常日子的事情了。

但是因為江老師及我，都是常年住在新竹，熱愛新竹的人，對於新竹佛教界佛法與藝術文化的關懷，自然比其他地區更多一些。也因此，於二〇一八年，我們一起出版了一本《跨世紀的新透視——臺灣新竹市三百年佛教文化史導論》乙書，總想著為新竹多盡一份心力。

新竹市是我出家以來已居住了三十五年的第二故鄉，比起出家前成長於臺北的三十年更長。並且，我雖喜歡新竹科學園區帶來的科技與進步，但是感覺更可貴的卻是新竹本身保有傳統的「竹塹文化」，亦即現代與能與傳統的密切結合，是最為完美的在地文化轉型與創新之舉。

換言之，在地的三百年來「竹塹文化」的傳承，如果能再加上印順導師的佛法思想與藝術文化，則將是更完美的。因而，這兩股的匯流結合成「人間佛教」的具體實踐，也是我們「覺風教藝術文化基金會」的責任與使命！是為序。

二〇二〇年十一月二十九日

在新竹永修精舍

前言與致謝

一、

　　年過古稀又五，猶能有新著問世，特別欣喜。就像面對美麗的夕陽，衣襟被有點冰冷的晚風習習吹拂，環顧天地間視野的遼闊世界依舊，且能察覺自己身體的清晰感覺與思維敏銳且專注，因而處在此時此境中，依然我心優遊自在，愉悅無比。就像再次體驗令人珍惜的歡快時光之旅，讓記憶更鮮活銘刻，回味也更綿遠無窮。

　　回想半世紀前，我從世居桃園大溪的故鄉，在當兵退伍之後，隻身來到竹北鄉的大外商工廠擔任機房操作員近二十年，如今此地已是居民暴增五倍之多的嶄新竹北市，並且有新竹高鐵站、美食街、科學生技園區等，處處高樓新廈櫛次鄰比，一片欣欣向榮景象，且平均生活水準之高，已躍居全臺前幾名之列。

　　而我自己連作夢都不曾想過，自己會從此久居此地，除成家立業之外，居然還能從一個曾中輟失學十八年的產業技術勞工，之後會像變魔術一樣的蛻變成一位臺大歷史研究所畢業的優質文學博士，以及從科技大學通識教育中心正教授退休將近十年，並且還能年年持續勤奮治學又不斷發表新作品。這不是尋常有的人生際遇，所以，我常懷著深沈的感恩之情，來迎接自己的每一次新書出版的快樂時光來臨。同時，也常懷著深沈的感謝，來表達

我對於不少曾幫助我知識成長與曾給我發表機會的師友同道。

特別是有關這本我第一次，在我的母校臺灣師範大學近鄰著名老牌學生書局出的書，並且是一本在全臺各縣市的鄉土出版品中，唯一有關三百年來特定城市的齋堂、佛寺與代表性佛門人物誌的個人著作。又因本書《風城佛影的歷史構造》的全書內容，因其性質特殊，事實上很難在其他縣市的相關著作中複製成書。這也是我很難回答之前侯坤宏博士在本書序文中的提問之語。

因為一代佛學思想大師印順長老所創辦的「福嚴精舍」或「福嚴佛學院」，只出現在新竹市東郊，連他最後埋骨之處，也是在此處的「福慧塔院」之內存放，讓人瞻仰。而一代中國佛教改革健將大醒比丘，自一九四九年避難來臺三年，結果還是埋骨在風城的「福慧塔院」內，與印順長老一樣。至於曾影響全臺各佛學院教材數十年的李世傑與活躍在臺灣政治解嚴前後十餘年的佛教思想家傅偉勳教授，兩位都是出生新竹市的道道地地新竹市本地人，彼等雖在成年之後，長年在外地久居與大展鴻圖，卻是新竹市鄉土人物誌中的佼佼者。

另外出身宜蘭的著名藝術家楊英風的佛教藝術作品精華，他的出家女兒寬謙比丘尼，都是落腳新竹市，構成整體現代新竹佛教文化史的重要元素。若換成另一個城市，上述的各種重要歷史元素，就很難與上諸人等量齊觀。所以，對於侯坤宏博士在本書序文中的提問之語，我是難有萬全解答的。

至於當代研究臺灣齋教及民間宗教經卷文獻第一人的王見川博士，對於我在本書中的不足與指正，正是我堅持請他寫序的主要目的。我與王博士論學知交超越任何學者之深之久，所以我完全接受他的相關批評意見。

二、

在本書應提及的致謝者中，首先是新竹市資深的文史專家張德南老師，因首先建議我出版此書的就是他。再者，張老師與新竹市文化局文資科的吳佳純小姐，又是促成我五次主編《竹塹文獻》雜誌「佛教專輯」的主要推手。若非有這一關鍵性助緣存在，則本書不可能出現。因此，我在此深摯的表達我對彼等的感謝之情。

其次，則是為本書作序的三位作者：釋寬謙比丘尼、侯坤宏博士、王見川博士，都是我多年認識的同道，特在此深深感謝你們的大力相助！

最後，我必須感激學生書局主編陳蕙文女士的慧眼獨具，以及學生書局編審委員的慨允出版本書，因此讓我得償生平宿願。

2021 年一月一日凌晨一點

風城佛影的歷史構造
三百年來新竹齋堂佛寺與代表性人物誌

目　次

第一章
導　論

　　當代的新竹市已是世界聞名的科技重鎮，新竹市民個人的年平均所得也常列全臺最高等級，但新竹市在戰後臺灣佛學教育與現代佛學思想兩方面的啟蒙與振興，也同樣居於領先地位。例如，不論新竹市青草湖畔靈隱寺的早期「臺灣佛教講習會」，或是之後由一代佛學大師印順長老所開創的「福嚴精舍」，都是對全臺具有巨大影響的佛學教育園區。

　　所以本書就是以我曾五次受邀，主編《竹塹文獻雜誌》各佛教主題專輯內的個人多篇論文為主，所形成一本佛教在新竹地區三百多年（1718-2020）來的齋堂、佛寺與具代表性人物誌在地轉型構造史。

　　但，何以會把竹塹在地傳統齋教的各處齋堂據點與新竹在地佛寺並列？因清代臺灣整個北部地區的傳統佛教文化發展史，就是以竹塹地區接受閩粵兩地直接傳來或從南臺灣間接轉來的傳統三派齋教徒，所建作為新竹在地三派齋教徒活動的各處據點：齋堂為中心，才逐漸又擴散到清代臺灣整個北部地區的。

　　因而，清代以來竹塹地區的各處齋堂的興盛發展，即成為最具全臺特色的歷史現象。而其後續轉型發展也影響深遠，迄今猶

存遺習，軌跡歷歷，令識者印象深刻。反而清代竹塹地區的佛寺，主要是以香火祭祀為其核心活動與信仰效應的廟寺混合體而存在的。因此此兩者的共存與共榮，仍須有地方領導人，能與齋堂、佛寺人員合作，才能有真正的持續推動力。所以竹塹地區的幾個大家族，都與其發展，有密不可分的關聯性存在。[1]

問題在於，具有現代知識性的佛教人物，出現在竹塹地區很晚。所以，本書無法提早討論前期的知識型佛教代表性人物誌。我個人只能在學術思想或具有佛學教育性質的範圍內，挑出其中值得書寫的人物誌來論述而已。

所以，本書是在此系列的臺灣佛教文化史著作中，繼我在 2018 年主編《臺灣新竹市 300 年佛教文化史導論》（臺北：前衛出版社）之後，抽出我個人所寫的九篇論文，再新增有關傳偉勳教授與佛教改革健將大醒法師避難海隅、埋骨風城的長篇學術傳記，才重新構建成本書的詮釋體系。

再者，基於當代的新竹市，這一地理位置，在臺灣西北部，介於北新竹縣與南苗栗縣之間，靠海岸平原與南寮港的，現代化中型都會區，歷經時代不同歷史情境的變革衝擊之後，如今已蛻變為當代臺灣前衛的地區型現代佛教文化城市之一，幾乎也可看作其實就是：臺灣現代佛教高度多元發展、多藝術文化創新的精華縮影。

因而，足以讓本書作者，視為具指標性的討論主體，並將它來與之前的三百多年來所發生過的歷經多次轉型下的不同臺灣新

---

[1] 從日本殖民統治時期到戰後國府遷來，都有不少歷史文獻，記載此事，因而已成治竹塹地區史學家的基本認知共識，自不待言。

竹佛教風華，進行深度的對話。同時，也可將其與之外地區的各時代臺灣佛教文化或大陸佛教文化或日本佛教文化等，進行堪稱是東亞佛教文化圈的交流與對話。

基於上述的思考，而有本書的歷史書寫與著作出版。不過，本書全部內容才 12 章而已，並且早期歷時性的發展，按歷時性的論述較多。至於戰後迄今的代表性人物誌，則是以歷時性與共時性互相交融的論述居多。而在全書中，主要的人物誌性質分成三對：

一、從齋姑到比丘尼蛻變的兩位在地現代佛教知識女性：勝光比丘尼與如學比丘尼，放在人物誌部分的最前。

二、是李世傑居士與傅偉勳教授的兩位從新竹出發在外地成就的佛教學者，就放在中間。

三、是 1949 年大陸巨變之後，才陸續從大陸江浙地區來新竹發展的著名改革僧侶的大醒與印順，則放在最後。

在新竹佛寺方面，我為區隔與寬謙比丘尼已在我主編的《臺灣新竹市 300 年佛教文化史導論》的中卷多篇相關精彩論述，所以只討論到戰前日本殖民統治結束為止。

至於各章的內容，請看各章的前言導論部分，就可一目瞭然。

例如，我最後新增的兩篇就是以對「風城佛教」具代表性與佛學研究或教育創新有關的兩位人物誌書寫：

第一篇是深入介紹有關活躍在解嚴前後（1983-1996）的著名佛學思想家：傅偉勳教授（1933-1996）的學術傳記。因他是當時臺灣公眾學術壇最耀眼的明星之一，是哲學文化與大乘佛學詮釋學的美籍華裔臺灣新竹出身的名教授。

　　不過，我所寫的內容，是我所實際接觸與所理解的傅偉勳教
授學術傳記。因為傅偉勳教授的生命後期學術傳記，雖有很多面
向可以介紹或重新理解，但能從實際長期與其本人密切交流乃至
互相分享學術幕後真相的剖析者視角來書寫者其實為數不多，而
我恰好是其中之一，所以才有此篇的特別介紹。

　　第二篇是介紹現代中國佛教改革健將大醒，在新竹三年記
事。而為突破過去有關大醒在新竹三年活動的過於狹窄書寫模
式，所以在此我首次採用大量的新資料，並改從較深入的歷史發
展脈絡與處在現代臺灣佛教巨大轉折點上的歷史角色這雙層兼顧
的觀察角度，來理解他與介紹這位現代中國佛教改革健將大醒
（1900-1952），他在新竹三年（1949-1952）的前後相關記事。

　　所以，本書其餘各篇也可據此類推，因此本導論只簡短敘述
到這裡，以免過於重覆。希望讀者諒解！

第二章
縱觀與透視：清代竹塹漢族佛教的在地風貌及其轉型

壹、前言：相關問題及其透視方法學的提出

我們若要瞭解清代新竹漢人佛教在三百年史上的在地風華，便得首先承認：新竹地區的佛教，是漢人信仰為主的佛教，與原來居住的本地原住民的宗教信仰無關。

至於要如何對此主題進行縱觀與透視，可大致分二層次來談。

我們在第一層次部分，先要溯源，而後才能有相繼出現的各階段變革風貌可談，這就是歷史的縱觀角度。

第二層次，我們又是如何透視的方法學運用？後面將會詳述。

一、第一層次的
縱觀新竹清代漢人佛教在地風華概說

首先，我們須知，清代新竹在地漢傳佛教信仰，雖是從 1718

年，因有漢人王世傑率族人來竹塹開墾後，才逐漸傳入；並且，第一座佛寺（即早期稱為觀音亭，現在稱為）竹蓮寺，還要遲至1781年才正式建立。[1]

　　甚至於，竹蓮寺從建立迄今，雖與地方發展，一直密切相關，堪稱具有重大開發史宗教信仰場所的指標性意義。但，在本質上，它卻始終只是一處漢人民俗佛教觀音信仰的重要場所，即所謂信眾朝拜很盛的漢傳佛教「香火廟」而已。[2]

---

[1] 連雅堂稱其為「新竹最古之寺」，又認為此寺早期是由王世傑捐地所建。見氏著，《臺灣通史・宗教志》（臺北：眾文圖書公司影印版，1978年），頁673。但，張綉玲力斥其非王世傑本人所捐地，其實是王的第五世孫王春塘，以其先祖之名捐地重修，故寺中才供奉王世傑之長生牌位。見張綉玲，〈新竹市佛教寺廟藝術之研究〉（中國文化大學藝術研究所碩士論文，1995年），頁7。

[2] 著名的人類學家莊英章教授，曾對新竹市的「香火廟」作了最清楚和詳細的描述，他說「香火廟這一名詞即是來自信仰者原有的名詞，其意指靠香火來維持的廟宇。在本分類中我們用以指稱那些不限特定信徒而無明顯地域範圍的公眾廟宇，這類廟宇所供奉的神祇在神格上都較高，其對供奉者所發揮的功能也較廣泛，因此受到不同範疇信徒的奉祀，而其經費也大多靠信廣泛信徒的香火錢，因而有香火廟之稱。在組織型態上，香火廟大多有公眾選出的管理委員會或管理人，同時也有較多的公眾性活動。從宗教動態的立場看，香火廟可以說是民間信仰廟宇發展的典範或最終目標」。見莊英章，《新竹市志・卷二：住民志（下）第四篇宗教（稿）》（新竹：新竹市政府編印，1997年），頁754-755。但，這樣的定義是有問題的：其一，例如土地公廟是香火廟，但神格不高。其二，香火廟的原意，其實是指祭祀系統的廟宇，並且香火錢的來源固然與信徒有關係，然而信徒的來源是否廣泛，其因素不必然與神格有關，而是有靈驗的知名度、強烈認同感或向心力，才是能真正左右該廟所屬信徒來源和比例的重要因素，如十八王公廟即是以靈驗而廣為信徒認同的典型香火廟，卻不一定與其神格高低有何關聯。

可是，新竹在地漢傳佛教三百年來，並不只長期存在此一以祭祀為主的竹蓮寺而已，在清代，事實上還存在其他類型的寺廟（如媽祖廟或城隍廟），清代在家教派佛教的三派齋堂。

並且，相對於較早期南臺灣移墾狀況，儘管仍屬較後期的新竹漢傳佛教，也同樣無可避免地必須受制於清代既有外在歷史社會發展基礎條件的艱困與不足。

因臺灣位處大陸東南海疆的邊陲，並且是一處閩粵漢族，新墾的開發中島嶼。故而若要求能達到如當代新竹佛教信仰那樣，也能具較深層化或精緻化層次，其實是缺乏足夠發展條件的。[3]

3　這是由於滿清初期諸帝，對漢僧的態度之冷熱不一，宛若政治萬花筒的多方善變所引起的政治歧視所致，其目的，就是穩穩的讓自己當皇帝，來掌控一切，至於其他方面都屬次要，包括佛教在內。所以，我們很難想像，有關清代臺灣的佛教問題，在滿清中央的政策考量上，有何重要度？而既然有此無任何重要度的官方決策前提，其它相伴的外在發展條件，就不可能有來自官方的大力支持。連帶的，就是很難僅由臺灣寺方的本身單薄力量，就能撐起一切的發展推動力量。我們試看清代的在臺滿清官員，雖可多次為臺南開元寺的改建設法，但在有清一代二百多年間，臺灣全島並無任一佛寺，曾獲清廷頒賜《龍藏》者，包括准官寺的臺南開元寺在內。而我們知道，近代臺南開元寺的蛻變，正是從日治大正時期傳芳加入日本臨濟宗，又獲頒佛教大藏經之後，才正式展開的。見黃慎淨編，《開元寺徵詩錄・晉京迎請大藏經序》（臺南：開元寺客堂事務所，1919 年）。當時的滿清諸帝，既然可濫權無度，又可身兼天下一人的超級大祭司之職，則除了來自他的政策善意之外，此一時期在他治下的任何宗教，除了作為對抗者的諸民間教派之外，都無有自主性，也很難自行發展，包括佛教在在內。所以，臺灣佛教的社會弘法功能，在近代以前，除祭祀性或儀式性的局部社會凝聚功能之外，可說微弱至極。因此，才有在家齋教：（1）龍華派，（2）金幢派，（3）先天派等三派，陸續在清中葉之後，渡臺發展，並構成臺灣佛教另一大傳統迄今。

　　再者，由於主要是從隔著黑水溝海峽對岸冒險犯難乘船過來的，所以，清代來臺灣的絕對多數漢族人口，除少官吏或經商或旅遊者外，可以說都和對岸閩粵兩省，具有絕對地緣性關聯。清代新竹佛教的早期在地發展性格——即所謂邊陲性和依賴性的在地發展特徵——主要便是受此兩省原有的佛教性格所影響或所塑造。

　　之後，1895 年時，歷史劇變出現。此即臺灣地區轉由日本殖民統治的 50 年（1895-1945）。因此，300 年來的新竹地區佛教發展史當中，雖然日本殖民統治時代的影響，只占了其中的 50 年而已。但因日本佛教具有日本宗派文化的特殊性，以及高度政治化和現代化的衝擊。在這種情況下，新竹地區不但也隨之出現來自日本佛寺與日僧及佛教事業，在新竹地區的移植現象。在此同時，新竹地區原有漢族佛教信仰型態，也隨著日本殖民統治 50 年的重大影響，而出現巨大的變化與新貌。[4]

　　甚至在後期的皇民化運動時期，或大東亞戰爭動員時期，新竹佛寺與僧侶，也出現新的轉變，加速的納編為日本宗派佛寺或納入日本僧籍。

　　然後，歷史劇變再度出現，二戰後日本殖民當局因戰敗退出臺灣，國府開始臺灣地區的新統治，又有冷戰時期的反共戒嚴長達三十八年之久的佛教組織凍結與專屬限定僧尼出家傳戒規範的

---

[4]　特別是，在當時，新竹州是包括桃竹苗三地的轄區，甚至新竹州地區與臺北地區的漢傳佛教寺院系統，在新佛教組織，也都發生了巨大的新變化。因而，出現在當時的新竹地區的佛教狀況，就包括有：現代性傳播型態與新佛教組織、新佛教教育活動、新佛寺與新佛教女性的佛教事業參與。

嚴格控制。在這種時期的大逆轉之下，短期間之內，新竹地區本地的已日化僧侶，便不得不面臨再度由日本化的佛教急遽地轉成為中國化的佛教等這一類艱難適應的改變問題。[5]

之後，臺灣又開始政治解嚴，佛教組織與傳戒規範都跟著自由化，以及兩岸佛教的恢復交流，乃至佛教大學的在新竹設立，新的佛教藝術文化的開創與拓展，也持續進行中。

因此，本文試圖縱觀與透視：清代新竹漢人佛教在三百年史上的在多樣性變貌，就是意圖從清代臺灣的傳統社會中，觀察早期的在新竹地區的漢傳佛教，如何逐漸產生變革和進行現代化的過程，是非常有必要的。[6]

---

[5] 特別是在 1949 國府內戰是失敗大陸政權易主而有大量逃難來臺的政治移民，其中包括有政治實權或社會影響力的達官顯貴或大陸各親國府的近兩百位漢藏各類僧侶驟湧來臺，更使此後的六十多年來新竹佛教，完全在這一巨大的新漢傳佛教組織與傳戒規範下，進行具有普遍性的影響與全面轉型。而這又是和戰後迄今，新竹地區，由於日本佛寺被轉用，有影響力的日僧返日，本地大量帶髮修行的居寺齋姑，必須重新受戒成為正式落髮改籍的比丘尼。又因新竹地區曾一度成為大陸來臺僧侶的暫留、新佛學教育機構的教學師資，甚至日後開始在新竹地區建寺長期辦學迄今，於是使得新竹地區的佛教教育與僧尼活動，具有特殊的佛教史地位與重要影響。

[6] 就類似縱觀與透視像美國這樣只有短短幾百年移民史（它的建國史甚至比新竹開發史更晚）那樣，若要了解它的各階段社會文化發展現象，有一個很重要的線索，就是有關新移民者到新移墾地之後，在其新移墾區的生活中，宗教信仰內涵或方式所出現各種的新變化。當然，此一觀察重點，仍是以其具有思想性、社會性和倫理性的宗教種類及其內涵為主。一般土著的巫術信仰和泛靈信仰的原始民俗部分，則較容易被忽略。因其可供觀察變化的部分較少，所以較不為觀察者所重視。因此對臺灣北部新竹地區早期本土傳統佛教信仰史的變革觀察，就有其必要性了。

　　它可以從僧侶的宗教活動、寺院建築的宗教美學、佛殿內的各類供像和多樣的神話彩繪、信眾與士紳的地方參與或官方的宗教管理方針等，觀察到遠從對岸移植到臺灣地區之後的各種變化軌跡和具有文化或哲思內涵的宗教現象。

二、有關第二層次的 清代新竹漢人在地佛教早期風貌如何透視概說

　　有關第二層次的清代漢人新竹在地佛教的歷史變革與相關風貌，在方法學的實際運用上，我們又是如何進行縱觀與透視呢？以下就是各點說明：

（一）先界定其信仰的不同層次而後據以透視真正的風貌為何？

　　我們須知，清代新竹在地漢族佛教史的長期發展中，是常出現各種漢族佛教信仰內涵的階段性變化的，但都有其在區域性佛教史上所代表的宗教意義。而其中，實有其內涵的不同層級之分。此因新竹地區的寺院，當它在不同的時間，或由不同的人擔任主持時，其寺院內部的宗教活動及內容水準，很可能是，完全不一樣的。並且，是會隨時空環境的不同而跟著改變的。特別是，原來的佛教場所，已經歷過幾次的變更時，更是如此。

　　若以新竹在地漢族信仰的底層來講，一般就是指以巫術性為主的宗教活動內涵。而比巫術性，再高一層的，就是屬於祭祀型的。這類信仰形態，就像很多臺灣民眾到寺廟裏，去燒香、求神、抽籤之類，即是屬於這種儀式性的信仰內涵。

　　然後，更進一層的活動內容，即較此更專業一點的，就是寺院住持，屬於有學問的。那他就能幫上門求教的信眾，解說在生活上遇到的一些難題，或有能力為信眾開講佛經的哲理等。換句話說，此時信仰的內涵，其實已從先前以儀式為主的層次，又進步到更高一級，已屬於宗教文化的層次了。

　　因此，總合上述的區分，我們事實上可以將新竹地區一般漢族寺廟的宗教活動，簡化為下列的四個層級：

　　（Ａ）宗教巫術→

　　（Ｂ）宗教儀式→

　　（Ｃ）宗教文化→

　　（Ｄ）宗教哲理。

　　但，必須注意的是，此種不同的層次，在事實上並非是按時間的發展先後，而依次出現的。到底在哪座寺廟？或屆時會出現哪一層次的宗教活動內涵？其實是跟著當時住持宗教事務的人，所具備的宗教專業素養之高低，而有各種變化和升降，所以並非一成不變的。

　　由此可以知道，設若新竹某一地方的漢族佛教寺院，已出現上述的改變時，則隨之而來的，很可能是此一寺院內，所傳達的宗教活動內涵──包括對佛教哲理的見解、所供奉的大殿漢族佛像雕刻、乃至寺僧與信眾接觸的方式，都會跟著產生或多或少的變化。

　　因此，我們若要觀察一個新竹本地漢族寺廟的宗教活動時，不能只光看其外表上是被稱為「寺」或「廟」或「堂」等，就斷

定其在宗教活動的內涵，也和其名稱相等。[7]換句話說，我們須先瞭解，它當時漢傳佛教活動的實際內涵究竟是什麼？

其次是，在從事討論新竹漢族佛教發展狀況時，仍須同時理解新竹地區以外的臺灣佛教信仰的形成和發展，因為兩者之間的佛教文化交流，是息息相關，互為影響的。[8]至於有關新竹地區原住民對於佛教信仰，可以說資料甚少，但大致可推定為是疏離的。可是，原因何在呢？

（二）提出關於新竹地區原住民對漢族佛教信仰疏離的說明

清代新竹地區，漢族佛教的傳播發展，主要是和閩粵這兩省漢人的來臺灣移民史有關。從相關的清代歷史文獻來看，在清末以前，不論山地或平地原住民，雖較漢人來臺灣的時間更早，但其宗教文化，其實是各族相異和自成系統的。這與較後才移入臺灣地區的漢人信仰，可以說，迥然不同。

事實上，像這樣的不同信仰區隔，也長期主導原住民的信仰習慣。因此，從早期漢人來臺灣定居開始，迄今數百年間，除日本殖民統治時代，有部分原住民一度接觸佛教之外，西洋來的天主教和基督教，才是臺灣原住民的主要信仰中心；除各族原有的

---

7 舉例來說，同一佛寺，若是能由有學養的法師來做住持，我們將會看到寺中的宗教活動，是富有佛教文化或哲理層次的內涵。反之，如果此一住持走了，再換上一個缺乏學養的僧侶來當新住持，則他很可能會只靠不斷地辦法會來應付信徒，也就是它又降為儀式活動的層次了。

8 同樣的我們若不能瞭解臺灣跟大陸之間、以及臺灣跟亞洲之間的佛教信仰差異，就不可能清楚理解其中的相關變遷內涵。

信仰之外。

　　也由於從華南地區傳來臺島的佛教信仰，與在臺原住民的信仰習慣，一直相當疏離，就整個臺灣佛教發展史的範圍來說，幾乎就是專屬漢人在臺的佛教信仰傳播史，新竹地區的漢傳佛教自然也不能例外。

　　不過，這一原住民與漢人的信仰區隔，並不是絕對的。未來如何發展，也難以逆料。只是就觀察和理解的角度來說，上述的區隔的特性，仍是不可忽視的，因其大趨勢就是如此。而其背後的形成原因，則有待進一步的探究。[9]

（三）從清代帝政多神教統治史觀，看新竹在地佛教差異性

1、有關清代的漢族出家佛教狀況概述

　　由於清代大陸華南漢族出家佛教，已不為大同於之前的中國歷代各朝的漢族佛教，其不同之處在於：

　　新竹在地正規漢族出家佛教僧侶的相關宗教活動，始終受到官方嚴格的管制和限制，因此逐漸形成和社會隔離的山林佛教。

　　這是導源於較早時期的明清之際，因面臨大陸統治政權的鼎革巨變，所以各類宗教所面臨，來自官方的政治約束或處罰，較之承平時期，可以說更趨嚴重。

　　特別是自明亡後，因華南的各地佛寺中，紛紛湧入許多因抗清失敗，才埋名遁隱出家為僧的可疑政治犯，導致清初對南方佛

9　目前學界對此一背景的了解，雖不能說沒有，但仍嫌太少和欠深入。

寺的嚴厲清查、以及對有政治嫌疑僧侶，加以密切監視、逮捕或處決。

而臺灣一地原為南明抗清的最後基地，又位於東海的波濤之中，與最鄰近大陸的福建省尚有黑潮洋流通過的臺灣海峽之隔，因此大陸地區的僧侶不但東渡來臺灣有其困難，要在臺島的社會上公開活動更難，除非先獲得官方的許可。[10]這也是新竹地區要到清代中後期，才有出家僧侶的活動記載，原因在此。

然而，由於在此之前，晚明的中國社會，已流行三教（儒、釋、道）混合的思潮。因此，一般民眾的信仰，也往往三教混合兼拜，不嚴格區分；並且這種信仰型態，只要不涉及治安和政治反抗的問題，從官方的統治立場來看，基本上是可以允許和不加以干預的。這也是傳統中國的宗法社會帝政多神教統治下的常態現象。[11]而新竹地區民眾的佛教信仰型態及其內涵，就是在清代早期由中國南方的閩粵漢人傳入的，事實上也就是此一混合宗教思潮的延續。

此外由於自明初以來，官方早以規定中國境內和傳佛教的僧侶和佛寺，必須按其性質和功能，區分為一、「禪寺」和「禪僧」，二、「講寺」和「弘法僧」，三、「教寺」和「瑜珈教

10　因此，有清一代，不少早期渡海來臺的佛教僧侶和文人居士，以及明鄭在臺政權遭滿清新皇朝擊降後，為免其曾抗清的真實身分曝光和有意躲開官方的注意與追捕者。此類非自願性出家的變相僧侶和居士，所以其背景資料相關的事跡記載，不但少見而且欠詳；其最大原因，就是考慮到隨時有滿清官方的嚴厲監控和不斷地追捕，其行蹤和相關活動，自不為外界所熟知和難以清代各種官修的方志所詳載。

11　此處所用的「帝政多神教」一辭，是參考日治時期，柴田廉在其《臺灣同化策論》（臺北：晃文館，1923 年）一書，頁 36 的看法。

僧」。這三者之中，以第一種在明末成為以臨濟宗和曹洞宗為主
的宗派系統禪寺，其「禪僧」則被通稱為「禪和子」。不過，其
中第二種「講寺」和「弘法僧」，似乎從未在清代的新竹地區出
現。第三種則是以「香火寺廟」（更精確的稱呼應是「以祭祀祈
福和免災為主的寺廟」）和「香花僧」的變相型態，普遍流行於
清代臺灣西部的南、北、中三地。以後又和曾經破戒還俗的「帶
髮、娶妻、食肉的僧侶」結合，而有所謂「長毛僧」和「釋教和
尚」[12]的變相俗僧出現。

　　因此，清代新竹地區的「香火廟」和「香花僧」，對清代移
墾社會的宗教禮俗活動，扮演了重要的功能。[13]

2、清代新竹漢族齋教三派 300 年來的滄桑史概說

　　清代中葉有漢族齋教三派，先後傳入竹塹地區，影響甚大及
久遠。[14]此一在明代中葉興起的羅教，以「新禪宗」或「在家佛

12　「釋教和尚」是當代臺灣才流行的新佛教詞彙，傳統少有此種用法。

13　例如一般的臺灣民間喪儀的場合平常受邀，為免災祈福而課誦經咒場
　　合，以及年度例行性節慶的祭祀活動等場合，主要執行宗教儀式的擔綱
　　者，所仰賴於眾「香花僧」的頻率，應遠高於所謂「禪和子」或「外江
　　僧」。因此，純儀式性的祭典佛教，事實上構成了臺灣清代臺灣佛教的
　　主要內涵。

14　臺灣「齋教」名稱的由來：臺灣「齋教」是目前臺灣學界特別標出的宗
　　教學名，用來指涉出現在臺灣地區的「齋教」。但為什麼要特別標出
　　呢？因臺灣「齋教」的這一名稱，是日治時期做「舊慣調查」時，才正
　　式使用的。在此之前，清代的官修臺灣文獻中，並無有關臺灣「齋教」
　　的正式記載。僅在乾隆時代取締大運河流域的羅教信徒時，用了「老官
　　齋教」的名稱。可是，清代以來，傳播於臺灣南北的「齋教三派」：龍

教」自居的新興教派，在明清之際，逐漸分化和轉型，而其中屬於「江南齋教」的一枝入閩後，分化成漢傳「齋教」三派：龍華、金幢、先天，先後在清代中葉傳入臺灣，並紛紛在臺灣南北各地，建立起各自的齋堂，以聯結當時海峽兩岸的不同信仰系統。

　　而當時在新竹地區，有不少信佛的地主或士紳家未婚婦女或寡婦，因受限於官方的法律規定，不得任意出入佛寺和隨意出家為尼。彼等等便自建齋堂或入居共有的齋堂，來安處日常的宗教

華派、金幢派、先天派（即一頁道前身），並無法用「老官齋教」來涵蓋。為了解決這個困難，在日治初期，先用「持齋宗」一詞稱之，因這三派的共同點，都是標榜在家吃素拜佛、（以觀音信仰為主），他們聚會和修行的根據地即稱「佛堂」或「齋堂」。雖然如此，日治時代負責宗教調查並一手促成全島性臺灣佛教組織的丸井圭治郎，實在無法搞清楚龍華派、金幢派和先天派的歷史源流是真？是假？所以他用了「齋教」一詞，以作為文獻分類和調查報告的內容體例。以後，臺籍的李添春在請教齋教前輩許林後，在他就讀的日本東京曹洞宗私立駒澤大學畢業的學士學位論文上，也正式使用了（齋教三派之佛教）的名稱。而後日本在臺的總督府文教局，基於李添春對「齋教」的深入了解，有助於掌握臺灣民眾在家信佛的情勢，於是約聘他擔任臺灣佛教現狀的調查人之一，並協助畢業於日本東京帝國大學的增田福太郎在臺從事第二次臺灣宗教的調查。戰後李添春又成為臺大農經系的教授，於是他在日治時期調查臺灣佛教和齋教三派的日文記錄資料，也構成了官修臺灣文獻中，有關臺灣傳統「齋教」的主要內涵。但是，由於，李添春的學術訓練不夠，他對臺灣「齋教」的理解，也往往流於片面和出現許多訛誤。因為根據當代大陸的宗教學者馬西沙、韓秉方、連立昌以及日本宗教學者淺井紀和武內房司和臺灣新一代宗教學者王見川博士等人，都相繼投入「齋教」這一領域的深入研究後，我們才發現：自明清以來，影響大江南北以及渡海傳入臺灣的「齋教」活動，是歷史上罕見大規模的中國民眾宗教教派化運動。

生活，即可不必到佛寺去落髮出家，又可以「帶髮修行」，以安度其孀居的晚年奉佛生涯，所以逐漸形成風氣，並成為清代華人社會中的一大特色。

貳、清代新竹在地漢族佛教的發展與轉型概述

一、清代新竹佛教的發展與區域性的特殊關聯

我們若要了解清代新竹漢族佛教文化的傳播趨勢和主要發展特色，我們先要知道直到十九世紀下半葉時，臺灣西部南北的大小佛寺，為數已達百座以上。雖然一般來說，規模都不大，寺產有限，住持或駐寺僧的知識都不高，故無巨大的社會影響力。

但由佛寺建築的逐漸普及化，無疑可以看出，佛教信仰據點是在待續地擴展，而不是萎縮，而且有新的發展機會，其水準的提高和社會影響力的擴大，將不是問題。

而新竹在地漢族佛教在過去的發展，正如其他地方一樣，也是和臺灣早期的宗教信仰傳統息息相關，並且基本上也是以漢人為主，特別是臺灣自華南閩粵兩省來臺灣拓墾的漢人。

不過，除部分地緣神（※如三山國王廟）或族群神（※如新埔義民廟）等的崇拜略有異之外，[15]新竹地區閩客漢人之間的信

---

15 在新竹地區閩客信仰的最大差異，要數位於今新竹縣新埔鎮的義民爺信仰。不過，儘管迄今它雖仍專屬客家族群的信仰對象，但此一信仰圈的形成，與其說是宗教的因素，不如說它是由傳統的政治事件與族群糾葛下的祭祀產物，所以其現有的強大認同感及其祭祀組織所具有的高度凝聚力，其實應是源自傳統族群情感隔閡的因素而起，並非真正實存於宗

仰，其實非常接近；尤其在佛教信仰方面，因無族群之別，兩者更趨一致。並且，越到近代，越是如此。

只是在三百多年前的臺灣北部，它的開發較南部稍慢。換言之，臺灣最先的漢人墾殖地，是在南臺灣，然後才逐漸擴及北臺灣，連宗教的傳入狀況，也是如此。特別是竹塹這一地區，直到1718 年前後，才有漢人王世傑率眾來墾。所以，新竹地區有漢人佛寺的出現，雖以竹蓮寺（※早期稱為觀音亭）為最早，但已是 1781 年的事了，並且始終只是個民俗佛教觀音信仰的重要場所，即所謂信眾朝拜很盛的「香火廟」，在信仰的本質或層次來講，其實與一般神廟的信仰方式並無多大差異。

類似的情況，也出現在現在已被列為第三級古蹟的金山寺。[16]此寺，自 1785 年闢建以來，在整個清代雖有從早期的香蓮庵（1785）到後來重建後的靈泉寺（1854）及金山寺（1890）之變革。但此寺的宗教活動，也一直是通俗觀音信仰的「香火廟」型式，與竹蓮寺的情況非常相像。倒是此地的閩粵族群，在此新竹東郊番漢相鄰區，如何相處的情形，更令人印象深刻。

此因金山寺的早期信徒，雖以客家人為主，並且大多是佃戶階層的清貧農民，但因觀音信仰的宗教本質，原本就是超族群的，不具有特定族群專屬的排他性格，所以竹塹地區居優勢的閩籍士紳或土豪也願意協助重建和共同護持金山寺，故成了竹塹東

教上（或祭祀行為上）的異質因素所導致。目前，關於此問題的最新研究成果之一，可參考楊鏡汀、連瑞枝、顏芳姿、王見川合撰，《新竹縣誌卷三住民志宗教篇稿》（新竹縣政府 1996 年編印本，未刊稿），頁228-252。此資料影本，由陳運棟先生提供，特此致謝。

[16] 金山寺於 1985 年被內政部劃定為第三級古蹟。

郊一個粵閩漢人共營的指標性「香火廟」。

　　不過，也因為它位處郊區又和清末竹塹客家人的激烈抗日有關，所以導致金山寺一度被毀於戰火中。[17]但這也正好說明了寺廟的發展，與其地理位置、所屬的族群特性及相關的時代變革，都是密不可分的。

　　因此，我們若觀察清代到鴉片戰爭以後，也就是推到所謂 19 世紀中葉時，則當時臺灣北部已逐漸取代臺南府城，成為全臺的行政中心。而當時臺北城的地位，自然也高於新竹城。

　　問題在於，在此之前，新竹城曾一度是北臺灣的行政中心所在地，縱使後來有臺北城的崛起，但當時的新竹城依然長期維持其在桃竹苗的行政中心地位不變。所以清代後期，全臺灣最重要的官建城隍廟，除了建在臺北的省城隍廟以外，就是新竹城隍廟了。[18]

　　當然，新竹城隍廟的原興建年代並不是在清末，它是在 1748 年即由當時擔任福建臺灣北路淡水總補分府同知曾日瑛倡建的，所以比竹蓮寺的辟建還早。而它的宗教性質既然原屬於官建的崇祀神廟，主祀神當然就是地下衙門之主的「城隍爺」等。但難道就因為這樣，我們即可論斷說它與當時竹塹地區的佛教信仰或僧侶的活動無關？

17　有關金山寺的發展沿革及其信仰現況，吳學明在《臺閩地區地三級古蹟新竹金山寺修復研究——第二部分歷史研究》和李丁贊等編著，《「金山面」社區史》（新竹：新竹市立文化中心，1997 年），有最清楚的說明。

18　現在的新竹市都城隍廟，仍可說是新竹市歷來最著名的「香火廟」，其現址即今新竹市中山路七十五號。

　　其實不然。我們只要看到 1895 年 9 月，由城隍廟住持僧侶呈報的一份清單〈城隍廟出息條款〉，就可以明白是有關的。因在此清單中，明白記載有年度收銀 327 元；至於年開銷的專案，則其中的第一項是：住持僧一名（當本廟之家）。第二項是：奉佛僧一名，全年辛工銀 30 元。第五項是：打掃佛堂一名，全年辛工銀 12 元。第六項是：伙食米（五名，並往來客僧）每月按米一石五斗，全年 18 石；按價銀 3 元，計 54 元。[19]所以是有關的。

　　不過，此處仍須解釋：「城隍廟」既然原是官廟，為何會有非官職的僧侶居住其中？這是為什麼？

　　其實，我們若進一步觀察它的歷史沿革，就會發現：一、城隍廟於 1799 年由淡水同知華清修建時，又增建了後殿，來奉祀觀音佛祖。二、到了 1803 年，因淡水同知胡應魁，將後殿充當城隍夫人的配祀之所，在廟的西畔，另建觀音殿，以祀觀音造像。此一觀音殿，日後雖被稱為「法蓮寺」，[20]也被當代臺灣建築史家李乾朗教授，定位為「雙廟」；[21]但，它在清代是隸屬於城隍廟的，即作為但任城隍廟宗教事務的僧侶們之奉佛之所。

　　所以如此，是因城隍廟的日常管理，包括宗教活動，由廟方出資雇僧為之，而僧侶的安頓之所，須有別於神廟，才有觀音殿之設置。

19　見 1895 年出版的《新竹縣制度考》，臺灣文獻叢刊 101 種，頁 107-109。

20　見張繡玲，〈新竹市佛教寺廟藝術之研究〉，頁 7-8。

21　見李乾朗，《臺灣的寺廟》（臺灣：臺灣省新聞處，1986 年），頁 28。

　　但在另一方面，我們也必須知道，上述的情形其實是和華南佛教，在清初受到官方的壓制有關。

　　此因清朝入關之後，明末的一些知識分子，紛紛起而抗清。失敗之後，彼等為了逃避清廷的逮捕，於是就出家為僧。像這樣的行為，當然會引起朝廷的猜忌，所以從康熙一直到雍正年間，宗教界其實是籠罩在白色恐怖中。因而早期偷渡來臺灣的出家人，害怕官方嫌疑，所以來臺後，都儘量躲在深山裏去。[22]不然，就寄身在媽祖廟或城隍廟的後殿，儘量隱姓埋名，不暴露身分。只是由於新竹較少有早期的相關資料，不易瞭解其詳情。

　　可是，到了清末時，類似的情形，就同樣出現在竹塹城北門有「外媽祖宮」之稱的「長和宮」內。此因「長和宮」雖在 742 年興建，1819 年重修。原先前殿主祀媽祖，後殿配祀水仙尊王。但，1863 年由新舊士紳合力，捐地增修改建後，後殿原祀的水仙尊王被移走，改祀觀音佛祖（※即今「竹安寺」），並曾聘請「外江僧」（※對岸來的外地和尚）天恩擔任住持。而天恩之後，新住持亦是由其門徒，人稱「和尚金」者升任的。

　　問題在於，「和尚金」原是福建興化人，精通拳腳技擊，性好漁色，曾參與太平天國抗清，失敗後，易容變裝，潛逃來臺。先至竹塹北門，設法拜「長和宮」住持僧天恩為師，成了嗣法弟子。所以，天恩死後，他才能被繼聘為「長和宮」新住持。

　　但，因其好色本性，又與官渡媽祖廟的住持僧「閃」互通往來，所以最後兩者都因醜事敗露而遭到惡報。

22　而彼等以前的躲藏深處，雖以小茅屋居多，如今若還在的話，當然已變
　　成寺院了，像大崗山超峰寺等即是此類的。見江燦騰，《日據時期臺灣
　　佛教文化發展史》（臺北：南天書局，2001 年），頁 489-518。

可是，關於此一清末發生於「長和宮」的「外江僧」大醜聞，外人又如何會知道呢？

其實，關於此事，新竹本地的「怪我氏」，早在 1926 年，即於他的手稿《百年見聞肚皮集》中，以長篇（約七千字）繪聲繪影地，加以描寫和強烈批判。

此外，《百年見聞肚皮集》的資料中，也交代了許多當時的宗教活動和詳細過程。例如有關清末新竹本地婦女，彼等如何在農曆四月初八參與浴佛節活動，及其在「觀音殿」聽僧講經說法的狀況等，都一五一十的紀錄下來。

而我們據此《百年見聞肚皮集》的相關記載，便可知道：有關新竹地區一些早期佛教的宗教活動狀況。儘管留下的資料不多，但也不是單看表面上被登記為寺或廟，就可以立刻下判斷說：它的性質即是如何、如何的，仍應根據有關的記載來判斷，才不會出錯。

二、清代新竹地區漢族佛教的相關制度解說

有關清代官方對新竹地區佛教的管理制度之規定，其實與官方對臺灣地區其他各類宗教的管理類似，並無針對新竹地區佛教特別立法的地方；儘管這樣，若不在此稍作解說，對今日讀者的瞭解仍是不易的。

例如清代的法律規定：1.正常婦女出家為尼須在四十歲以上，至於五官有缺陷或四肢有不健全以及實在無家可歸者，雖一度可以例外通融，但福建省由於庵院收容年輕女尼爆發許多桃色醜聞，於是在 1764 年 9 月 2 日即明令禁止。2.男性十六歲以下

（※清代男性十六歲成「丁」）、非獨生子且家中十六歲以上的男丁不少於三人，才可出家。但在清末臺灣有很多人出家，是由於貧窮、逃債、對人生失望、或因犯罪遭世人排斥者，才落髮為僧的。[23]

並且，清代臺灣的僧侶，得照官方規定完成下列手續，才算合法出家：（1）出家後須先拜師，即律所稱的「受業師」；而「受業師」年齡超過四十歲，准招徒一人。若徒弟未患罪而病故者，准再招徒一人。（2）落髮並著僧服，在寺院或戒壇受戒。（3）領有官府發給的度牒（※執照）。但 1774 年修正律典條文，停止發給官方度牒，改在官方指定的寺院受戒領牒即可。

但，清代臺灣在清末建省以前，一直隸屬於福建巡撫管轄，故受戒時須到官方指定的福州鼓山湧泉寺去受戒領牒才可。清末以後則亦有到福建福州怡山長慶寺或浙江普陀山普濟寺等其他寺院受戒領牒者。

而由於清代官方指定臺灣僧侶受戒領牒的福州鼓山湧泉寺，是屬於禪宗系統的寺院，在傳戒的程式和所需期間方面，即與當時另一屬於律宗傳統的江蘇寶華山隆昌寺並不一致。

在費用方面，雖然當時福建各寺所訂每年開始傳戒的日期並不一致，但臺僧前往受戒，每人須繳費用約在四十至五十圓，並不便宜。

另一方面，未受戒而有妻者，大清律例稱為「應付」（※通

23　陳金田譯，《臨時臺灣舊慣制度調查會第一部調查第三回報告書——臺灣私法（第二卷）》（臺中：臺灣省文獻委員會，1990 年），頁 184-186。但陳譯「未丁年」為「十六歲以上」是錯誤的，因「未丁」即是未十六歲之意。

常是在民家喪禮場合執行佛教儀式及收費者）。雖為國家法律許可，但不准收徒，亦無已受戒僧侶的法定優待。

儘管如此，縱使已受戒僧侶根據清代法律規定，仍須：（甲）禮拜俗家父母，但不必奉養。（乙）遵禮奉祀祖先。（丙）為本宗親族的喪服，要同於俗家居喪之服。

至於已受戒僧侶的師徒相互關係，除雙方皆須領有戒牒並結為師徒之外，徒弟對「受業師」的法律關係同於對伯叔父母的關係；反之，「受業師」對徒弟的法律關係，則亦同對於伯叔父母之子的關係。[24]

可見以上這些，都是深受中國儒家孝道思想影響的舊慣規定，與原印度佛教的規定迥異。在財產的法律關係或經濟來源方面，臺灣僧侶除可以持有衣冠及隨身器具之外，並無在外兼營工商業的僧侶。可是因早期的臺灣舊僧侶，大多屬不學之徒，彼等通常僅能靠誦經為亡者祈冥福，雖不解佛教教義，但可藉以糊口。有時受雇在寺廟服務，則可領得若乾薪資或從事與一般民眾葬儀有關各種活動時，也可收費以維生活。而當時的活動專案，計有：

（子）開通冥途——開通至陰間之路，使亡者順利到達陰間，在人亡後第七日舉行。

（丑）拔度——臺俗以七日為一旬，通常在七旬結束，窮人亦有在二、三旬結束者，並在每旬及卒哭時，延請僧侶誦經。拔度是拔苦濟度之意。

---

[24] 陳金田譯，《臨時臺灣舊慣制度調查會第一部調查第三回報告書——臺灣私法（第二卷）》，頁190-191。

（寅）送葬——埋葬後導引亡靈回家。

（卯）弄鐃——又稱弄大樓，弄鐃表演各種技藝以安慰亡靈。

（辰）佈施餓鬼——僧侶在盂蘭盆會念經、擲金紙、水果等佈施餓鬼。

（巳）打眠床架——閩籍迷信人在床亡故時，靈魂會卡住床框，一定遷至屍床臨終。因此在床亡故時，要延請僧侶打開床架，使其順利到達陰間。

（午）開枉死城——枉死者的靈魂不能自由，要延請僧侶誦經引魂至陰間。

（未）牽水狀——為拯救水死者的靈魂，延請僧侶向神佛讀疏。

（申）牽血盆——婦女亡故時，相信會墮入血池，要請僧侶引魂至陰間。

（酉）引魂——人在遠地亡故時，要請僧侶引魂回家。

（戌）拜藥王——為生前服用過量藥材者，向藥王祈求赦罪。[25]

可是，有關清代新竹漢傳佛寺產管理的問題，則有下列三種狀況：

（甲）因臺灣的一些私創寺院，甚少由住持管理，大多由董事或爐主管理，故雖未置住持，亦不致遭官方沒收。

（乙）一般而言，除非有特別需要，否則臺人很忌賣寺廟田

---

[25] 陳金田譯，《臨時臺灣舊慣制度調查會第一部調查第三回報告書——臺灣私法（第二卷）》，頁194。

產。可是，一旦必要出售時，若由住持管理者，必須先經董事及主要信徒的同意才可；如寺廟田產原由董事或爐主管理者，則只經主要信徒的同意和公決便可。[26]

（丙）有關寺院「住持」的選任，清代臺灣地區的通常慣例，實際是由董事或信徒，來決定「住持」的聘用或解職的。問題在於，「住持」原先應如一家之長，掌理寺院內的一切大小事務，同時也須對官府負責，故其傳統的主要功能，至少應有如下的三點：

其一是，注意並防止寺內住僧有非法行為。

其二是，掌理法事，主持寺中的祭典活動。

其三是，管理附屬財產及維護寺貌無損——所以「住持」的權與責，原來應是極大才對。

但因臺灣當時寺院的規模不大，住持除念經拜佛、看守寺院及教育徒弟之外，僅在朝夕供奉香燭及清掃內外而已。日至以後，大多以董事或爐主為管理人，使住持的許可權更為縮小。[27]以上即是關於清代臺灣佛教的大致相關規定。但，包括新竹地區的漢傳佛教發展在內，正是由此基礎所展開的。所以讓讀者也稍瞭解，是有其必要的。

26　陳金田譯，《臨時臺灣舊慣制度調查會第一部調查第三回報告書——臺灣私法（第二卷）》，頁277-278。

27　陳金田譯，《臨時臺灣舊慣制度調查會第一部調查第三回報告書——臺灣私法（第二卷）》，頁229。

三、清代新竹齋教三派的派別、活動及其齋堂概述

(一) 相關歷史的沿革概述

另一方面,清末新竹地區漢傳佛教寺廟,因限於官方的嚴格規定,加上曾鬧出性醜聞,所以並沒有婦女出家為尼的記載。

可是,取而代之的,是在家帶髮修行的齋堂紛紛出現,因此當時的大新竹地區成了臺灣有齋堂和齋姑最多的地方。[28]

並且,到了日本殖民統治時期以後,新竹地區的眾多齋姑又在官方解除出家禁令後,紛紛出家為尼,甚至逐漸成了臺灣近代新佛教發展的一股重要的推動力量。

所以,有關清代新竹地區的齋堂和齋姑的出現問題,必須在此有所說明。新竹地區「齋教」的名稱,當然是日本殖民統治時代才有的。但其前身原是興起於明代中葉的羅教,最初是發源於山東的漕運軍人羅清,其後再循著大運河的航線向全國發展。

而清代傳來新竹地區的齋教共分:龍華、金幢,先天三個系統,但因為它原是由運糧軍人所創的在家教派,所以它跟出家佛教的關係,就有點像西洋基督教對天主教持強烈的批判態度一樣,共同點都具有批判出家佛教的教派性質,但又有各自的經典

---

[28] 連雅堂在《臺灣通史・宗教篇》提到:「全臺齋堂。新竹為多。彰化次之。而又以婦女為眾。半屬懺悔。且有守貞不字者。」(1978 年臺北眾文書局影本),頁 656。可是,此處的「新竹為多」不是專指今新竹市一地,因當時(日據大正七年)的「新竹廳」轄區,起碼包括今苗栗縣、新竹縣、新竹市和桃園縣的一部分,所以本文改用大新竹地區,較接近當時情況。

（當然這經典是跟佛經有差異的）和不同的組織系統。

此因羅教在明清兩代，都曾一再受到官方的嚴格取締，於是逐漸分化成了兩種性質不同的團體：一種是像青幫這樣的幫會型式，另一種即是像齋教這樣型式的秘密教派。

並且，根據筆者過去對此研究的結果，[29]可以有如下的發現：

1、「持齋宗」的內部稱呼

清代所有的齋教三派，都是「以『持齋』一名而立宗」的「持齋宗」。在如此對其自我定位之後，彼等在其內部是稱呼如下：

（1）稱其「殿堂」為「齋堂」。

（2）呼其「信者」為「齋友」。

（3）並推「齋友」中的長老，擔任「齋主」，經理各種「齋堂」和「齋友」的相關事務。

2、清代齋教三派「齋堂」與「齋友」的屬性及其活動

甲、有關「齋友的信念」

在日本殖民統治初期所調查清代的資料中，一開始，即樸實

29　本節以下的齋教研究成果，參考江燦騰，《臺灣佛教史》（臺北：五南圖書出版公司，2009 年），頁 47-60。

而懇切地提到：清代「齋友中，或有老年無子、少失雙親、壯而喪偶者，彼等因而深感人生的變幻無常，並相信這是肇端於過去世所造的惡業，於是由此發心——爾後願積善、養德，以祈求自己今世之平安與來世之福報」。[30]

故一般說來，加入「持齋宗」的「齋友」，雖號稱「守五戒及十善戒」，但其要諦，實可以「不殺生」一戒概括之。

因彼等認為，惡死本為人之常情，愛生亦為生物之通性，若徒為一嚐舌上片刻的甘味，即殺戮其他生靈，不但與天地好生之德相背，也導致人心沉淪。

反之，若能斥葷食、避殺生、而開始吃齋茹素，即可立成行善之人。

由此看來，彼等是認為：「戒殺」即行萬善的根本。而因此說最為卑近，容易動心起念有共鳴。

故凡有失意者初到「齋堂」，向佛禮拜，乃至立誓持齋而成為「齋友」者，只要一有此「不殺生」之念萌起心頭，則彼等不只獨處時，依舊能自禁葷食，舉凡鴉片、煙、酒之類等有害身心之物，亦皆能加以排斥，甚至其他諸如賭博、邪淫等種種惡行，也可一掃而光。

由於彼等能藉此持齋善行，將自己轉化為專心致力於家業的順良之民，從此不再為吸食鴉片而傷身，或不必擔心因酒色而傾家蕩產。

換言之，彼等不單自己身體會日益健康，連家運也可隨之昌

30　村上玉吉，《臺灣南部誌》（臺南：臺南共榮會，1934 年），頁 47-60。轉引江燦騰，《臺灣佛教史》，頁 51-52。

隆起來。「吃齋」之名，因而才會得到社會很高的評價。

乙、清代臺灣「齋堂」的設置與功能

在日本殖民統治初期所調查清代的資料中，對此部分，也談得很深入。[31]其中提到清代臺灣的「齋堂」，大多避開熱鬧擾攘之區，而選擇幽靜之地來興建。

在「齋堂」中，則安置「齋友」信奉的觀世音菩薩，並且為了維持「齋友」的信念，到一定的齋期時，「齋友」即歇業，齊赴「齋堂」聚會。在當天出席的齋友，各堂「齋友」都會暫時歇下業務，以便前來「齋堂」誦經禮佛和共進午餐，謂之「齋會」。

而此「齋會」的進行，雖不用葷肉，也未備煙酒，卻自有其珍味和佳趣。不過，「齋友」中若有不恪守齋規者，就會立刻受其他到「齋友」的指責。

此因來堂之「齋友」，幾乎視來堂聚會共齋之日，宛如遠方戚友相會之歡愉，彼等原帶著堅定的信念，滿心喜悅地為自他的平安而祈禱。但若違規遭斥，則這一切，亦將隨之消逝無蹤。

再者，「齋友」縱遇有冠、婚、葬、祭的大禮日子，亦排斥各種弊俗；然而，也由於「齋友」能不跟隨臺灣的舊慣行事，可節省種種不必要的浪費，頗有助於家道的漸入佳境。

就此來說，持齋之教，於風俗頹敝清代的社會中，能使一個

31　村上玉吉，《臺灣南部誌》（臺南：臺南共榮會，1934 年），頁 47-60。轉引江燦騰，《臺灣佛教史》，頁 52-53。

目不識丁者，因一念之信仰，馬上就能體悟到對修身齊家的要領之把握，由此可知其對清代臺灣社會的貢獻，應該極為深厚才對。

而主其事的「齋主」，通常是舉「齋友」中，持齋有年且明事理者充之，以處理「齋堂」內部的事務。

儘管如此，「齋主」有在「齋堂」常住者人數極少，蓋因「齋主」尚有其他的職業要兼顧；而「齋主」除年邁者不派給家事者之外，通常也只在預定的齋期內，親到「齋堂」斡旋眾事。

以新竹本地的「齋主」來說，彼等並不像佛教僧侶或耶穌教之牧師那樣，須學經典、窮教理，以擔任佈教傳道之職，而是基於堅守持戒的宗旨，僅止於在「持齋宗」處，誦讀：《金剛經》、《心經》、《觀音經》（※按即《法華經・普門品》）等行事而已。

丙、清代新竹的「齋友」入住「齋堂」的經濟條件和所獲待遇

由於少數在「齋堂」常住的「齋友」，通常為「齋友」中的鰥、寡、孤、獨者。

彼等本身雖可能多少有點積蓄，因慮及日後可能無親戚故舊可相扶掖、或有年老之後的煩累，便成了吃齋持戒之人。

若再能捐個 3、40 圓或 5、60 圓給「齋堂」，則「齋主」便供給一生的衣食，並將其安頓於「齋堂」內居住。

若亡故則為其料理後事，或於忌辰，為其誦經迴向，以祈冥福。又因自備衣食居住於堂內者，通常即失意的不幸者，而彼等

既常住於「齋堂」內吃齋持戒，故「齋堂」的位置，亦以擇幽靜之地為宜。

丁、清代新竹官方對各派「齋堂」建築的管理方式

可是，我們要問，清代新竹官方，對於此類的「齋堂」建築，難到可以完全方認不管嗎？

我們根據日本殖民統治初期的實際調查資料來看，可以判定：以當時臺灣到處都有「齋堂」存在的事實來看，清代官方似乎只將其視為一般的民宅。並且，從國家法制化的實質定位來說，當時臺灣的各派「齋堂」，雖亦公然以堂號名義申報所持有的附屬田園，而官方也據此發給該堂號名義的丈單。因此，清代新竹地區的「齋堂」也應該一樣才對。

可是，這仍類似官方發給民設祠堂，及神明會等丈單的同樣性質，故不能據此即認定，是因：官方先承該「齋友」團體為合法，然後才發給該團體堂號的丈單。[32]

---

[32] 根據日治時期，法學家岡松參太郎博士的看法，他認為清代臺灣的「齋堂」，是由持齋者共同設立的宗教建築物，故其性質如同民設的神祠或寺觀，亦即不屬於官產。又因「齋堂」雖同佛寺一樣奉祀菩薩和舉行祭祀活動，但非由僧侶住持，並且其設置和管理僅限於持齋者團體本身，這幾點特性也使它與一般民設的神祠或寺觀大異其趣。其二，他認為「齋堂」是一種財團法人，且屬於持齋者公有，而非個人的私有物，即使其建立是由其中一人或數人籌設的、乃至其基本財產是由其中一人或數人提供的，也須視為捐贈而非屬其中一人或數人的私產。此即與臺灣一般民設的神祠或寺觀迥異之處，因後者常由某一地區具有同祖籍或同職業的民眾所建置，而前者專屬同團體的齋友參與建立及公有。並且

　　儘管如此，既然實際已有新竹地區「齋堂」建築的到處存在，自然不可能沒有相應的宗教活動。

　　所以，我們可以根據當時的內部資料，得悉當時出入「齋堂」的「齋友」們，又是懷著何種心態和作為，來進出其中的？

戊、清代齋教三派「齋友」的宗教修持及其持戒積福的宗教心態

　　關於此點，根據日本殖民統治初期的田野調查資料，我們知道，在清代「齋堂」內出入的「齋友」們，通常以「殺生」為人生最大的罪惡，此因彼等信守佛教的「不殺生戒」，為人道的大義，故彼等以日常齋食來成全人心，並欲藉此為當世個人的平安及替未來的福報廣積陰德。

　　又，若在清代社會若，要成為「齋友」，其必要條件，即在於先能不犯下列禁止的行為，諸如：食肉、賭博、邪淫、酒類、煙草、檳榔子、韭蔥等；也不許有燒金銀紙和放爆竹等。這都是與一般民俗信仰大不同之處。

己、清代新竹齋教三派「齋友」的死亡安頓問題

　　清代新竹齋教三派的「齋友」，若有亡故者，即請各派所屬的「齋主」到其家，為其誦經和料理葬儀之事。其儀式很簡單，

　　從任何個別齋友入會之際既不須先繳交一定股份，退會時亦無權請求退撤回持股，亦可判定「齋堂」的性質，與「財團法人」類似。

故花費極省。並且事後，喪主也僅贈給「齋主」扇子一把、手巾一條而已。

另一方面，「齋主」通常除主持「齋友」的葬儀之外，其他的葬儀即一概謝絕。此或由於「持齋宗」尚未成為大顯於世間的「宗教」，而世人亦如對其置之度外，故彼等自建殿堂、擁有信眾、嘗試佈教、舉行葬儀等，儼然藉此特立獨行於各宗之外，也因此其彼此團結、持戒、信念和感化的程度，反居僧侶之上，真可以說，有一宗的實力！

庚、有關「齋堂」興建與維修的經費來源問題

有關清代新竹地區「齋堂」興建和維修的經費來源，除由「齋友」隨喜認捐之外，亦有因對「齋友」的素行敬佩有加，而特別志願義捐者。

對於一向最看重金錢的新竹本地人來說，遇有「齋堂」要興建或維修之時，不論是在旱魃、水災的秋收不豐之季，或正處於市場不景氣的狀態下，仍願爭相隨喜認捐。由此，即不難窺見「齋友」，在社會上被信賴和被肯定的程度。

又因齋教的，通常是秘密的、地下的，所以「齋堂」在清代官方的眼中，自然是被視為非法的宗教活動場所；也因為這樣，所以清代臺灣新竹地區的「齋堂」通常都是設在民宅內，而沒有如正式寺院的外在型式。而當時的「齋堂」通常具兩種形式，即大家族私有的和齋友共有的；新竹地區亦不例外。

（二）新竹的齋教三派齋堂的設置年代及其分佈地點

不過，若以設置年代、隸屬派別來分，則清代新竹齋教三派的齋堂狀況如下：[33]

1、先天派

福林堂——屬先天派萬全堂系統，位於新竹市樹林頭的境福街五鄰二一六號。原為李天成建於 1785 年的家廟，至 1884 年李天成孫媳黃素蓮持齋，遂將家廟改為齋堂。它也是先天派在新竹最重要的齋堂之一。

正德佛堂——屬先天派萬全堂系統，位於新竹城外柴梳山，建於光緒十年。

中和堂——屬先天派萬全堂系統，位於新竹城北門外，建於 1993 年。

2、龍華派

良善堂——屬龍華派一是堂派，位於新竹城南門外，1840年，李光輝倡建。

33　以下內容，主要參考下列三種相關研究資料而成：一、莊英章，《新竹市志卷二：住民志（下）第四篇宗教（稿）》；二、張綉玲，〈新竹市佛教寺廟藝術之研究・齋堂〉；三、張昆振，〈臺灣齋堂神聖空間之研究〉（國立成功大學建築研究所 1999 年博士論文），【附錄：臺灣齋堂總表——新竹縣市】。

明德堂——屬龍華派一是堂系統，位於新竹城西門外，1853
年，鄭普春所建。

證真堂——屬龍華派一是堂系統，位於新竹城南門內公館
埤，即今勝利街二一四巷六號，1858 年，鄭常寂倡建，為私人
佛堂。

證原堂——屬龍華派一是堂系統，位於新竹城南門內公館
埤，咸豐八年建。

敬德堂——屬龍華派一是堂系統，位於新竹城外樹林頭，
1861 年由鄭萬捐款、城內翁王氏捐地基而建立。1883 年 6 月，
鄭萬妻陳氏及鄭如蘭妻陳氏捐款重修。

印月堂——屬龍華派一是堂系統，位於新竹城東門內，1863
年設立，1866 年僧天恩首倡，[34]楊元標、柯貽盞等興修。

一善堂——屬龍華派一是堂系統，位於香山莊海濱，1887
年 6 月 15 日，由鄭如蘭（1835-1911）夫人陳氏潤所建。[35]其
後，因鄭家的發展重心在北門，嫌往來香山海邊的一善堂不便，
於是在日本殖民統治初期（1902）仿證善堂規模，另建著名的淨

---

[34] 僧天恩，時亦任北門外長和宮住持。

[35] 此一說法，是依據徐壽，《全臺寺院齋堂名迹寶鑑》（臺南：國清寫真
館，1932 年），（31）「一善堂」的說明。但，張綉玲根據波越重之
編的《新竹廳志》（臺北：成文書局，1985 年據明治四十年本影印，
臺一版），發現記載：由新竹士紳鄭如蘭、已故林汝梅、周其華等信徒
倡建。因此，可能是由於鄭林兩家後來交惡，並且，林家又日趨沒落，
所以主導權為鄭家，但鄭家本身對齋教龍華派一是堂的信仰，其是來自
鄭如蘭夫人陳氏潤，加上初期原有他族的出資協建，所以一善堂的私有
性質遂被沖淡，最後連陳氏潤本人也轉到新建的淨業院去活動。

業院。[36]但，也因為這樣，一善堂得以住進多位外來齋姑，並成了日本殖民統治時期新竹重要的新佛教女性培訓基地。[37]

證善堂——屬龍華派一是堂系統，位於新竹城西門外，現址即今興南街二五巷四號，1893 年 11 月，由新竹富紳周維金之祖母潘普趣、令堂普美和富紳周敏益之太祖母陳普銀首倡建築，分前後兩進，建坪達二百餘坪，[38]規模宏大，在當時堪稱新竹中第一。

此齋堂門內左右，安置周家祖先牌位及其捐助功德主的祿位，本堂供奉三寶佛（釋迦佛、藥師佛、彌陀佛）和觀音佛祖，所以雖屬周家私有齋堂，並由周家長期提供所需維持經費，仍有不少信眾前來參拜。[39]而周維金本人即因此身分，在日本殖民統治時期成了「南瀛佛教會」新竹地區的佛教領導人之一。[40]

---

[36] 此段敘述，係綜合以下兩種資料而成：一、徐壽，《全臺寺院齋堂名迹寶鑑》，（31）「一善堂」的說明；二、張永堂主編，《新竹市耆老訪談專輯・勝光法師》（新竹：新竹市政府，1993 年），頁 258。

[37] 此會訓是由法雲寺林覺力法師主辦，自 1925 年 4 月 15 日至 9 月 29 日，於一善堂主辦。「南瀛佛教會」也配合於同年 6 月 18 至 25 日，為期集訓一星期，參與女眾有二十五名。

[38] 在鄭鵬雲、曾逢辰，《新竹縣誌初稿》六卷（臺北：臺灣銀行經濟研究室，1959 年）的「典禮祠祀竹塹堡廟宇」資料中，只記載「證善堂」初期的建坪是四十坪。

[39] 參考徐壽，《全臺寺院齋堂名迹寶鑑》，（31）「一善堂」的說明。

[40] 「南瀛佛教會」的籌備會議，新竹地區是在 1921 年 3 月 2 日下午於證善堂召開，而大會成立後，新竹州選出的幹事兩人，一是獅頭山的葉普霖、一是新竹證善堂的周維金。見李添春，《臺灣省通志稿卷二人民志宗教篇》（臺北：臺灣省文獻委員會，1956 年），頁 116-120。

3、金幢派

　　慎修堂——1853 年，陳九如倡建於新竹城北門內前布埔。

　　存齋堂——屬金幢派翁永峰，先是 1879 年，黃菜於新竹城滴雅金門厝以茅屋暫居，1884 年再買下東店的一處三合院而遷建於現址，即今新竹市三民里民生路十巷五號，所以這也是屬於黃氏的私人齋堂。

參、結論與討論

　　清代新竹地區，漢族佛教的傳播發展，如上所述，主要是和閩粵這兩省漢人的來臺灣移民史有關，與在地的原住民宗教信仰，關係不大。並且，清代新竹在地漢傳佛教信仰，雖是從 1718 年，因有漢人王世傑率族人來竹塹開墾後，才逐漸傳入；並且，第一座佛寺（即早期稱為觀音亭，現在稱為）竹蓮寺，還要遲至 1781 年才正式建立，而且迄今仍始終只是祭祀類型的「香火廟」而已。

　　此因，清朝入關之後，明末的一些知識分子，紛紛起而抗清。失敗之後，彼等為了逃避清廷的逮捕，於是就出家為僧。像這樣的行為，當然會引起朝廷的猜忌，所以從康熙一直到雍正年間，宗教界其實是籠罩在白色恐怖中。因而早期偷渡來臺灣的出家人，害怕官方嫌疑，所以來臺後，都儘量躲在深山裏去。不然，就寄身在媽祖廟或城隍廟的後殿，儘量隱姓埋名，不暴露身分。只是由於新竹較少有早期的相關資料，不易瞭解其詳情。

　　可是，到了清末時，類似的情形，就同樣出現在竹塹城北門

有「外媽祖宮」之稱的「長和宮」內。

所以，新竹本地的「怪我氏」，早在 1926 年，即於他的手稿《百年見聞肚皮集》中，以長篇（約七千字）繪聲繪影地，對此加以描寫和強烈批判。

但是，同資料也一併交代了，諸如當時新竹住持僧侶，有到浙江普陀山去朝禮佛寺的慣習等，頗有助於我們了解，當時漢族佛教的部分傳統習俗。這是因清代中期後，臺灣北部的淡水河流域與淡水河港被官方解除管制，而不用先到南部港口，再出海朝北航行所致。

但，我們如今要如何來理解上述的這些歷史變化呢？我們的相關解說如下：

清代臺灣僧侶雖然普遍有雜居寺廟的情況，但因正如我們之前曾提過的那樣，臺灣原為新開墾的海外新島嶼地區。清初的官方基於政治安全的理由，除經常主動介入佛寺的興建或僧侶的動態監管之外，朝廷也一再三令五申，不得放鬆對有嫌疑政治犯的僧侶出入其中，以免危及臺灣政局的穩定。

所以早在統治初期就進行過包括福建地區的僧籍總檢查和進行重新登錄手續，以便過濾或預先清除此類僧侶。

因此，清初的臺灣僧侶，基本上是必須相當安分，才可能長住於寺廟中，而從當時官方的紀載來看，也都不曾有太貶抑的嘲諷和譴責之語的字眼出現，顯然此種嚴格管是有效的。

可是，清初百年間的嚴格管理，仍必須面對臺灣移民漸多、社會結構日趨複雜的新發展局面，從南而北，直通大陸對岸的正式港口，自 1684 年起，已獨佔成唯一「正港」優勢地位達百年之久的鹿耳門港，在 1784 年之後，就開始遭到新開放中部港口

的鹿港競爭，緊接著之後的北臺灣淡水內出海口岸八里坌港，也於不到八年的短時間內，加入新直通對岸沿海港口競爭的行列。

由於受到以上新發展趨勢的巨大影響，從清代中葉以來，臺灣地區的僧侶，即普遍出現一些不嚴格遵守戒行的墮落現象，但是其中尤以臺灣北部的大新竹地區最為嚴重。

這種情形的出現，雖與臺灣北部的官方公權力管制，遠不及南方有關，但更根本的因素，應是與當時中國境內發生太平天國歷時多年的大規模叛亂的抗清行動有關。因當時有很多長江中下游地區、包括福建省在內的傳統佛寺，曾被太平軍藉口信仰不同，用礮火加以摧燬多處，此舉遂使大量駐錫其中的寺僧們為之流離失守，四處逃竄至遠離戰火燎原之區，其中有部分僧人，甚至因此設法渡海投奔來臺。

另一方面，在 1788 年清朝開放淡水河口南岸的八里坌港，成為臺灣地區第三梯次可以直航對岸五虎門的正式港口之後，不久沿河而上的新莊與艋舺兩地，也跟著快速繁榮起來。於是從新竹到淡水的清代臺灣大北部地區，開始形成一個具有市場交易和可以來往互動的大生活機能圈。清代俗諺的「一府二鹿三艋舺」之說，就是指涉上述的變化情形。

並且，臺灣北部的佛教僧侶或虔誠信徒，從淡水河口搭船出海以後，若想直趨福建北部重要的鼓山湧泉禪寺去巡禮或要前往浙東地區近海舟山群島上的普陀山觀音道場去進香參拜的話，可以說遠較從中部的鹿港或南部的鹿耳門港搭船前往，更能縮短航程和更快往來。

此外，因此而促成搭船運費的相對降低和航程安全度的提高，也吸引了更多想利用來方便渡海的各地佛教徒乘客，其中就

曾包括了因太平天國戰亂流離失守渡海來臺的無依傍徨僧侶，當然也曾包括彼等到臺地之後，即開始其戒行不良的外江僧墮落生涯。

＊

在另一方面，新竹地區佛教由於多數和觀音信仰有關，而清代官方從早期與在臺灣的明鄭政權相互敵對隔海激戰之時，即已關別關注在浙江海域中的南海觀音普陀山的宗教影響的巨大政治效應問題。例如，清初當臺灣一被平定，大陸東南沿海與臺灣海峽之間的長期危機，終能消除了，此時，在浙江普陀山觀音道場的普濟禪寺，此一清初臺灣佛教禪侶，所隸屬法脈的源頭寺院，也立刻反映了清鄭戰局落幕後的極大好處。

因在清、鄭對抗期間，普濟禪寺曾遭魚池之殃，例如在1665 年（鄭氏來臺第 4 年）曾因此被荷蘭人登岸，大肆搶劫，損失慘重。

到 1671 年（鄭氏來臺第 11 年），清康熙帝，又為對抗鄭氏在臺政權，再頒禁海遷界令，除不能有任何物資遺落給鄭王朝外，沿海居民一律內撤二至三十華里，導致普濟禪寺的殿宇被拆光，僧侶和民眾也全撤走，一時成為廢墟。

可是，等清鄭戰局一落幕，海峽兩岸緊張局勢隨之解除，清朝康熙皇帝宛如補償般地，隨即敕賜該寺大量的重建經費，贈送許多珍貴佛教器物，還親撰多篇禮贊文，以及特別垂詢和關照普陀山觀音道場，因頒禁海令而蒙大災害損失之後，在重建和後續正常維護的各縣保護問題。

所以，就官方的立場，他其實是利用此一國際著名道場的個案，來突顯皇帝本人他對此觀音信仰聖地的高度關懷，並顯示，他和與民同信的高度宗教虔誠。但也因此，在清代的普陀山觀音信仰與福建的媽祖信仰，兩者往往互為同寺廟（如龍山寺或媽祖廟）的前後殿主神（若前殿為觀音，後殿即為媽祖，反之亦然），供臺灣民眾普遍祭祀。所以，這也同樣深植於清代新竹漢族民眾的信仰層面。因為信仰背後，其實就是源自政治的控制與社會力影響的滲透所致。

其次，清代中葉之後，才先後在臺灣各地出現的齋教徒和齋堂，從我們在以上的簡明敘述的情況，即可以見到清代新竹地區的許多齋堂，其創建或資金的提供，往往都會牽涉到鄭家、林家、周家、張家等這些望族。

而這些望族之會如此做，除宗教的因素之外，可能主要是這些望族若有婦女因為丈夫早死又無法改嫁，於是便可將其安頓於「齋堂」，讓其帶髮修行；有的，甚至還可以因此而立貞節牌坊，光榮鄉里。而當地的這些不幸的婦女，有時也可以因而進到這些齋堂來幫忙或共住。[41] 所以「齋堂」的設置，不但與新竹地區的士紳有密切關聯，在其所發揮的社會救濟功能方面，也是值得肯定的。

所以，彼等雖於對出家佛教，仍持其強烈的批判態度，一如西方基督新教徒對天主教當局和教職人員嚴厲的批判。但彼等自

41　以日治時期的情況來說，新竹的淨業院一度住女眾 28 人、一善堂住齋姑 18 人，可見一斑。而淨業院的住眾，都是與鄭如蘭夫人的宗教關係才進住的，就此點來說，恰與其管理權牢牢由鄭家掌握成一鮮明的對比。

身，無疑仍自認為是屬於在家禪佛教的一種。

　　因此，等到進入日本殖民統治時期以後，彼等在日本佛教各派的促成之下，有一部分便順利轉型為傳統的僧伽佛教，甚至成為當時臺灣本土佛教發展的新主流。

　　所以清代齋教三派的傳入臺灣，特別是在新竹地區，對日後臺灣本土僧伽佛教的發展，貢獻極大。

第三章
戰前日本佛教曹洞宗在新竹獨霸拓展的眞相透視

壹、前言

　　我們若回顧 1895 年，隨同日本殖民統治臺灣佔領軍和新移民來臺灣的日本佛教各派，之所以能在此新竹地區這一新殖民地上順利發展。

　　雖是由於來臺灣前的日本佛教各派，已在日本經歷長期的高度發展，以及在明治維新後遭到嚴厲的政策考驗和現代思潮的洗禮後，開始蛻變為一股對政治政策配合度高、且具有高度現代意識的強大宗教勢力。

　　所以。它能一反歷史上作為大陸佛教接受者和學習者的角色，開始以上層指導者的身分，來聯絡、控制和啟蒙新竹地區的傳統漢族寺廟及其宗教的信仰內涵。

　　不過，在此同時，也可以發現：當時日本官方的「國家神道」、「祭政一致」、「天皇至上」的主流強勢立場，不只施之於被殖民者的精神領域和生活行為，也同樣對來臺灣的日本佛教的各派僧侶的「同化」主動權，產生了極大的制約、甚至於有排

斥和一再加以壓制的「公私相剋」的現象出現。

因而這和臺灣學界只注意到：日僧與日本官方的親密合作關係，以為日僧即是日本官方的主要「同化」工具，而臺灣佛教的日本化，即是日本官方的宗教行政策略——其實是差異甚大的。

所以本章擬透視：殖民統治時代，日本佛教曹洞宗，在新竹教區獨霸的拓展真相。全文內容，主要分二個層面來探討：1、日治初期各派日僧來臺發展、及其教勢的變革歷程。2、日本曹洞宗為何以可獨霸新竹教區、及其教勢的變革歷程。3、日本曹洞宗與新竹州在地法雲寺派的雙軌制運作模式及其實質歷史作用考察。

由此將可以知道，當時的日本在臺佛教經營，只能侷限在帝國殖民政府當局所許可的社會私領域而已。不論日本曹洞宗如何獨霸新竹教區，都是被官方制約的，自然也必須跟著捲入日本軍國主義的相關附隨行動了。

貳、戰前日本曹洞宗
在新竹市獨霸拓展的真相透視

一、日治初期各派日僧來臺發展
及其教勢的變革歷程

（一）殖民統治的開始與各派日僧「隨軍佈教使」的來臺

日本於 1895 年，因「甲午戰爭」勝利，以及隨後藉著與滿清政府簽訂〈馬關條約〉的機會，取得臺、澎及周邊離島，作為

海外新殖民地的統治權之後，即派大批精銳軍隊渡海南來。

　　然後，兵分南北兩路，登陸臺灣及澎湖，並於半年內，將各地的臺民反抗軍一一擊潰或加以殺害，[1]以完成其實質的政權轉移和，確立此後長達 50 年（1895-1945）之久的殖民統治體制。

　　當時隨軍南來的，就有作為軍中「佈教使」的日本佛教各宗派僧侶。這些僧侶來臺灣，有幾層作用：

> 在軍事危難和傷亡時，發揮宗教上的撫慰作用，以鎮定或紓解軍中的不安情緒，必要時並為其料理葬儀法事。
>
> 在新佔領的殖民統治區內，調查臺、澎地區的臺人士宗教狀況，並趁機拓展新的佛教據點。
>
> 與臺灣當地的傳統佛教相聯結，一方面建立宗教上的信仰關係，一方面有助於掌握殖民地教民的各種資訊，以提供官方施政上的參考。
>
> 配合官方政策，開班教臺人子弟學日語。[2]

1　當時臺灣總人口約 260 萬，但在初期因反抗及被牽連殺害（傷者除外）的臺民超過 1 萬 4 千人。以上數字是參考黃昭堂著、黃英哲譯，《臺灣總督府》（臺北：自由時代出版社，1989 年），頁 58。

2　以明治 29 年（1896）日本曹洞宗在大本山宗務會議的〈議案第二號——臺灣島佈教案〉來說，第一條所規定的該宗特派來臺佈教師，其任務計有五項：1.招徠、懷柔臺灣本地的宗門寺院及僧侶，並統理之。2.開諭、化導臺灣本地的宗門在家護持信徒，使其霑被皇化、沐浴教澤。3.向佈教使駐地的官方稟議開設日語學校，以教育臺灣本地民眾的子弟。4.慰問駐守臺島的軍隊，並於軍中弘法。5.向在臺（日本）官員及民眾進行佈教傳道。見曹洞宗宗務局文書課編，《宗報》第一號（1896.12.15），頁 12 下－13 上。不過，這些內容，其實早在當年 2 月該宗向臺灣總督府民政局提出的〈來臺意旨書〉，已全列出了；而官

　　但，最初為何會有這些「佈教使」的設置呢？根據日本學者鷲見定信的研究，「外征士卒慰問使」來任命的，故稱為「軍隊慰問使」或「軍隊佈教使」。[3]

（二）日僧從「隨軍佈教使」到「臺灣開教使」身分轉變

　　不過，當我們有意理解日治初期，這一段的日僧來臺的任務和活動時，固然必須先從「隨軍佈教使」的來臺談起。可是，從研究的角度來看，其實應先有二種不同的區分，才符實情。即第一種區分，必須將第一年有全島武裝衝突的軍事狀況，和第二年全島局面已大致底定軍隊分駐各地的守備狀況作區隔。

　　此因「隨軍佈教使」的任務，在第一年是配合軍事行動的需要而派遣的，故具有準公務的性質。但當年底，全島的軍事攻擊行動既已告一段落，「隨軍佈教使」也跟著不再具有準公務人員的性質，於是轉為在臺替本宗拓展教勢的「開教使」。

　　亦即，雖然「開教使」的工作，實際上從來臺灣之初，就時時找機會進行，但仍應視為「挾帶的私下行動」；等到「隨軍佈教使」的任務已告一段落，「開教使」的工作就變成主要任務。而原先隨軍佈教使的相關活動，則附屬在「開教使」的工作項目之下來進行。

　　　方也於同年 4 月 3 日，以「申民局第 623 號文」核准。見溫國良編譯，《臺灣總督府公文類纂宗教史料彙編——明治 28 年 10 月至 35 年 4 月》（南投：臺灣省文獻委員會，1999 年），頁 25。

[3]　江燦騰，《臺灣佛教史》（臺北：五南圖書出版公司，2009 年），頁 66-67。

　　這就是何以第二年（1896）春天，各宗在臺日僧仍須重新向臺灣總督府民政局申請來臺弘法許可的主要原因。

　　至於第二種區分，是以 1899 年 6 月，臺灣總督府以「府令第 47 號」公告〈社寺、教務所、說教所設立廢除合併規則〉為分水嶺：在此之前屬權宜行政措施的過渡時期、之後則為依法行政的法制化時期。[4]

　　其具體的指標性作法，即之前的新舊社、寺、廟、堂等，仍一概「須於 60 日內」重新按「府令第 47 號」公告辦妥一切手續。[5]

　　事實上，有關法定宗教財產代理人——管理人制度的設定，也是在此法頒行之後，才相繼確立的，故第二種區分亦有其必要。

（三）初期在臺灣各派日僧的佈教理想及其實際落差

　　就像近代以來，連西方傳教士也被利用為擴張西方侵略勢力的工具一樣。雖然日治初期在臺灣的各派日僧本身，並非一定喜歡這樣被利用。但彼此在某種情況下，互為利用、互為助緣的情形，依然是有的。

　　由於有這樣的背景，日本官方，作為一個臺灣島上的新殖民統治者，拿佛教信仰作為溝通異民族文化的一個媒介，毋寧是很自然的。

4　江燦騰，《臺灣佛教史》，頁 87。
5　江燦騰，《臺灣佛教史》，頁 87-88。

並且，歸根究底，日本僧侶之所以會向外發展，其實也是仿近代西方傳教士的作法。[6]

然而，由於臺灣傳統的佛教，過去只是中國的邊陲教區，主要來自閩南佛教的影響。此一佛教的信仰方式，是所謂禪、淨雙修，不過正統的佛教道場不多，反而是在家佛教形態的「齋堂」，以及混雜儒釋道三教，但仍帶有濃厚巫術性成分的民間信仰佔了大部分。

像這樣的佛教信仰狀態，一方面是和民間信仰相當接近，民眾不會有太大的排斥感；另一方面，則在家佛教的勢力強大，促使日後日本佛教在臺灣要建立新佛教據點時，不得不面對這樣的交涉對手。

日本曹洞宗的首任「隨軍佈教使」佐佐木珍龍，於是趁殖民初期到處兵荒馬亂，大家人心惶惶之際，便大膽的採取許諾提供保護，藉以換取大量臺灣人寺廟與其私下簽約為該宗末寺的手段，因而造成他大獲成功的「假相」。

更過分的是，他當時還泰然自若地駐在艋舺，臺人最豪華壯麗的龍山寺裡，在其所撰《從軍實歷夢遊談》的書稿中，[7]居然還用鄙視的眼光，來提到下列他所謂「大多屬『曹洞宗』法脈」

6　稍識亞洲近代史的人，都知道在鴉片戰爭後，屢次西力的入侵，其武力、經濟和宗教三者，往往是密切結合的。因而日本遠在清日甲午戰爭爆發之前，即曾師法西洋人的作法，在中國境內發展它的佛教力量，於大陸各地建立了許多據點。其中以淨土真宗的發展最快。也因此，清末民初的中國佛教改革運動，來自日本佛教力量的影響，是不小的。這也是日本長期受中國佛教影響以來，新發展的一種逆轉現象。從此日本佛教由接受者的角色，轉為提供者和影響者的主導角色了。

7　佐佐木珍龍，《從軍實歷夢遊談》（東京：鴻盟社，1903年）。

的本地僧侶和信徒，並使該宗大本山為其神奇成就所迷惑。[8]

但在事後，日本官方根本不承認其簽約的合法性，因此導致1899 年以後，臺人寺廟紛紛根據官方新規定，要求解約或獨立自主。不但使前期的「假相」整個原形畢露，日本曹洞宗方面還遭到來自官方的警告和施壓，令其自行在臺灣建寺傳教。

上述的統治初期狀況，同樣也反映在當時的新竹地區。

---

[8] 他的批評之語如下：臺灣僧侶的「頭髮剃得很漂亮，脫下法衣之下的服裝卻和支那土人之服幾乎沒兩樣，和普通人民之服裝沒什麼不同，在上面卻又穿著和我日本黃檗宗相同之法衣。」臺灣僧侶「一般而言，並無通曉知識的僧侶。」「可稱得上有學問的沒有。」「沒有智慧的有七成，無法誦經者也占了半數。」「對臺灣寺廟來說，買紙（錢）給寺廟，可以說相當於日本之賽錢之意味。」臺灣佛教信徒「並不信奉佛教之教理，對於儀式的、習慣的部分卻信奉不已，因為歷代祖先敬奉佛祖，而不得不跟著敬拜，到寺廟無論是燒香還是點蠟燭一定要燒紙錢，有這樣觀念的存在。」「必須祭拜時，以拜觀音為例，會點上線香或蠟燭並獻花，在這樣的環境下，因為是仰賴佛祖之冥助來定契約，所以若毀約則會受到佛祖的冥罰，有這樣的說法。」「若在借錢之期限內未還，將會受到佛祖的冥罰，為了不受佛祖的冥罰，而在期限內還錢。」「支那並無好的醫術，於是，大多的患者是到廟裡求籤，當成藥喝下去。」對於類似佐佐木珍龍的批評，其實只要指出一點就夠了，即到龍山寺拜觀音的信徒，正如百餘年後的今天，大多數並非嚴格意義之下的佛教徒，而是屬於民間信仰的祭祀方式，故既非專屬曹洞宗系統的禪寺，也不能苛責什麼。再說，假如佐佐木珍龍上述所批評的，全屬事實而非有意輕視，則其本身或其他日僧，除非不再繼續對臺人佈教，否則其接續即將面對的，其實是一樁更為艱鉅的宗教改造工程，亦即其本身或其他來臺日僧，既經大本山決定由彼等繼續在臺對臺人佈教，則彼等此後究竟要如何改造臺人原有的佛教信仰形式？或如何提升其信仰內涵？將是一場既漫長又艱困的現實考驗。佐佐木珍龍，《從軍實歷夢遊談》，頁 80-89。

因此，以下便直接針對新竹地區的情況，進行相關的簡明解說。

二、日本曹洞宗為何以可獨霸新竹教區
及其教勢的變革歷程

（一）殖民統治初期新竹公廟用作兵營等官方機構狀況

首先，我們須知，日本在臺灣的殖民統治，雖是在境外的第一次，正因如此，日本官方便曾先與相關日本學者合作，充分借鏡英國在印度與香港的殖民政策實行經驗，就是除非涉及治安問題，否則應該避免干預或強制在地民眾的宗教信仰問題。這也是日本官方對比從當時法國在遠東殖民地安南地區，用強制手段干預結果，是出現巨大的當地民眾反抗運動，所了解到的其中有用經驗後，即捨用在殖民地所採取的強力干預手段。

可是，殖民統治初期，隨著日本軍公教人員的大舉入臺灣，殖民政府一時來不及興建足夠的辦公處和宿舍，於是在殖民統治初期的前三年（1895-1898），全臺灣地區（包括澎湖地區）共有 215 座寺廟，被權充軍營、公家辦事處、醫院、學校或公家宿舍等用途。新竹地區的宮廟，被徵用，當然也包括在內。[9]就地徵用新竹地區非私有的宮廟建築場所，於是有如下的狀況：

1. 新竹城內東門堡的孔子廟──使用的官廳名稱：臨時派遣

9　江燦騰，《日據時期臺灣佛教文化發展史》（臺北：南天書局，2001
　　年），頁 24-28。

步兵第 20 聯隊第 3 縱隊。

2. 新竹城內東門的文昌宮——使用的官廳名稱：臨時派遣步
   兵第 20 聯隊第 3 縱隊。

3. 新竹城內南門大街門的關帝廟——使用的官廳名稱：第 8
   憲兵隊第 10 分隊憲兵主力部隊。

4. 新竹城內南門的龍王祠——使用的官廳名稱：新竹醫院。

5. 新竹城內東門堡的媽祖廟——使用的官廳名稱：新竹辦務
   所。

6. 新竹城內東的地藏庵——使用的官廳名稱：新竹守備隊軍
   官會議所。

7. 香山庄——使用的官廳名稱：香山警察分所。

可是，官方也同時規定，已被日本殖民當局分配使用的「官
廟」仍應妥維護，並逐漸恢復原來的宗教用途。

至於在殖民統治初期，日軍或相關人員，往往在借用臺灣本
地寺廟為辦公處或宿舍之時，會有任意破壞臺人寺廟中的神像或
宗教器物的不當行為，頗引起臺灣人的反感。於是，第一任臺灣
總督樺山資紀，便於 1896 年 1 月 18 日，便下令說：

> ……本島原有的宮廟寺院等，其創建雖有公私之別，但都
> 不外由信仰而尊崇的結果，以為德義的標準、秩序的本
> 源，乃治安上必不能少者。故在當前軍務緊急之際，雖一
> 時不得已暫且借為軍用，仍須維持原貌無損；其中尤須注
> 意者，於借用所在的神像不許擅加毀損、法器亦不得散亂
> 放置。自即日起，類似行為，不但禁止，更須留意維護舊
> 觀。並且一旦結束軍用挪借，應儘速恢復原樣。特此諭

告。（原文日文，筆者中譯）[10]

（二）日本曹洞宗僧侶如何在殖民統治初期比各派發展搶先一步？

可是，日本殖民官吏與來新竹的日本佛教各宗派開教使之間，如何進行實質的各自行為規範與行為界線呢？在此先解明這一點，是有其必要的。

因為日治時期的臺灣宗教法律是隸屬於當時殖民體制整體法律的一環。故其大方向和法律的性格自不能例外，是和官方「同化」政策的執行狀況密切相關。亦即臺灣社會何時被視為無差別地適用日本憲法規定日本民眾的法律和義務，彼時即為「同化」政策的「完成期」，否則即屬未完成的「過渡期」或「改造期」。

日本在臺灣殖民統治初期，如上所說，曾根據西方列強殖民的經驗，認為至少應有五到十年的「過渡期」。可是，在統治臺灣初期，所以遲遲未能一體施行「明治憲法」中的權利與義務，而委由臺灣歷任軍政總督獨攬行政、立法和司法三權於一身。其理由不外是，臺灣民眾已習於中國傳統威權的專制政治，故在總督府認為臺灣民眾的「文化程度」尚未足夠之前，是不宜於殖民地一體施行「明治憲法」中的權利與義務。

換言之，縱使日本在臺灣的殖民體制，已相當程度的引進西方法律概念，但臺灣民眾仍不能分享一般民主法治社會中，應有

---

[10]　江燦騰，《臺灣佛教史》，頁116。

的立法權和複決權。

　　雖然如此，基於法律公平的原則，若臺灣殖民當局並無特別的規定，則將臺灣本地的佛教徒和來臺灣的日本佛教徒，並置於日本在臺的殖民法律體制下，則其差別應只是作日本國民的「公民權」之差別，而非基於信仰「臺灣佛教」或信仰「日本佛教」之差別。因正統的「國家神道」崇拜與日本皇室的神聖性淵源有關，特別是明治維新以後，是屬官方體制內的「超宗教」。

　　而從日本在臺灣殖民統治的官方立場來說，所謂「內臺同化」的政策目標，其實是要教化被殖民統治的臺灣民眾，能逐漸接受「國家神道」的信仰宗旨──即認同日本皇室神聖化的正當性──而非以成為「日本佛教各宗派的信徒」當做目標。

　　至於另一方面，之所以又要有「佛教」與「非佛教」之分，主要是因「佛教」在原日本法律制度中，已有各種權利和義務的明確規定；反之，臺灣本土的佛教寺院和齋堂，在未經臺灣總督府官方「公稱」之前，並不能視同「佛教」待遇。故在法律上，亦須一律依臺灣「舊慣信仰」的特殊規定來處理。

　　如此一來，雖然從臺灣民眾的認知角度來看，有「僧侶」或「佛寺」的存在，但就官方的法律觀點來說，則異於「佛教」，只是屬於臺灣本地「舊慣信仰」中的一種罷了。

　　並且，日本佛教各宗派來臺之後，要如何弘法？以及和臺灣本地的寺廟庵堂等，要如何進行雙方的締結方式？也一概要請示並獲日本在臺殖民當局的核可，才能算數。

　　根據這一殖民地統治的宗教行政裁量原則，我們可以進行以下的歷史觀察。

*

首先，我們須知，新竹地區的日本佛教各宗派，在整個日本統治期間，一共建有七處佛寺建築，分別是：

1. 日本真宗西本願寺派的竹壽寺，1910 年——位置在現今的新竹市武昌街 55 之 1 號，包括三佳家電、泰瑞及隔壁住家範圍。

2. 日本曹洞宗的新竹寺，1912 年——位置在現今的新竹市南門街 15 之 1、2 號。

3. 日本高野山真言宗的新竹支部，又稱弘法寺，1919 年——位置在現今的新竹市西門街 98 號，包括海瑞貢丸及左右住家。

4. 日本淨土宗的新竹教會所，1929 年——位置在現今的新竹市竹蓮街 27 號之 2。

5. 日本淨土宗的淨土寺，1931 年——位置在現今的新竹市竹蓮街 26 巷 7 號。

6. 日本真宗東本願寺派的布教所，1931 年——位置在現今的新竹市南大路 365 號。

7. 日本日蓮宗的布教所，年代估計 1931 年或之後——位置估計在現今的新竹市林森路白宮大飯店後面住宅區內。

但是，在這七處日本佛寺中，以日本曹洞宗的新竹寺的影響力最大，日本真宗的竹壽寺次之。其餘的，主要是專為新竹市日本各宗的信徒服務。因此，不但影響力小，各自相關的歷史記載資料也少。

為何會如此呢？這其實存在兩個層面的問題：一、當時日僧

面對的在臺發展困境何在？二、為何日本曹洞宗新竹寺與真宗竹壽寺的發展，可以相對成功？

　　就第一層來說，不但日僧在臺灣面臨語言溝通的困難，實際上，日本佛教的信仰方式，與臺灣民眾的宗教信仰習俗也大不相同。另一方面則是由於日本統治當局，對於日僧在臺灣的佛教發展，是採取冷淡與排斥態度的。

　　理由是，當時官方依法處理有關「臺灣殖民同化概念」及其伴隨的「殖民教育政策」問題，有兩個主要的切入點：

　　其一為官方的「教育」方針與措施。

　　其二為「宗教」在官方的教育方針與措施中如何被定位？

　　因整個「臺灣殖民同化概念」及其相關「殖民教育政策」，其實是先透過前者來達成；而後者的如何被定位？

　　此即反映了「宗教」在「殖民教育」的「同化政策」中，有否被納入「次輔助體系」的可能。答案是否定的，並且是禁止的。

　　由於日本文部省宗教局所編的《宗教關係法規集》中，首先是 1899 年 8 月 3 日，以「訓令第 12 號文」通令道、廳、府、縣的直轄（官立或公立）學校，一律禁止在校中教導特定教派、宗派、教會等之教義，並禁止實施其儀式，但一般私人的宗教情操的陶冶則不在此限。[11]之後，此一原則持續堅持至統治結束。

　　所以日本在臺灣殖民統治當局，從一開始就謹防來臺灣佈教使日僧與在臺西洋宣教師的行為越軌，但提醒須不犯程序失誤，

11　日本文部省宗教局所編，《宗教關係法規集》（東京：內閣印刷局，1942 年），頁 395-397。

以落人口實。甚至於對臺灣舊慣的社會人情世故，從初期就力求理解和尋求適應之途。而也唯有包括這些內容，初期整體的教育構想，才可以看到與後來發展的脈絡之間的相關性。因而，「宗教」事務，很清楚地已被排除於官方正規的教育體制之外。

　　但，對此不利情況的發展趨勢，日本佛教各宗的來臺灣僧侶，又將如何應付呢？以當時活動力最強、掌握最多臺灣人寺廟與其私下簽約日本曹洞宗來說，除了運用佛教刊物的輿論，竭力訴求官方同情，以及辦日語班教臺人子弟來配合官方教育政策之外，還有如下的內部刊物報導說：

> 曹洞宗：自去年（1895）6 月以來，已派佈教師在臺北、臺南等地進行佈教。本年元月，更派出七名佈教師駐在臺北、臺南、臺中地區傳道的結果，與本地的臺人寺廟簽下誓約，作為宗下的下游寺院（末寺）者，如今幾已遍及全島，並且各寺廟中皆安置了我至尊（按：即明治天皇）的尊牌（書有現任天皇名號的精美木雕牌位，亦稱「萬壽尊牌」），以供朝夕祈念聖壽萬歲。[12]

　　換言之，當時所謂「尊皇奉佛」的最典型作法，就是將當今天皇的生基萬壽牌，安置在該宗所大量私下收編的臺灣人原有寺廟中，以示「國體皇道」已透過此類安排，讓其穩固在被殖民者的宗教崇拜場所中。同時，此舉似乎也意味著要求官方，亦必須對此安排予以尊重和許可其作法才對。

12　江燦騰，《臺灣佛教史》，頁116。

　　但，這種挾帶的花招，難道真能產生預期的作用？當然可以。只是未必可以獲得官方的法律承認。

　　順著此一論述思維，我們底下再檢視《曹洞宗海外開教傳道史》的記載，[13]來觀察當時足立普明在新竹的活動狀況及其成就。這對了解日治時代的新竹佛教發展史，至關重要。

（三）有關日本曹洞宗僧侶實際奠定其獨霸新竹州佛教基業的歷程真相

　　日本曹洞宗是最早派僧侶到新竹來開拓本地新教區的，時間在 1897 年 3 月之前，來的僧侶其實是若生國榮。而是他 1996 年春天，就來到臺灣，原先被分派到臺南教區，他一到臺南就到臺南的大天后宮設置傳教所，勤於四處拜訪，並接受當地主的請求，為當地的乾旱祈雨。他在大天后宮內努力拜佛求雨，居然應驗下雨，一時聲名大噪。

　　可是，1896 年 11 月 29 日，當時曹洞宗在臺灣最具教界聲望的高僧陸鉞巖，開始巡迴臺灣各地考察日本曹洞宗在臺拓展的狀況，一路上除對信仰曹洞宗的當地日本駐軍演講之外，也曾到新竹城隍廟對在地人介紹日本曹洞宗將在新竹地區的相關作為。因此，根據他的考察報告，日本曹洞宗的宗務局在新頒布的〈臺灣島部教規則〉內，將新竹列為第一期佈教區。[14]所以，才有若

13　曹洞宗海外開教傳道史編纂委員會，《曹洞宗海外開教傳道史》（東京：曹洞宗宗務廳，1980 年）。

14　曹洞宗海外開教傳道史編纂委員會，《曹洞宗海外開教傳道史》，頁66。

生國榮轉調新竹教區的新派任出現。而接替他在臺南教區工作的，就是陸鉞嚴本人。

不只如此，對於先前若生國榮在臺南教區的非正規權變傳教方式，他是不以為然的。新接任的陸鉞嚴認為，[15]日本曹洞宗僧侶對殖民統治初期的臺灣本地人傳教方式，是不能過於遷就權宜在地民眾的信仰習俗的，而是若能透過以學校教育的方式來進行，將是最佳的辦法。

理由是，要有效改變臺灣在的信仰的內在或外表，不能貪一時方便的權宜之作法，只有透過教育的方式，才能永久改變。於是，他相繼創辦了日語學校、裁縫學校，所聘的教師與教學設備，在當時堪稱全臺灣第一。另外，他也定期舉辦禪學講座、開設慈善會、婦女會，努力擴充會務。他的努力大獲成功。因此，不只他本人在三年後，晉升為日本曹洞宗大學林的總監，他在臺南的開創性作法，也成為在臺灣其他教區的傳教典範。

也因此，若生國榮才來到新竹教區不久後，馬上就被更活躍的足立普明取代。取代若生國榮的足立普明，是 1997 年春天，從臺中教區，轉調新竹，來從事新教區的開拓。

他先在新竹城內的城隍廟，設立佈教所。到當年的 9 月，他開始在新竹南門街購地設置新佈教所。這就是新竹寺的建寺開基。他也成第一代新竹市的住持。

之後，相繼有田中石光、今西大龍、加藤晉運、松山宏堂、佐久間尚孝，擔任新竹寺的住持。其中，又以佐久間尚孝的任期

---

[15] 這其實也是 1896 年日本曹洞宗務局向議會提出的臺島佈教方案，所獲通過頒布的佈教規程內容。曹洞宗海外開教傳道史編纂委員會，《曹洞宗海外開教傳道史》，頁 66。

最大，成就最大。

可是，若非有足立普明的先期巨大開創性奠基，就不可能有日本曹洞宗在新竹地區的日後獨大佛教事業出現。

而他所能有此成就，是由於初期的新竹地區，日本來的住民很少，多數是行政官或軍方、警察、醫院等日本人。足立普明雖是曹洞宗佈教師，也兼擔任類似之前「隨軍佈教使」的任務。因軍中信禪的日軍很多，所以他接受軍部委託佈教，也主持喪葬儀式。這樣可以獲得一些收入可供在新竹的必要開支。

而此時新竹地區的在地民眾，還是在剛適應新殖民統治初期，一切局勢都處於渾沌狀態。新竹在地居民不了解日本政府的方針，而日本人也不了解臺灣人的性質。在彼此生疏又局勢不確定的驚惶情況下，當時又有新竹的一些宮廟，也被日本官方徵用作為其他用途，因此故寺廟齋堂的負責人，擔心自己的寺廟或私人齋堂，不知是否會被徵用？所以選擇與自己信仰上較接近的日本曹洞宗，來私下簽約歸屬，並在寺廟或私人齋堂的大殿上，供奉著明治天皇的牌位，希望能藉著日本佛教的保護，度過此一難關。所以，他在新竹經營 5 年，前後共有 133 座新竹在地寺廟簽約，歸屬日本曹洞宗。

可是，這樣的私下簽約，不具有法律效力，別的其他來新竹的日本佛教各宗僧侶，特別是真宗的僧侶，也非常努力的爭取。更致命的問題，出在足立普明被當時任新竹廳長的里見義正，在 1902 年 2 月 23 日呈報臺灣總督府的品性考核報告中提到：

> 曹洞宗布教使足立普明，代理布教使田中石光，信徒雖有
> 內地人一百四十八人、本島人一千七百餘人，惟實際皈依

> 者甚少。布教使足立普明，其性溫和，惟奸佞、酗酒，往
> 往露出酒態，出現調戲婦女等之醜聞。尤其該人於佛像旁
> 安置豐川稻荷神，以獲得膜拜者之捐款，並使游藝技能為
> 使生者或附近婦女舉辦淨琉璃會等所謂例行祭。助手代理
> 布教使田中石光，其性篤實，品行亦善良。[16]

　　從中，可以看到，他不但個人行為不端，容易引起在地人的
惡評，同時也犯了當時官方的大忌，就是他把日本地方神道神
像、相關活動與佛像混合，而明治維新後的日本官方是堅持神佛
分離的。因此，不久，他被日本曹洞宗的上層，調到海峽對岸的
福建省興化縣去開拓親教區。而當他正在廈門地區巡迴佈教時，
就感染鼠疫病逝。所以他初期在新竹教區所締造出來的巨大傳教
優勢，未必能夠保持下去。但，這也只能留給他的新繼任者，繼
續去努力了。

　　此外，根據《曹洞宗海外開教傳道史》的記載，足立普明在
新竹這期間，曾收了在地的一位新竹宅齋教龍華派的弟子陳普慈
創建齋堂，名為普明山至善堂，在出發往中國之前，他為徒弟的
新建齋堂舉行佛像安座典禮。陳普慈接著還在香山地區與新竹西
門外建堂所。這是曹洞宗 1895 年來臺灣之後，開始有派下弟子
開山寺院的誕生。[17]

　　對於曹洞宗在新竹市的傳教狀況，曾深耕最久，成就最大的

16　溫國良編譯，《臺灣總督府公文類纂宗教史料彙編——明治 34 年 6 月
　　至 35 年 8 月》（南投：臺灣省文獻委員會，1999 年），頁 232-233。
17　曹洞宗海外開教傳道史編纂委員會，《曹洞宗海外開教傳道史》，頁
　　69。

佐久間尚孝。

　　他是從 1924 年 12 月至 1945 年 3 月在任。他到新竹在職到
1929 年，就遭逢世界經濟大崩潰之年。而在此後的 16 年間，20
世紀前期所出現的世界大動盪，包括東亞全域在內，都加快節奏
的陸續爆發。

　　所以，這是一個少有的世界性不景氣持續擴散年代。當然，
不能例外地，連臺灣各行各業也都會波及。

　　此外，在 1930 年，日本殖民在臺灣當局，又首次許可之前
禁止的日本僧侶，可以擔任臺灣神廟或佛寺的住持一職。因而，
當時日本佛寺宗派與最具影響力的僧侶，就是日本曹洞宗新竹市
住持佐久間尚孝。

　　此因，他來到新竹市擔任該宗「新竹寺」第 6 任住持之前，
他就是日本曹洞宗僧侶，畢業於曹洞宗大學林，來臺灣後也擔任
過臺灣第一所佛教中學「私立臺灣佛教中學林」的教授、[18] 又是
日本曹洞宗在臺灣最高領導僧侶的徒弟、合格的佈教師。而他除
了在新竹市出任第 6 任新竹寺住持之外，也有多項非僧侶的重要
身分。因此不論在新竹的日本統治階層之間，或臺灣人與日本人
上流社會之中，他可以說，都是一位具有很大實質影響力的日本
僧侶。

---

[18]　「私立臺灣佛教中學林」是臺灣佛教史上第一所正式的佛教學校。它是
　　　曹洞宗「臺北別院」第 7 任（1913-1920）布教總監大石堅童，在任內
　　　極力促成者。除西洋教會學校所辦的中學之外，它是僅次於臺人首創的
　　　「臺中中學校」，但早於臺灣教育令頒布之前 2 年。換言之，幸好是處
　　　於過渡的階段，才能允許此種培養佛教人才的私立中學存在，否則就必
　　　須在體制外的道場培訓，或到大學去就讀佛教學科了。

三、佐久間尚孝如何規劃與拓展 他在新竹寺的佛教事業

（一）從佐久間尚孝與增田福太郎對話紀錄談起

　　但是，他到底是如何展開他擔任新竹寺住持後，他必須負責處理的相關在地佛教事業經營呢？我們從 1929 年夏天，一份有關他接受採訪的官方田野報告談起。而事實上，這份相關重要田野文獻，迄今也仍未被佐久間尚孝的學者所提及或所引述。[19]所以值得在此加以討論。

　　這是來臺初期，一度擔任臺灣總督府指派的第二次臺灣全島宗教調查主任增田福太郎（1903-1982），[20]於 1929 年夏天到新

---

[19] 對於佐久間尚孝的現有研究如：大野育子，〈日治時期在臺日僧與臺籍弟子之關係初探：以新竹寺佐久間尚孝和朱朝明為中心〉，載《臺灣學研究》第 15 期，2013，頁 67-94。關正宗，〈殖民時期獅巖洞元光寺修行者群像——兼論曹洞宗在獅頭山的活動〉，《玄奘佛學研究》第十五期（2011/3），頁 99-152。讓我們較過去更為理解他當時的所作所為，及其令人稱讚的事業成就與正面被肯定的在地影響。特別是余耀文、蕭素真聯合發表的〈新竹州戰後慰靈碑的歷史回顧〉，載《竹塹文獻》雜誌，2009 年 12 月號，第 44 期，頁 61-80。更是一篇力作，堪稱歷來最系統性地回顧日本曹洞宗新竹市住持佐久間尚孝當時的所作所為，甚至也包括戰後的歷史發展狀況。而這一部分珍貴文獻，則甚至連前述〈新竹州戰後慰靈碑的歷史回顧〉的兩位作者，都完全忽略了。

[20] 1929 年時，臺灣總督府鑒於在大正年間的宗教調查，未臻完備，所以決議實行第二回的宗教調查。為此，臺灣總督府特地從日本（內地）聘請增田福太郎前來，擔任此次調查的主任。從東京帝國大學研究所剛畢業的增田福太郎本人，對這次宗教調查，相當重視，他先從曾任職於臺

竹州考察新竹市的臺灣宗教狀況時，曾特地請教佐久間尚孝個人
的看法。

　　由於雙方都是當時第一流的專業宗教學者或日僧來臺佈教
使，因此留下了一份具有深度的，自佐久間尚孝來臺後，所見所
聞的反思文獻。

　　更重的是，包括他來臺後多年中所所見所聞，以及曾遭遇的
各種情況，都進行了相關描述與分析。以下我特別引自增田福太
郎曾發表過的這一篇田野紀錄全文重點摘錄。而此處的中譯全
文，是黃有興先生 2001 年翻譯的。[21]

　　當時，增田福太郎首先提到，他在新竹附近從事白天考察行
程，到了當天「傍晚再回新竹街，在旅館與同行的佐久間曹洞宗
傳教師（新竹寺住持）談話，並領教氏對臺灣佛教的感懷」。[22]

北州社寺系的柴田廉所著──關於臺灣島民寺廟信仰主神研究的──油
印本，獲得如何認識即將展開調查對象的須注重點及其較切近實情的觀
察角度，並以其法律進化論的特殊專業素養，結合他曾深受德哲黑格爾
歷史哲學影響的詮釋理念，先進行田野實地調查，以掌握所需認知對象
的相關精確知識資料後，再進行必要的詮釋概念建構。最後，他又透過
對臺灣農村型傳統宗教變革歷程的軌跡探索，為其入手觀察的有效途徑
和其據以論述的詮釋建構體系，並由他的調查助理兼通譯李添春伴行和
嚮導，曾持續地多次親往臺灣全島各處大小寺、廟、或齋堂，去實地探
訪。

21　增田福太郎著，黃有興譯，《臺灣宗教論集》（南投：臺灣省文獻委員
　　會，2001 年），頁 187-194。
22　增田福太郎著，黃有興譯，《臺灣宗教論集》，頁 187。

（二）佐久間尚孝所陳述的他對臺灣在地佛教的整體意見

增田福太郎在此引言中，接著還稱許佐久間氏是以「作為完全的社會一分子，若有宗教之必要的話，那麼臺灣佛教太過不合理。欲加以改革，在此地必須以制度為第一，而後徐徐地推動建立佛教」，來披瀝如次的意見的：

> （一）**關於臺灣佛教與曹洞宗的地位**──清朝甚至將臺灣稱為化外之地，因此儘管漢民族一再地壓迫「生番」，實施殖民，但我想他們既無方針亦無政策。到了日後荷蘭人著眼臺灣，清朝才開始注意起來，或曾施行類於政策者也未可知（荷蘭人據臺殖民臺灣在清朝繼明鄭治臺之前，上述與史實在時間上有出入，或「荷蘭」為法國人之訛？）但大概也只是非常幼稚的產業、交通、政治、政策，無疑地不曾想到學問或宗教等方面。因此佛教也非如今日本各本山所行組織性、統一性的形態，或由對岸的鼓山、普陀洛山一代的有志僧侶前來，或渡臺的佛教信徒邀請其友好的僧侶來臺而已。因此其僧侶們並不重視傳教，此由產生齋教一事就可了解。
>
> 然隨著歲月，中臺間交往趨於頻繁，有良僧前來臺灣，也有由此地到中國作佛教之研究者，但這不是那麼古老的事，我想是近三十年的事吧！
>
> 在臺灣較像寺院的，古老者有臺南，法華二寺，其他的只有超峰寺，法雲寺，凌雲禪寺，靈泉寺等，但這些還很新，可能是日本進來後所建的。這些寺院的住持，一向不

太活動,何況其下的僧侶。這些寺,一點也不統一,上級的僧侶今日上北,明日往南地四處奔走,好像以此接受多少信者多少酬金,並不定居一地向信者傳教,更談不上其他善行;至於下級僧侶,似有把寺廟吃垮的現象。若不制定宗教法,使他們持有向上心,臺灣佛教在社會上將不具何等意義,寺廟只成為隱遁者的住家而已。

日本佛教雖各宗均有來臺,但其對象並非臺灣人,僅內地人而已。而日本人信徒因係來自各地的結合者,不容易做到像日本祭祀先祖之靈的檀那寺(其意為:一,自己所信仰的寺院;二,有自己祖墳的寺院)統御施主傳教一樣。雖說如此,但能以宗教做自己的信念,能夠號召大眾的傳教師全島也有幾個。說宗義及教義者雖多,但這非常的難,是我等時常對自己、對社會所煩心者。無法直接了當地,說要如何處理,只待各自的自覺與奮鬥外,別無他法。由於這在政策上也是必要的是,所以留待(二)陳述。曹洞宗亦不例外,現有二十名日本傳教師駐在各地傳教,本山所承認的十名臺灣人僧侶則各自傳教。就日本佛教而言,此乃歷史與環境所然。我想好似居於優勢地位。[23]

以上是,從全臺灣的觀察角度來看,坦白,精確,情勢與問題的涵蓋面都很足夠。

---

[23] 增田福太郎著,黃有興譯,《臺灣宗教論集》,頁187-188。

（三）佐久間尚孝所陳述的改善臺日本佛教聯絡對策

至於有關「（二）日臺寺院聯絡的現狀與是否得當，及對此的意見」，[24]應該是增田所提出的徵詢意見。正如「（一）**關於臺灣佛教與曹洞宗的地位**」，也是由增田所提出的問題。於是，接著才是佐久間尚孝的回答。

他說「日臺寺院間有聯絡者，似只有曹，濟二宗，淨土宗似也稍有，他宗可謂幾乎沒有。此二宗取得聯絡，又現無避害地進行，我想乃同為禪宗系統，即物以類聚的真理和最初的傳教師等注目此此所致。有聯絡則生利害，有利則更加親近乃為常情。相對我們想和臺灣寺廟聯絡，擴張傳教路線，臺灣寺院亦有在某些方面想利用我們的形勢，說好一點，符合共存共榮之禮，別無弊害。將這些聯絡好，予以統一，加以善導，無疑可獲得良好效果」。[25]

他又提到「間亦有人認為與日本佛教聯絡，將會引起日本佛教各派得醜惡鬥爭，但這與寺院歸納於本山有別，只是相互企求統合，無需杞憂。歷史、形勢的臺灣佛教界，緩衝期已過，統一為進步的基點，社會的進步亦皆基此原理。若不勉強，以其所適宜者為中心，施設，教學，進行事業，終可獲得良好的整合。為統一若以臺灣人為中心，由於他們的猜疑心，我想或將發生不能統率之事」。[26]

對於這樣的看法，增田福太郎基本上是很肯定，稱許他「說

24　增田福太郎著，黃有興譯，《臺灣宗教論集》，頁188。

25　增田福太郎著，黃有興譯，《臺灣宗教論集》，頁188。

26　增田福太郎著，黃有興譯，《臺灣宗教論集》，頁188-189。

理明快，而且相當能切中要點」。[27]

*

　　這樣的看法，在當時的臺灣佛教界，可謂相當前衛。因為此後直到 1932 年 8 月，也就是新建的，以觀音為主祀的靈隱寺，落成之年，當時全臺佛教堪稱最重的期刊《南瀛佛教》的第 10 卷第 8 號「臺灣佛教改革號」專輯，其中就佐久間尚孝本人以曹洞宗新竹寺住持的職稱，具名投稿的一篇題目是〈臺灣佛教的發展對策〉的長文。[28]這是佐久間尚孝呼應當時總督府主管當局，在《南瀛佛教》上呼籲要儘快改革臺灣佛教的要求。[29]因此，他

27　增田福太郎著，黃有興譯，《臺灣宗教論集》，頁 189。

28　佐久間尚孝，〈臺灣佛教的發展對策〉，載 1932 年 8 月《南瀛佛教》的第 10 卷第 8 號「臺灣佛教改革號」專輯，頁 26-29。

29　1932 年 8 月，《南瀛佛教》第 10 卷第 8 號〈臺灣佛教改革號〉的卷頭語，就如此提到：（前略）今日臺灣佛教中的缺陷及弊害之主要事項，擇要來說，第一是，臺灣在地理及歷史上與中國南方有很大的因緣，固而寺院之主要的情形，即福州湧泉寺或長慶寺等的後代弟子所開拓創建而成的寺院，其間並非有何等的本末寺院的關係，而且臺灣的寺院互相之間，幾乎沒有聯絡關係，無管理地存在於各地方。其次，是師徒關係。在大陸各宗的寺院，師父有教育弟子的責任，而在臺灣有的只是形式上的授法，因而幾乎沒有關於對弟子將來的教育義務，以此為主因，才會到達如今有力的佛教徒那麼稀少的地步。第三是，如此缺乏管理的寺院及地位低的徒眾甚多的緣故，島內寺院有八、九成其實權不在住持，呈現出這種奇特的現象，所以住持在信徒（即管理人）的監督之下，這種奇規恐怕臺灣以外看不到吧！職是之故，住持的活動受到阻礙，以至於造成今日的狀態。因為是如此的狀態，所以社會上決不會以現在的臺灣佛教為滿足了。亦即如今為了臺灣佛教的提昇，斷然實行某

在文中提出，1、首先必須要統一。2、團結一致吧。3、努力培
養人才吧。4、認可人才並加以採用吧。5、使師徒關係密切吧。
6、制定佛教制度吧。

　　而當時，他所舉的實例，就是日本本土佛教，在德川末期，
面臨廢佛毀釋的災厄，而幾乎歸於衰亡的內地佛教。由於憑藉著
潛藏於佛教徒內的力量而得以重生。也就是說，他認為佛教本
身，就是由於統一、團結、有組織，而可以產生偉大力量的。

　　然而，在他看來，臺灣佛教沒有歷史、沒有傳統、沒有訓練
也沒有發展，同時也沒有領導佛教的偉大佛徒。

　　像這樣的臺灣雖然是佛教國家，卻沒有發展的機會，現在臺
灣佛教的狀態不正是未開花就凋零、腐敗的狀態嗎？也就是說沒
有得以藉自力發展的力量。

　　因此，他認為應該要由認為臺灣必須要有佛教的有識者，來
統一並加以組織，而力量便由此而生，或許像釋尊這樣的大聖偉
人可以藉著強而有力的宗教力量來引導世間，若不能如此，則統
一與組織就是最重要的事了。

　　然後，他把此一領導權，寄望於官方在背後指揮、運作的
「南瀛佛教會」，能先成為統一機關，再在各州設立支部的統一
機關來加以統一、指導。

　　他的理由是：除非官廳與有識者不成為指導者來創造佛教發
展潮流的話，那麼臺灣佛教就沒有進步發展之道。

　　種適切的改革已迫在眉節了。這是這次推出臺灣佛教改革號而重新呼籲
　　的理由，這個若能成為全部佛教徒的警鐘，不管多少即使能成為打破因
　　有的因習上及傳統上的弊害，照亮臺灣佛教建設的第一步的話，則已經
　　達到本刊的願望了。頁1。

而他所謂的臺灣佛教，指的是脫離日本內地佛教制度，而得以有發展可能的臺灣佛教，也就是臺灣佛教必須是一個特殊宗派，是不屬於日本內地任何一派的佛教。

他認為，如果是朝這樣的方向發展，將會真正有益於臺灣文化的形成。

換句話說，他是認為，有在地化特色的臺灣佛教宗派，若能形成，就會促成新的臺灣佛教文化的出現。

也因此，他在 1929 年夏天，當他被官方所派的宗教調查主任增田福太郎，第一次問他相關問題時，他不僅能胸有成竹地回答，還提供兩份完整的資料：一份是文件記載，另一份是口述內容，都讓增田福太郎抄入他的田野採訪筆記。

（四）佐久間尚孝附帶提出的改革組織與行動規劃概述

在第一份文件記載的內容，主要就是介紹佐久間尚孝本人，當時所領導的，以「新竹寺」為中心，所成立〈佛教道友會會則〉，全部入會規定，有五章十六條。[30]當中最重要的第三條說，要以新竹州轄區內的寺廟齋堂之住持，堂主及其他有志之士來組成該會。目的當然是要力求精神向上，改善臺灣在地佛教現有不足或缺點之處。[31]

至於第二分資料，則是根據佐久間尚孝的口述筆錄的。全部重點有三：

30　增田福太郎著，黃有興譯，《臺灣宗教論集》，頁 189-192。
31　增田福太郎著，黃有興譯，《臺灣宗教論集》，頁 189。

一、建議將全臺灣宗教統一的組織，納入總督府社寺課的管理與督導之下。

二、建議其與現有的「南瀛佛教會」能有所區隔，而不要兩者組織的功能重疊。並且，在各州設立屬於社寺課監督與指導的佛教團體，其目的是要「作為與地方寺堂聯絡的統一機關，舉辦傳教僧侶的培養，社會事業。令其自製，官廳予與保護，後援之」。[32]

三、是各寺堂的住持，應以有官廳或佛教團體所承認者擔任。過渡時期，可以考慮用資格檢定考試是否及格來判準。[33]

但是，對上述這些宗教政策改革建議或主張，增田福太郎在當時，雖已理解並留下完整紀錄，卻沒加註上任何有關他的回應。

這不難理解。因當中已牽涉要求：改由日本殖民統治主管當局，以一定程度的官方公權力，直接介入新竹州轄區那些屬於「臺灣舊慣信仰」的內部事務，對其原有宗教制度及其功能作出新的大變革。故在官方沒有答應之前，注定其不能有實現的可能性。

*

另外，有關佐久間尚孝所領導的，以「新竹寺」為中心，並以新竹州轄區內的寺廟齋堂之住持，堂主及其他有志之士來組成

---

32 增田福太郎著，黃有興譯，《臺灣宗教論集》，頁 192。
33 增田福太郎著，黃有興譯，《臺灣宗教論集》，頁 192。

該會的「佛教道友會」，雖然是當時新竹市最大的非官方所屬的日本曹洞宗統合在地佛教寺廟住持與齋堂堂主或有志之士的佛教組織。

但，絕非全臺的首倡，也不能如他所期待的，與原有的「南瀛佛教會」，能有所區隔，而不要兩者組織的功能重疊。原因為何呢？

四、佐久間尚孝改革方案的歷史背景及其遭遇難題

因為「南瀛佛教會」有其特殊的成立歷史背景及其特殊功能。而且，正如宮本延人的研究那樣。[34]在 1922 年以前，每次總督府頒布處理臺灣舊慣信仰的訓令時，都是延續樺山總督在 1896 年所頒布，關於保存本島原有廟宮寺院的諭告。其中主要提到，要尊重本島人的信仰場所，如有軍方不得已暫時借用，要注意不可有任何變亂和損壞，並且要在用後，儘快恢復原狀。

此外，總督府並不鼓勵讓本島人原有寺廟，用簽約的方式，隸屬於日本曹洞宗的派下。但，由於有「西來庵事件」的爆發，牽連臺灣在地武裝抗日勢力藉宗教迷信來動員臺灣民眾集體反抗的問題。所以有第一次官方全臺灣的宗教調查。

之後又有當時負責的官員，即時任臺灣總督府內務局社寺課長丸井圭治郎，所規劃，出面籌組「南瀛佛教會」。於 1921 年 4 月 4 日在艋舺俱樂部所成立的南瀛佛教會。而由於「南瀛佛教

34　宮本延人，《日本統治時代臺灣における寺廟整理》（奈良：天理教道友社，1988 年）。

會」的成立，象徵著總督府對臺宗教政策的另一項重要變革，即開始透過這個全島性的佛教聯合組織，對佛教界人士展開全面的掌控，故「南瀛佛教會」歷屆之會長均是由社寺課長、內務局長、文教局長擔任，副會長亦是由文教課長、社會課長兼任；理事則由全臺各地著名之佛寺、齋堂負責人擔任。[35]

而「南瀛佛教會」成立後，重要的活動包括發行《南瀛佛教》雜誌，以及大約每半年舉辦一次的佛教講習會。此外，自「南瀛佛教會」成立到《南瀛佛教》雜誌停刊為止，重要的活動包括了舉辦佛教講習會十六回，特別講習會二次，婦人講習會三回，各州的佛教會支會，分別也舉辦過幾次講習會及巡迴講演。[36]

此一由統治當局介入臺灣佛教界事務，雖然目的在引導臺灣教界朝向有利於當局統治的方向發展。然而，經過「南瀛佛教會」對當時臺灣佛教界的整合，卻也使得佛教界開始出現反省與思考改革問題。[37]這是臺灣自明鄭時期以來佛教界所未曾出現的現象。而這種佛教界的革新現象，甚至影響到戰後中華民國政府接收臺灣後，地方基層教會的運作與發展。

但，在另一方面，由於「南瀛佛教會」始終是非官方的臺灣佛教組織，卻又由官方一手操控，因此出現的問題是：

---

35 姚麗香，〈日據時期臺灣佛教與齋教關係之探討〉，《臺灣佛教學術研討會論文集》（臺北：佛教青年文教基金會，1996 年 12 月），頁 77。

36 姚麗香，〈日據時期臺灣佛教與齋教關係之探討〉，頁 77-78。

37 姚麗香認為「日據時代佛教與齋教的關係是由部分轉化，到合作以致自然混同的過程，『西來庵事件』是一個轉變的契機，『南瀛佛教會』組織是一個媒介，而佛教的日本化則是助緣，由此而促成了殖民社會下這一段『互為依存的共生關係』。」姚麗香，〈日據時期臺灣佛教與齋教關係之探討〉，頁 78-81。

　　一、官方無意讓它獨立和壯大。故寧可設在總督府民政部底下的一角落，讓相關的「囑託」人員在其中來聯絡會務和編輯《南瀛佛教》，如此一切都透明化和全在掌握中，甚至於可以不時地干預和訓示，有關「南瀛佛教會」及《南瀛佛教》的活動方向和內容。

　　二、也由於第一個理由，官方雖在初期曾設法補助部分經費，以利會務進行和《會報》的順利發刊。但曾許諾撥地供建獨立會務辦事處的支票，卻始藉口拖延，甚至於直到其在臺結束50 年之久的殖民統治時，都還未兌現。可見其缺乏誠意和別有用心之所在，及官方根本無意讓它獨立和壯大。

　　至 1940 年時，「南瀛佛教會」又為配合日治時期皇民化政策的推動，進行內部的改組工作，所有役員全部改選，舊役員大部分改編接任皇民奉公會之職務。改編後的南瀛佛教會，由四名常務理事負責業務之維持與推動。其中二人由文教局職員的日人擔任，另二人由臺人萬華張坤艮與林學周選任，並正式改名為「臺灣佛教會」，直到二次大戰結束。

　　由以上所述，可知連官方自己長期利用的民間性「南瀛佛教會」，其能獲得臺灣佛教統一性組織的集體效用，也不過如此。

五、佐久間尚孝的全部任期內有何重要事業成就？

　　反之，我們在看看前面提及的，關於佐久間尚孝所領導的，以「新竹寺」為中心，並以新竹州轄區內的寺廟齋堂之住持，堂主及其他有志之士來組成該會的「佛教道友會」，從在 1929 年至 1945 年之間，實際上又有何作為與成就？

（一）來自他者的評估

　　首先，我們現在看新竹市文化局官網上的「人物志：流寓」的介紹，就完整提到：

> 佐久間尚孝，明治二十八年（一八九五）出生於日本國宮城縣遠田郡湧谷町。一九二二年駒澤大學（曹洞宗大學）畢業後渡臺，在臺北曹洞宗中學校（今泰北中學）擔任教職，一九二五年昇任為新竹寺住職教誦日語經文，招收臺籍僧人。新竹寺當時約有信徒千名，是新竹地方宗教界重鎮，佐久間在任職期間致力於教務，對臺灣地區宗教改革，寺廟規範等方面尤為關注。其間並擔任新竹州州會議員，市會議員、方面委員、司法保護委員，南門町區區會長及昭和義塾校校長，兼任新竹州內各寺院顧問等職，在新竹期間，對新竹州下的佛教護持有功，積極幫助鄭寶真創建靈隱寺，力勸寺社課，中止將獅頭山勸化堂變為神社，推介玄深、如學、勝光等尼師至日本留學。宗教事務上，建樹頗多。在社會救濟及教化事業方面費心最多，亦最受人愛戴。當時為照顧未能入公學就讀的貧困子弟，有學習的機會，排除困難，設立昭和義塾，免費提供教材、紙筆，幫助失學子弟就讀。一九四五年，戰爭結束後遣回日本，擔任仙臺梅檀高等學校學監、泰心院住持，宮城縣宗務所所長，東北教誡師會會長。一九六四年擔任戰後第一任中日佛教親善特使，長年奔波於日本、臺灣之間，致力於促進兩地的親善工作，受到臺灣地區空前的歡迎，佐

久間在感激之餘，誓言他日渡化後，必分骨於臺灣，一九
七七年去世，享年八十三。一九八〇年，分骨後奉安於新
竹市大眾廟、獅頭山開善寺，並刻石以誌其事。[38]

由此可知，直到 1945 年 8 月，他因日本敗戰政權轉移，也
跟著交出寺院離臺返日為止。我們大致上可以說，新竹地區的本
地佛寺，在他所長期活躍的所謂十四年（1931-1945）戰爭時期
內，主要都是透過他的從中斡旋，才能順利進行的。因此，他能
有如此巨大與深遠的在地影響，就理所當然了。

（二）他本人的自我評估

可是，他自己又是如何看待他的當時作為呢？根據他在戰後
回日曾向該宗的宗務廳提出檢討報告說：

> ……新竹是州廳所在地，在十萬人口中，日本人約佔一萬
> 人，幾乎都信仰曹洞宗。為了要維持運作而積極佈教，因
> 此擴大觀音講座、兒童班、日語講習會、附設幼稚園。另
> 外，並創設州佛教護法團，致力於皇民化運動、開設佛
> 教講習會。但，若沒有畢業證書，就無法從事喪葬儀式，
> 才意識到這一點，半路二次大戰就結束了。佈教活動對
> 於日本人來說，雖說要能影響到日本內地的檀信關係很
> 難，但對新竹在地人來說，是有相當成績，也具有努力的

---

[38] 網址 http://www.hcccb.gov.tw/chinese/05tour/tour_f02.asp?titleId=359。

價值。[39]

　　這的確是很貼近事實的一篇簡明檢討報告內容。不過，當時的其他的發展與面向，他在報告中，就沒有提及。

　　所以，我們以下就討論日本曹洞宗，在新竹州所扶植的在地佛教勢力，及其所具有的對於中日佛教親善交流的特殊角色配合問題。

參、日本曹洞宗與新竹州在地法雲寺派的雙軌制運作模式及其實質歷史作用考察

　　首先，就歷史大環境的透視來說，日治時期的臺灣佛教，雖處在異族的日本帝國主義的殖民統治之下，但是新竹地區和大陸佛教之間的交流，依然持續進行，並未中斷。而所以未中斷的原因，大致上是兩個主要的理由：

　　一、是基於本島人口居大多數的閩粵漢人移民，在宗教信仰習俗方面，和移民原居地的信仰習慣關係密切、影響深遠──這種伴隨種族、血緣、地緣和生活禮俗，所長期感染和滲透的宗教文化意識，並非短期內的隔離所能輕易割斷。

　　二、是配合日本在大陸地區勢力擴張的需要，藉兩岸華人的佛教交流，達成日華親善的效果，以緩和在中國境內日益高漲的反日情緒。

---

[39]　曹洞宗海外開教傳道史編纂委員會，《曹洞宗海外開教傳道史》，頁75。

因此，臺灣民眾原有的華人祖籍背景，及其所承襲的佛教信仰習慣，在日本統治當局欲達成日華親善的大目標下，事實上是可以作為一種交流的媒介來運用。

亦即，日本統治當局其實就是操縱此一兩岸華人佛教交流活動的幕後黑手。而大陸佛教界之所以願意來臺灣交流，一方面是如上所述的傳統的因素使然——基於兩岸原有的共同種族血緣、共同傳承的佛教信仰內涵——這一背景之影響；另一方面，則是欲向臺灣佛教徒募款，以補貼本身的經濟困窘，所以屢次應邀來臺弘法。

所以在日治時期，有關中日臺三角的國際佛教交流，除少數的例外，通常都具備了三個現實的因素：

一、由於日本佛教各宗派自清末以來，即曾長期處心積慮地努力，要突破所一再遭受的所謂「中國布教權」的限制，但仍要到大正後期，才能真正突破，然後才得以在日華親善名義下展開日華雙方的佛教交流。因此，日本官方或日本僧侶，其實才是兩岸華人漢族佛教交流的指導者或監督者。

二、縱使海峽兩岸在日華親善的名義下，曾展開多次華人漢族佛教方面的廣泛交流。但大陸佛教團體來臺灣交流，仍頗有助於彼等極需的宗教募款。

三、由於不同的大陸佛教人士來臺灣交流，因而同時也帶入了彼等正在推廣的新佛教理念，並促使臺灣佛教界開始對其作出回應。

例如，大陸的佛教代表團，於日本舉行「東亞佛教聯合會」時，出席大會的三位臺灣代表，一位是代表臨濟宗的沈本圓（1883-1945），他是現任臺北州觀音山凌雲禪寺住持，為日本

臨濟宗妙心寺派在臺灣的主要聯絡對象。第二位是代表曹洞宗的
覺力禪師（1881-1933）。當時他為新竹州大湖法雲寺和萬華龍
山寺住持（原為鼓山湧泉寺的閩僧，剛歸化臺籍不久）。第三位
代表則是臺灣在家佛教團體（齋教）出身的許林（1877-
1933），但他當時已傾向日本在臺灣的真宗本願寺派。另一位擔
任翻譯的，則是任職於總督府內務局文教課的江木生。

　　大會正式議程自 1925 年 11 月 1-3 日，於東京芝區公園增上
寺舉行。但根據太虛本人的回憶，第二天的議程，因臺灣代表權
的問題，雙方有歧見，幾乎使大會開不成。因當時日方以中國代
表排在日本之下，朝鮮之上。亦即當時朝鮮、臺灣雖為日本殖民
地，但日方起先是當其視為個別地區的代表，和中國、暹羅並
列。中華代表胡子笏和韓清淨等，均認為朝鮮、臺灣應附於日
本，而中國、暹羅則為其它國家代表。中日雙方代表，為此爭持
數刻鐘，日本代表才讓步，照中方代表要求，變更坐位次序，否
則大會議程可能無法繼續下去。[40]

　　但發言時，臺灣和朝鮮代表，仍代表各自區域佛教講話，例
如閉幕式中，朝鮮代表李允用、臺灣代表沈本圓仍被安排上臺致
詞，[41]並未由日本代表一概包辦。

　　其實，這一代表權的爭執，凸顯了一個國家主權認定的深刻
問題。因當時雖然臺灣原為中國領土，而朝鮮原本也是獨立主權
的國家，但因甲午中日戰爭中國戰敗後，已淪為日本的殖民地。
對於此一狀況，中華佛教代表，是採事實認定的態度，即既然日

---

[40]　江燦騰，《臺灣佛教史》，頁 292-293。

[41]　見藤井草宣，《最近日支佛教の交涉》（東京：東方書院，1933
　　年），頁 41。

本已領有臺灣和朝鮮為殖民地，則臺灣和朝鮮兩地佛教代表，自當附屬於日本代表之內，不應另立席位，且與中國、暹羅兩國並列。

換言之，中華代表，在乎的是，本身不與日本的殖民地佛教代表並席而坐，故極力爭取以「其它國家」的名義，來標示自己「國家」的代表權。但如此一來，便不得不視臺灣和朝鮮為日本領土的轄區，承認了日本以戰爭而強行佔有的政治現實；反之，對不肯臣服日本殖民統治的朝鮮人和心向大陸祖國的臺灣人來說，則是一種無情的傷害。

不過，這也是兩難的問題。以日本原先的席位安排來說，既稱「東亞佛教大會」[42]卻除中華代表團之外，只來了一位暹羅代表，其代表性顯然是不夠的，只得臨時加上臺灣和朝鮮的佛教代表，藉以凸顯日本佛教代表的盟主地位；但將中國、暹羅的代表和其殖民地的代表並列，也絕非為了尊重朝鮮和臺灣的獨立地位，因當時根本無此可能，也無此必要。

可見「東亞佛教聯合會」的代表權問題，自始至終皆帶有濃厚的政治意味在內，絕非純粹的國際佛教徒聯誼活動而已。

而臺灣佛教代表中，代表新竹州曹洞宗大湖法雲寺派的開山祖覺力禪師，在大會第一天（1925.11.1）上午的開幕式中，被安排繼朝鮮佛教代表羅清湖之後，代表臺灣佛教界祝恭賀辭。

為何會由覺力禪師，首先代表臺灣佛教祝恭賀辭呢？推測應有下列原因：（a）他是由大陸閩僧歸化為臺僧，並且事業有成，對日華親善的大會目標來說，不失為一個好的樣板。（b）

---

[42]　此會議，在日稱「東亞佛教大會」，在華仍稱「東亞佛教聯合會」。

他雖先代表臺灣曹洞宗的勢力，在開幕式發言，但閉幕式，則改由臺灣臨濟宗代表沈本圓發言。（c）他有原法雲寺派下兩位精通日語的留學僧彭妙機[43]和彭阿棟的協助，溝通無礙，故搶得先機。其中尤以彭妙機最擅交際，外交能力極強，連大陸代表都稱讚不已。

而且，除了在第一天的開幕式發言之外，覺力禪師和彭妙機，都參加第二天上午，由加藤咄堂博士規劃的「教義宣傳部」之大會議程。彭妙機曾發表〈臺灣之宣傳與對本會之期望〉；至於覺力禪師、甯達蘊、中島裁之三人，原預定發言，因時間不夠，只繳交發言稿而已。第三天為渡邊海旭規劃的「社會事業部」議程，覺力禪師則於會上發表了〈所感〉。[44]

由於在大會期間的雙方溝通無礙，便有部分代表在北京教界名人道階法師的率領之下，連同當時活躍一時的在家居士團體「中華佛化新青年會」代表張宗載、甯達蘊兩人，打著「中日親善」的旗號，順道來臺訪問和募款。而彼等在臺灣期間，也曾獲得日本在臺殖民當局和全島佛教界人士的高度重視及熱情接待，可以說，交流是相當成功。

並且，更重要的意義在於：這是臺灣本島的漢人佛教信仰圈內，自日本在臺殖民統治之後，首次接觸到的、來自對岸在家居士團體輸入的新佛教理念，因而直接衝擊的力道，也將相對大

43　彭妙機原名彭蓬聯，楊梅人，原為覺力門徒，極為優秀，為覺力得力助手。但其後為日蓮宗臺僧佐野足秀收為門下，於大正十三年九月十六日，赴該宗日本總本山久遠寺，位於山梨縣南巨摩郡身延村的學院深造。江燦騰，《日據時期臺灣佛教文化發展史》，頁 295。

44　江燦騰，《日據時期臺灣佛教文化發展史》，頁 295。

增。

　　不過，覺力禪師的大會期間的個人風光，可能也遭到其它臺
灣佛教代表的不滿。例如大會後，大陸代表來臺灣的參訪期間，
彭妙機即與許林言語不合，公然在歡迎宴上，出手毆打許林，釀
成大風波；風波過後，彭妙機便返回大陸，並由王一亭居中介
紹，出任福建廈門的員警署長。[45]

　　由上所述，可知這是臺灣佛教近代史上，一段較不尋常的、
中日臺三角的國際佛教交流經驗。但，就當時或日後的新竹在地
佛教史來說，由當時已是新竹州曹洞宗大湖——法雲寺開山祖師
的覺力禪師，所領導下的全新竹州現代佛教女性的教育問題出
現，可能更具深刻影響和重要意義。[46]

　　這是由於清代的臺灣或新竹地區，普遍缺乏受具足戒的僧
侶，因此不但要設立「尼寺」不易，僧侶的無知、社會地位低落
和行為上的污點（聚妻者很多），也迫使佛教婦女只好選擇「齋
教」的信仰形式，其至進一步成為「齋姑」。

　　然而，1895 年，日本根據〈馬關條約〉開始了對臺灣長達
50 年的殖民統治。除政權變革，還帶來日本式的佛教信仰，以
及信教自由的擴大。

　　雖然如此，直到第二次世界大戰結束初期，維持原有的「齋
姑」信仰形式，還是占絕對多數。

　　在此之前，因日本總督府主導的「南瀛佛教會」經常舉辦講

---

[45] 李添春，陳國政編，《李添春教授回憶錄》（臺北：自印本，1984
年），頁 60。

[46] 當然，佛教男性的教育也在內，但教育中心是在新竹州境外，或到中國
大陸的佛學院留學居多。

習和發行佛教刊物；以及特別針對女性講習和培訓，促成許多女性學員改「齋堂」為「佛寺」，或者新創本派（法雲寺派）的專屬「尼寺」。

亦即，主導一此改變的核心寺院及其主導者，其實是遠在新竹州大湖郡山區的臺灣曹洞宗新興道場，而此到場卻又是由對岸福建鼓山湧泉寺的僧侶覺力禪師，來臺開創的。[47]而這也是日治時期，唯一由大陸僧侶來臺灣，歸化為日本國籍後所主導的新竹州本土佛教大法派。

再者，此一法雲寺是在 1913 年 4 月經官方核准起造的。因此，該寺的創立日期，一般都以 1913 年 4 月為準。至於大殿工程則是到 1914 年 11 月 17 日，才正式落成。換言之，是完成於「西來庵事件」爆發之前一年的景氣時期。

據《覺力禪師年譜》資料顯示：日本曹洞宗大本山臺北別院的幾任院主像大石堅童、大野鳳洲等，甚至設法撥給法雲寺一片相當大的山林。[48]可見他已逐漸成為被拉攏的對象。

覺力禪師其實不通日語，接受日僧打扮或使用日式佛教法器，大都是應酬的成分居多，骨子裡還是鼓山的一套。並且，當臺灣佛教界紛紛派遣精英弟子到日本佛教大學深造時，覺力禪師卻將門下最優秀者送到大陸的佛學院去接受教育。更重要的是，

---

[47] 這是由於在新竹州苗栗客家的漢人移墾地區，曾有土豪在此新開墾地歷經多次血腥的番漢衝突和辛勤經營後，想在此一樟腦、林樹產地的新竹州大湖郡山區，打算藉建一新寺廟來息災免厄，所以才有此一新創闢的曹洞宗大湖法雲寺的出現。江燦騰，《日據時期臺灣佛教文化發展史》，頁 206-214。

[48] 釋禪慧編，《覺力禪師年譜》（永和：覺院，1981 年），頁 146。

在法雲寺完成之後，他曾七次傳戒和多次舉行水陸法會，使信徒的皈依數量迅速增加。

特別是，他針對齋堂的齋姑或新時代觀念的婦女，努力傳授佛法和指導佛事活動要領。但是，據如學尼的回憶：1925 年，在新竹香山一善堂為女眾開講——這是丸井籌組「南瀛佛教會」之後的事——，為期六個月，曾引起極嚴重的誤會和毀謗，幾乎令他的清譽毀於一旦，甚至要當眾發誓以表清白。

這就是有名的關於吳達智和許達慧兩位考上佈教師而招來大風波的事，如學尼還提到說：

> ……十一歲時，親眼看見他為了培養兩位尼眾，於香山一
> 善寺開講習會，讓她倆登臺演講，考上佈教師。這次最不
> 幸的事發生了，受人嫉妒、毀謗。幾乎要葬送他的前程，
> 致使他含冤受氣而擊磬請佛，呼韋馱天將證明說：如果真
> 有此事，「天不覆地不載」之重誓。[49]

可見，當時打破風氣、提倡女性僧伽教育之不易！

但是，類似的桃色風暴始終是沒間斷過；而女徒弟的後來發展，也構成了覺力禪師來臺灣事業中最光輝的一頁。

此因「法雲寺派」的創立者覺力禪師，熱衷傳戒和教育女弟子，所以門下女弟子之盛，在全臺灣各道場中，無出其右者。[50]甚至新竹地區的私人齋堂：「一善堂」和「一同堂」，都因為受

49　如學，〈覺力禪師年譜出版緣起〉，收在釋禪慧編，《覺力禪師年譜》，頁 1。

50　釋禪慧編，《覺力禪師年譜》，頁 148-9。

他的教育影響而成派下正統佛寺。[51]

但，另有一些此類的新女性道場，則鬧出了涉及男女情色問題的大風波。其中尤以「觀音山研究院」和「弘禪法院」兩座禪堂，最具有代表性。其相關過程如下：

一、首先是因覺力禪師曾在香山的「一善堂」，專為傳統的臺灣佛教女性舉辦過六個月一期的佛教講習會，而學員中有吳達智和許達慧兩位齋姑，在講習會結束後，因成績優良，立刻被新任命為後補女教師，但立即在臺灣佛教界引起巨大風波，彼等認為覺力禪師過度抬舉自己講習會的女性學員。

然而，吳達智和許達慧也不甘示弱，於是她們也結合十幾位尼眾，就在大湖郡法雲寺附近辦一座「觀音山研究院」。

此棟建築物是在 1927 年 2 月起造，直到 1928 年 2 月落成啟用，號稱是走現代化知識路線的女性修行團體，有報效社會的雄心。

可見，這是傳統新竹佛教女性的獨立自主性已逐漸展露的跡象，縱使對戰後臺灣的新佛教女性來講，彼等的如此作為，亦稱得上是影響深遠的里程碑。

---

51 一同堂是陳進治（法號覺明）起造的私人齋堂，歸依覺力禪師後改為一同禪堂（即今一同寺）。第二任住持玄深尼師，為張達精（妙果之徒）的女徒，是法雲寺派下的一分院。一同堂原是新竹望族鄭如蘭夫人鄭陳潤的私有齋堂，1892 年在香山創立，1925 年南瀛佛教會在此舉辦六個月期的「臺灣女子第二回特別講習會」，有覺力禪師門下的二女徒，達智和達慧被錄取為講師，所以逐漸成了正式的佛寺：一善寺。江燦騰，《臺灣佛教史》，頁 219。

肆、結論

新竹地區開始處在日本帝國政府殖民統治下，是在日本帝國在甲午戰役中戰勝並領有臺灣之後。

從此它便以新殖民統治者兼新文化指導者的雙重身分出現在這塊土地上，並開始展開其改造臺灣的土地、人民、社會、政治、經濟、宗教、禮俗和其他各方面的文化傳統等，歷時 50 年（1895-1945）之久。

此時，在殖民者和被殖民者間，由於種族、氣候、生活方式、生命禮俗、宗教信仰和歷史文化的不同，彼此在認知、價值觀或民族的自我認同等各方面，都會產生很大的差異。並且，儘管這些差異絕大部分，固然可以透過諸如政治權力的強勢支配、經濟的誘因、教育的潛移默化、有效的社會控制等措施，加以拉近，或加以改造。[52]但，其中有些差異似乎是難以改造或拉近的，例如所謂臺灣民眾的宗教信仰或民族的認同等。[53]所以本章就是針對此問題，進行相關的探討。

而因當時在政治上，日本帝國政府已是新的統治者，可以操控包括宗教政策在內的一切立法權，而基於統治上的需要，以及掌握日本章化在臺灣發展的主導權，官方必然而且必要協助伴同

---

[52] 有關此一問題的探討，最詳盡，亦最優秀的著作，當數矢內原忠雄著，《植民與植民政策》（東京：有斐閣，1933 年，增訂四版）。至於有關日據時期的殖民政策，以後藤新平著，《日本植民政策一斑》（東京：拓殖新報社，1921 年），為最權威。

[53] 見柴田廉，《臺灣同化策論──臺灣島民の民族心理學之研究》（臺北：晃文館，1923 年增補再版），頁 1-24。

佔領軍和新移民來臺灣的日本佛教各派能在此新殖民地上順利發展。

再加上來臺灣前的日本佛教各派，已在日本經歷長期的高度發展，以及在明治維新後遭到嚴厲的政策考驗和現代思潮的洗禮，因而已蛻變為一股對政治政策配合度高、且具有高度現代意識的強大宗教勢力。

所以它能一反歷史上作為大陸佛教接受者和學習者的角色，開始以上層指導者的身分，來聯絡、控制和啟蒙新竹地區的傳統漢族寺廟及其宗教的信仰內涵。

不過，在此同時，也可以發現：當時日本官方的「國家神道」、「祭政一致」、「天皇至上」的主流強勢立場，不只施之於被殖民者的精神領域和生活行為，也同樣對來臺灣的日本佛教的各派僧侶的「同化」主動權，產生了極大的制約、甚至於有排斥和一再加以壓制的「公私相剋」的現象出現。

因而這和臺灣學界只注意到：日僧與日本官方的親密合作關係，以為所有日僧，即是日本官方的主要「同化」工具，而臺灣佛教的日本化，即是日本官方的宗教行政策略。其實是差異甚大的。

所以當時的真相是，縱使在日本國內，其佛教各派的發展，也遭到來自「國家神道」的排斥和壓制。

不過，從日本官方殖民統治的立場來看，因臺灣民眾當時已是在其實質統治下的新族群，除非臺灣民眾能對日本章化和國家真正產生認同，否則彼等是不會對日本殖民政府效忠或臣服的。亦即無論是「內地化」也好或「皇民化」也好，總之同化的問題，早晚一定非解決不可。

　　所以日本在臺灣殖民統的後半期，亦即從第一次世界大戰到第二次世界大戰結束這段期間，臺灣總督府便著手處理同化的問題，然後逐漸由慢而快。並且，在最後十年間，更推行其所謂「皇民化運動」，順勢將改造的問題推到極端和全面的地步。當然，這樣的快速同化手段，完全是反人性的，所以在戰後便被廢止了。

　　根據以上所述，我們可將日治時代新竹地區日本佛教曹洞宗傳播發展，相對於三個發展階段及其不同的傳播特色。

　　第一階段，是從開始統治到西來庵事件爆發，約當統治的前20年或到第一次世界大戰為止。這一時期，日本佛教各派，除禪宗和本願寺派的真宗與臺灣本土寺廟及齋堂建立合作的加盟的關係以外，因新殖民統治者對臺灣宗教採用信仰自由寬容的政策，使佛教的發展機會大增。

　　第二階段，是直到日本在臺灣殖民統治的第40年為止，約當從第一次世界大戰結束到第二次世界大戰爆發之前。這一時期的特色是，日本佛教各派紛紛在臺灣建立永久性的傳教中心寺院（或稱為「臺灣別院」或稱其「臺北別院」）和各地分院及或布教所，建立中等佛教教育機構或訓練班，以提昇加盟的臺灣本土佛教弘法人物的知識水準，派遣優秀的留學生赴日深造，以養成高等佛教學術人材，以及促成本土佛教大法派的系統建立。

　　同時，全臺灣性的佛教正式組織和其機關刊物，也出現於此一階段；並且此一階段，也首次有臺灣本土僧侶獲派參與1925年第一屆在日本東京增上寺舉行的「東亞佛教大會」，使臺灣佛教人士能夠在正式國際佛教交流的場合。而當時代表新竹州漢族佛教領導階層的覺力禪師，即曾奉派前往大會，宣佈其佛教改革

主張和對其佛教團體的表示關懷。之後，又接待來自大陸的同會某些代表的來臺灣交流。

所以，此一階段的發展特色，可以說，已具有現代性的前衛表現，故稱之為傳播和發展的黃金時期，應無過譽之虞。

第三階段，就是日本在臺灣殖民統治的最後的 10 年。在此階段中，由於日本在中國大陸發動全面性的侵略戰爭，在臺灣殖民統治的日本統治當局，為免臺灣人心向祖國，加速實施皇民化政策。於是新竹地區的漢傳佛教也被要求全面日本化，同時要配合官方的需總動員。成為統治的輔助工具之一。因此，完全喪失其自主性，直到戰爭結束，日本退出臺灣為止。

而後，則因新的統治方式出來，現代中國大陸的佛教制度又在 1949 年後，對於日治時代的日本寺院大都沒收改用，日式佛教制度也完全更替。此後，影響臺灣佛教重心，主要是在有關佛教學術的知識方面了。

第四章
帝國殖民統治時代的日本眞宗
竹壽寺在新竹坎坷處境

壹、前言

整個日本在臺灣殖民統治的 50 年間，來臺灣的日本佛教各宗派，雖非全部都來新竹市建寺弘法，可是當中還是有包括發展最成功的日本曹洞宗、日本真宗本派本願寺等強力大宗派在內，都曾在新竹市長期經營與多方努力擴張其宗教影響力。

當時，新竹市只是人口最多在 10 人萬上下的中型都會區，當中的本地漢族居民又佔絕大多數，而新來的日本居民，包括行政官員、駐軍、警察、商人、教員、司法人員等在內，全盛時期的總人口也只是 1 萬餘人而已。所以日本佛教各宗僧侶要在此發展，除非既能在日本住民中獲得大力支持，又能與當地的多數漢族居民建立起一定程度的佛教信仰聯絡情感，否則是無法產生巨大宗教影響力的。

而因當時新竹在地民眾最普及的是禪宗與淨土的兩大漢族民

眾信仰，[1]雖是承襲原先清代竹塹漢族的信仰習俗而來。可是，由於日本曹洞宗因是源自宋代的中國禪宗曹洞宗的東傳，之後在長期發展中，雖已徹底在地化而成為日本特有曹洞宗的龐大宗派寺院系統及其新的禪宗信仰方式，可是畢竟與在新竹當地的在家禪宗（齋教三派）與寺廟信徒的宗教屬性相近，而且是搶先利用各種權宜方式，來與當地寺廟或齋堂之間，建立起雙方有簽約根據的宗教聯誼關係，所以早一步在新竹當地獲得豐碩拓展的宗教果實。

　　反之，僅次於日本曹洞宗在新竹漢族信仰圈的發揮其宗教影響力的，雖是在日本已擁有宗派雄厚勢力又具有與明治天皇家族之間的顯貴姻親關係的真宗西本願寺派。可是，由於該宗的特殊日本彌陀本願淨土信仰方式，以及真宗僧侶的婚姻家庭生活模式，與傳統新竹在地的淨土信仰俗差異極大。因此，新竹漢族在地淨土信徒，要在短期內就無心理掙扎地適應，是有其困難的。[2]如此一來，除表面性的接納之外，要能短期內真正普及，自然

1　日本官方的臺灣舊慣調查後發現：臺灣的佛教傳自福建及廣東，是屬於禪宗的臨濟和曹洞兩派。禪宗的教義本在「直指人心，見性成佛。教義（外）別傳，不立文字。」即不依經論，不依菩薩，而從禪入定、從定得慧，直接發揮人人固有的本性。後來卻變成小乘卑近，而且將諸佛置於客觀之地，專以誦讀經文為亡者祈求冥福，與皈依淨土宗者異。其所奉之佛以阿彌陀佛、釋迦、觀音、地藏等為主，更加入禪宗開山祖達摩（達摩又稱祖師，臺灣的清水祖師係由廈門清水巖分香者，因而得名）。民眾最為信仰觀音菩薩（俗稱佛祖），被奉祀於寺廟或家庭內，並皆有或畫、或刻、或塑的法像，此點與儒教的眾神迥異。引自陳金田譯，《臨時臺灣舊慣調查會第一部調查第三回報告書：臺灣私法（第二卷）》（南投：臺灣省文獻委員會，1993 年），頁 178-179。

2　見大橋捨三郎編，《真宗本派本願寺臺灣開教史》（臺北：芝原玄超，

不太可能。

　　所以，我們在此所要討論的，就是日本真宗本派竹壽寺在新竹本地發展歷程中，所呈現的其實是屬於非常艱困的慘澹經營面向。

＊

　　事實上，如今我們若從當時的歷史資料來透視的話，就可以清楚地發現，日本真宗本派即西本願寺派是與明治維新政府最密切配合的日本佛教宗派，甚至宗派的門主（真宗特有稱呼，宗派現任世襲領導人）與天皇家族有密切的婚姻關係，屬於皇親國戚的顯貴階層。[3]因此，不但很早就配合官方的國際外交及擴張需要，在近鄰的北邊俄羅斯東方沿海地區成立部教據點，[4]也在日

1935 年），頁 130-138、210-212。江燦騰，《日據時期臺灣佛教文化發展史》（臺北：南天書局，2001 年），頁 128-132。

[3]　柴田幹夫著，王鼎等譯，《興亞揚佛：大谷光瑞與西本願寺的海外事業》（新北市：博揚文化出版社，2017 年），頁 8-9。

[4]　2016-05-12 的《團結報》，登有一篇〈日本大谷光瑞西域考谷的緣起〉，提到：「日本明治維新後，試圖『脫亞入歐』，努力向西方學習。日本佛教最大宗派淨土真宗的大谷派總本山東本願寺和本願寺派總本山西本願寺，也派出大量僧徒赴歐洲各國留學，其中包括西本願寺第 21 世法主大谷光尊的長男大谷光瑞。大谷光瑞於 1892 年與京都貴族九條道孝公爵之三女九條籌子訂婚，而九條道孝之四女九條節子已於 1889 年許配給明治天皇的太子嘉仁（嘉仁即後來的大正天皇，節子即後來的貞明皇后）。大谷家與皇室連襟，西本願寺又在甲午戰爭中為日軍服務有功，大谷光尊遂於 1896 年被明治天皇封為伯爵。大谷光瑞於 1898 年和籌子完婚後，奉父命要赴歐洲留學，於 1899 年 12 月離開日

清甲午戰爭與日俄戰爭時，派出隨軍部教使，幫助軍方安撫士兵或料理傷亡事宜。[5]

之後，隨著日本擁有臺灣最為新領地的殖民統治，真宗本派也到臺灣來佈教發展。

可是，當是真宗本派的發展，出現意料之外的困境。其一，是該派法主因在海外耗巨資從事西域探險，以及在中國境內多處發展，所以導致嚴重財務虧空，遭司法訴訟，因而引咎辭去門主身分，成為非僧職的日本貴族。[6]因此，初期在新竹市發展時，在日本該派的總部便無法強力在財務上奧援竹壽寺發展。

因此，縱使有如此顯赫華族身分，以及與天皇家族關係如此密切，同樣無法抗衡日本曹洞宗在新竹市的搶先獨霸發展優勢。因此，本文作為日本曹洞宗在新竹市的優勢發展對照，是有其特

本，於 1900 年春到達英國倫敦。」

網址：http://www.tuanjiebao.com/ft/scsh/2016-05/12/content_61127.htm。

5　大橋捨三郎編，《真宗本派本願寺臺灣開教史》，頁 73-85。

6　柴田幹夫著，王鼎等譯，《興亞揚佛：大谷光瑞與西本願寺的海外事業》一書，註 28 有詳細說明，頁 9。維基百科也提到：大谷光瑞（1876 年 12 月 27 日－1948 年 10 月 5 日），日本僧人、探險家，淨土真宗西本願寺派第 22 代當主（1903 年至 1914 年在位），法號鏡如，伯爵。其父是本願寺第 21 代家主本願寺明如，幼名峻麿。1902 年開始率領探險隊在中國新疆活動，次年因父親去世回國繼位，其後又三次前往新疆探險。他在吐魯番地帶搜集的木乃伊等在旅順博物館收藏。作為本願寺家主，他積極推進教團的現代化，致力於日本在海外的傳教活動。在日俄戰爭中，本願寺家派出了大量的隨軍傳教僧人。1913 年，他會見了孫中山，在其推薦下出任中華民國政府顧問。1914 年，因為教團的巨額債務問題而被迫退位，此後隱居大連。網址：https://zh.wikipedia.org/wiki/大谷光瑞。

別意義的。

貳、有關日本殖民統治時期的
真宗西本院寺派竹壽寺背景資料

　　有關真宗本派竹壽寺的艱辛拓展歷程，在稍後我們會介紹。此處先就相關背景資料，進行基礎認識的解說，才容易理解相關的該宗發展歷史、宗祖來歷、宗教祭儀、以及信仰核心的佛經依據。

　　我們首先根據的資料記載，是在 1931 年出版的《新竹市要覽》一書中，載有日本淨土真宗西本願寺派在新竹市所建的「竹壽寺」資料。[7]相關簡明記載如下：

竹壽寺

名　　　　稱	竹壽寺真宗本願寺派
所　　　　在	新竹街新竹自南門二三七番地
本　　　　尊	崇拜阿彌陀佛、聖德太子、七高僧、見真大師、親鸞上人
經　　　　典	三部妙典
境　內　坪　數	二百四十二坪二合三勺
建　物　坪　數	二十五坪八合五勺
設置許可年月日	明治 43 年 6 月 20 日
創　歷　年　月　日	明治 43 年 6 月 20 日
例　　祭　　日	春秋兩彼岸、盂蘭盆會
信　　徒　　數	六百人

7　《新竹市要覽》（新竹：新竹市役所，1931 年）。

　　對於此相關佛教史資料，若不稍加解讀，一般讀者可能不太理解。所以此處，對此稍加解說，好讓讀者理解。

　　首先，日本殖民統治時代在新竹市的日本真宗佛寺，有「竹壽寺真宗本願寺派」與「東本願寺派新竹佈教所」的區別。前者資料記載如上述。後則的地址，是在當時新竹市黑金町四三六番地（＊約在現今新竹市南大路 365 號，新亞冷氣冷凍工程行的廠房所在），1931 年之後，由角倉誓所建。這兩者有何差異呢？

　　根據 1925 年第一屆「東亞佛教大會」在日本東京都芝區增上寺召開時，日本佛教各派組成的「佛教聯合會」，為了怕與會的各國代表（其中包括來自臺灣佛佛教界的三位出席代表）不了解日本佛教今昔不同的狀況，即委由峰玄光主編一本《日本佛教要覽》，[8]提供給來參與大會的各國佛教代表們參考之用。後來，在 1933 年於臺北出版的一本《臺灣社寺宗教要覽（臺北州の卷）》，[9]對於相關資料也是參考上述這本《日本佛教要覽》而敘述的。所以，我以下的解說，主要就是根據《日本佛教要覽》的相關資料來談的。不足之處，再另外補充新的參考著作。

一、日本淨土真宗本願寺派的
創立與東西本願寺派的分裂

　　根據《日本佛教要覽》的說法，「真宗」的各派，都是源自宗祖親鸞（1173-1126），諡號「見真大師」，於日本後崛河天

8　峰玄光主編，《日本佛教要覽》（東京：佛教聯合會，1925 年）。
9　曾景來編著，《臺灣社寺宗教要覽（臺北州の卷）》（臺北：臺灣社寺宗教刊行會，1933 年）。

皇元年（1224），依《大無量壽經》作《顯淨土真實教行證文類》6卷（後世簡稱《教行信證》），開創本宗。

不過，事實上，「見真大師」被諡號的時間，其實要遲至明治維新以後，1872 年 11 月 28 日，由太政官三條實美（1831-1891）頒發。至 1879 年 9 月 29 日，更由明治天皇御筆「見真」兩字的匾額，給寺方供奉在祖堂之用。[10]

親鸞原受教於淨土宗開宗之祖源空（1133-1212）的座下。源空死後，親鸞依其所傳，而有《顯淨土真實教行證文類》6 卷的撰述。但也因此，真宗的教義分為兩途，其一是宗祖親鸞本人所證之法門，其二是其所承襲的淨土宗義內容。至於以後真宗的各派，都是由此而漸漸衍生的。

真宗的分支，主要共 10 派，即：真宗本願寺派（西本願寺派）、真宗大谷派（東本願寺派）、真宗高田派、真宗木編派、真宗興正派、真宗出路派、真宗山元派、真宗誠照寺派、真宗三門徒派、真宗佛光派。

而和日本殖民臺灣時代的新竹市日本佛教真宗，只有真宗的西本願寺派與東本願寺派，共兩派而已。但，「真宗西本願寺派」，為何要自稱「真宗本派本願寺派」呢？這是有其歷史變革的。

其實，最原始的「真宗本願寺派」，是由親鸞的地寺女兒覺信和孫如信及部分親鸞弟子，於日本龜山天皇在位第九年（1722），在東山大谷親鸞的墳畔建佛閣，閣內安置親鸞的影像以為供奉。日本龜山天皇賜號「久遠實成阿彌陀佛本願寺」，簡

10　大橋捨三郎編，《真宗本派本願寺臺灣開教史》，頁89-91。

稱「本願寺」。這就是「本願寺」的起源。而自此一「本願寺」
興建之後，日本各地的親鸞信徒，也紛紛以此為信仰中心，於是
逐漸被尊崇為「真宗」的本山。

　　但，由於這是按親鸞後代的血脈順序來傳承法統，所以她的
女兒覺信被尊為第二代，孫子如信則被尊為第三代，累世相傳。
其中，尤以第八代的蓮如，對本派的教勢況張，貢獻最大，可說
是奠定迄今持續隆盛的偉大功勞者。因此，日後的「本願寺」各
派所屬道場，將蓮如的影像供奉在內，也成了常態。連臺灣真宗
的東西「本願寺」派道場，也不例外。

　　不過，隨著本派教勢的發展，作為本山的「本願寺」，也幾
經遷移，先後在山科、鷺森、被塚、天滿都建過新本山。1591
年正親町天皇在位，由於豐臣秀吉（1536-1598）在京都六條捐
獻了建寺土地，便又遷至京都的崛川建立新本山。以後，此地變
成了「本願寺」派的永久本山所在。此處約當今天京都市下京區
花屋町下本願寺門前町的「本願寺」內。

　　至於東「本願寺」派的出現，則是發生在此之後，是從原來
的「本願寺」派分裂後，新開創的「本願寺」大谷派。分裂的原
因，是第 11 代法主顯如死後，該派按其生前屬意的第三男懷如
接第 12 法主之位。長子教如不滿，在德川幕府初期獲德川家康
（1543-1616）的支持，另創「真宗大谷派」。於是，「真宗本
願寺派」一分為二。至日本後陽成天皇在位（1596-1616）時，
東、西本願寺派的分裂成了定局。

　　東本願寺派以後在京都的烏丸七條，確立了永久寺基。因幾
度被大火焚毀，所以迄近代明治維新之前，該派的主要精力，都
是花在重建本山的大伽藍上面。不過，隨著明治維新的來臨

（1867），以及本山的大伽藍重建完成，此派也順應時代的新潮流、以及配合明治政府對外擴張的需要，分別在日本北海道、朝鮮、中國上海、以及日本治民統治下的臺灣，都有此派的傳教發展據點。甚至北美等地，也有此派的足跡。

　　而由以上所述，即知「真宗本願寺派」，特指「真宗西本願寺派」。原開創者的直接法統繼承者之故也。

二、有關日本淨土真宗本願寺派的特有佛教名詞補充說明

　　在 1931 年出版的《新竹市要覽》中，有關「竹壽寺」的登載資料，曾提及一些特有的佛教名詞，若不稍作解說，同樣不易了解。故亦稍作解說如下：

　　1.在供奉的佛像中，有所謂「七高僧」這個罕見名詞，是指——印度的龍樹、世親，中國的曇鸞、善導、道綽，日本的源信和源空。因這七位大德，都和親鸞所師承的淨土思想詮釋有關，並且以人為主，所以稱為「七高僧」。

　　2.該宗信仰所根據的「三部妙典」，是指——《佛說無量壽經》、《佛說觀無量壽經》、《佛說阿彌陀經》。這三本是佛經，是淨土思想在法義上的最高依據，因以典籍為主，故稱「三部妙典」。

　　3.在竹壽寺內的年度宗教例行儀式，除一般人較常聽說的「盂蘭盆會」之外，還有「春秋兩彼岸」是該宗特有的，是指——春秋兩季的分別一次連續七天的隆重該宗祭典活動。

參、日本淨土真宗西本願寺派在臺灣新竹的初期發展概述

一、第一階段：初期「隨軍佈教使」的派駐新竹

　　僅次於日本曹洞宗僧侶來新竹傳教的日本佛教宗派，是在 1987 年夏季，淨土真宗西本願寺派所派來的「隨軍佈教使」選義貫。他的勤務對象，是在新竹的日軍第二步兵聯隊。他的住處，也在營區內。

　　1988 年他才借到新竹在地豪族林氏家廟後，才有在駐軍以外的傳教活動。可是，當地日本民眾不多，在地新竹民眾及寺廟，又都簽約成曹洞宗的信徒或隸屬寺廟。因此，他的教務難以展開，績效不佳。真宗本願寺派大本山，甚至一度考慮撤出新竹教區。最後，雖未撤出，但，1899 年 11 月，就由新派來的藤本周憲所取代。

二、第二階段：淨土真宗西本願寺派首次在新竹市郊自購佈教場地

　　淨土真宗西本願寺派首次在新竹市郊自購佈教場地，是在 1900 年 7 月，以新到任的岡村繁藏名義，在郊外爾雅冢 191 號購得建物 9 坪建築用地 191 坪。房子雖小，但總算不用再寄人籬下了。

　　另一方面，此次淨土真宗西本願寺派之所以要在新竹市開始自購屋地，其實也是因應臺灣總督府民政局在宗教管理上的新要

求所致。[11]因而，當時日本在臺的佛教各宗派，都不得不跟著配合，於是才逐漸走上自行購地建寺或佈教所的途徑。

此因截至當時為止，是處於日本殖民統治初期臺灣民眾以武裝激烈抗日的不安定時期，而有關財產掠奪與私宅被佔用，又常是引起誤解而爆發衝突的重要原因之一。

所以，就官房而言，若要有效安撫臺灣民眾的不安反抗情緒，以便早日回復正常社會秩序，除了用強大的武力鎮壓之外，就是儘量在法律的範圍內進行對攸關民眾的事務依法仲裁與管理。否則人心若依舊不服，反抗也同樣難以平息。

因此，在1888年5月10日，臺灣總督府在縣第532號文，即明確提到：「有關本島舊有的寺廟成內地各寺的分寺一案，各縣廳有陸續陳報上來的情形。本島寺廟雖都祭祀賢士、功臣等，惟若任意使其成為寺院，則可謂處置不檔。縱使使其成為某某分寺，充其量也僅在揭櫫其成為某寺分寺的標誌而已。其實就有寺廟大都不具寺院的體裁，本案畢竟是從事佈教之輩，因某方面產生的弊端。對此等不妥的情形，在於另行制定某種法規之前，有關此等寺廟成為分寺一案，則當予禁止……。」[12]總而言之，臺灣總督府方面，對於初期臺日僧的胡作非為，其實是很清楚的，並有一家以抑止。

---

[11] 見溫國良編譯，《臺灣總督府公文類纂宗教史料彙編——明治28年10月至35年4月》（南投：臺灣省文獻委員會，1999年），頁179、187。

[12] 溫國良編譯，《臺灣總督府公文類纂宗教史料彙編——明治28年10月至35年4月》，頁179。江燦騰，《日據時期臺灣佛教文化發展史》（臺北：南天書局，2001年），頁42。

　　此外，當時雖有一些神廟，也被日本官方徵用，如下表所示：

新竹縣寺廟用作兵營等之調查[13]

寺廟名稱	寺廟所在地	現今使用官廳名稱
孔子廟	新竹城內東門堡	臨時派遣步兵第 20 聯隊第 3 中隊
文昌宮	新竹城內東門堡	臨時派遣步兵第 20 聯隊第 3 中隊
關帝廟	新竹城內南門大街	第 8 憲兵隊第 10 分隊憲兵主力部隊
龍王祠	新竹城內南門	新竹醫院
十標媽祖廟	新竹城內東門堡	新竹辦務所
地藏庵	新竹城內東門	新竹守備隊軍官會議所
天后宮	香山庄	香山警察分所

　　但此一類用途，基本上是作為公務如作軍營社、醫療場所或警務辦公之用，而且都是屬於宮廟的情形，與徵用民產與私宅不同。

　　反之，在日本殖民統治時期，凡屬宗教的行為，一概都視為是私人的或適用私法規定的民間行為。這不論對於在臺灣的所有日本僧侶或臺灣原有的「舊慣信仰」狀況，都一律適用。其間得差別只是，法律上規範並享有一定優惠的「佛寺」或「宗派僧侶」，是要申請通過的才具有資格。否則就只是臺灣原有的「舊慣信仰」而已，沒有法律優惠，例如外出時的車資或船票沒有折扣等。

　　而這一時期的新竹地區，雖有日本曹洞宗僧侶足立普明搶

13　江燦騰，《日據時期臺灣佛教文化發展史》，頁 25-26。

先，於 1887 年來到新竹，藉用種種宗教權宜措施，逐漸有當地一百多間廟宇或齋堂等與他簽約成為該宗的隸屬分寺，然而同樣在 1888 年 5 月 10 日，臺灣總督府在縣第 532 號文名利禁止後，遭到重大挫敗，而不得不開始走上自行在當地購地建寺之途。

同樣的，淨土真宗西本願寺派首次在新竹市郊自購佈教場地，是在 1900 年 7 月，也是出於同樣的現實官方宗教行政上的新禁令所不得不然的行為。只是，首次購到的場地實在不夠大，又地處偏僻的郊區，於是取代首次購地建佈教所的藤本周憲佈教使，是 1903 年 10 月新到任的岡藤常慚，尋覓新址的問題，便交由他來負責。

三、第三階段：第二次轉遷
新竹西門街新址時期的活動狀

新派任的岡藤常慚佈教使，感到原地址僻處市郊，並非理想的拓教地點。1904 年 9 月，他在新竹市的西門街，找到所中意的新佈教所所需場地，並照規定向官方提出建新佈教所建築許可。1904 年 10 月 12 日，此處部教所，終於獲當時新竹廳長里見義正的許可，可以開始建築了。此一預計新蓋的新建築物，共有 36 建坪，附屬用地有 44 坪，又位於市區內，故信徒若來參加活動，將非常方便。但是，所需的經費沒有著落，於是要展開新的勸募活動。

從 1905 年 4 月起，岡藤常慚佈教使藉著舉辦「真宗講」的相關系列講座活動，來訴求籌建新佈教所的必要性、迫切性與募款的困難問題。從 1906 年 2 月，更訂下要達成募足 2000 元的目

標。期間，日本信徒有贊助的，包括：太田重助及新原龍太郎、黑執專支助、阪東政太郎、福島熊次郎、有田、平林等諸氏；新竹在地臺人士紳，則包括：鄭如蘭、陳信齋、黃鼎三、鄭嘉之等，都出過大力幫忙。

只是，建築的實際目標，最終仍未達成，岡藤常慚佈教使就被調職了。接替他的是 1909 年 11 月 28 日，才到任的村上靈順佈教使。而新到任不久的村上靈順，又改在新竹南門街 237 號，購得大型民宅，做為新的建寺用地。這便是此後竹壽寺的正式建寺地址。於是，底下我們轉為討論這一新的改變狀況。

肆、日本真宗西本願寺派的竹壽寺在新竹坎坷經營的滄桑史概述

一、第一階段：轉遷新竹南門街新佈教所至竹壽寺建立初期的活動狀況

在村上靈順佈教使尚未調派來新竹代替岡藤常慚佈教使之前，淨土真宗西本願寺派把在新竹拓展的原「新竹支監」（分部監督）廢止。其職務上的變動是，在新竹的該宗佈教使，不再兼任監獄教誨師的工作。而村上靈順來新竹到任之前，是在臺中市擔任監獄教誨師的工作。1904 年 5 月，他改任駐臺中市的專任佈教使，不再兼任監獄教誨師的工作。其後，1907 年 5 月，他一度轉勤到臺東廳吳金城地區。1909 年 11 月 28 日，他才傳勤到新竹教區來。

村上靈順上任之後，便積極進行新竹市南門街新佈教所的工

作。至 1910 年 7 月，在南門街 237 番地，購得一處民宅，其中包括建築物三棟共 35 坪，預定以 21 坪半，作為大殿（本堂）的建築用地，整個建築用地則預定為 2462.55 坪，購後將其修繕，面目為之一新。

此次的經費開銷，初期，靠日本的本部撥款 500 元補助之外，靠各方捐助及舉辦「真宗講」的收入，也有 1300 餘元。1911 年 6 月，他又獲准成立「新竹佛教婦人會」，因此也從會員的捐款與入會費中，獲得新的一筆收入。

由於村上靈順的任期較長，活動力又強，所以到 1914 年 6 月，他邀得公共團長松木徒爾與區長陳信齋的共同聯名，先向官方提出創設「新竹救護團」的申請，再於 1915 年 2 月，由村上靈順具名正式向新竹廳的官方主管單位，正式提出建寺的申請。同年 3 月，村上靈順先徵得新竹當代信徒總代表新原、日向等人的認可，稍後又得到新到任的新竹廳長三村新平（1915/5/1-1918/3/7 在任）同意，於是開始建新正殿（本堂）的相關商討。此次商討的重點有二：一是由誰來擔任籌建委員？二是擔任籌建委員的每個人，必須承擔多少建寺的捐款額分？等確定籌建委員人選之後，包括本地臺人士紳鄭拱辰、陳信齋等有力人士計 12 名，共同商議與承諾此次籌建新大殿的籌募款項，為 5000 元之多。這個金額，幾等於初期購地和修繕舊建築物經費的兩倍半了。

此次預訂新建的正殿為 21.5 建坪，還差半坪才合乎規定。可是，因寺院住持及家屬所住的「庫裡」，有 13 坪餘，故兩者的總坪數，符合官方規定。境內地預定 346.55 坪，相當寬大。並且，西門街佈教所時期的幾個大功德主，如：新原龍太郎、黑

執事支助、阪東政太郎、福島熊次郎等，此次也被列入信徒總代表的名單內。可是，建寺過程，經費困難，籌湊不易。例如1915 年 8 月 21 日，安東貞美總督（1915/5/1-198/6/6 在任）才核准「竹壽寺」的「公稱」。亦即，從此才可以對外以「靈泰山竹壽寺」的正式寺名了。

二、第二階段：第一任「竹壽寺」住持村上靈順的遭困與積勞病逝殉職

以竹壽寺當年在新竹市發展的情況來說，若相較於其他淨土真宗西本願寺派在寺院或佈教所，其實並不突出。而對於此點的觀察與判斷，亦只要從本山的對其罕有補助，或縱有補助數目也不大的這點來判斷，及不難了解。

但，所衍生的問題是，既然預期的情況與現實落差太大，所以「靈泰山竹壽寺」的正式寺名，雖在 1915 年 8 月 21 日，就獲官方核准的「公稱」，卻直到 1918 年 3 月 7 日，才完成在本山的登錄手續。也直到當日，大本山才讓他供奉本尊木刻阿彌陀佛像於其中。顯然，這不是好的徵兆。

1918 年 3 月 7 日，又要求他把原先的「庫裡」，充作「堂班」（按身分坐堂）來使用。達成這些事情之後，才正式任命他為「公稱」後的第一任「靈泰山竹壽寺」住持。但，新上任的村上靈順，因多年來為此寺盡瘁奔走，積勞成疾，才過 4 個月，他在同年的 8 月 19 日就病逝了。在本山方面，則諡號「寶滿院」，將其供奉在寺中，也算對他死後一種聊勝於無的補償罷了。

三、第三階段：第二任「竹壽寺」住持 岩水哲章的再度受困與悲慘殉職

竹壽寺首任住持病死殉職後的接任人選，是岩水哲章佈教使。他是在 1915 年 5 月 20 日奉命駐在新竹，但直到 6 月 6 日才上任。而且，要到三個月以後，他才於 1915 年 9 月 24 日晉升第二任住持。

可是，岩水哲章雖晉升竹壽寺的第二任住持，卻等於同時接到一份苦差事。並且，此後數年間，還讓他宛如遇到惡魔作祟一般地，將他帶入萬劫不復的悲慘重建狀況中，而難以脫身。最後他的結局，也同樣是被艱困的重建工作，一直折磨到 1933 年 6 月，悲慘地在任上殉職為止。為何會如此呢？

此因新竹地區號稱風城，聞名全臺，加上夏秋雨季，常有強烈颱風挾帶豪雨而來，破壞力極大。拔樹毀屋，災情不斷。特別是對木造或土造建築，極為不利。因此，每次颱風過境後的災後重建，都是一場極為傷神與耗財的嚴酷考驗。

問題在於，此種情況每年都可能發生，而前任住持已在此地積極經營多年，難道不曉得會有此種情況出現嗎？當然是知道的。只不過村上殉死之前幾個月，才剛升上首任住持，而他在當月對於下大殿的建築，雖已商議到接近成熟的階段，包括大殿、忠魂堂、庫裡及其他開銷，已接近 23000 元之多，可是捐獻與勸募的許可申請，手續仍未完成。

因本山方面，對於如此大的支出款項並不同意，所以一直到村上本人死於任上，一切仍在擱置狀態，難以動彈。因此，空有「公稱」寺名的「竹壽寺」，只是名義上好聽，實際上卻是一處

讓新住持岩水哲章必須因陋就簡、時時刻刻都要操心的危險建築工地。若遇到每年的強烈颱風來襲或遇暴風雨降臨橫掃一切時，便會造成建築物的進一步毀損，甚至會有逐漸崩塌的跡象出現。

儘管如此，擔任第二任住持的岩水哲章，還是每天要進行身為僧職與「竹壽寺」住持的例行性宗教事務。而他除了必須維護既有的相關建築物，可以完整使用之外，更艱鉅的挑戰是，如何續完原先中挫的新大殿建築及周邊工程。他處在這種夾縫中的心理煎熬，他所面對的艱難與困頓的窘境，都不難想見。

但，由於原先預定工程所需的總預算，及其所要進行的募款和捐獻計畫，遲遲未獲本山的批准，如今要再繼續推動，若原先的困境又依然存在，有可能會不橫生阻礙嗎？

我們從此事其後的發展來看，岩水哲章顯然是採取能夠進行的相關部分，先行設法推動建築工程的進行。也就是岩水哲章在全部預定的整體新建工程中，只是實際將周邊工程部分，進行施工，因為這部分的經費不多，短期內可完工使用。而他策略，就是將新完成的「庫里」建築，先當作「新大殿」來權宜使用。

至於舊有的大殿建築空間，他騰出來，一方面當住家與辦公之用，一方面也可延緩新大殿建築的急迫性。如此一來，原有急需的龐大款項，就可不必在短期內籌出，大大降低了原有在短期內就必須募足所需款項的巨大壓力了。這不論對於等候大本山的批准或信徒代表的捐款困難等，都可以順利解套，使大家得以鬆口氣過來。

儘管如此，正個新建企劃，還是直到 1926 年 6 月，也就是自從岩水哲章上任以來，已經過了三年之久，才在信徒總代表：新原氏、永井氏、後藤氏、堀氏、日向氏、阪東是、岩下氏等人

發起之下，並獲新到任的第四任新竹州知事梅古光貞（1922/5-1923/10 在任）的幫助，而終於取得捐獻勸募的許可。

此次，大殿新編的預算，雖降至 10700 元，較之前被擱置的總預算少 10000 元之多，卻仍只是虛編而已，根本沒有執行。實際被執行的，只是編 3700 元預算的新庫裡建築工程而已。如此一來，整個施工期，就大大所短了。從 1923 年 4 月開始動工，到 6 月就完工了。落成啟用典禮是選在 8 月 31 日，這是選在第四任新竹州知事梅古光貞離任之前的一個月舉行，好讓他參與此一與他有關的盛會。

不過，雖有了這一權充的大殿（「假本堂」）的「庫裡」，但在未來真正大殿完工之前，作為「庫里」使用的建築物，實際上也耗費 4500 元的工程費才過得去。而這對岩水哲章的個人和家庭來說，真正的悲劇還在等候著他呢。

因自權充的大殿（「假本堂」）的「庫裡」舉行落成典啟用典禮之後，原本應該接著推動新的正式大殿建築工程早日動工，而勸募捐獻的工作也應繼續進行。誰知，這一權充的大殿（「假本堂」）的「庫裡」才舉行過落成典禮的隔天，日本本土就發生關東大地震，災情空前慘重。當時日本稱此為「東京大震災」。震後災情慘烈，日本舉國上下，都全力投入災後的重建工作。甚至西鄰的新中華民國的佛教界，都組團前來慰問，弔慰罹災者。而當時臺灣地區做為日本帝國的殖民地，更需同心協力幫忙救災。因此，不可能有大筆的多餘捐獻，給並不急需的寺院建新大殿之用。當然，原計劃的勸募活動，也得暫時中止，等事情有改善再說。

如此一等，竟然轉眼過了六年。直到 1929 年 4 月，當岩水

哲章決定重新展開募款工作時，事情已變得棘手難辦，他雖持續勉強又撐了四年多，情況依然沒大改善。有關這時期的相關原因，稍後我們會另作說明。岩水哲章本人則在心力憔瘁之餘，導致疾病迅速惡化，在 1933 年 6 月，遽逝於任上。本山方面，特諡「專教院」以褒揚他，可是於事無補。他和前任一兩人都為建「竹壽寺大殿」的新工程，而相繼死在任上。這是令人傷感的悲劇。不過，岩水哲章本人的境遇，則更為不幸。

　　總計岩水哲章在竹壽寺任職，前後有 14 年之久。雖上任即晉升第二任住持，其實是遞補第一任過世後的遺缺。因此，他上任的第一件事，就是料理前任住持的喪葬事宜。

　　但，緊接著是他的長男，長期臥病在家。雖已中學畢業，卻久病後死亡。所以又料理自己長男的後事。隨即厄運又降臨在他的繼室，她是在一次意外中死亡的。

　　如此接二連三的不幸，縱是身為日本淨土真宗本願寺派，在新竹市的竹壽寺，它的佛教事業，是僅次於日本曹洞宗新竹寺的佛教事業影響之大，也難免遭遇種種經營上的困難。故底下，我們就介紹其所經營的有關竹壽寺的「新竹佛教婦人會」及其事業沿革。

伍、有關竹壽寺的「新竹佛教婦人會」及其事業沿革

　　有關「新竹佛教婦人會及其事業」這個項目，原是大橋捨三

郎在其書中所討論的一部分，資料其實不多。[14]但，此處仍得根據這些少數的資料來進行討論。理由無他，目前筆者實在沒有其他的資料可補充的緣故也。

一、初期的創會者及其組織：
村上靈順與「婦人會」及「日曜學校」

在竹壽寺公稱之前的「婦人會」，是村上靈順任佈教使時期，為了佈教所從西門街轉到南門街現址後，急欲募得修繕的費用，才於 1911 年 6 月間設立，並取得徵收入會規費的許可。

但，以正式的「新竹佛教婦人會」向官方（新竹廳長高山仰）申請註冊許可，並獲得本山批准的時間，則是要到 1919 年 10 月，即第二任住持岩水哲章的到任初期，才促其實現。當時有登記的會員，為一百十九名。

不過，從「婦人會」到「新竹佛教婦人會」的持續發展，其間還經過「新竹本願寺日曜學校」這個過渡組織。

此因竹壽寺公稱後的首任住持村上靈順，儘管已於 1918 年 8 月 19 日病逝，但，他手創的「婦人會」仍在隔年（1919）元月，創辦了「新竹本願寺日曜學校」，讓信眾在星期天來道場參與各種宗教活動。

其後，第二任住持岩水哲章又進一步促成組織的定型化，並同時取得官方和本山雙方的正式許可，於是才有了「新竹佛教婦人會」這一名稱和正式組織。

14　大橋捨三郎編，《真宗本派本願寺臺灣開教史》，頁 485。

二、「新竹佛教婦人會」的組織發展與活動經驗 之參考典範：真宗「臺北樹心佛教婦人會」的 創會宗旨反活動方式之概述

其實，「新竹佛教婦人會」在真宗本願寺派在臺的佛教婦女組織中，並不是最早，也不是規模最大，論其事業的活動內容，也無太特殊，或太重要的意義。

但如對照該派在臺最先及最重要的「臺北樹心佛教婦人會」的創會宗旨及其活動方式來看，就比較清楚類似此種附屬的外圍佛教婦女組織，究竟有何特性和重要功能？

此因「臺北樹心佛教婦人會」幾可說是像「新竹佛教婦人會」這樣地方性宗教婦女教會組織的原型，亦即後者是仿造「臺北樹心佛教婦人會」的方式來成立的地方性組織，兩者的同質性甚高，故可在此將兩者稍加類比，以方便後續的討論。

按大橋捨三郎的說法，「臺北樹心佛教婦人會」是濫觴於真宗本願寺派「臺北別院」的「婦人會」，而所謂「婦人會」即「婦人教會」之意。「婦人會」此的成立之前，更有一段重要的發展經驗，甚至可追溯至日本統治臺灣初期。因在臺灣改隸之初，即有真宗佈教使隨軍來臺佈教，而因常與信徒往來，有攜眷隨行者，藉此機緣，兼或就近照料其生活起居，乃至協助處理相關會務等。此在初期人手不足時，助益尤大。其後，既已有男眾在臺北成立正式教會組織，而隨行女眷，除參加禮佛、聽法之外，也被視為可加以組織和運作的外圍輔助團體，於是 1898 年 5 月 1 日，便假「最勝講」的弘法活動之名，成立了初期的婦人團體。

　　到了 1901 年 10 月 21 日，趁著臺北新起街的真宗「臺北別院」獲得公稱之際，負責別院事務的兩位知堂：紫雲玄範與田中行善，又新創設了「佛教婦人會」組織。此一新組織，初期加入會員有 42 名，是屬於較年輕、具現代意識的一群；但，此一新「佛教婦人會」的會員，仍可保有原先籍「最勝講」的弘法活動而成立——老少兼有、以信仰活動為主——的「婦人會」身分，所以此兩者，是既並存又重疊的。

　　值得注意的是，若論此一新組織成立前的發展階段，固然較新竹「婦人會」的創立大約早了 10 幾年；但若僅就此新組織來說，雖仍早新竹 10 年，卻也同樣是出現在 1899 年 6 月《府令第47 號》的新宗教法規頒佈之後。

　　並且，此一差距，事實上也等於臺北大都會區和城鄉小都會區的差別。

　　例如早在新竹「婦人會」創立之前，即在「臺北別院」創立真宗「佛教婦人會」之一的紫雲玄範，平時即常叮嚀同仁道：「若往來寺院者漸少，終成寺院荒廢之因。故身為仕佛弘法者，當盡可能廣結善緣，多所致意，不懈不怠，務期法燈永耀」。[15]

　　亦即他主張：平時就要廣招信眾來寺，參與各種活動，以光大真宗的門庭；不只在弘揚真宗法義的「最勝講」時，要儘量設法招徠家庭主婦、千金、妙齡婦女等，使其常預法筵，慣聞真宗教理，還須讓其兼習各種巧妙手藝，以達日常修養之功，進而促成彼等致力社會慈善之服務。除了每月二次的定期演講之外，寺方還教導茶藝、花道、盆栽等技巧。於是經過類似活動的激勵和

15　大橋捨三郎編，《真宗本派本願寺臺灣開教史》，頁 240-241。

口碑相傳，果然會務大有起色，不數年間，已使組織規模大為擴展。

到 1904 年 2 月時，值日俄戰爭爆發，局勢緊張，但同時也促使人數眾多的臺北「婦人會」，訂定會務規則，並推選出該會的評議員及其他幹事等。當時擔任幹事的諸如：木下、濱野、圖師、高橋、北條、橋本、小島、三宅等夫人，在戰爭爆發後（1904/2-），彼等組成後援會，為前方戰士募集撫恤金、贊助勞軍行動；同年 3 月，又為行路病死者舉行追弔會和前往該救護所慰問；同年 9 月也為陸海軍戰死或病死者開追弔會。除此之外，同年 11 月，臺灣南部震災地區，彼等也捐款賑濟。類似的情況，如 1906 年 3 月，嘉義有震災；1908 年 1 月，澎湖出現飢荒，該會也都大力協助賑災，使臺北「婦人會」的活躍和非凡貢獻，都深受矚目。

也因為這樣，該會在 1905 年 7 月，由本山批准該會的正式名稱為「真宗臺北婦人會」，此即意味著它將逐漸被納入，該派總部設在京都的「真宗佛教婦人聯合會」的一員。1907 年 9 月12 日，「真宗臺北婦人會」正式加盟「真宗佛教婦人聯合會」，除接受其統馭之外，也遵照總部所訂的規則行事。

然而，從 1908 年以後，就因真宗「臺北別院」的負責人更迭頻繁，在臺教勢也跟著沉寂多年，所以臺北「婦人會」逐漸進入黯淡期，影響力銳減。特別是在 1912 年至 1921 年，真宗「臺北別院」史上正處於院務「弛緩與沉滯」的低潮期，當時除了人事上的變動頻繁之外，還包括真宗的在臺傳教已出現臺民信徒大量流失、信教理念差異等，因而是否要朝向「本土化」的待決難題，也一直在觀察和嘗試中。最後雖決定以訓練臺籍本土佈教師

來解決上述問題，但時間已是在大正中後期的階段了。

如此一來，儘管在 1918 年 4 月 28 日，已有小泉助勤夫人招集 20 歲以上、至 40 歲的青年及少壯婦女，籌組「婦人親愛會」，企圖重振會務，然因「臺北別院」的環境仍未大改善，所以小泉夫人雖始終盡瘁，整個會務仍無大起色。

而在此之前，真宗「臺北別院」的另一個領導心結，是南北領導權出現嚴重的對立，此因臺北和臺南兩地，同是真宗在臺傳教事業最興盛之處；再來才是臺灣中部、高雄、嘉義等地區。至於新竹地區並非重點，其事業發展的程度甚至還比不上介於臺中和新竹之間的苗栗地區。其主要原因，當然是日本曹洞宗在新竹自初期就有獨霸的壟斷氣勢，所以連同屬禪宗的日本臨濟宗妙心寺派，雖在臺灣南北的發展氣勢如虹，卻自始至終未能打進新竹市的曹洞宗地盤內。這就是新竹市根本無臨濟宗妙心派的寺院之最大原因。

當時若要一勞永逸地解決真宗南北領導權爭執不斷的問題，就是先設法讓「臺北別院」升格為「臺灣別院」，但，在此同時，要如何才能讓臺南方面甘心接受此一彼升我降的新變革，又成了不易解決的另一問題。

因此，改名「臺灣別院」的問題，從 1920 年 11 月 21 日，由當時別院的負責人（輪番）片山賢乘，提出改名為「本願寺派臺灣別院」的建議之後，一直未獲上級通過；直到 1929 年 1 月，再由當時的輪番芝原玄超檢具改名理由的文件，向臺灣總督府提出申請，當時的臺灣總督川村竹治（1928/6/16-1929/7/30 在任）於當年 2 月 2 日，以《指令第 322 號》批准改名。此後，「本願寺派臺灣別院」的全島領導權，再無疑義。

　　但，原「真宗臺北婦人會」，基本上是由「真宗臺北別院」所領導的一個附屬組織，其代表性當然不受影響。其組織功能的有效發揮與否，主要是別院當任負責人的如何領導和動員。所以，到了 1922 年，別院輪番佐佐木芳照就任以後，便積極設法想重振原先停滯的會務，因而他請其夫人主導，邀約了片山高等商業學校的校長夫人及倉岡、安田、福留、真室等各夫人，在同年 11 月新組了「臺北樹心佛教婦人會」，隔年（1923）2 月 20 日，召開盛大的首次大會。

　　然而，之前曾存在的「婦人親愛會」，是以年輕婦女會員為主。所以同年 4 月，在「臺北樹心佛教婦人會」之內，又設一「婦人會青年部」。但此一「婦人會青年部」，卻與另一真宗的「臺北樹心佛教青年會」有互相重疊之處，故因而逐漸與「臺北樹心佛教婦人會」之間，隱隱然出現互別苗頭的分裂跡象。

　　相對於上述「婦人會」→「真宗臺北婦人會」→「臺北樹心佛教婦人會」的發展情形，接著也有必要回過頭來，再看看除新竹市與臺北之外，其他道場所創辦「婦人會」的情形。一方面可以提供當時此類活動之間的相互比較，一方面也較易理解其創辦背後的真正意義。

三、新竹「婦人會」與臺灣其他地區真宗「婦人會」的創會比較

　　對於此事，雖然之前，我們曾提過：新竹「婦人會」的出現，是由於竹壽寺首任住持村上靈順，曾將佈教所遷到南門街現址，其後為了籌募剛遷新址的房舍修繕費用及計劃改建之所需，

才設法成立的。不過,若從另一個角度來看,也不盡然只是如此。

此因真宗在臺成立「婦人會」,不但早有先例:臺北的情況最早,自不用說;除此之外,不只新竹市是跟著仿效成立,該宗在臺灣其他佈教地區,也曾先後成立了多處「婦人會」的組織。例如:

1.臺北「了覺寺」──1922 年 11 月創立該字所屬「佛教婦人會」。

2.羅東佈教所──1925 年創立「羅東佛教婦人會」及「二結佛教婦人會」;1928 年 2 月成立「宜蘭婦人修養會」;同年 9 月又成立「三星佛教婦人會」。

3.臺中「中尊寺」──1926 年 2 月成立「女子佛教青年會」。

4.埔里「能高寺」──1920 年 6 月 20 日成立「埔里佛教婦人會」。

5.嘉義「光照寺」──1910 年 4 月 7 日成立「嘉義佛教婦人會」。

6.臺南佈教所──1904 年成立「臺南佛教婦人會」。

7.高雄「寶船寺」──1909 年成立「婦人會」;1921 年 5 月 28 日成立「高雄佛教婦人會」;1925 年 3 月成立「高雄女子青年會」;1929 年 2 月 11 日成立「高雄女子裁縫講習所」。

8.旗山「太平寺」──1919 年 1 月成立「旗山佛教婦人會」。

9.屏東「大照寺」──1910 年 1 年 30 日成立「阿緱佛教婦人會」;1919 年 3 月升格為「屏東佛教婦人會」。

10.澎湖馬公「光玄寺」——1913 年 4 月 26 日創立「澎湖島佛教婦人會」；1920 年 8 月解散前者，1921 年 1 月改名新創「馬公真宗婦人會」。

11.吉野佈教所——1913 年 1 月成立花蓮街「佛教婦人會」。

12.花蓮港佈教所——1917 年 9 月成立花蓮港「婦人會」；1918 年 4 月成立「女子青年會」。

13.林田佈教所——1927 年 9 月成立「婦人會」。

14.臺東佈教所——1925 午 7 月成立「臺東婦人會」。

從以上資料來看，我們可以知道三點值得注意：第一，真宗的「婦人會」到處都有，並非僅限臺北或新竹地區才有。第二，除了臺北之外，比新竹市（1911 年 6 月）更早創會的，還有：（a）屏東「大照寺」——1910 年 1 年 30 日成立的「阿緱佛教婦人會」；（b）高雄「寶船寺」——1909 年成立的「婦人會」；（c）臺南佈教所——1904 成立的「臺南佛教婦人會」；（d）嘉義「光照寺」——1910 年 4 月 7 日成立「嘉義佛教婦人會」。第三，各地在「婦人會」之外，也曾出現新的佛教女性組織，如「女子青年會」或「女子裁縫講習所」，而這是新竹市從沒有的佛教女性組織。

另外，在此必須補充的一點是，首先在新竹市創立真宗「婦人會」的村上靈順，但他來新竹之前，除了在臺中服務之外，曾一度奉派（1907/7-1909/2）到東臺灣的「吳全城」（其後改稱賀田村，在花蓮地區）去拓荒佈教，卻皆未在當地創設「婦人會」。所以新竹「婦人會」其實是他個人的新經驗。

不過，新竹地區的佛教婦女活動，之後也出現極大的變化，

若加上臺民當地佛教婦女的活動狀況，則更將有凌駕全臺各地的趨勢；但因此處的重點，只側重在竹壽寺的佛教婦女組織，故底下仍只繼續說明「新竹佛教婦人會」的變遷情形，其餘的，將視情況再作說明。

四、「新竹佛教婦人會」的後續發展之一：新竹臺人婦女的入會資格與限制

首先，由第二任竹壽寺住持岩水哲章所重組並獲得官方正式認可的真宗本願寺派「新竹佛教婦人會」，當時入會的女性會員人數為一百一十九名，人數並不能算少，所以跟著才有同會所創設的「新竹本願寺日曜學校」[16]。

只是，在新竹地區的臺人婦女，當時不太有機會參與此類純屬日人佛教婦女團體的活動，現實環境所存在的兩者溝通阻礙，如：身分不同、語言難通、知識參差和觀念有別等，都是可能原因之一。

所以新竹市的臺人女性要想參與該組織所辦的「日曜學校」的話，不但遲至 1924 年 5 月，教育程度上還須就讀女子公學校五年以上才准。[17]

---

[16] 所謂「日耀學校」是真宗於 1903 年 11 月 29 日，在臺北教會附設的少年教會活動。初期是於每月的最後一個星期日，招集信徒的少年子弟來寺，先講佛法，再進行唱歌以及傳習正信偈等。後來，此活動方式，亦被其他地方所仿效。

[17] 事實上，我們知道，《臺灣教育令》的頒佈（敕令第一號），雖是在 1919 年 1 月 4 日，但當時臺人和日人是採區隔教育制度的；直到 1922

　　可見當時新竹市的臺人年輕女性，若沒受過至少 5 年以上的日語教育程度，連想參加真宗特定星期日的宗教聚會活動，都不夠資格；而縱使資格夠了，也以年輕者居多，故就算彼此的觀念接近，仍乏無雄厚的經濟實力或重大的社會影響力，因此無論從伺種角度來看，當時臺人的年輕婦女會員，在入會後的前幾年，對該會組織發展的幫助，其實不大。

　　加上竹壽寺的新大殿，一直用狹小的新「庫裡」代替，能活動的空間非常有限，無法容納太多的信徒，其活動的效果自然打折扣。

　　縱使在 1924 年 11 月，曾有本願寺派的管長事務處理大古尊由，順途到新竹市，於公會堂演講，在俱樂部辦歸敬式，一時頗為風光，但不利的條件依舊，所以之後的幾年，不論「佛教婦人會」或「日曜學校」皆面臨來者寥寥，活動難以為繼的窘境。

五、「新竹佛教婦人會」的後續發展之二：「新竹新生舍」的保護事業之暴起與暴落

　　另一方面，值得一提的對外服務事業，就是於 1922 年 4 月 27 日創立的「新竹新生舍」。但此一事業，仍出現暴起暴落的情況。

　　雖然當時真宗許多佈教所和寺院也都在辦類似的保護事業，可是才創立不久的「新竹新生舍」，雖於同年 12 月 16 日起，即

年 2 月 6 日，新《臺灣教育令》（敕令第 20 號）頒佈，初等教育才採兩者可共學制度，不過，臺人就讀的公學校原為 5 年畢業，卻又延長 1 年，須 6 年畢業。

開始展開有關出獄者、行旅病人及孤兒等的保護事業，但，經費來源不足的問題，終究成了最後宣告停辦的致命傷。

此因，初期所需的經費來源，其實是以成立「三成協會」來籌募的，而當時若加盟協會後只要能募得年度的贊助費達 200 圓，即可由新竹街方面給予 50 圓的相對補助款。因此，整個事業的開辦，在當時看來，似乎是榮景可期，應不至於出現辦不下去的窘境。

但，此一事業開辦後的發展，先是快速擴張，不久就出現逆轉和趨向沒落與中止。

這是因為自「三成協會」開辦此一保護救助的善行之後，一時之間，其他聞風而來的要求保護者，便紛紛出現：其中有要求間接保護者，自不待言；可是，較難應付的，其實是必須加 2 人或 5 人的將其收容下來。

以 1926 年為例，當時每次雖只收容為 5 人，可是全年總人數便達 323 人之多，全部開銷則需 319 元。因此像這樣的龐大負擔，對一向經濟不寬裕的協會來講，自然大為吃不消，所以在 1927 年 4 月，便不得不宣告停辦了。

當然，協會本身在面臨此頂業務經費的嚴重不足時，也曾一度提出過彼等構想的挽救方案，並且儘管其結局總是失敗的，仍須在此稍作交代，才可以看出它在新竹市的前後發展經過。而其間的交涉狀況，亦頗值得了解。

事實上，「三成協會」經辦上述保護業務，前後共有五年（1922-1927），由於中途有監獄的擴張，致使收容出獄者的能力，也跟著嚴重不足，加上「新生舍」本身尚乏基本的財產為後盾，所以竹壽寺的信徒及「佛教婦人會」商議的結果，曾共擬一

個解決財務困境的辦法，並於 1924 年 11 月 10 日，正式向官方提出申請。

其整個構想，原是想請求官方能同意彼等：先預行賣斷位於後壟庄大山腳的一處官有原野之開墾的收益許可。而當時此一官有原野，可供開墾的面積，約有六甲之大。故其申請要件及目的，即是以此待墾的官有原野之未來全部收益，都捐贈給竹壽寺為前提。

換言之，此項申請許可的構想，原本就是想對「新竹新生舍」的保護事業有所贊助。何況就其業務的本質來講，又很類似寺方面受官方委託來經辦的，故寺方可能也因而認為：既然本身已有財務困難，當有理由可向官方申請所需經費不足的紓困之道。

不過，此一申請，新竹州知事古木章光（1924/12-1927/4 在任），於 1925 年 12 月 9 日，只給予「讓渡出租」的收益許可。

但，「新生舍」的主體事業，還未見到此開墾案有否成功，便完全中止，相當可惜。

六、「新竹佛教婦人會」的後續發展之三：
1934 年後的會務中興與其功能侷限

有關「新竹佛教婦人會」在 1934 年以後的發展情形，我們可以根據大橋捨三郎的著作來觀察。[18]而這已是第二住持岩水哲

18　見大橋捨三郎編，《真宗本派本願寺臺灣開教史》，頁 486-487。

章死後的隔年之事了。[19]

　　接替他的人選為佈教使瀧水晉雄，他是先在同年 11 月 30 日被派駐新竹，再於 12 月 7 日晉升為竹壽寺的第三任住持。

　　但他接任後，一時之間亦無能突破財務困境，以完成原定、但長期未建的新大殿工程。其後，幾經與該寺信徒商討，確定只是將現有權代大殿的「庫裡」建築修補及把內部加以整理就可以了。

　　然後在隔年（1934）1 月，他先設法把「新竹佛教婦女會」的組織恢復運作，以獲得佈教時所需的幫助。同年 3 月，他又重開「日曜學校」，讓其活動又如往昔的盛況。

　　此後，值得一提的，是他藉著新門主大谷光明（1911-2002）來臺巡教的機會，預備籌組「新竹佛教青年會」，以為新的活動組織。

　　但，竹壽寺的整個問題在於，該寺所能發揮的空間，其實相當有限，例如新大殿至日本結束在臺統治時，依然空存計劃而未執行。所以日本殖民統治後期的新竹竹壽寺，其實只如被淡淡浮雲遮蓋的落日餘暉罷了，根本不可能有何太大的揮灑空間。

　　也因此，曾登在 1931 年刊行的《新竹市要覽》上有關該寺的建築坪數，雖記載為 22 坪 8 合 4 勺，合乎官方關於總坪數的最低規定，但仍與實際狀況出入極大。

---

[19]　竹壽寺的第二任住持岩水哲章，是死於 1933 年 6 月 4 日。

陸、結論與討論

以上本文作為日本佛寺之一在日本殖民統治下，在臺灣新竹市（當時是新竹廳）的慘澹經營具體例子，說明並非所有的日本佛寺在日本殖民統治時期，都有足夠的優勢可以順利地擴展。

可是，這應該也與當時日本真宗西本願寺派的海外發展太廣，以及全臺灣要發展的據點太多，未必有足夠的後援資金來源源注入是息息相關的。

此外，淨土真宗的日本特殊淨土信仰的教義詮釋，以及宗派教主有婚姻家庭的世襲血脈繼承，對臺灣新竹地區的「漢傳佛教」信仰習俗來說，還是差異很大，不一定能在短期內就能無困難的全盤接納下來。

對於這個問題，當時其實是很嚴重出現的。因此，儘管本文並非討論真宗信仰在臺灣新竹信仰的困難問題。因此，在此處本文擬轉述在其他著作已提過的，同一時期出現在臺灣地區的類似相關問題，[20]以供讀者參考。它雖不是紀錄在當時臺灣新竹市的狀況，但，本文認為完全可以適用於新竹市的情況。

*

對於此一問題，從真宗西本願寺派初期來臺日僧的實際經驗，最可看出該宗被臺人接納的困難度與日臺佛教之間的本質差異所在。

20　江燦騰，《日據時期臺灣佛教文化發展史》，頁 129。

　　因彼等在歷經初期來臺發展的快速成功與中途突遭重挫的嚴重打擊之後，即不得不坦白承認：該宗於「……明治 29 年（1896）開教當時，因值領臺未滿一年、民心惶惶然，故從事開教之際，既有來自官方（民政長官、辦務署長）的注視，又採用了勸誘方式使臺人成為本宗門徒；而臺人方面亦喜加入為信徒行列，因當時，彼等幾將呼六字尊號（南無阿彌陀佛）和持念珠一串，視為良民證明，欲藉此確保免於遭受土匪和來自敗兵的掠奪，因而在短期內即可獲得數千信徒，於每月初八的宣教日，或遇有佈教使巡迴演講之際，皆欣然會集」。[21]

　　並且「自同年（1896）7 月以後，所皈依者，不單臺北市內，近郊亦不必說，縱使遠至基隆、淡水、桃園、中壢等地，在當時交通不便的情況下，亦能設法儘量將佈教範圍擴展到彼處。這應歸功於懂幾分清朝官話的紫雲玄範佈教使（清韓語言研究所出身）和本地歸屬僧侶王岱修氏真誠熱心的協助，方能奏效如此顯著」。[22]

　　不過，「自明治 32、33 年以後，儘管長期誇稱擁有信徒 3千戶（內地人外僅 500 戶），實際上自『臺北別院』獲官方正式核可（公稱）之後，之前的皈依熱即漸次冷卻，未來甚至可能整個流失」。[23]

　　針對此前熱後冷的情況轉變，據當事者之一的紫雲玄範本人所作原因分析是這樣的：

21　江燦騰，《日據時期臺灣佛教文化發展史》，頁 129。

22　江燦騰，《日據時期臺灣佛教文化發展史》，頁 129。

23　大橋捨三郎編，《真宗本派本願寺臺灣開教史》，頁 130-131。江燦騰，《日據時期臺灣佛教文化發展史》，頁 129。

……至明治 31 年，歸入信徒已達 3 千餘戶。而其中甚多信徒，只希望能藉此來請求保護其財產和權利；然因伴隨地方警察制度的完備，實際上已無向宗教方面請求者，如此一來，基於佈教經費的考慮、以及別院創設後百端待理，故至 32、33 年左右，不得不將地方的巡迴佈教演講暫緩下來，再加上別院的輪番（當任佈教總監之謂）屢屢更動，所以有關對臺灣本島人的佈教設施，遲遲未能重振。[24]

不過，從事後發展的歷程來看，真宗本願寺派，雖在明治 32、33 年間，出現了有臺人信徒大量流失的情況，仍再三試圖設法挽回，並且也向官方表示此意。

例如首任該宗「臺北別院・輪番」龍口了信，在 2 年後，即 1902 年 8 月，在向臺北廳長的報告中，便曾提到：「為期將來之目的，首先，臺灣本島人佈教機構的欠缺，即非其本意。欲向本山（該宗日本總部）商量後，再展雄圖」。[25]

但，接著第二任「臺北別院・輪番」大洲鐵也，在 1903 年 9 月，則向官方解釋說：「當地的（日人）信徒，歸去、轉移者甚多，願長居者甚少，致使佈教上的財務出現困窘。另一方面，臺灣本島人雖因處於匪徒蜂起之際，欲以皈依作為良民證明者，如今大多只是掛名信徒，致使（本宗）葬儀佛事清淡至極。」[26]

可是，為何臺人對真宗的「葬儀佛事」絲毫不感興趣呢？據

---

[24] 大橋捨三郎編，《真宗本派本願寺臺灣開教史》，頁 130。

[25] 江燦騰，《日據時期臺灣佛教文化發展史》，頁 130。

[26] 大橋捨三郎編，《真宗本派本願寺臺灣開教史》，頁 132。江燦騰，《日據時期臺灣佛教文化發展史》，頁 130。

該宗後來進一步分析後，認為其根本可能原因如下：

> ……本島人士根本缺乏醒目的信念革命，在彼等未對真宗
> 教義的真髓有了悟之前，是不可能見到真正成功的曙光
> 的。彼等雖表面上安置阿彌陀佛，卻另於後面鄰室向其
> 他的神明禮拜燒金（燒金紙拜拜，是舊有禮式），可以
> 說使其原義盡失。這應是臺灣全島佈教所面臨的根本問
> 題……。

> ……本島人由於向來都從南中國（福建、廣東）移住此地
> 的關係，在佛教方面似大多屬於南中國系統的福州鼓山湧
> 泉寺的末端信徒。因信仰觀音者極多，連帶也常參拜阿彌
> 陀佛，但精進研讀經卷的僧侶很少，以及齋堂素食的尼
> 僧、俗人固然很多，仍令人感嘆彼等要進入真實佛教正信
> 的機緣，猶未成熟。總之，主要是每個家中的老翁、婦
> 女，都深中舊有迷信之毒，以致被極端現實的利益或眼前
> 的祈禱所縛綑了，此外亦因今日新進智識階級者，仍未臻
> 脫離之此桎梏的覺醒時機所致。[27]

　　對於這兩者的巨大差異，是很難由真宗方面的僧侶來克服
的。以長期任職的紫雲玄範來說，直到後來方逐漸了解到此一事
情的解決之道，不能仰賴日本官方的協助，而最有效的方法，就

---

[27]　大橋捨三郎編，《真宗本派本願寺臺灣開教史》，頁 132。江燦騰，
　　《日據時期臺灣佛教文化發展史》，頁 130。

是將佈教的重責大任改由該宗所培養的臺籍宗教師（包括蕃漢兩者）來承擔才行，他估計每年該宗的「臺北別院」應培植出五名以上的臺籍宗教師，方才夠用。

但紫雲玄範的此一新見解，經由該宗第 10 任「臺北別院・輪番」片山賢乘熱心地在臺北地區試辦一段時間後，因發現該宗日僧並無決志在臺久居之意，而辛苦學會了臺語，一旦離境又乏使用機會，因此皆不願熱心學習，於是他認為最好還是改送臺人子弟，至該宗大本山的中央佛教學院去留學。

並且，隔年（1921）9 月 20 日，他又提到：「針對本島人的開教而施行的教化手段，須使內地（日）人培養熟練本島人語言習慣的留學生成為本宗僧侶，以教導本島人子弟。將來彼等勢須分散至各地開教的二途徑中：前者將來要到成為本島人的墳墓地，可能有找不到人去的困難。

「至於後者，因向來中國的風俗，常將青年男女當成人身買賣的標的，被父兄將彼等視為財產，若欲收容小學畢業的程度者，使其將來能成為本宗僧侶，但伴隨而來的困難是，基於過去在本島人間，僧侶的社會地位及待遇都相當低劣的慣例，很難有秀才或中產階級以上者願來；並且，本島人對於須接受義務教育的學齡兒童，有遲至 10、9 歲方讓其就學者，致使彼等在公學校畢業的年齡不一致，要再入日本內地的中學進修，亦會有種種困難。儘管如此，相較之下，若要在臺地開教能貫徹始終的話，還是寧可認為後者優於前者。」[28]可見該宗最後所能採取的，還是

---

[28] 大橋捨三郎編，《真宗本派本願寺臺灣開教史》，頁 136-137。江燦騰，《日據時期臺灣佛教文化發展史》，頁 131。

改以培訓「臺籍宗教師」，來作為該宗最終能打入臺灣人宗教心靈深處的有效工具。

並且，在事實上，該宗仍得等待日後有臺籍佛教精英王兆麟和許林二人的歸入為佈教師，才使其對臺人信徒的佈教活動，有了急遽的顯著發展。這在筆者後文的相關討論中，將會再觸及，此處只需證明其困難之處及其試圖解決之道。

*

相對於真宗本願寺派來臺日僧的自我評估，日本官方也有類似的觀察和事後的相關檢討，茲舉出現在臺灣總督府檔案中的幾條重要史料為例：

A. 1900 年 12 月 28 日，臺北縣知事村上義雄在呈報臺灣總督兒玉源太郎的《宗教相關事項報告——明治 33 年 11 月分·附件》中，先是提到在轄區內的：

> ……各派佈教師……若大致加以觀察，則仍可知除石井大亮、紫雲玄範等少數 2、3 人之外，其餘任何人平素之行為無不十分惹人嫌惡，常將醜名流於世上，其結果成為報上攻擊之體材者不少。……「彼等之素行……甚難符合一身為佈教師所應有之資格」。接著又說，「無遑多論，各宗之目地均在開教新附之民，故據臺後各宗爭先擴展開教領域，於各地設說教所，利用各種手段全力吸收信徒，導致各宗皆暫時獲得多數，而互誇其多。惟此種佈教之結果並非所謂精神上之皈依。進入本地人腦海裡者，卻誤以

為，只有成為信徒，即可受到特殊之保護且增進福利，而爭先投效於各宗門下，惟此不外係一種形式上之皈依」。[29]

因此，他認為這些因素導致日僧在臺佈教成績逐漸式微。[30]

B. 臺南縣知事今井艮一，也曾在同年的 12 月 19 日，於呈給臺灣總督兒玉源太郎的報告中，提到有關該地區臺灣佛教的狀況。

但，他先點出臺灣的宗教問題說，當地的宗教師一向素質低落、普遍遭社會歧視，而信徒亦過度仰賴神明決定人生禍福、不惜典當家產耗用於取悅神明等。所以他認為：「本縣轄下……一般而言，其稱寺廟者，亦均鮮有服務於該寺廟中之神職人員、僧侶……或有住持或僧侶之類，惟並非德高望重、學識淵博之輩，甚至於彼等於社會中之地位頗低，因此絲毫沒有喚起民眾信仰心等高尚之觀念。民眾對於此等僧侶亦不信其能傳播神佛之福音，寧可待之以劣等之種族，故其平素僅止於守護堂宇，行點火、奉饌之事，時而列席儀式」。「如斯，本縣轄下一千多間之寺廟中，雖無宗教上值得認可者，如統轄寺廟之宗派，亦或宗教上之領導者，即率領大眾庶民之宗教家，惟彼等潛藏於腦海裡之那種宗教心卻頗為頑固、倔強，相信彼等之吉凶禍福全由神佛定奪，故平素似不吝嗇、汲汲於爭奪錙銖之利。其於奉行祭祀之際，全家、全庄必傾全力，投下巨資，狂熱奔走，典當衣物，變賣田

29　陳金田譯，《臨時臺灣舊慣調查會第一部調查第三回報告書：臺灣私法（第二卷）》，頁 56。江燦騰，《日據時期臺灣佛教文化發展史》，頁 132。

30　江燦騰，《日據時期臺灣佛教文化發展史》，頁 132。

園，以供其資，唯恐落他人後」。[31]

　　日本「內地佛教，其傳來亦因時日尚淺，未具感化力，故本縣轄下 97 萬人民依然為迷信所支配，年度撒下鉅額財富。對此，一旦知之，縱然其不欲成為一整然有序之宗派，此豈無留意之價值乎」？而這也是當時來臺日僧普遍的見解，但整個問題依然出在兩者的信仰內涵及方式，在本質上即是截然不同的，很難克服。

　　因此，臺南縣知事今井艮一在同報告中，亦對日僧來臺後佈教方式之得失，提出他個人很不客氣的批評說：「內地佛教之傳來，在於據臺以後，非但時日尚淺，且亦為一佈教勸化至難之事業，非一朝一夕所能為也。

　　「話雖如此，在原有之宗教中，或有純然之佛教，或帶佛教之氣味，加上同文同種之故，是以若將此比較之與異文異種之傳道士依然絕對排斥原先之宗教，而與彼等之迷信水火不相容者如耶穌教，則佈教之難易已非同日而語。

　　「從事者若能選擇得宜，堅忍不拔，孜孜不倦，善加利用其迷信，漸次導之於法，則將來應大有可為。現或有人試向各人進行說教，或藉由國語知識傳習之便而節節得勢，惟因從事者未得其宜，更迭頻繁，或寄寓日深，致使思想漸次薄弱，而忘卻初志，僅欲與內地人相互往來，盼其多加捐獻香錢。

　　「比較之與耶穌教自開教以來即能忍受艱辛，十年如一日，以堅定奉獻之理想致力佈教，則其頹靡之舉，實非言語所能形

31　陳金田譯，《臨時臺灣舊慣調查會第一部調查第三回報告書：臺灣私法（第二卷）》，頁 59-60。江燦騰，《日據時期臺灣佛教文化發展史》，頁 132。

容，如斯，從事者對於此一迷信頗深且又頑固之本島人，欲收感
化之實效，則如所謂緣木求魚。而試向佈教師本人質問其信徒
數，雖然答以本島人有數千百人，惟可謂為宗教心發悟之起點，
且亦人生之最大禮，及本島人最重視之葬儀，卻未曾聞有以佛教
之佈教師擔任導師者。」[32]

　　然而，假若以上臺南縣知事今井艮一對日僧的佈教不力有所
批評，但從其慨切的責備語氣中，猶帶有恨鐵不成鋼的期待，故
並非全以絕望的角度來評論。

　　C. 但，幾可稱為「後藤新平殖民政策代言人」的竹越與三
郎，則無法如此樂觀。

　　因竹越與三郎除了贊同耶穌教著名的傳道士馬偕博士
（George Leslie Mackay, D.D.）在其《臺灣遙寄》（*From Far
Formosa*）中批評臺灣民眾有極端迷戀黃金之癖好外，亦認為傳
統臺灣社會中，上流者對腐敗之政治絕望，轉而沉淪於酒池肉林
的享樂生活；下流者既乏法律正義與政治保護，故天地間唯獨手
中所握黃金可以依靠，以致連應講究真情的男女婚姻，和應有倫
理道德自覺的宗教信仰，皆從現實功利的經濟角度來著眼。

　　所以他認為，處於社會底層的臺灣佛教僧侶，既被社會輕蔑
和貶抑，實不能仰賴彼等為臺灣民眾解明人生的道理。此所以在
此環境中，亦相繼滋生許多含有毒素的新佛新神。因而臺灣雖
有號稱佛教徒者，更不能忘記彼等尚有其他的淫祠信仰這一事

---

[32] 陳金田譯，《臨時臺灣舊慣調查會第一部調查第三回報告書：臺灣私法
（第二卷）》，頁 60。江燦騰，《日據時期臺灣佛教文化發展史》，
頁 132-133。

實。[33]

D. 至於比較客觀持平的學務部長持地六三郎[34]，則認為異民族不同生活習慣和宗教禮俗等，必須加以尊重，不能以政治力加以強制改變，因日治初期官方雖曾一度信誓旦旦，欲執行「急進的風化」政策，以達到禁鴉片、斷頭髮、解纏足的目標，但最後都決定暫緩嚴格執行，而採取漸進的改善方式。

所以，他認為，雖然移易形而下的風俗習慣，可以見到急遽的進步出現，但對於改革形而上的思想及信仰之類，其能達到何種程度？只要看臺灣本地人對「大和魂」的感受如何？即不得不承認這並非輕易之舉所能獲致。[35]

---

[33]　竹越與三郎，《臺灣統治志‧教育‧宗教‧慈善》（東京：博文館，1905 年），頁 478-495。江燦騰，《日據時期臺灣佛教文化發展史》，頁 134。

[34]　持地六三郎，《臺灣殖民政策》（東京：富三房，1912 年初版、再版。臺北：南天書局，影印一刷，1998 年），頁 400-402。

[35]　陳金田譯，《臨時臺灣舊慣調查會第一部調查第三回報告書：臺灣私法（第二卷）》，頁 178-179。江燦騰，《日據時期臺灣佛教文化發展史》，頁 134。

第五章
戰前新竹市青草湖靈隱寺 「特殊雙元寺廟」結構的眞相透視

壹、前言

　　新竹市青草湖著名的靈隱寺歷史與建築，究竟有何被誤解或不清楚之處？答案當然是肯定的。因此，我將要在本章中，採用新的歷史透視角度，來試圖還原它的真面目。我不敢宣稱絕對正確無誤，可是絕對是用不一樣的觀察角度來理解的。

　　其次，對於這個題目，我讀過最新相關著作。[1]其中由玄奘大學的黃運喜教授在 2007 年《竹塹文獻雜誌》第 38 期 4 月號，曾發表〈日據時期新竹青草湖感化堂的屬性初探〉專文，[2]將原來新竹市民又稱孔明廟的「感化堂」，推定「齋堂」性質的。而我對於這一點，是不能表示同意的。於是，我在本章中，主要是

---

[1]　我讀過有：1.釋見豪、釋自衍採訪與編著，《魚趁鮮人趁早：明宗上人走過臺灣佛教六十年》（嘉義：香光書鄉，2007 年）。2.釋見豪、釋自衍採訪與編著，《樸野僧‧無上志：新竹靈隱寺無上和尚圓寂五十週年紀念》（嘉義：香光書鄉，2011 年）。

[2]　見《竹塹文獻雜誌》，2007 年第 38 期 4 月號，頁 49-69。

根據日本殖民時代的相關宗教行政法律規定，[3]以及在黃教授發表此文之後，新出現的一些相關著作或論文，[4]來提出一些新看法。

貳、日本殖民統治下「特殊雙元寺廟」建構新例在竹塹：從「感化堂」到「靈隱寺」的辯證發展

雖然我們可以輕易查出新竹市青草湖靈隱寺，是 1932 年落成啟用的，可是，我必須說，假如沒有它還涉及更早期就已存在的「感化堂」與「靈壽塔」的歷史事實，我就不會用上「日本殖民統治下的特殊雙元寺廟建構新例在竹塹」這樣的字眼。它既可以說是超前的新潮流作法，也可以說是另類的反潮流發展，而有關這些，我在底下，都將會一一說明。

---

[3] 溫國良，《臺灣總督府公文類纂宗教史料彙編》（南投：臺灣省文獻委員會，1999 年）。

[4] 例如：1.釋見豪、釋自衍採訪與編著，《魚趁鮮人趁早：明宗上人走過臺灣佛教六十年》（嘉義：香光書鄉，2007 年）。2.釋見豪、釋自衍採訪與編著，《樸野僧・無上志：新竹靈隱寺無上和尚圓寂五十週年紀念》（嘉義：香光書鄉，2011 年）。3.大野育子，〈日治時期在臺日僧與臺籍弟子之關係初探：以新竹寺佐久間尚孝和朱朝明為中心〉，載《臺灣學研究》第 15 期（2013），頁 67-94。4.闞正宗，〈殖民時期獅嚴洞元光寺修行者群像——兼論曹洞宗在獅頭山的活動〉，《玄奘佛學研究》第十五期（2011/3），頁 99-152。5.林欐嫚，〈由訪談玄祐尼（黃玉灼女士）中——論日治時期臨濟宗妙心寺派在臺之尼僧教〉，《圓光佛學學報》第二十二期（1993），頁 217-268。

一、為何早期新建「感化堂」是祭祀神廟
　　而非「齋堂」性質？

　　首先，我們須知，根據日本殖民時期的官方宗教行政法規規定，日本殖民以前就存在的寺廟、或道觀祠堂等，若在日本殖民宗教法規適用期限內，從無存在過度的宗教迷信，[5]也無妨礙治安或政治動亂，[6]並且也不申請經過正式官方核准而變更為享有法律優待與特殊地位的**神社**或**寺院**，則它就只是屬於臺灣人原

5　1915 年 11 月 8 日，《臺灣日日新報》1 版的〈日日小筆〉，報導 1915
　　年 11 月 2 日起，一連三天，總督府召開的「全島宗教會議」說，此次
　　宗教會議，將為發布宗教法令作準備。但報導中，還嚴厲指責臺民「迷
　　信」說：「迷信在文明國不可避免，但在知識階級則可免，況且如本島
　　人，其弊害之甚，尤不可不慎重注意。近年頻出的陰謀事件，多是藉迷
　　信以鞏固其決心，畢竟見其原因是基於無智也是迷信的勢力。如此次陰
　　謀事件的策源地西來庵即是證例也。本島這種社寺，是不能與內地所謂
　　的社寺有同一待遇。迷信不可能絕對排除，若事屬無害，也不可強加於
　　罪，不過像本島往往導致危險思想，必須嚴格取締，也是必然措施。像
　　此次係極為重大之事，而其除了單是所謂的迷信之外，但其弊害及於社
　　會風氣，是要斷然取締的。
　　所謂淫祠邪教荼毒世道人心之恐怖，往往在文明國亦不能保證絕無，況
　　且是先天迷信極深的民族本島人哉。……聽說這次的會議，除了花蓮、
　　臺東兩廳之外，全島社寺總數達七千多，實為驚人，對此採取適當的措
　　施是緊要的問題。又另一方面，迷信以利導之，毋寧是有效果的，本島
　　人迷信極深，在於利導之，用力於涵養一般之敬神思想。吾人一方面在
　　嚴格取締社寺的同時，又切望不怠於利導，而裨益於社會風氣，毋寧是
　　最有效的社寺政策」。後來，負責宗教調查的丸井圭治郎，在其編著
　　《臺灣宗教調查報告書第一卷》（臺北：臺灣總督府，1919 年），也
　　同樣提到迷信的相關問題。原書，頁 5-6。

6　丸井圭治郎，《臺灣宗教調查報告書第一卷》，臺灣總督府，頁 6。

有的「舊慣信仰」，而它存廢或新建，就只要地方政府進行相關的行政裁量即可。[7]

　　根據這一宗教行政原則，1924 年時，也就是在日本殖民統治臺灣的第 29 年時，才由新竹市糕餅業所民間私自供奉的職業主神「孔明」，在有家傳看風水專業背景的鄭保真（1898-1975）主導之下，以及幾位有志者，一起出資擇地興建的「感化堂」。[8]它供奉的堂中主神，就是根據《三國演義》相關情節衍化所形成的，已作為新竹市糕餅業主神孔明，開始新建有一間供奉孔明的傳統小神廟而已。在這種情況下，它絕不是一間與新竹當地已有很多間的齋教三派的任何一種「齋堂」類似性質。

　　至於被聘「感化堂」來當「顧廟」的魏阿樹，就是受僱來執行日常性的祭祀儀式與打理「感化堂」而已。[9]所以，在黃運喜教授的論文主張出現之前，沒有任何歷史資料與有任何學者認定，「感化堂」是「齋堂」性質。

　　反之，像「感化堂」這樣的建廟方式，若將其放在全臺灣傳統形形色色的神廟祭祀中，也就是實質作為糕餅業主神，有特建新廟來正式供奉的「孔明廟（感化堂）」，確是有新創意的，問題在於，它很可能並沒有被新竹市的糕餅業者所一致熱烈支持。否則，它就不必又陪祀觀音佛祖，然後又急著建安置新亡者火化

7　溫國良，《臺灣總督府公文類纂宗教史料彙編》（南投：臺灣省文獻委員會，1999 年），頁 183-187。

8　1937 年《南瀛佛教》第 13 卷第 6 號，提到的共同發起者，有蔡神扶、鄭榮樹、林培祥、楊定波、湯江水等，頁 52。

9　釋見豪、釋自衍採訪與編著，《樸野僧・無上志：新竹靈隱寺無上和尚圓寂五十週年紀念》，頁 46。

後，交錢給「孔明廟（感化堂）」，並被安置在內。

　　根據後來這樣的發展狀況，我推斷：像「孔明廟（感化堂）」這樣的祭祀神廟，卻由於是新創的，很可能無法促成新竹地區多數民眾來堂，進行常態性的香火祭拜。如此一來就意味著，它必然會沒有常態性的大筆宗教捐款收入可支用，它要長期維護下去，將會非常困難。

　　因此，論此發展的可能邏輯思維，就是推斷：當時鄭保真等人就是根據鄭保真曾學習到的一些佛教典籍知識，以及參考當時其他新竹廟宇的常見做法，在「感化堂」內，除主神孔明之外，又增列了陪祀的觀音佛祖。

　　如此一來，增列陪祀的神明——南海觀音佛祖之後，它既可增加「感化堂」所供奉主神孔明，作為職業神的宗教神聖性，另一方面也方便帶來幾項後續的衍生效應。

　　例如：一是佛教徒可來拜南海觀音佛祖，或孔明。二是佛教宗教師，可應聘來堂受聘，充當廟祝之用。三是可以進一步興建靈骨塔。

　　這三者之中，尤其是最後這一點，其實是當時臺灣佛寺南北著名佛寺都在新建的水泥建築。[10]

　　而這是可以預期，將有常態性豐沛經濟收入的新宗教經營產業的，於是 1927 年新建的「靈壽塔」，便風風光光的正式落成啟用了。

　　另外，在「感化堂」南面的偏僻處，也建築一間簡陋的個人

10　參考釋見豪、釋自衍採訪與編著，《樸野僧・無上志：新竹靈隱寺無上和尚圓寂五十週年紀念》（嘉義：香光書鄉，2011 年），頁 52-56。

閉關靜坐自修精進之處，稱為「金剛岩」。可是，日後真正在此苦修多年有成的是釋無上（1918-1966）一人而已。鄭保真早期一度也曾在此靜坐自修過，但，更可能的情況是，此處其實是日後「靈隱寺」落成有豐沛財務收入後，他在此處金屋藏嬌，發生種種不倫負面新聞之處（＊有關這一點，稍後會再繼續提及，此處先省略不詳提）。

　　但，「感化堂」本質上，就是祭祀型的傳統神廟之一。所以，它根本不是任何齋教三派之一的「齋堂」。這就是我先澄清的一點，也是我與黃運喜之文所主張的最大不同處。

二、特殊雙元寺廟建構新例在竹塹出現的歷史過程與真相

（一）從「感化堂」到「靈隱寺」的辯證發展與日僧佐久間尚孝

　　在上述從「感化堂」到「靈壽塔」的辯證發展過程中，有一個關鍵性的熱心支持者出現了，她就是翁妙全（1867-1935），一位新竹市本的富有且資深的佛門女性。之後，要進一步提出建「靈隱寺」辯證發展過程中，另有一個關鍵性的熱心支持者又出現了，他就是一位當時在新竹市最有影響力的日本曹洞宗新竹寺現任住持佐久間尚孝（1985-1977）。

　　翁妙全與佐久間尚孝兩人，就是本文以下要說明的重點。

　　可是，基於涉及的相關宗教權力的支配性大小問題，很顯然是佐久間尚孝的社會地位更高、權力支配的實質影響力更大，所以我先說明佐久間尚孝的協助興建「靈隱寺」並出任住持的經

過。

之後，再回過頭來，說明翁妙全為何如此熱心支持建「靈壽塔」與「靈隱寺」？

首先，就當時的世界局勢或東亞的政經局勢來看，都無法不深受巨大時代影響的關鍵年代。那就是，新建的「靈壽塔」啟用兩年後的 1929 年，卻正逢世界經濟大崩潰之年。

而在此後的十六年間，二十世紀前期所出現的世界大動盪，包括東亞全域在內，都加快節奏的陸續爆發。所以，這是一個少有的世界性不景氣持續擴散年代。當然，不能例外地，連臺灣各行各業也都會波及。因此，如何增加收入之法，就成為優先考量。

此外，在 1930 年，日本殖民在臺當局，又首次許可之前禁止的日本僧侶擔任臺灣神廟或佛寺的住持一職。因而當時，日本佛寺宗派與最具影響力的僧侶，是日本曹洞宗新竹市住持佐久間尚孝。所以，直到 1945 年 8 月，他因日本敗戰政權轉移，也跟著交出寺院離臺返日為止，大致上可以說，新竹地區的本地佛寺在他所長期活躍的所謂十四年（1931-1945）戰爭時期內。主要都是透過他的從中斡旋，才能順利進行的。

不過，論述到此，你或許會問，為何一位日本僧侶在新竹地區有如此大的影響力？其實，若你知道真相的話。在佐久間尚孝來到新竹市當擔任日本曹洞宗力大且經營已久的新竹寺第六任、也是任期最久的住持之前，他是日本曹洞宗合格僧侶，畢業於曹洞宗大學林，來臺擔任臺灣第一所佛教中學的教授，也是日本曹洞宗在臺最高領導僧侶的徒弟，又是合格的在該宗佈教師。而他在新竹市出任第六任新竹寺住持之外，也有多項非僧侶的重要身

分。因此在新竹的日本統治階層之間或臺人與日人上流社會之中，可以說他都是一位具有很大實質影響力的日本僧侶。[11]

他的主要任務，一定要包括協助日本在地官方的有效統治與發揮在地安撫日臺社會情感。所以，日後，他被愛戴的程度，甚至持續戰後很久。例如，他不但是第一位回來從事佛教交流的日本僧侶，也把他死後遺骨灰一部分，特別安葬在臺灣與他有關的

---

[11] 有佐久間尚孝的資料以及他的多重身分等，在新竹市文化局官網上的『人物志：流寓』，就完整提到：「佐久間尚孝，明治二十八年（一八九五）出生於日本國宮城縣遠田郡涌谷町。一九二二年駒澤大學（曹洞宗大學）畢業後渡臺，在臺北曹洞宗中學校（今泰北中學）擔任教職，一九二五年昇任為新竹寺住職教誦日語經文，招收臺籍僧人。新竹寺當時約有信徒千名，是新竹地方宗教界重鎮，佐久間在任職期間致力於教務，對臺灣地區宗教改革，寺廟規範等方面尤為關注。其間並擔任新竹州州會議員，市會議員、方面委員、司法保護委員，南門町區區會長及昭和義塾校校長，兼任新竹州內各寺院顧問等職，在新竹期間，對新竹州下的佛教護持有功，積極幫助鄭寶真創建靈隱寺，力勸寺社課，中止將獅頭山勸化堂變為神社，推介玄深、如學、勝光等尼師至日本留學。宗教事務上，建樹頗多。在社會救濟及教化事業方面費心最多，亦最受人愛戴。當時為照顧未能入公學就讀的貧困子弟，有學習的機會，排除困難，設立昭和義塾，免費提供教材、紙筆，幫助失學子弟就讀。一九四五年，戰爭結束後遣回日本，擔任仙台梅檀高等學校學監、泰心院住持，宮城縣宗務所所長，東北教誡師會會長。一九六四年擔任戰後第一任中日佛教親善特使，長年奔波於日本、臺灣之間，致力於促進兩地的親善工作，受到臺灣地區空前的歡迎，佐久間在感激之餘，誓言他日渡化後，必分骨於臺灣，一九七七年去世，享年八十三。一九八〇年，分骨後奉安於新竹市大眾廟、獅頭山開善寺，並刻石以誌其事。註：資料來源，朱朝明：日本人塚の由來に就いて。」http://www.hcccb.gov.tw/chinese/05tour/tour_f02.asp?titleId=359。

佛寺供養。[12]這都是明確可考的歷史事實。

因此，當「感化堂」要進一步擴建成「靈隱寺」時，便直接涉及到當時相關的宗教行政法律規定。這一巨大的官方手續難關，是不容易克服的。[13]所以當是身為「感化堂」這一新宗教事業體的表性人物鄭保真，大勢所趨就是主動登門請求佐久間尚孝的協助。[14]

也因為這樣的背景與實質影響力，所以 1932 年落成的「靈隱寺」，是以新建佛寺，大殿主祀為觀音菩薩。[15]

而且，管理的方式，以及會計制度，是要照相關的宗教法律規定來辦理的。可是，當時在「感化堂」這一宗教事業體的宗教師，並無合格僧尼，可以擔任寺院住持。[16]因此，從 1933 年開始，便委由佐久間尚孝本人，親自擔任該寺住持一職。[17]至於管理人，以及實際住持，便是由翁妙全擔任。

其後，日本在臺灣殖民統治當局，於推行「皇民化運動」（1937-1945）時期，乃至 1941 年大東亞戰爭爆發，不但，釋無上與其他多位臺灣宗教人士，於 1941 年時，便正式拜佐久間尚孝為師，因而具有日本曹洞宗僧籍，[18]連「靈隱寺」也正式納入

12　同註 11。

13　這是根據 1922 年 7 月 30 日臺灣總督府發佈的訓令第 157 號，第 6 條規定。見溫國良，《臺灣總督府公文類纂宗教史料彙編》，頁 131-135。

14　同註 11。

15　同註 11。

16　同註 13。

17　同註 11。

18　這是根據新竹市存齋堂的黃魏章個人的回憶與親身經歷的談話記錄。見張綉玲，《新竹市佛教寺廟藝術之研究》，中國文化大學藝術研究所，

日本曹洞宗的「聯絡寺院」。[19]

可是，等到日本戰敗，臺灣統治權改由國府進行軍事占領與長期實質統治時，釋無上既已身為該寺戰後首任新住持，便有極為敏感的去日本化的疑慮與必要之舉。

不過，有關這個部分，我們將會留到的本文第二部分，討論戰後的關鍵年代的靈隱寺歷史真相時，再詳加說明。

（二）「靈隱寺」的早期紛爭歷史真相還原試探

對於此一問題的真相還原，可能的途徑或許還有。但是，我此處提出一個關鍵性的問題，就是當時的「感化堂」與「靈壽塔」，雖是附屬於「靈隱寺」，可是「感化堂」的法定管理人之一，[20]還是鄭保真。換句話說，它的所有權，其實是獨立的。因此，才會有鄭保真及其利益集團，得以持續挪用與勒索涉及「靈

碩士論文，1996 年，頁 46-47。另外，大野育子，〈日治時期在臺日僧與臺籍弟子之關係初探：以新竹寺佐久間尚孝和朱朝明為中心〉，載《臺灣學研究》第 15 期，頁 82-83，也提及此事。

19　大野育子，〈日治時期在臺日僧與臺籍弟子之關係初探：以新竹寺佐久間尚孝和朱朝明為中心〉，載《臺灣學研究》第 15 期，頁 83。

20　日本殖民時代 1936 年 1 月 22-24 日的《臺灣日日新報》相關報導與 1937 年 5 月 31 日、8 月 6 日的《臺灣日日新報》相關報導，都是稱他是「感化堂主人」，而非「靈隱寺主人」。參考釋見豪、釋自衍採訪與編著，《樸野僧‧無上志：新竹靈隱寺無上和尚圓寂五十週年紀念》，頁 68。與此有出入的是，施德昌，《紀元二千六百年紀念臺灣佛教名跡寶鑑》，1941 年，提到鄭保真是靈隱寺住持兼管理人，釋無上是信徒總代表。應該是錯誤的，因為當時，靈隱寺住持是佐久間尚孝。他應該只是感化堂的管理人兼廟祝。

壽塔」的販售塔位與相關祭祀儀式活動的大筆收入的有力藉口。
當然，在法律上是非法的。可是，實質上卻有灰色的操作空間。

　　因此要直到，鄭保真有兩次由於挪用的款項過大，又在「感
化堂」內私自與年輕美貌女性發生讓人強烈反感不倫風化事件。
而他的重大醜聞，不但被當時的新聞詳細刊載，[21]甚至日本刑警
也正式介入調查與究責。[22]所以，在此之後，直到二戰結束時，
鄭保真都無法再像從前那樣，為所欲為。

　　以上就是我對「靈隱寺」的早期紛爭歷史真相還原第一步。

（三）從「感化堂」到「靈隱寺」的辯證發展與翁妙全關鍵作用的解謎

　　在往下繼續討論「靈隱寺」建築前後的相關過程中，必然會
涉及幾個重要的歷史問題，因而，我預備從另一種新角度，來直
接切入問題的核心，並提出我的更深層的相關專業性歷史解讀。
而此新透視法，又是如何實質展開呢？

　　首先是，我們要重新審視在 1935 年過世的翁妙全──這位
新竹市著名吳家寡婦且擁有財力雄厚佛教女性──的角色問題。

21　有關日本殖民時代 1936 年 1 月 22-24 日的《臺灣日日新報》相關報導，
　　引述資料出處，學術討論，本文參考：釋見豪、釋自衍採訪與編著，
　　《樸野僧・無上志：新竹靈隱寺無上和尚圓寂五十週年紀念》，頁 65-
　　68。

22　有關日本殖民時代 1937 年 5 月 31 日、8 月 6 日的《臺灣日日新報》相
　　關報導，引述資料出處，本文參考：釋見豪、釋自衍採訪與編著，《樸
　　野僧・無上志：新竹靈隱寺無上和尚圓寂五十週年紀念》，頁 67-68。

我們知道，在現有資料上，的確曾提到她是在「感化堂」開始增建「靈壽塔」的 1925 年，參與「感化堂」宗教事業體的。

可是，若只是這樣的話，我就會從另一方面來看，照理說，她當時已在佛教界多年歷練，豐富非常經驗，以及本身又擁有如此雄厚的繼承財力，以她所處的社會地位來說，她根本沒有必要介入區區一間新蓋的「孔明廟」事物——此因，她若要在任何一間「齋堂」或「佛寺」內長期居住，又可以有人服侍生活起居，按當時的規矩，她只要預繳一筆「安單」款項，就可以達成目的了。[23]

不過，我也有所質疑，因為她雖號稱曾拜福建鼓山湧泉寺的著名古月禪師為師習禪，但我不認為她以寡婦之身，會真正在福建鼓山湧泉寺長期習禪，目前也還沒有發現她實際長期在該寺習禪的文獻記載。當然只是前往短暫禮拜是可能的。因此，也不能排除有其他兩種可能：

● 一種是，她只交了相關規費，而不實際參與儀式活動的「寄戒」，[24] 所形成的師徒名分。

● 二是，她其實是參與從福建鼓山湧泉寺來臺發展並歸化日本臺灣籍的大湖法雲寺派開派祖師——覺力禪師——的傳戒、或宗教講習活動。

於是，我們的論述主軸，便轉移到，與當時覺力禪師相關的佛教新變化、及其所發揮的對於新竹地區佛教女性，有實質巨大

23　此種情況，臺灣傳統寺院，從日本殖民時代開始，到戰後六十年代，依然如此。見釋見豪、釋自衍採訪與編著，《魚趁鮮人趁早：明宗上人走過臺灣佛教六十年》，頁 32-40。

24　這是從清代，到戰後的 1950 年之前，一直都是如此的。

影響的歷史問題。

　　事實上，覺力禪師本人在 1933 年，因過勞致死之前，他本質上是日本曹洞宗在北臺灣地區所大力扶植的臺灣福建曹洞宗僧侶，特別是在客家區與新竹市的主要本的曹洞宗佛教徒領導者。

　　因此，當 1925 年第一屆在日本東京增上寺舉行的「東亞佛教大會」，他就是作為代表臺灣曹洞宗的出席僧侶。[25]同時，在當時臺灣總督府於 1921 年，輔導成立的全臺性佛教組織「南瀛佛教會」中，他也是新竹州地區的理事與合格佈教師。

　　也因此，他才能在 1925 年 4 月 15 日至 9 月 29 日為止，可以獲准特別專為佛教女性首次舉辦為期半年的佛教講習會，[26]地點就是與新竹北門著名鄭家有關的香山「一善堂」。

　　如此一來，從明清以來，一直不能在社會公開活動的臺灣本土佛教女性，在新竹州各郡原有的三派「帶髮修行」的非尼齋姑，開始大量轉型為現代性佛教女性知識分子；[27]並在高度的自

25　見 1926 年 2 月，《南瀛佛教會會報》，第 4 卷第 2 期，頁 37-39。易水編撰，《大雲法雲寺派（上）：覺力禪師時代》（臺中：太平慈光寺，2012 年），頁 287-300。

26　易水編撰，《大雲法雲寺派（上）：覺力禪師時代》，頁 326-358。

27　有關這一轉變的歷史，此處略為解說如下：我們一般所知道的佛教女信徒，是指經過皈依儀式（由出家並受過具足戒的僧尼主持）是女信徒，她有出家僧尼為「皈依師」，領有成為正式信徒的「皈依證」，證上載有皈依後新獲得的「法名」。因此，一般在家的佛教女性，她的「皈依師」一定是受過具足戒的出家僧尼。而這樣的女信徒，在印度早期佛教的創立時代，就已是如此了。這種形式的佛教女信徒，就叫做「優婆夷」或「清信女」。可是，「齋姑」的「皈依師」，往往是同為「齋教」的在家修行者，如本文之前所提過的，早在清代中葉，臺灣地區便有傳自中國大陸的「齋教」三派：龍華派、金幢派和先天派。此處可以

覺革新意識下，紛紛皈依覺力禪師或其門下，並出現自行出資，或向社會募資，以興建心佛寺與新研究佛學教學機構。[28]

而這一波大轉變新趨勢，事實上，也的確影響了原在香山「一善堂」出入的翁妙全。換句話說，她之所以會轉為參與「靈壽塔」的興建，以及在日本曹洞宗長期駐在新竹市新竹寺的名僧佐久間尚孝的指導與協助下，她幾乎投入所擁有的巨額建築新

歸納「齋教」三派的幾個共同特徵如下：（1）強調是禪宗六祖惠能的法脈真傳，並且是以在家修行者及弘法者的優越性自居。（2）批判出家僧尼的腐敗和能力的不足。（3）然而，一八九五年，日本根據〈馬關條約〉開始了對臺長達五十年的殖民統治。除政權變革，還帶來日本式的佛教信仰，以及信教自由的擴大。因此，原先在清代曾長期被官方視為「邪教」之流的「齋教」，如今只是民間眾多信仰方式的一種，不再有法律的歧視規定。婦女的自主性和社會地位，也隨著教育機會的增加和社會觀念的開放，而跟著改變和提升了。當時在這種情況下，由於殖民當局宗教行政法規的變革和允許，以及彼等在日本佛教各派的極力促成，便有很大一部分齋教徒成員，從此即藉以順利轉型，成為傳統臺灣佛教的正式僧尼，甚至還一度成為當時臺灣本土佛教發展的新主流。

[28] 例如因林覺力曾在香山一善堂，專為傳統的臺灣佛教女性舉辦過六個月一期的佛教講習會，而學員中有吳達智和許達慧兩位齋姑，在講習會結束後，因成績優良，立刻被新任命為後補女教師，但立即在臺灣佛教界引起巨大風波，彼等認為林覺力過度抬舉自己講習會的女性學員。然而，吳達智和許達慧也不甘示弱，於是她們也結合十幾位尼眾，就在大湖郡法雲寺附近辦一座「觀音山研究院」。此棟建築物是在昭和二年（1927）六月起造，直到昭和三年（1928）二月成啟用，並號稱彼等是走現代化知識路線的女性修行團體，有報效社會的雄心。可見這是傳統臺灣佛教女性的獨立自主性已逐漸展露的跡象，縱使對戰後臺灣的新佛教女性來講，彼等的如此作為，亦堪得上是影響深遠的里程碑。江燦騰，《二十世紀臺灣佛教文化史研究》（北京：宗教文化出版社，2010年），頁182-188。

「靈隱寺」,[29]作為自己的佛門生活與宗教實踐之所,就不足為奇了。主要的時代因素及其影響,就是來自我上述的大轉變新趨勢所促成的。

因而,順此發展的邏輯,假如我從以上這個新角度來看,有相當程度可與當時的歷史事實無太大出入的話,則我們便可以據以斷定:她就是因此才會成為新建「靈隱寺」的最大功勞者;而另一個大功勞者就是捐出大筆土地給新建「靈隱寺」的何李鎰,[30]她也是當時新竹大家族的護持新建佛寺熱情婦女之一。

因此,在「靈隱寺」的開創史上,鄭保真故然也算是最早參與的重要一員,但真正名符其實的建寺開基祖,應該是翁妙全,而何李鎰就是最大的功德主代表。

而由於翁妙全在寺內居住,所以她是實質的「靈隱寺」住持。只是 1935 年,她就過世了。不過,她其實是陳阿桶——自號「釋無上」——的五舅媽。因此,釋無上所以長期參與「靈隱寺」各項事物,不可否認的,與翁妙全也大有關聯。

(四)日本殖民統治後期的釋無上:法名由來、各種歷練、操守狀況與師門批判意識

1、法名由來

29　她捐出一萬元。釋見豪、釋自衍採訪與編著,《樸野僧‧無上志:新竹靈隱寺無上和尚圓寂五十週年紀念》,頁 48。事實上,之前,新竹名佛寺淨業院當初投入的建築資金,也只是一萬三千元。

30　見 1935 年 6 月,《南瀛佛教》,第 13 卷第 6 號,頁 62 說明。

陳阿桶，自正式踏入佛門之後，自號「釋無上」。但是，我個人傾向於推斷它並非鄭保真給他命名的，最有可能其實是他自己取的這名字。

我的推論邏輯如下：

從傳統臺灣漢傳佛教僧徒命名慣例角度，來自號「釋無上」這名字，其實有些文法上錯誤的嫌疑。因為釋迦是佛陀的姓氏，「無上」是「佛陀」或「大解脫者」的通稱之一，因此，通稱「釋迦牟尼佛」，或「佛陀」，是可以的。若是改稱「釋迦佛陀」，或「釋佛」是有點不通的或略有不精確的。因此，他自號「釋無上」，就難以形成自己日後收徒時作為宗派輩分的傳序之用。

例如戰後，1955 年，他去臺中寶覺禪寺重新受戒，禮拜中壢圓光寺的著名妙果老和尚，作為他的新剃度師。於是，那次《同戒錄》上，他的法名，便跟著改為「今學」，法號則仍是原來常用的「無上」。[31]因而，我這篇文章，主要是用沒有括弧的釋無上來稱呼他，以便保持前後行文的一致性。

2、各種歷練

至於其他方面，例如有關他擅長客家佛教儀式唱誦技巧，他是到新竹關西潮音寺拜師學來的。[32]而他所了解《金剛經》或

---

[31] 釋見豪、釋自衍採訪與編著，《樸野僧・無上志：新竹靈隱寺無上和尚圓寂五十週年紀念》，頁 23-24。

[32] 釋見豪、釋自衍採訪與編著，《樸野僧・無上志：新竹靈隱寺無上和尚圓寂五十週年紀念》，頁 73。

《心經》的相關知識，以及他在禪坐冥契的長期自修；或在大東亞戰爭期間，他到基隆月眉山靈泉禪寺，參加由留日的德融法師（1884-1977）所辦的三年一期禪訓班課程，[33]都由於他能以全生命力真誠的投入、以及能夠堅毅無比地持續堅持到底，所以才能有堪稱卓越不凡的體會與表現。

　　因而，我也據此推斷，這又絕非是一直號稱其師的鄭保真本人，所能真正傳習給他的佛教經典知識啟蒙，或者是釋無上對其行為上有所典範仿效，因而才習得的優質操守表現。

3、操守狀況

　　我們若實際去檢視釋無上的佛門全部生涯中，也就是從他在「靈隱寺」的開始其佛教禪徒生活以來，一直到他在 1966 年中離奇暴斃死亡為止，[34]這一段期間，他的各方面行為狀況的話。那麼，我們可以明確地承認，他都能做到：不貪財，不揮霍，不犯任何情慾桃色糾紛，至始至終，是以簡樸勤儉的一貫作風，來安頓他日常性一己衣食住行的所需。

　　而他的最大個人喜好，就只是經常創作與佛教體驗或僧人自省的出色佛教詩歌。因此他才有大量長期發表在，當時最重要佛

33　釋見豪、釋自衍採訪與編著，《樸野僧・無上志：新竹靈隱寺無上和尚圓寂五十週年紀念》，頁 72。

34　釋見豪、釋自衍採訪與編著，《樸野僧・無上志：新竹靈隱寺無上和尚圓寂五十週年紀念》，頁 86。

教期刊《南瀛佛教》的各期上，[35]被廣泛閱讀，詩名洋溢。

我們由此可知，他其實有很強的語文表達能力。例如他能說日語，客語，臺語，他的書法端正清雅。他佛法概念清楚正確，表達在創作的詩詞上，修辭精準，不濫俗套，而他個人的操守非常嚴謹。

因此，他自從在「靈隱寺」內開始其嚴謹近乎苦行的禪徒生活以來，他除了對於佛教界的團結，僧徒教育的注重，有廣大的願力去推動與大力呼籲各方響應之外，再來只是他對「靈隱寺」永續經營與維護可謂盡心盡力，直到他生命終絕之日為止，我們簡直難以有更多的其他描述了。

4、師門批判意識

不過，有一點，讀者須知，有關他的佛教改革構想，可以說，幾乎一開始就追隨當時《南瀛佛教》有關臺灣佛教改革的主流意見。

因為在 1932 年 8 月，《南瀛佛教》第 10 卷第 8 號（臺灣佛教改革號）的卷頭語，就如此提到：

> （前略）今日臺灣佛教中的缺陷及弊害之主要事項，擇要來說，第一是，臺灣在地理及歷史上與中國南方有很大的因緣，固而寺院之主要的情形，即福州湧泉寺或長慶寺等

---

[35]　所有的這些詩文，都收入釋見豪、釋自衍採訪與編著，《樸野僧‧無上志：新竹靈隱寺無上和尚圓寂五十週年紀念》一書，頁 323-344。

的後代弟子所開拓創建而成的寺院，其間並非有何等的本末寺院的關係，而且臺灣的寺院互相之間，幾乎沒有聯絡關係，無管理地存在於各地方。其次，是師徒關係。在大陸各宗的寺院，師父有教育弟子的責任，而在臺灣有的只是形式上的授法，因而幾乎沒有關於對弟子將來的教育義務，以此為主因，才會到達如今有力的佛教徒那麼稀少的地步。第三是，如此缺乏管理的寺院及地位低的徒眾甚多的緣故，島內寺院有八、九成其實權不在住持，呈現出這種奇特的現象，所以住持在信徒（即管理人）的監督之下，這種奇規恐怕臺灣以外看不到吧！職是之故，住持的活動受到阻礙，以至於造成今日的狀態。因為是如此的狀態，所以社會上決不會以現在的臺灣佛教為滿足了。亦即如今為了臺灣佛教的提昇，斷然實行某種適切的改革已迫在眉節了。這是這次推出臺灣佛教改革號而重新呼籲的理由，這個若能成為全部佛教徒的警鐘，不管多少即使能成為打破因有的因習上及傳統上的弊害，照亮臺灣佛教建設的第一步的話，則已經達到本刊的願望了。[36]

　　其中包括佐久間尚孝主張在內的整個構想。因為當時，佐久間尚孝本人，也具名投稿一篇臺灣佛教的發展對策。

　　然而，唯獨在佐久間尚強調師徒情感的密切與專一這點上，他與佐久間尚孝個人的主張，幾乎又是針鋒相對的。此事發生在 1932 年 8 月，也就是新建以觀音為主祀的「靈隱寺」落成之年。

---

[36] 1932 年 8 月，《南瀛佛教》第 10 卷第 8 號（臺灣佛教改革號），頁 1。

　　不過，以下我轉貼他的全文內容，除第五點外，各點的原長篇說明，我都省略，以免模糊焦點。他說：

臺灣佛教的發展對策

曹洞宗新竹寺住持　佐久間尚孝

一、首先必須要統一（說明省略）

二、團結一致吧！（說明省略）

三、努力培養人才吧！（說明省略）

四、認可人才並加以採用吧！（說明省略）

五、使師徒關係密切吧！

雖然在信仰上可以認為「我是佛一人之子」，但像「我為佛弟子」、「我是繼承釋尊教法之人」這種歷史的、現實的信念，則是身為現實的我以及身為佛教徒所強烈感受到的，那麼，傳授釋尊教法的師父也必然是很重要的。也就是說，有師父才有釋尊，雖有釋尊而無師父，則無法繼承，之所以會有身為佛弟子的我，是因為有師父的關係，就是這樣的信仰使佛者堅強的。此外，應該將我釋尊所傳授之法傳予何人呢？也就是將來能夠活用真正釋尊的後繼者是誰呢？這當然就只有弟子了。即使是佛弟子也絕不可輕忽師徒之關係，擁有師父的釋尊與擁有弟子的釋尊，若是輕忽釋尊、師父、弟子這三位一體的關係的話，就沒有資格宣傳真正的佛教。然而，臺灣的師徒關係雖然有其形式，其關係卻不密切，而且也不被重視，弟子雖有師父，卻三心二意地跟隨其他的師父，師父雖有弟子，卻不顧其弟子的將來，弟子也輾轉於乙師、丙師等師父之間，往對

自己有利的地方去覓食，只是漫無目的地度過一天又一天，為報師恩而努力學習的弟子沒有精力，又沒有師父來培養繼承重要法教的弟子，像這樣，終究沒有獲得優秀人才之道，又如何能期待佛教之發展呢？師為父，徒為子，唯有像這樣密切不離才會有努力、有活動、有發展。

六、制定佛教制度吧！（說明省略）[37]

　　然後，我們再來看看，釋無上所發表的這一篇全文內容，這是刊登在 1934 年《南瀛佛教》第 10 卷第 7 號：

臺灣佛教之興衰
靈隱寺　釋無上
（前略）
一、師長不負教育之責任
從來臺灣佛教凡為師之收徒者。不過授以一句彌陀。或傳以數句密語。即不論其悟與不悟。甚至談以數條因果說。或教幾款叮當鏗。便堂堂皇皇居師之地位。遂安安然然受人之恭養。但知爭收徒弟之多寡。而不負擔教育之責任。使一般愚徒。悾悾惘惘一日過一日。悠悠忽忽一年空一年。成為社會中之特種。脩作世界上之異人。目不識丁。耳不辨聲。萬事都不曉。只曉幾句話。或有人問及佛教之宗旨。及修持之目的。則無一言可應付。設有答者。即非

佛法。亦非佛經。今聞者心笑而厭聽。失了佛教之精神。全無修士之模樣。致使一般認定教徒為寄生蟲。而被社會誤解佛教是迷信教。唉、豈真如是乎。佛教在於宗教之中。是為頂極之宗教。其言論之精造。教化之材料。修養之方法。入德之妙門。非儒道耶回之可企及也。故其教彌滿於全球。五洲萬國無不沾被教化。是古人譯佛為「自覺覺他覺行圓滿」之大覺王。而吾人學佛。是欲破一切迷。而究一切覺。以期自利利他。如何今之佛教。反被稱為迷信者乎。此即教徒無學佛之常識。以人而異教是也。因教徒無學佛之常識。不能宏揚法化。故社會有種種誤解之排斥。最可傷可惡者。就最一種無智之徒。平時已失教育。只知食飲穿衣。一至被外教。邪論正理。或聞人誹謗宗門。不但無一語可以答解。而表教門之精神。而心內尚不明自己之失學。速發憤研究教理。且悔之曰。修行持齋。無有見益。惟有聞人排斥。遂視學佛為無用。以此而退道心者有之。此我耳有聞而目有見也。進而有一二被人辨問。有應對之難題。受了刺激。感悟學問之必要。悔從前之空過。思將來之當勤。奮發求學。追尋上進。而師長聞之。非但不嘉其志。且極力阻止之。或自己無藝。怕後進有能。而不受其愚制。起嫉心而阻止者有之。或因徒弟勉學。而不使其驅使。思不利而阻此者有之。盡皆以勢利是計。全不以德教為重。其阻止之法。則曰達磨西來無一字。六祖當時不識文。而竟成佛道。一心修行。學問何用。種種無理之壓迫。唉、實大背吾佛之旨。嗟呼、在此愚徒政策之下。欲求學而不得者。實亦不乏其人。有深悟

者識破此愚策。思不可坐以待斃。而誤空生。遂遠離求學
又因原力不充分。致服被外界誘惑而背教。或被世風搖動
而墜落者不少。哀、佛徒之損德。宗風之失墮。歸究在誰
咧。惟願有心佛教者。關重注意之。速籌臺灣佛教教育之
善後策以興振之。

佛教之興衰。即在佛徒之賢不肖。佛徒之賢。即在有相當
之教育。又須師長委曲成之。勸勉獎勵。使其勤勞精進。
種因修業。漸漸得成佳器才能。初學善根淺薄。又要種種
培護之。有未悟之處。設法開導之。如阿難木全道力之
時。世尊權引天堂地獄。以警勉之。遭摩登伽女之難。遂
宣說神咒敕文殊師利往護之。不悟真心。則百般譬喻。以
顯覺之。可見世尊教徒之用心。今之為人師長者。豈可不
負教育之責任乎。

甲、教徒無自覺悟之精神

（說明省略）

乙、佛界無聯組織之創辦

（說明省略）。[38]

　　從此文開頭第一點，釋無上就突出師長的無學與不負責教育
徒弟的種種惡質狀況，而這又與前文佐久間尚孝在其文第五點，
才強調臺灣師徒情感不佳常有另拜他者為師的狀況，恰好形成強
烈對比。[39]由此可知，我先前所提示的釋無上痛批之處，就不算

38　此文也被收入此書。參考釋見豪、釋自衍採訪與編著，《樸野僧·無上
　　志：新竹靈隱寺無上和尚圓寂五十週年紀念》，頁279-285。

39　關於上述的釋無上文章的批評觀點，沒有像我如此全文內容與佐久間尚

是毫無根據的空穴來風之語了。

所以，此節的最後有關日本殖民時期的反潮流發展的靈隱寺歷史真相論述，我主要就是透過釋無上的以上所強烈流露出來的批判角度，來理解他與鄭保真之間的名義上的師徒雙方緊張史真相事實及其歷史相關發展沿革。

並且，以上就是我在本章所顯示的，將以新視野的透視，來探索戰前新竹市青草湖靈隱寺「特殊雙元寺廟」結構的真相。

孝的主張，拿來對比。我特別指出當中是帶有針對性的。見大野育子，〈日治時期在臺日僧與臺籍弟子之關係初探：以新竹寺佐久間尚孝和朱朝明為中心〉，載《臺灣學研究》第 15 期（2013），頁 80-88。這當中，只提到佐久間尚孝與臺籍弟子朱朝明的師徒關係而已。

第六章
戰前新竹客籍藝僧張妙禪與
金剛寺派的崩解

壹、前言

　　戰前的日本在臺發展的禪宗教派，曾大量臺灣本地的寺院簽約加入其隸屬在地到場的情況，可是其後的發展也不盡是相得益彰的。所以本章所討論的是，當時一個實質造成本地宗派崩解的著名例子：戰前新竹客籍禪藝僧張妙禪與獅頭山金剛禪寺派的崩裂。其相關過程如下所述：

　　新竹州南庄獅頭山金剛禪寺派的創立者張妙禪，是日治時期客籍重要禪藝僧，多才多藝，並曾闢建過多處重要佛教道場，也剃度了若干重要的弟子。而他的這些事蹟和影響，從臺灣佛教發展史來看，應是有其重要性的[1]。但，就其日本臨濟宗妙心寺派

---

[1] 有關張妙禪的代表性，其實早在 1925 年春，臺南開元寺書記鄭卓雲，在其應徵「南瀛佛教會」的「臺灣佛教振興策」第三名得獎論文，已提到：「……本島在來之僧侶，有本圓師派下，善慧師派下、妙禪師派下、覺力師派下、得圓師派下、捷圓師派下、義敏師派下等……。」他已被視為全島臺僧七派代表人之一。載《南瀛佛教會會報》第 3 卷第 2 號（1925 年 3 月），頁 25。

的交往經驗來看，卻是初嚐甜頭而下場悲慘者。

張妙禪及其所中興的獅頭山金剛寺，曾加入臨濟宗妙心寺派和「南瀛佛教會」、並先後擔任會中「理事」和「佈教師」教職，之後卻反被日僧東海宜誠借「以臺治臺」策略，對其挖牆腳而將之擊垮的倒楣鬼。

所以，由張妙禪的例子，更能看出日治時期臺灣新興道場與日本佛教各宗派的加盟，並非百利而無一害的。也因此，張妙禪所開創的「法派」，其實未維持到日治後期，即宣告崩盤。

不但他的派下僧侶，紛紛改宗出走，甚至於連張妙禪本人，也一度逃離臺灣，遠渡喊海外──在南洋、印度等異域──流浪數年，才返回他的故鄉，新竹州竹東郡北埔庄南浦地區，另闢北埔金剛寺，來作為容身和藉藝弘法的「核心道場」。

所以本章是日本殖民時期本土僧侶法派與日僧法派系統結盟後，遭到崩解下場的典型說明。當然，整個事情之所以會朝向負面方向的發展，事實上張妙禪個人的戒行有污，亦是一大因素，特別是情色的問題，更是他的事業致命傷所在。而其中過程的風風雨雨，數十年依然流傳不已。[2]

貳、張妙禪早年相關事跡考訂

近年來，臺灣相關的佛教學者，也紛紛對張妙禪的生平事蹟

---

[2]　張妙禪親骨肉的後代子孫，如今也健在和事業有成。但，筆者之論述此一個案，純就史料所載的證據而言，並無加油添醋的惡意扭曲之處。至於釋慧嶽老法師親自告訴筆者：其師施斌宗並非張妙禪門徒，可以說亦糾正了臺灣佛教界和學術界，多年的附會與錯誤，使筆者所須深深感謝者。

和他的藝術成就，提出有用和系統的觀察報告。[3]

　　張妙禪生於 1886 年，即日治之前第 11 年；逝世於 1965 年，亦即他活到戰後，又 20 年之久。據目前所知，張妙禪早年曾娶妻生子，然後再出家為僧；中年時期，又因桃色風波，出走海外數年。有關張妙禪「早年事蹟」，最重要的一份資料，就是前面提到第一種〈張妙禪師略歷〉，撰於昭和七年，這年張妙禪四十六歲，而此文是很一篇扼要的生平回顧之文。原文無標點，因此，特將其全文斷句、標點如下，以供進一步的解讀：

> 　　張妙禪師，自聞雲，別號臥虛，現齡四十有六。生長石壁村，現住籍竹東郡北埔庄南浦。家資小康，為人聰慧，性敏異常，琴、棋、書、畫，以及雕塑各種美術，無不精通。自又學儒，經綸滿腹。其慕賢好道，慷慨樂施。中年棄儒供佛，航度中國，遍歷名山，於佛學院三載，遊歷五年。歸創建獅山金剛寺、臺中寶覺寺、兩處開山。幾架橋樑，開闢道路，濟急扶危，仗義疏財，恢宏慧業，無不向前。經於京都臨濟宗大本山館長授與開教使之職，並南瀛佛教會教師，亦任圓山鎮南學林漢文教授及布教講師，其弘法利生，難以枚舉。現告年老，隱於南山精舍，期待於

---

[3]　陳清香教授的相關論文如下：一、〈臺灣佛教史上的藝僧〉，《臺灣佛教學術研討會論文集》（臺北：財團法人佛教青年會，1996 年），頁117-136。二、〈妙禪佛寺的建築藝術〉，《1988 年佛教建築設計與發展國際研討會論文集》（臺北：中華慧炬佛學會、覺風佛教藝術文教基金會），頁 13-26。三、〈妙禪法師的繪畫藝術〉，《臺灣文獻》第 50 卷 1 期（臺灣省文獻委員會，1999 年 3 月），頁 265-286。

前途甚多。現寓獅山金剛寺。[4]

　　這篇類似自傳的〈略歷〉，大體上沒有問題。因此，以下即一邊訂正，一邊補充，使全文的意義和內情，更加清楚。

　　一、根據〈略歷〉的資料上說，張妙禪在昭和七年（1932）時，是「現齡四十有六」，據此往前推算，他的出生之年，應是1886 年。其孫張學榟的那篇〈簡介〉，也提到張妙禪是「清光緒丙年戌年（1886）八月生」，兩者相符，可見是正確的。但，陳清香教授在其論文〈臺灣佛教史上的禪藝僧〉，誤延一年，所以成了「清光緒十三年（1887），生於新竹石壁村」。等到看到張學榟的那篇〈簡介〉之後，才於另一篇論文〈妙禪佛寺的建築藝術——日治時代的臺佛寺風格探討〉，更正為「前清光緒十二年（1886）八月，生於新竹郡石壁潭村」。

　　二、問題是陳清香教授提到的「生於新竹郡石壁潭村」，是與原行政區域，有出入的。因根據〈略歷〉的資料，張妙禪是「生長石壁村，現住籍竹東郡北埔庄南浦」。這一「石壁潭村」，到底在何處呢？

　　這個地方，根據〈略歷〉撰寫時（1932）行政區域，是隸屬於新竹州竹東郡北埔庄南浦。所以不可能如張學榟和陳清香教授所說的在「新竹郡」。

　　理由是，「新竹郡」幾等於今天「新竹市」的行政區域，和「竹東郡」根本不同，當然也管不到北埔庄的「石壁村」。張、

---

[4]　載徐壽，《臺灣全臺寺院齋堂名蹟寶鑑》（臺南：國清寫真館，1932年），頁 89。

陳兩人，可能誤「新竹州」為「新竹郡」了，才會誤標地名。因此有必要加以訂正。

三、根據〈略歷〉的說法，張妙禪是「中年棄儒供佛，航度中國，遍歷名山，於佛學院三載，遊歷五年。歸創建獅山金剛寺、臺中寶覺寺、兩處開山」。這個「中年」，到底是指哪一年呢？

如果時間上是指出家之年，而其時間順序是先「航度中國，遍歷名山，於佛學院三載，遊歷五年」，即加此八年，或兩者重疊共五年，然後回臺「歸創建獅山金剛寺、臺中寶覺寺、兩處開山」。這當中，年代可以較確定的，是獅頭山金剛寺和臺中寶覺寺的創立時間。

根據張文進的說法，獅頭山的金剛寺，是位於「新竹縣峨嵋鄉藤坪村 46 之 1 號」，「民前二年，由妙禪和尚開山」[5]。民前二年，即清宣統二年（明治 43 年，1910），這年張妙禪正好是二十四歲。若從二十四歲中，再扣除去大陸的八年或五年，則他才十九歲，所以不能稱為「中年」。因此張妙禪的資料，出現了巨大的矛盾說法。

參、張妙禪的佛教事業之開展及其遭遇的困境

張妙禪的出家師門，是出自福建臨濟宗興化後果寺住持釋良達。在此之前，張妙禪曾師事書、畫、琴、棋名家張采香，得其藝業真傳，為後日的佛教事業，奠下極具藝文特色和個人風格的

5　張文進，《臺灣佛教大觀》（臺中：正覺出版社，1957 年），頁 109。

深厚基礎。

不過，張妙禪拜師釋良達，屬於福建興化的閩僧系統，和臺灣大多屬於鼓山湧泉寺或漳州南山寺的系統，大有差異。近人王榮國著《福建佛教史》[6]，全書幾十萬字，也絲毫未提及後果寺和釋良達其人。根據王榮國的看法，近代閩僧的外遊：

> 其一，為了募捐
> 近代中國佛教處在衰微之中，而當國弱民貧，沒有足夠的財力支持佛教事業，許多寺院凋蔽破毀。為了維持處在凋零之中的寺院與修復破毀的寺院，閩中僧人不得不東遊東南亞，在華僑中勸緣募捐。
> 其二，為了弘法
> ⋯⋯
> 其三，受請住持寺院
> ⋯⋯⋯⋯⋯⋯⋯⋯⋯⋯⋯⋯⋯⋯⋯⋯⋯⋯⋯⋯[7]

釋良達來臺灣的情況，幾與王榮國所舉的原因一樣，例如他在大正昭和之際，長期在臺活動，親自參與張妙禪創立的佛教事業，連丸井圭治郎要籌組「南瀛佛教會」初期，都將他列為諮詢的對象之一[8]。

6　王榮國，《福建佛教史》（廈門：廈門大學出版社，1997 年），全書三十八萬六千字。

7　王榮國，《福建佛教史》，頁 395-403。

8　參考李添春，《臺灣省通志稿人民志宗教篇》（臺北：臺灣省文獻委員會，1956 年），頁 116。

　　只是釋良達本人，所代表的是一來歷不明的大陸佛教勢力，本身也未有令臺灣各界注意的佛教學養或專才。所以日後除張妙禪本人之外，其他的門下紛紛叛離，改投他宗他派，使張妙禪面臨了事業的最大危機。

　　不過，如從張妙禪的〈略歷〉來看，透視內情的可能性更大。因此我們仍循此線索，加以分析。

　　〈略歷〉中提到：

> 經於京都臨濟宗大本山館長授與開教使之職，並南瀛佛教會教師，亦任圓山鎮南學林漢文教授及佈教講師，……[9]

　　這幾件任命案，在〈略歷〉中，都未標出時間。按：張妙禪擔任「臺北圓山鎮南學林漢文教授及佈教師」，是日本臨濟宗妙心寺派第二任在臺佈教監督長谷慈圓，於「西來庵事件」之後，鑑於同樣來自日本曹洞宗已在「臺北別院」，開辦「臺灣佛教中學林」，教育本島僧侶學子或齋堂子弟，於是也仿照辦理，地點即在該宗的在臺佈教總部，位於臺北圓山西麓的「鎮南山臨濟護國禪寺」內，開辦了「鎮南學林」。開辦的用意，是作為臺灣僧侶或齋友子弟的中學教育機構，以期建立親日的臨濟宗臺籍佛教勢力。

　　根據當時《臺灣日日新報》在大正六年（1917）三月四日的報導：

9　載徐壽，《臺灣全臺寺院齋堂名蹟寶鑑》，頁89。

鎮南學林是在昨年（1916）十月三十一日舉行開林式……以臨濟寺住職長谷慈圓師及同寺信徒總代星野政敏、中川小十郎、木村匡、吳昌才、王慶忠等人為始，與臺南臨濟宗開元寺、岡山超峰寺、竹溪寺、赤山岩、嘉義火山岩、臺北觀音山凌雲寺等相謀希望依據私立學校令，向總督府申請許可。……本林的特色除培養本島僧侶及齋友子弟之外，亦想擴大影響，促進中國佛教的革新。其課目有外國語、漢文、地裡、歷史、數學等。……囊有「佛教中學林」，今設「鎮南學林」，實是本島佛教界之福音！[10]

「漢文」是其中的一科，張妙禪即擔任此科老師。可是，創辦人長谷慈圓於大正七年（1918）12 月 4 日過世[11]。並且「鎮南學林」的經費，一直不佳，最後廢校，於大正十一年（1922）11月 1 日，被併入「私立曹洞宗臺灣中學林」。當時身兼林長的丸井圭治郎，還為此公開傷心落淚[12]。

長谷慈圓的過世，對日本臨濟宗妙心寺派在臺的發展，是一大打擊，事業幾乎陷於停滯的狀態。當時較活躍的是該派的東海宜誠，因其精通臺語，又實際負責「鎮南學林」的教務，照理他應和任教學林漢文科的張妙禪很熟才對。

---

10 轉引王見川、李世偉，《臺灣的宗教與文化》，頁 73-74。

11 見臺灣經世新報社編，《臺灣大年表》（臺北：臺灣經世新報社，1938年），頁 112。

12 參考拙文，〈日據時代臨濟宗妙心寺派日僧東海宜誠來臺經營佛教事業的策略及其成效（二）〉，載《妙林》第 9 卷第 2 號（1997 年 2 月），頁 24。

　　可是，從相關資料來看，張妙禪並不是他極力拉攏的事業合作者，反而後來在「臺中寶覺寺」的住持一事上，他先是將張妙禪的師弟賴耀禪收為門徒，再讓其實際擔任該寺落成後的首任住持一職[13]。如此一來，張妙禪成了被東海宜誠的打擊對象。這對張妙禪來說，當然相當不利。

　　雖然如此，張妙禪畢竟有他的佛教事業和實際社會影響力，所以在「南瀛佛教會」成立時，先被任命為理事之一，其後則擔任該會的佈教講師。在臨濟宗妙心寺派方面，他也被授與開教使之職。這些都是和他的佛教事業的實力有關，也牽連到大正後期臺灣地區整個佛教的大變化，所以不能簡單的就交代過去。

　　張妙禪曾和在臺日僧天田策堂兩人，到京都妙心寺派的大本山，當時妙心寺派的管長五葉愚溪，給予張妙禪隆重的接待，除贈禮品外，也授與新職稱，即「開教使」之職。

　　不過，張妙禪的此一「開教使」之職，其實只是針對臺灣地區的本土佛教（所謂舊慣佛教），才有效，對日本佛教徒或其他地區，則無效。換言之，這只是殖民地佛教的權宜做法，不能準用到其它地區。

　　另一方面，因張妙禪事實上在臺灣已是一寺（獅頭山金剛寺）之主，此次大本山雖授予他「開教使」之職，但，應該說是屬於宗派的榮譽性質居多。儘管如此，畢竟日本臨濟宗妙心寺派，當時在臺灣，還是高一等的佛教指導者，故「開教使」之職的授予，也的確有提高其聲望和標明來頭的作用（即表示他已被

13　這裡的首任，是指寺院已經官方核可，並被宗派管長正式任命者。詳情，請參考後面「賴耀禪改宗」一節的討論。

視為妙心寺派下的一員僧侶），不能說它完全是虛幻的職稱。

況且，這在日治時代，也是臺籍僧侶躋身領導階層之路。在他之前，像臺南開元寺的陳傳芳、臺北觀音山沈本圓等人，也都如此經歷過來，相較之下，張妙禪還是步伐慢了一些。

當時張妙禪有能力教漢文，有獅頭山金剛寺為基地，因而崛起於當時臺灣北部的佛教界。但張妙禪一直未被納入日本臨濟宗妙心寺派正式的僧籍。直到大正十三年（1924）五月，他被補入「南瀛佛教會」的「理事」一職，情況才有了變化。

因日治時代，臺灣本島人最重要的佛教組織，是大正十年（1921），由當時的總督府社寺課長丸井圭治郎所推動的「南瀛佛教會」。

但在初期，張妙禪並未被指定為創立委員或領導幹部。當時的丸井，既是主管官員，又是「鎮南學林」林長，自然知道在「學林」任教的張妙禪其人，卻未特別提攜，可見當時張妙禪分量仍不足。

至於張妙禪的師父釋良達，雖列名（徐榮宗代）大正十年三月二日，於新竹證善堂召開的創立協議會，結果創立委員的新竹區代表是：周維金、葉普霖、陳清水三人，釋良達被排除在外[14]。

大正十一年四月四日，在萬華龍山寺正在成立時，新竹地區指定兩名理事，由周維金和葉普霖擔任。而當時會中尚無佈教師一職之設。

「南瀛佛教會」是在大正十三年五月二十五日，於臺北召開

---

14 釋良達當時，可能因未有臺灣籍身分，所以不能出任會中幹事。林覺力則是在歸化入臺灣籍之後，才入選的。

第四次總會中，以臨時動議，通過三名新的理事人選：法雲寺林覺力、獅頭山金剛寺張妙禪、高雄地區蔡遇氏。

這是因會中有兩名理事請辭：一位新竹的周維金，一位是臺南開元寺前任住持鄭成圓。周維金的遺缺，由其兄周田補實。另外，曹洞、臨濟各在新竹增任一名理事，因此林覺力和張妙禪，同時入選。

大正十三年十月，「南瀛佛教會」宣佈將在會中設立「佈教師」之職。於是隔年（1925）四月十一日，召開第五次總會的前一天，通過新人事任命，張妙禪被任命為會中「佈教師」，卻被免去理事一職。如此一來，影響力大減。

反之曹洞宗的林覺力理事的身分不變，便握有了主導權，使法雲寺派的勢力，更如虎添翼，因而能趁機掌控了桃竹苗三地（新竹州）此後的佛教發展。

此一人事的突然變化，加上原屬臨濟宗系統的社寺課長丸井圭治郎，於大正十三年十二月去職，更使妙心寺派的在臺發展倍加不利，於是該派曾任在臺布教監督的天田策堂，趁返日述職之時，於大正十四年五月三日，攜張妙禪到大本山去朝禮和接受派內的新職。張妙禪的高徒林玠宗，雖未去日本，亦同樣被編入該派正式的僧籍和任命僧職。

不過，此一來得似乎太晚的榮譽確認，對張妙禪的派下來說，實際上作用不大。原應在確認之後，更向日本佛教輸誠的張妙禪派下，居然反向發展，脫離師門，到大陸尋求新的宗派認同，亦即出現了張妙禪、林玠宗師徒的分裂現象，使他遭遇到難以克服的困境。為何會如此？

肆、張妙禪派下林玠宗的改宗分歧問題

張妙禪派下改宗分歧問題，說起來相當弔詭。因張妙禪的原有師門，是來自中國大陸興化的後果寺釋良達系統，為廣義中國臨濟宗的一支；在此中國傳承的臨濟宗法脈之外，由於身處日本殖民統治下的臺灣，為求自保和方便發展，所以也選擇了日本臨濟宗妙心寺派為投靠對象，亦即兼有中日雙方的臨濟血脈。

像這樣的選擇和做法，在當時也非特例，而是仿照諸如臺北觀音山凌雲禪寺沈本圓、臺南開元寺陳傳芳的前例，所以不能說是反常或特例。但，張妙禪的門下卻出現了反彈，甚至因而脫離師門，改投他宗。

根據目前能看到的相關史料來判斷，林玠宗會脫離張妙禪，有很大原因，是不滿其師張妙禪的戒行有污點。

林玠宗，字常峻，號戒定，戶籍登記為林資潭，明治三十一年（1898）十月十日生，是臺中霧峰林家的名望子弟。父林揖堂，母陳薄燕。大正元年（1912），林玠宗開始皈依佛教，不過是屬於在家形式的齋教，地點在臺中市南屯——一善佛堂，引進師為陳普池。

大正四年（1915）四月八日，也就是余清芳等發動「西來庵事件」之前一個月，於獅頭山金剛寺禮張妙禪出家。這一年他剛好十七歲，為何會選擇出家？頗不尋常。他在出家前，其實已結婚，妻子叫陳雍。

又由於出家前，曾在「臺中霧峰私塾漢文書房」讀過多年（1906-19），正式教育也畢業於「臺中郡霧峰公學校高等科」（1907-10），所以漢文、日文皆有相當程度，可用來撰文發

表。

　　因此，他的知識和語文能力，在當時的臺灣僧侶中，是很凸出的一個。日後很長的一段時間，他從事新聞記者的工作，也和此一因素有關。

　　至於他為何禮張妙禪出家，而非他人？相信這跟張妙禪出色的漢文程度、以及擁有琴、棋、書、畫的多方才藝，多少有些關聯。何況地緣的因素，也很重要。臺中當時尚無著名的正統佛教道場，而鄰近的獅頭山卻是當時聞名全臺的佛教聖地，因此選擇到獅頭山禮張妙禪出家，完全可以理解。

　　不過，擁有優異的門下弟子，有時不一定是福，有可能反而是一個潛在的競爭者，是一種新起的取代力量。張妙禪和林玠宗的師徒關係，就是處於此種狀況。

　　先是大正九年（1920）九月，全臺齋教各派成立「臺灣佛教龍華會」的新組織時，臨濟宗妙心寺派的東海宜誠被聘為顧問，因此組織也隸屬在臨濟宗之下。[15]此時，是林玠宗而非其師張妙禪，也被聘為該組織的評議委員。由此可以看出林玠宗的潛力，正逐漸在發散中。

　　大正十一年（1922）七月十五日，林玠宗從「南瀛佛教講習會」第三期畢業，是該會早期培植的對象之一。可是，就在此時，林玠宗流露出很強的親中國意識，所以他決定到大陸巡禮和接受佛教教育。

　　從 1911 年 11 月 5 日起，他遍遊蘇、浙和閩南一帶的佛教道

15　參考王見川，〈略論日治時期齋教的全島性組織──臺灣佛教龍華會〉，收在拙著，《臺灣佛教百年史之研究》（臺北：南天書局，1996年），頁 219-246。

場。1923 年 6 月 20 日起，在泉州承天寺辦的「東方因明倫理學院」，就讀一年畢業。1924 年 4 月 8 日浴佛節，他在福建興化縣南山廣化寺受三壇大戒。同年 11 月 17 日，在泉州開元寺接受釋圓瑛的七塔寺法派，成為釋圓瑛的正式傳法弟子。

釋圓瑛是閩僧出身，當時則為浙江寧波接待講寺的住持[16]，也是中華佛教傳統派的主要領導者之一，所以林玠宗的中國佛教色彩，是很濃厚的。而就張妙禪派下來說，從此已非林玠宗的現有師門了，只是曾為林玠宗出家時的剃度師罷了。

1924 年，「佛化新青年會」代表張宗載、達蘊到寧廈門、漳州等地，成立「閩南佛化新青年會」時，林玠宗不但立刻響應，還被選為「佛化新青年會臺灣弘法團導師」。

但是，他在臺灣的剃度師張妙禪，於 1925 年 4 月 11 日，被任命為「南瀛佛教會」的佈教師，卻同時被解除了理事一職，使對手林覺力在當時臺灣佛教發展的關鍵時刻，趁機主導了新竹州的佛教發展方向。

隨後有一期達半年之久，專為佛教女性而辦的特別講習會，便在林覺力的主導之下，於新竹州香山地區「一善堂」開辦[17]。

此一特別講習會結業後，不但培植出兩位合格的女性佈教師，其他參與特別講習會的佛教女性，也幾乎都因而皈依在林覺力的派下，成了林覺力此後發展佛教事業的絕大幫手。

相形之下，張妙禪完全施展不開。為了挽回頹勢，便立刻召回在大陸發展的林玠宗，要他擔任在金剛寺成立的「佛教研究

16　所謂「講寺」，是明代對寺院功能的三種分類之一，即：禪寺、講寺和瑜伽寺。「講寺」為講經說法之寺。

17　見《南瀛佛教會會報》第 3 卷第 3 期（1925 年 4 月），頁 30。

會」的教務主任，任期一年。同時，也任命林玠宗為獅頭山金剛
寺的監院，要他重興山門。

對於這些要求，林玠宗當然很為難。因他已改投釋圓瑛派
下，如何能再為剃度師張妙禪效力？於是他在被任命的當月
（1935 年 3 月），又藉故重遊大陸，欲圖擺脫這一窘境。

大正十四年（1925）十一月初，大陸和日本佛教界，聯合在
日本東京召開「東亞佛教大會」，臺灣佛教界亦派三位代表（加
上一名翻譯）與會：一代表臺灣曹洞宗的林覺力，一代表臺灣臨
濟宗的沈本圓，一代表齋教背景但已逐漸向日本真宗本願寺派靠
攏的許林[18]。

這是臺灣佛教代表首次參與國際的大型佛教盛會，雖然在會
中僅居配角地位，但因具有日本殖民地代表和原為中國南方漢族
及佛教傳統的雙重身分，在大會中，反而形成大陸佛教和中國佛
教之間的特殊溝通媒介。

因此大會之後，中國代表團中屬於「佛化新青年會」一派的
要角們，要來臺灣訪問時，便由原出身福建鼓山湧泉寺、現已歸
化臺灣籍的林覺力，掛名負責接待；而在島內的真正負責聯絡
的，是同屬「佛化新青年會」的臺灣籍同志林玠宗[19]。

當時，屬於大陸激進改革派的「佛化新青年會」代表，所以
能順利來臺，是相對大陸各界在第一次世界大戰之後，日益高漲

---

[18] 許林原為齋教輩分極高的太空，但對佛教淨土法門有很深的體認，而真
　　宗又可帶妻，與齋教有共同點之處，故赴日參加大會後，即在京都真宗
　　本願寺受度為僧，此後未再更改。見大橋捨三郎編，《真宗派本願寺臺
　　灣開教史》（臺北：真宗派本願寺臺灣別願，1935 年），頁 510-511。
[19] 釋觀心編，《釋玠宗老法師事略》，頁 4-5。

的排日情緒，彼等和日本佛教界共同召開「東亞佛教大會」，其實具有中日親善的指標作用，方能為日本在臺當局所容許入境。

道階等一行人，在臺期間，再三致意於中日親善[20]，可見相對環境，是中日兩國的不親善。反映在林玠宗的身上，就是更向大陸的「佛化新青年會」靠攏[21]。

而此時的張妙禪，既非出席東亞佛教大會的臺灣代表之一，也非大陸來臺代表的接待負責人，較之其徒玠宗的活躍，可謂遜色多多。這不能不說是一種社交和聲望上的一次嚴重挫折。

更令張妙禪難堪的是，隔年（1926）八月十二日，「中華全國佛化新青年會」代表張宗載，再度來臺為該會籌募基金時，林玠宗和其妻陳雍女士，相繼發表了〈佛化新僧宣言〉。

兩人的〈宣言〉中，除了表明佛化新僧要和舊佛教劃清界線之外，還要走通俗佛教路線，即可結婚和素食，一如基督教牧師和日本淨土真宗的僧侶之所為。這無異一顆炸彈，等於已出家的林玠宗，不宣佈還俗，卻以僧侶之身，行在家之道，要公開顛覆現有的臺灣本土佛教傳統[22]。

在這種情況之下，他便不得不正式告別與張妙禪的師門糾葛。此後的林玠宗，在日治時代，主要是以新聞記者和齋堂的負

20　王見川、李世偉，《臺灣的宗教與文化》，頁 55。

21　林玠宗受過日本在臺的公學校高等科的教育，運用日語文和讀日文佛學書，皆無困難，但他從未熱心介紹日本佛教，反而用中文發表了大量關於中國佛學和「佛化新青年會」的文章，刊登於《南瀛佛教會會報》和改名後的《南瀛佛教》上。

22　載《南瀛佛教會會報》第 4 卷第 6 號（1926 年 11 月），頁 22-24。

責人，活躍於佛教界，而不再參與張妙禪的佛教事業。[23]

伍、張妙禪派下賴耀禪的改宗分歧問題

　　張妙禪在他四十六歲（1932），所寫的那篇〈略歷〉中，曾將臺中市北屯寶覺寺的創建，列為他當時兩大建寺（※另一處為獅頭山金剛寺）成就之一。他當時敢於自承是臺中市北屯寶覺寺的開山者，應也是事實。

　　可是，問題並非只是他是否為開山？而是涉及寶覺寺何時興建？首任住持為誰？以及師門是否改宗等問題。

　　首先，有關臺中市寶覺寺的建寺時間，在日治時代的資料中，不論是昭和七年（1932）出版的《臺灣全臺寺院齋堂名蹟寶

---

[23] 當時的佛教刊物《南瀛佛教》上，也曾登出一篇由「臺中懇親會」具名發表的〈林玠宗氏略歷〉，茲轉錄全文如下：「敝會講師林玠宗氏。去年秋間。受命新高新報臺中支局記者。現年三十六。乃霧峰望族林氏子。林資彬君之令弟。自幼年三歲時。長齋奉佛。對佛教極勞力。中部佛教界之明星也。十九歲禮獅山金剛寺張妙禪為師。任當山監寺之職。十四年任臨濟宗大本山知客職。南瀛佛教特別會員。臨濟宗布教師補。曾奉職臺灣佛新報記者。日華新報、經濟時報、臺灣公論社記者。畢業閩南佛學院。東方倫理學院。東亞佛化新青年世界宣傳隊委員。承法圓瑛法師之法嗣。龍華會評議員。南瀛佛教會第三回講習生。昭和八年南瀛佛教感謝狀受領。臺中慈齋堂、慈德堂初代開山。天人堂講師。鳴鼓集事件奔走和解功勞者。種種佛化運動。不勝枚舉。且有著佛心宗哲學、法性宗、天台宗哲學。貴會經有登載而未出版成冊。尚有家庭倫理哲學著作。對於本島佛教界勞力貢獻。實功德不少。乃中部佛教不可多得之人才也。」從中頗可看出其人的活躍和多面性。此文載《南瀛佛教》第 14 卷第 3 號（1936 年 3 月），頁 53。

鑑》，還是昭和十六年（1941）出版的《紀元二千六百年臺灣佛寺名蹟寶鑑》，都提到臺中寶覺寺，創立於昭和二年二月十八日。昭和五年九月十八日，日本臨濟宗妙心寺派大本山管長神月徹宗親自來臺，主持寺中奉置昭和天皇的「御壽牌」儀式。

就當時的規矩來說，這是屬於日本臨濟宗妙心寺派的寺院，經過官方確認的，所以住持也是由大本山管長派任。假如知道這一點，就應知道，昭和二年（1927）是創建日期，昭和五年（1930）是奉置昭和天皇的「御壽牌」的日期，兩者不可混淆。

其次，就開山者的張妙禪來說，他雖在之前，已被大本山納日本臨濟宗妙心寺派的開教使和佈教師，如今臺中寶覺寺關建落成，張妙禪應是首任住持才對，但他關建未完成，就辭去住持之職[24]。因後來實際的發展，非他能掌握，而是成了日僧東海宜誠的囊中物。所以臺中寶覺寺的新任住持為賴耀禪，即原為張妙禪的同門師弟，其後改投日僧東海宜誠的門下，於是使臺中寶覺寺的宗派性質整個改觀。

根據《南瀛佛教》第 13 卷第 7 號（1935-7），有一則關於臺中寶覺寺和賴耀禪的報導，相當詳細，部分內容是這樣的：

> （寶覺寺）現任住職耀禪師（賴氏子俗名文榮），曾為當地保正，性忠厚有德，篤信佛法。後皈依良達門下而長齋，乃辭其職，專心佛事。初與同志齋友，創立慈善堂於同地方，勤續說教，廣度人眾，得感化信徒數千名，為當

---

[24] 見《南瀛佛教》第 11 卷第 4 期（1933 年 4 月），頁 48-49，關於〈寶覺寺落成并晉山式〉的報導。

時佛教，極盛一時。<u>爾後因嗣東海宜誠師之法，乃議建正
式寺院于島人尚未有之中市</u>，而市內唯恐有過繁鬧，故擇
定現在地點。更承天田策堂老師盡力援助，始於昭和二年
二月二十八日，得府當局之寺院建立許可。

發起人耀禪師、賴以莊、黃來、賴讚是等諸氏，批星帶
月，禁悴奔勞，以募集捐金。歲著手建築。至昭和四年，
宏狀本堂及祿位廳、客室、庫裡、食堂等，一切工事均得
告竣。昭和五年十月，由當派大本山下附御壽牌一基，適
管長神月徹宗禪師來臺，親護送至該寺舉奉安式，誠是無
上特受之光榮。昭和七年九月二十一日，耀禪師受當派大
本山東海管長任命該寺住職。翌年三月落成，有祝大法會
並住職晉山式。完成中州佛教實際之光輝矣。[25]

　　其中全未提及張妙禪開山之事。但賴耀禪之前，有住持辭
職，曾被報導，所以張妙禪或釋良達，兩人之中，必有一人是此
辭職的住持。

　　不過，此處重要的，是關於賴耀禪改宗的問題。除了上面的
報導之外，也有另一則提到東海宜誠和賴耀禪的師徒關係。此一
報導，略去前面冗長但不相關的說明之後，有兩段文字（原為日
文，筆者中譯）是這樣的：

　　（10）【法系】當山住職東海宜誠師（號海巖），嗣續臺
　　北市圓山臨濟護國禪寺開山贈歷住妙心得庵玄秀大和尚之

25　《南瀛佛教》第 13 卷第 7 號（1935 年 7 月），頁 51-52。

法系，為龍泉寺傳法始祖。而相續宜誠禪師法系之龍泉寺
徒弟，於各地建立新寺，其初代住職正式就任者：

> 吳義存師　　大林昭慶禪寺第一世
> 陳銓淨師　　屏東東山禪寺第一世
> 賴耀禪師　　北屯寶覺寺第一世
> 張慧光師　　楊梅妙善寺第一世

（11）【法統】昭和二年三月一日，大本山妙心寺第二世
圓鑑國師五百五十年遠忌大法會之際，本派大本山管長特
對現任東海宜誠師授予本山紋章金襴傳法衣，後來住職之
法統，嗣當山世住職者，以正式稟承此傳法衣為其授記。[26]

　　這是東海宜誠在臺收島人為僧徒的系譜，賴耀禪亦譜上有
名。由此可以見，當年曾在「鎮南學林」共同任教的同事東海宜
誠，不但未幫張妙禪，反而是無情的挖其牆角，採取了釜底抽薪
的「以臺制臺」策略，讓張妙禪的師弟「改宗」，──由興化後
果寺釋良達的中國臨濟宗，轉為日本臨濟宗妙心寺派東海宜誠的
門下──然後徹底掌控了臺中寶覺寺。

　　新任住持賴耀禪，不管他和其師釋良達或師兄張妙禪有哪些
糾葛，有一不變的事實，就是他已成了日僧東海宜誠的入門弟
子，叛離了原有的師門。

　　根據當時的資料記載，真正握有臺中市北屯寶覺寺管理權
的，是幾位共同管理人：賴耀禪、賴讚是、賴安秋、賴天生、賴

---

[26] 載《南瀛佛教》第 11 卷第 3 期（1933 年 3 月），頁 46。

振英、林清丈。[27]可見賴家和林家是實際主宰寺產的管理者。因他們是當初建寺發起者和勸募者，所以在法律上的權利反映，也是如此。

　　昭和十一年（1936）十月十一日，大本山任命賴耀禪之徒廖罡宗，為寶覺寺第二任新住持。管理人方面，除賴耀禪過世被除名之外，其他人員不變[28]。昭和二十年（1945），林宗心接任第三任新住持。林宗心即林錦東，為當時臨濟宗妙心寺派在臺佈教監督高林玄寶的臺籍入門弟子，代表的也是該派的正統。

　　因此，我們可以說，張妙禪和其師釋良達兩人，在初期可能也是寶覺寺的開山者，但由於同門師兄弟賴耀禪的改宗，頓使張妙禪和其師釋良達，整個喪失對臺中寶覺寺的管理權和運用權，直到日治結束，依然如此。

　　總之，從以上臺中寶覺寺的改宗例子，我們可以看到日治時代，臺灣佛教內部實際存在著宗派歸屬雙面性，亦即一個道場，有時為了自保或發展上的需要，往往必須徘徊大陸佛教和日本佛教的兩大勢力之間，既需有所區隔，又需同時兼隸，可以說左右為難，動輒得咎。

　　這當中，佔優勢的，自然是以殖民者為背景的日本在臺佛教勢力，所以張妙禪於四十六歲時，宣稱自己，「現告年老，隱於南山精舍，期待於前途甚多」[29]。可以說，相當無奈。

27　徐壽，前引書，臺中州寶覺禪寺的說明。

28　施德昌，前引書，臺中州寶覺禪寺的說明。

29　徐壽，前引書，〈張妙禪師略歷〉的說明。

陸、張妙禪派下施斌宗的改宗分歧問題

新竹法源講寺的釋寬謙尼師說，張妙禪門下的徒眾極多，堪稱法將的有：

> 臺中中天寺榮宗、桃園金剛寺玠宗、員林佛導寺能宗、新竹法源寺斌宗、阿蓮光德寺賢宗、霧峰慈覺院雪宗、南洋弘宗[30]等等，其中以斌宗最為傑出。[31]

但，寬謙尼未察覺到一個極大的錯誤，即施斌宗並非張妙禪之徒，而是張妙禪同門閩僧德禪之徒。

施斌宗是十四歲首度出家（1925），到獅頭山金剛寺出家拜師（大正十四年）時，正是張妙禪的聲望高峰期。但因施斌宗第一私自離家到獅頭山拜師後，不久即被鹿港施家尋獲，帶回鹿港，張妙禪對此，相當不滿，也不願再被干擾。於是，當施斌宗

30　釋寬謙尼師的說法，是錯誤的，「弘宗」並非張妙禪之徒，而是中壢圓光寺葉妙果的徒弟，法號達精，俗名余阿榮，因明桂竹林弘法禪院的改建問題，遭到輿論批評，而流放南洋寓跡在新加坡福海禪願。王見川提供上述資料（1999.12.13）。另外，妙果本人於 1948.4.21，在給功德主之一的邱葉玉的一封親筆函，也提到：「……余門徒名余弘宗，當年五十三歲，二十年前，往南洋新嘉坡開創一寺院福海禪院，自往以後，回臺灣三、四次。」見《圓光新誌》雙月刊第 45 期（1999 年 5 月），頁 31。

31　見釋寬謙，〈思想風格──佛教寺院建築的主導〉，載《1988 年佛教建築設計與發展國際研討會論文集》（臺北：中華慧炬佛學會、覺風佛教藝術文教基金會，1998 年），頁 131。

第二度又私自離家，來到獅頭山金剛寺要求落髮剃度時，張妙禪拒絕接受，轉而要其改拜另一良達門下的德禪為師。

但，德禪其實為閩僧，初次與其師良達上人應聘來臺，借住在獅頭山金剛寺，準備赴約協助其他道場舉辦法會，順便也募款回寺，以補貼常住寺院的經濟困窘。因此，在臺人脈稀疏的閩僧德禪，正好被同門的張妙禪利用來應付施斌宗再度要求出家拜師的惱人問題，可以有藉口（例如其師已回大陸等）拒絕鹿港施家來寺要人，以避免因而鬧出大風波。

所以施斌宗二度私自離家來寺要求出家，雖同樣都到獅頭山金剛寺，但他真正的剃度師，並非張妙禪，而是張妙禪的同門閩僧德禪。對於這一拜師的曲折，施斌宗日後曾詳告其門下高徒慧嶽，近日再由慧嶽老轉告筆者[32]。

不過，施斌宗出家後，隨即在隔年（※昭和元年），發生林玠宗的〈新僧宣言〉，以及林玠宗的離去問題。然後是臺中市寶覺寺的住持易人和賴耀禪改拜日僧東海宜誠為師，使其師門中的癥結，隱隱欲現。到了昭和八年（1933），紙終於包不住火了。

當年年初，在《南瀛佛教》第 11 卷元月號上，突然登出兩篇關於張妙禪污行的爆炸性投書。其中一篇的名字隱去兩字，但知道是徒孫「心」字輩[33]，其舉發的內容如下：

32　因本文初稿，曾寄給慧嶽老法師，請其指正，慧嶽老法師看後，告訴筆者這段曲折。時間在 1999.12.21，以電話告知。特此誌謝。

33　張妙禪的系統，自「禪」字輩往下排，是「宗」字輩，然後是「心」字輩。

會長大人閣下[34]：

每接來函捧頌，歡蒙慈悲愛顧。茲因佛教中僧侶大失道德
仁義，使令地方無人信仰。又兼財界苦悶，將來出家之
人，孤門獨路。社會上之人，全注目佛教中之人。若要佛
教大興之時，萬望　政府命令，使人各處調查破壞佛教之
惡蟲。查知之時，隨即要削除，使令社會欽伏（服）。若
是無此一段設法嚴令，臺灣佛教難興。可惜也。今有獅山
金○寺，廟宇全部破壞，連累全山名義（譽）；而郡下無
人信仰，但因張○○一人關係，佛教中大魔王，姦○徒女
法孫，到處行邪，嬌妻戀妾，將出家尼姑，採來為妾，專
為無道德之事，此人何稱佛教師補？全行污穢佛門！若是
偽報者，吾願受罪。若此人無除，連累全島佛教名義
（譽）。目下又因金剛寺、靈霞洞二處，前後左右，自開
臺留存之古木，風致景品，因張○○出惡手段，向州請許
可，將風致古木，全部賣渡他人砍伐，不得保存，又兼寺
廟損害，可憐關係全獅景地。伏望　上官大人，命令緊
發，除卻惡蟲，保護勝景地方。

獅山○○心[35]

另一封，則是施斌宗的具名投書，其全文如下：

〈忠告某僧〉

夫僧伽者，無士農工商之職，不耕而食，不織而衣，受檀
越之供養，蒙國家之保護，為欲修心養性，期得佛道。理
宜看破紅塵，虛空色相，捨貪嗔癡，修戒定慧，嚴守僧
規，以感化人心，持正佛法，引導社會，為超苦海、登彼
岸而證菩提，則不負人之供養，亦可全僧伽之本格。夫爾
離別妻子出家多年，而教界有名，奈何情根未斷，慾心未
了，佛法無參，戒行無守，雖身著袈裟，意存妄想，口訟
彌陀，心懷邪念，表面是和尚，內心似蛇蠍，……不怕金
剛怒目，菩薩愁眉，自絕百善之原，甘居萬惡之首，空談
佛法，以為謀生之計，暗傳心經，藉作偷香之術。如此妄
作胡為，惡實彌深；紊亂社會，敗壞僧規，已不得再稱為
和尚。寧無對天不住，撫心無愧乎？余乃僧伽一分子，對
佛教前徒，熱望振興，僧伽後患，以期安寧，使佛教發
展，令社會信仰。倘不盡情忠告，實爾前途可悲，佛教後
患堪憐。故不顧固陋，敢獻蕪辭，願早日反省，立改前
轍，悔過遷善，雖苦海無邊，回頭是岸。毋以一人之惡，
累及眾人，至有效尤之患。冀速奮起精神，重新道德，捨
身為道，盡力宏教，則可稱佛徒，不失僧伽本格。不然，
報應日至，定有一番慘境，而貽羞百世，遺臭萬年，永受
社會惡斥，長留拓罵惡名，作一生廢人，成千載孽案。斯
時也，悔莫及矣！專此謹告，幸勿以忠言逆耳，則幸甚
也。（施斌宗）[36]

---

[36] 同前註，頁 57。後來此一犯戒的劍潭寺住持，被臺北地方法院的九尾
判官，判處三年之懲役。

這兩篇投書，同時登出，其中內幕，整個曝光。假如只是第一封投書，而沒有其他的佐證，我們可能無從判斷是否為惡意的人身攻擊？

但和舉發書同期刊出的，還有一篇公開具名的施斌宗的強烈批判文，兩文內容，恰可互相對照，因此應可判定所舉發者為事實。

雖然，張妙禪本人當時，也去函南瀛佛教的編輯部，要求提供檢舉函的原稿和原信封[37]。可是，從後來的發展來看，張妙禪在兩年後，選擇了流亡海外三年[38]，以避風頭。可見，當時的第一封檢舉函和另一篇施斌宗的公開批判文，顯然已產生巨大的殺傷力，所以讓張妙禪無法不去面對。

而施斌宗就在發表此一批判之文後不久，也決定離開已出家十年的臺灣，渡海到中國大陸，去尋求新的佛教師門和教理。

事實上，隨後在臺灣佛教界，連續出現了許多不名譽行為，其中最轟動的，是臺北圓山劍潭寺住持的姦情曝光，社會嘩然。

---

[37] 原信的內容如下：「編輯部御中、拜啟：貴會愈愈興隆，而佛道教化遍溢四海，紹繼大乘，闡明妙諦，以開迷界，賀賀。陳者昨蒙賜來教報，俾見者多一層眼界，多層知識，而得益實多矣。但新年號通信欄第四篇之原文及原封，幸祈不吝慈悲，將是原稿寄下賜來參考，則不勝懇禱激切之至。臨楮致意，特此依賴。金剛寺張妙禪」載《南瀛佛教》第 11 卷第 3 號（1933 年 3 月），頁 49-50。

[38] 當時的公開啟事如下：「〈印度參拜佛蹟〉臨濟宗開教使、金剛寺主職張妙禪，為本島教界振興起見，擬於來（1935）五月上旬，由基隆出帆，渡航印度，往靈山禮世尊，參觀菩提座之真蹟，研究佛陀宗旨。豫定三個年間（1935-8），實理之研學，將益資料於布教方面云爾。」載《南瀛佛教》第南 13 卷第 5 號（1935 年 5 月），頁 62。

1933 年 2 月 1 日的《民報‧社論》有大篇強烈的評論，甚至將犯大戒的男女當事人，臭罵為「野僧妖尼」[39]。

很顯然的，當時臺灣佛教界暴露的一些醜聞，包括之前對張妙禪戒行污點的檢舉函在內，都對總督府主管當局，構成了不能忽視的壓力，所以才有以上這樣的一段「訓示」。後來，負責編輯《南瀛佛教》工作的曾景來，也曾在〈編輯後記〉中提到：

> ……我們的佛教界，於前年度發生了很多事件，即某住職之破廉恥的行動事實暴露，某布教師之因身上事恐累教界而渡海外，某和尚之圓寂，某大檀越之仙遊等，很有影及本島教界者，一一難得盡數。真是多事多端了。[40]

可見施斌宗當時，是為了避開臺灣本土佛教界的多事之秋，包括他親自撰文批評的師門污行在內，所以才會出發到大陸去受戒和改宗學天台。

而這兩件事——到大陸去受戒和改學它宗——林玠宗其實早於他做過了，所以當時林玠宗正勤於發表關於天台宗哲學的文章，在各期的《南瀛佛教》上連載[41]；只是林玠宗真正傾心的，是大陸「佛化新青年會」的新僧理想，而施斌宗仍循中國傳統佛

---

[39] 《南瀛佛教》第 11 卷第 3 號（1933 年 3 月），頁 45。

[40] 載《南瀛佛教》第 12 卷第 1 號（1934 年 1 月），頁 56。

[41] 按林玠宗最先於《南瀛佛教會會報》第四卷第二號（1926 年 3 月），發表〈天台宗三諦圓融中道觀〉，頁 2-3。後來又發表〈天台宗哲學〉長文，連載於《南瀛佛教》第 13 卷第 6 號至第 7 號（1936 年 6 月、7 月），頁 29-33、22-27。

教的規矩而走罷了。[42]

---

[42] 施斌宗在戰後，一直有很高的教內評價，這當然跟他戰前曾去大陸求
法、擁有熟練的漢文詩詞技巧、對戰後大陸來臺流亡僧的友善、曾建立
專弘天台宗的道場和剃度了幾位出色的門下等因素有關。但，就弘揚中
國天台教學本身來說，他的主要貢獻，仍是在奠基的工作方面，因從他
遺留的講經記錄來看，離中國天台教學本身應有的哲學體系的深層思辯
或教理詮釋，都相當遙遠。所以有關日治時代，乃至戰後臺灣地區天台
學的移殖或建立，施斌宗及其門下，雖是主要的象徵性人物，但只能就
基礎的層次來談，不能過於高估。因為近代中國天台教學的弘揚，不論
在師資或內涵方面，都是傳統教學的部分延續，既無突破性發展，也缺
乏哲學和思想的深度，因此施斌宗在大陸求法三年，不可能有甚麼太大
的收穫的。

第七章
訪談親歷從齋姑到比丘尼蛻變的勝光住持

第一部分　相關訪談內容

訪問對象：釋勝光比丘尼（前淨業院齋姑、已故永修精舍住持）

訪 問 者：江燦騰

訪問時間：2001 年 5 月 27 日 16：00－17：25

訪問地點：永修精舍及淨業院

　　問：勝光師，我有一些有關新竹北門鄭家淨業院和你個人的事，想請教你，並希望你准許我錄音。因我今天的這些訪問內容，有不少只是你在談話中提到，其他書籍並沒有記載或記載不清，所以必須向你本人求證，才能瞭解其來龍去脈。

　　我的第一個問題是：你在 1992 年 1 月 20 日和 1993 年 1 月 9 日，曾兩次接受王郭章先生的訪問，所談內容經王郭章先生整理後，刊載於清大歷史所張永堂教授主編《新竹市耆老訪談專輯》（新竹市：新竹市政府文化局，1993 年）的頁 255-267。其中有一條提到：「淨業院為法號傳根（按：正確應為根傳）之鄭

如蘭夫人所創，就其淵源而論，屬臨濟宗法脈。寺院建築係由證善堂之住持監造，故其形式與證善堂一模一樣，但規模更為宏大、精美。」你這是聽人講的？還是有哪些根據？

答：我不是聽人講的。因證善堂我以前也常常去，並且較早的時候，我也在德高街住了二十幾年，離證善堂很近；所以印順導師早期在新竹時，我也曾介紹他到那邊去講經。我當時看到證善堂的大殿建築形式，和這裏淨業院的大殿建築，幾乎一模一樣，就問為什麼是這樣？我是聽淨業院擁有者鄭家的人說過，當初要建淨業院時，證善堂方面和這裏的鄭家有交情，所以才……。

問：這個我瞭解。當時新竹地區的這些大家族互有往來，所以建築時，彼此借助對方的先例或既有經驗，當是很正常的。可是因以前沒有聽人這樣說過，只是你才首先提到，我才會親自再次向你本人求證。但，接著我的第二個問題即是：你在訪問稿中曾提及淨業院是鄭如蘭的夫人根傳所闢建的，不過，鄭夫人的早期齋教背景，到底是屬於龍華派？還是先天派？

答：鄭夫人（按：名潤）法號根傳（按：其龍華派的法號為普慈），早期她是與齋教的龍華派有往來，後來她就成了正式的佛教臨濟派，應該是這樣。

問：我是指她早期的齋教派別？

答：那，這個我就不知道了。

問：我所以會這樣問，是新竹地區的齋堂中，例如位於樹林

頭的福林堂是屬於先天派，但先天派是沒有嫁娶的，所以鄭夫人要如何成為先天派的齋教徒呢？可是，日據時期在昭和十二年（1937）的一則記載中提到，說淨業院早期是屬於先天派的，我才會向你求證到底是否確實如此？

答：那是不可能的。

問：其實，我知道清代新竹地區的齋堂，大多數是屬於齋教龍華派的「一是堂」系統，和臺中後壠仔的慎齋堂是同一來源的。不過，我的另一個問題是，淨業院的開山是鄭夫人陳根傳，而訪問稿中曾提到，你是 1923 年 10 月 7 日出生於新竹縣新埔鎮石頭坑，俗名徐滿妹，五歲時由父母送入新竹市淨業院，家中姊妹三人皆被送入。但，收養者是誰？我指的是：當時在戶口上的資料，是如何記載的？

答：我是由陳智度收養的，她也是我的師父，但當時年齡太近，所以我的戶口有一度暫時登記在我師父俗家哥哥的名下，他姓林，我也姓林，因此我上新竹市第二公學校時，班上都稱我為林同學。後來我畢業了，才又重新登記在我師父的名下，改姓陳，所以我當時有兩個姓。我的師祖是陳永修，師伯為陳永善，她們都是被陳根傳收養的，同時也當她的徒弟和淨業院的繼任住持。我的俗家有六個姊妹，其中的老三、老四（本人）和老六共三人被淨業院收養。三姊是由師伯陳智敬收養，出家法號為廣禪，現已過世了；妹妹則已還俗了。

問：你們被收養進來後，主要是負責宗教方面的事吧？因淨業院的管理人，一直是由鄭家負責，住持則是由被收養者負責。

為何會這樣？

　　答：住持方面，開山之後的兩位住持是永善、永修。其後則是智敬、智度、智悟、智恭，輪流擔任。智恭過世（按：在1987年2月18日）之後，第四代管理人鄭紹棠要我接任住持，我沒有接受，所以改由其妻鄭江如花接任。但我因從小生活在這裏，難以完全捨棄不管，所以還是就近幫忙看顧院內的一些事務。

　　問：你是十六歲（1938）那年在淨業院出家，為何隔日就到日本去讀「關西尼學園」？

　　答：我當時答應出家的條件，就是讓我到日本去讀書，所以前往日本是先前就計畫好的，並不是臨時起意。

　　問：你當時會進日本曹洞宗的「關西尼學園」？是因為當時在新竹地區很活躍的日本曹洞宗僧侶新竹寺住持佐久間尚孝（於1924年來新竹任職）為你推薦所致嗎？

　　答：並非如此。佐久間尚孝是常來淨業院，他和當時的「關西尼學林」的林長是舊識，所以他一知道我計畫到日本去讀「關西尼學林」，他就表明願意替我寫一封介紹信，請林長照顧我，只是這樣而已。

　　問：佐久間尚孝是1894年生，畢業於曹洞宗的私立駒澤大學，於大正11年（1922）來臺，為當時該宗「臺北別院」院主大石堅童的傳法弟子。大石堅童為該宗的臺灣布教總監，與臺灣佛教的本島僧侶非常親近，幫助良多。所以佐久間尚孝於1924

年到新竹寺，接替前任（第五任）住持松本宏道（1915 年 4 月至 1924 年 12 月在任）的職務之後，直到 1934 年 3 月 30 日返回日本仙台寺泰心院任職之前，在新竹地區非常活躍，除了曾為新竹一同寺的玄深尼師等人寫介紹信之外，在皇民化運動時期他也一度擔任新竹州的靈隱寺（1933-1945）、元光寺（1935-1945）、勸化堂（1941-1945）的住持，原靈隱寺第二任住持無上法師也因而曾拜他為師。他可以說當時新竹地區最具影響力的日本僧侶了。請問你和他還有其他的往來嗎？

答：我是戰後第二年才回來，當時他已返回日本了，所以沒有見面，也無其他往來。

問：既然你是戰後初期回來，並且一直住在新竹市，我想請教你另外一個問題。王郭章先生曾兩次（1990 年 10 月 29 日及 1991 年 3 月 3 日）訪問鄭煌老先生說，「政府遷臺後，內地高僧卅多人來臺，及至新竹靈隱寺駐錫。其間一度受謗而全數身陷囹圄（印順法師因是訪翠碧岩而倖免），後經李子寬居士協助，很快即被釋回」。

我想此一敘述有兩點不可能：（一）因印順法師首次來臺是在 1952 年秋天，而新竹市的逃難僧被逮捕是發生在 1949 年夏季，當時印順人還在香港，所以當時不可又出現在新竹市的翠碧岩。（二）被逮捕的大陸逃難來臺僧，至少被關半個月以上，所以不可能很快被放出來。我擁有這方面的詳盡資料，所以我認為鄭煌老先生的記憶可能與事實有出入。你認為如何？

答：你是這方面的專家，又有當時的記載可參考，當然還是

你講得對。他（印順法師）那時的確還未來，所記得是這樣。後來印順法師來新竹，每次應邀講經，我也都有去聽。連他蓋福嚴精舍的那塊用地，也是我幫他介紹的，所以我不會記錯。

問：你從小在淨業院居住，你所知道的院內宗教活動有哪些？

答：回想起來，當時院內除早晚課誦之外，並無其他宗教活動，也不鼓勵多從事這方面的活動。而且，日據時期，他們（日人）也怕我求學問，所以員警常常來，查看我們有無偷學臺灣書否。

問：你可能把皇民化運動時期的一些特別官制措施，當作日據時期的教育常態。其實不然。我的博士論文就是討論這個時期的佛教狀況，你看看，就瞭解了。另外，我在請教你一個問題，你認識一個新竹地區的航運老闆吳武夫先生？

他是新竹名人吳朝綸先生的兒子，現在他已經過世了。不過，他多年以前，曾要我來訪問你勝光師，並為你撰寫傳記。所以，我此次來，可以說也是和吳武夫先生幾年前的建議有關。他原住在新竹市的水田街一帶，不知你和他的關係是如何？

答：也許吳武夫先生認識我，而我的確不認識他，也無往來。至於他的母親吳朝綸夫人，倒是常常到我這裏來，現在好像她已到美國去了。

問：再請問你一個問題。因法源寺的斌宗法師，是你戰後回到臺灣後所拜的師父，所以你的法號是慈心，屬於心字輩。你曾

隨斌宗法師研讀儒學經典《孟子》和《析疑論》等佛學，前後約三年。所以法源寺中所供奉的三尊三尺高的西方三聖（按：即阿彌陀佛、觀音菩薩、大勢至菩薩），也是淨業院所送。可見你和斌宗法師的師徒淵源很深。但，我從聽斌宗法師的大弟子慧岳老法師說，斌宗法師的剃度師，其實是德禪法師而非妙禪法師，你認為呢？

答：慧岳法師的講法一定有根據，因他是跟斌宗法師最久的，所以比我清楚。

問：既然你拜斌宗法師為師，而他是屬於中國天台宗的傳承法脈，那麼你是否也跟他學習天台宗的佛學思想呢？你現在的永修精舍裏，有無講授天台宗的教理？

答：我是有聽他講經，但不是天台宗方面的，所以對天台宗的佛教思想無特別的認識，現在我的永修精舍中，我也不曾對信徒講天台宗的教理。至於淨業院這裏是禪宗臨濟宗的法脈，早期和浙江普陀山法雨寺的關係很密切，常常有來往。

問：臺灣的佛教僧尼或寺院，通常都自稱自己是屬於臨濟宗的法脈，這不稀奇。但淨業院的開山陳根傳本人難道曾到過普陀山？不可能才對。淨業院的佛像是由普陀山僧侶製作和運來的，這我相信。院中有清光緒 32 年（1906）的題字，也證明了這一點。但，去普陀山的人，應是開山的孫女鄭玉釵住持才對。

當時她年輕，家族有錢，在日據時期又有一定的社會地位，若要坐船前往，也很來去自由，不生困難。更重要的是，在時間上，約等於鄭玉釵當住持的時間，所以一般人可能將鄭玉釵去普

陀山的事，說成開山本人去的。你認為我的推論還合理？

答：我是不太清楚，現在也無人能知道。也許要問鄭家的人才知道。我師伯智恭法師過世後，我看到一份資料的，是淨業院是明治 27 年（1894），也就是在日據之前的清末建的。

問：明治 27 年，時局很緊張，似乎不太可能建築。而我看到的日據時期記載，大多是以明治 35 年（1903）建的為主。這在當時宗教法律上的新規定，也才對得起來。這在我的博士論文裏，也有很多的相關資料，你可以看看。

答：你有下工夫去找出這些資料來，當然是你的說法比較準確。

問：你來淨業院時，第二任住持鄭玉釵還在麼？

答：已經不在了。她是二十幾歲很年輕就過世了。她過世之後，住持才改由永善和永修兩位尼師接任。

不過，鄭玉釵本人確曾到過普陀山，還帶一個當地的小男孩回來，叫鄭大明，所以開山過世時，鄭大明為其穿孝服，但當時他的兄長要殺他，兩人常吵得很厲害，所以鄭大明也很早就過世了。這些事，我有很多也是聽來的。

問：照這樣看來，去普陀山的人，應是鄭玉釵無疑了？

答：對對對。當時普陀山的和尚，也到淨業院來教誦經和做法會。

問：陳根傳開山，原先在香山的一善堂時期，是屬於齋教龍

華派的一是堂系統，日據時期他在淨業院開山初期，應也是香山齋堂方式的延續。可是到她的孫女，已是完全不同的新宗教環境了，新時代來臨，又有錢，因此由她前往普陀山來改變這一信仰方式，即改向正規傳統佛教靠近，也是說得通的。再說鄭玉釵接淨業院第二住持時，日本國勢正強，臺灣有錢的民眾要坐船外出，前往中國觀光，應不太困難才對。你說是不是？

答：是是是。

問：你去日本念書前，是公學校畢業，你有無過念高等科？

答：沒有念過高等科。我去日本「關西尼學林」是第二學期，因我的英文沒有基礎，跟不上進度，第二年又和我剛到日本的姊姊一起讀，重新學習，所以我一共讀了五年半才畢業。我讀的是本科，我的老師，是著名的禪師澤木興道。

問：比你早去的如學法師，中學畢業後，就前往駒澤大學的佛教科就讀到畢業，難道你當時沒有這個打算？

答：這不可能。我畢業當時，已空襲得很厲害，完全無法正常讀書，所以不可能去駒澤大學就讀。只有保姆養成所上課，其他的都跑掉了。老師也不敢教，大家都疏散了。

問：你在「關西尼學林」曾被澤木興道教過，他是當時被認為大修行者，而臺灣去的如學法師、圓通寺妙清法師的俗家之女李金蓮，也都被澤木興道教過，你的印象如何？

答：他是非常親切的人，很照顧學生，學生也很敬愛他。他

沒有結婚，也沒有子女，可是到處都有學生視他如父，所謂「全舍即全」得，他就是最佳榜樣。但他因曾參加日俄戰爭，被火炮所傷，喉部發音有點困難，所以第一句話往往要很用力，才擠得出聲音，講出來是很大聲的，不知道的人會嚇一跳，不過再講第二聲就正常了。

問：你在戰爭中，如何取得生活費？有誰接濟你？

答：戰爭中，原來的接濟都中斷了。當時在保姆養成所，有提供我們吃的，我也有兼一些幼稚園的教書工作，這部分是有酬勞的，每月是五十元日圓，待遇極佳，所以能維持生活之所需。

當時的日野老師非常照顧我們，這些都靠她的幫忙，我很感謝。我的老師在戰後也住持有一間佛寺，我在那裏曾住了半年，然後才由日本政府安排坐軍艦所我們回來。

問：你回來後，為何有一陣是到德高街去發揮，並且一去就是二十幾年，這是為什麼？

答：呵呵呵，去外面比較好發揮。我在德高街辟建了自己的永修精舍，到民國六十二年才回來淨業院旁，以一坪一千元的代價，買下了現在永修精舍和慈心幼稚園的用地。其實，我是因在日本學英文一年之後，學校已不准再教英文，所以我很想學英文。

另外，戰後回來臺灣，我一句國語也不會講，所以曾和一位外省太太學了兩年；但她不會注音符號，所以我自己定國語日報來自修，足足念了二年才講得通。

當時，若不懂國語，就無法聽懂外省法師講經，也無法向不

會講閩南語的客家信徒開示，所以學了國語之後，有時能替來德高街講經的續明法師和仁俊法師等翻譯他講經的內容，也能讓客家信眾瞭解用國語講經的內容，可見語言的學習，的確很重要。

問：你的俗家和宗教的關係如何？

答：我的兄弟姊妹共有十人，其中有七個出家。我父親因我大哥有一次生重病，陷入昏迷兩天，曾許願若能恢復健康，即願全家出家以報佛恩。所以，我從日本回來的第二年，房子都讓給別人。哥哥先去關西的潮音寺出家，然後再搬到南投的靈山寺。不過，我哥哥現在已過世了。我三哥雖結婚，但他的兒子也是出家為僧，現在是當住持。

問：淨業院的佛像，是脫胎製成的，相當精美，其法為何？

答：我是聽說先用泥土塑型，再以絲綢覆蓋其上，並逐層塗膠漆，以形成一閒固定的外殼，然後去除泥材，只存塑像外殼，又塗以金箔粉和亮光漆，使其外貌莊嚴雅致，於是搬運至所預定的寺院大殿來隆重供奉，甚罩以透明的玻璃佛龕，以隔塵灰積落其上。所以是很精細的功夫所做成的。不過，這些我也是聽人說的，自己不曾親眼看人做過。

問：法源寺斌宗法師從淨業院請去的三尊，是大的還是小的？是立像？還是坐像？

答：是小尊，立像。原先佛龕裏還有一些小尊的，但已被小偷偷走了。不過小偷偷走之後，還用另外的幾尊不同的佛像放回去。但，不知是何來路的？大概是用來補償被偷走的佛像。

問：這些佛像，算起來，應該是快百年了？

答：我聽說，開山祖師當初要蓋淨業院之前，她的兒子恰因吸食鴉片，被逮捕下獄，所以這一年若知道，就知道正確的建造時間。當時，聽說曾聘請風水師來鑒定，認為時機恰當，不可再延，方能致福久遠，因而開始動工興建。像這些線索，可能要再請教鄭家的人才知道。

問：你現在的宗教活動情況是如何？

答：我有兩個出家徒弟，一個是自己剃度，一個是從別處來的。在家信徒也有一些。我以前是到處應邀講經，連苗栗的苑裏都去。教書方面，我在福嚴和曉雲法師的華梵學院都教過日文，也兼上一些佛教的課。不過幾年前我開過刀，耳朵變得重聽，身體也變差了，所以講經的活動，我這幾年已暫停了。此外我每年會在精舍做法會，所得捐款，所轉送給香山的玄奘大學作為教育基金。宗教的活動，大概就是這樣。

問：你戰後曾回日本的母校去看嗎？

答：回去過幾次，探望老師和拜訪昔日的一些同學。我的老師目前還健在，已九十幾歲了，她還建議去日本教幼稚園。有一個在日本做生意的印度人，聽我講日語，還驚訝我為何可以說得如此流暢呢！

問：他居然不知道你原本是受日本教育的？真有趣。時間不早了，今天就訪問到這裏，若有其他的問題，我會再來請教你。至於你要送我的斌宗文集，因我家裏已有，就不客氣了。

答：有空再來。

第二部分　相關背景變遷的概略解說

　　讀者可能對上述所提到的佛教專門術語和所指的現象不易理解，所以在此也對其中一些術語和相關臺灣佛教女性的出家背景，稍作近百年來期相關發展的概略說明。

　　首先，何謂「齋姑」呢？最簡單的說法，就是指「帶髮持齋（吃素）信佛修行的女性」。可是像這樣的講法，現在很多未出家的佛教女信徒（也吃素和經常參與共修），不就是「齋姑」了嗎？其實不然。

　　因為一般我們所知道的佛教女信徒，是指經過皈依儀式（由出家並受過具足戒的僧尼主持）是女信徒，她有出家僧尼為其「皈依師」，並領有成為正式信徒的「皈依證」，以及其證上載有皈依後新獲得的「法名」。

　　可是，「齋姑」的「皈依師」，往往是同為「齋教」的在家修行者。因此，「齋姑」不等於「優婆夷」。

　　這是由於清代的臺灣，普遍缺乏受具足戒的僧侶，因此不但要設立「尼寺」不易，僧侶的無知、社會地位低落和行為上的污點（聚妻者很多），也迫使佛教婦女只好選擇「齋教」的信仰形式，其至進一步成為「齋姑」。

　　然而，一八九五年，日本根據〈馬關條約〉開始了對臺長達五十年的殖民統治。除政權變革，還帶來日本式的佛教信仰，以及信教自由的擴大。

　　雖然如此，直到第二次世界大戰結束初期，維持原有的「齋

姑」信仰形式，還是占絕對多數。

在此之前，因日本總督府主導的「南瀛佛教會」經常舉辦講習和發行佛教刊物；以及特別針對女性講習和培訓，促成許多女性學員改「齋堂」為「佛寺」，或者新創本派（法雲寺派）的專屬「尼寺」。

可是，一九四九年，大陸僧侶大批逃到臺灣，更在戒嚴體制的權力結構之下，長期由出家男性藉傳戒特權，壓制實際人口占多數的出家女性。不論「齋姑」或日本化的新佛教女性，都得參與新的傳戒活動和在頭上燒戒疤，否則中國佛教會是有權力撤銷其出家資格的。

這種情形，一直持續到一九七一年臺灣退出聯合國，才逐漸有了改變。由於本土意識的興起，以及政治運動和社會運動的相繼展開，為各種在野勢力提供了更大的揮灑空間。

臺灣傳統威權支配的統治形態，亦被形勢所迫而不得不退讓及推動改革和開放。多元價值觀的社會開始落實了。以援助東部弱勢醫療體系佛教慈善團體，也在西部的原罪意識上起了強烈的道德共鳴。而一九九一年，麥格塞塞獎頒給證嚴尼師，即是代表了這一發展浪潮的高峰呈現。

對臺灣社會來說，出家僧尼已不再是無知、無能和卑微的可憐形象了。在這種情況下，高學歷女性的出家，或原有出家僧尼到外國深造，以求更高的資歷和學養，在一九八一年以後已開始慢慢增加了。

一九八四年俗名李三枝的釋恒清尼師在美國威斯康辛大學獲博士學位，旋即在臺大哲學系任教，是此一趨勢的最佳典範。而一九八九年二月，如學尼師邀請恒清尼師創辦「法光佛教文化研

究所」，象徵臺灣佛教出家女性新（恒清，代表戰後）、舊（如學，代表戰前）兩代的結合。

　　因而，當代臺灣佛教界，所以出現許多高學歷和社會性活動強的佛教女性，其主要因素，實可歸納為如下的三點狀況：

　　一、臺灣社會如今已是高等教育普及的時代，公私立高中或職業學校畢業以上學歷的女性人數很多，所以稍有名氣的佛教道場每次剃度都有高學歷的女性參與。

　　二、臺灣的兩性關係已在大調整期，未婚、晚婚或選擇單身生活的女性，比過去要多得多。所以，臺灣新一代的高學歷女性，選擇剃度出家，顯然遠比傳統尼眾，更有自主性。但，一般而言，正在發展中的道場，由於制度較為鬆弛、發展的機會相對較多、並且充滿著希望，所以因此較容易吸引新的大量剃度者。

　　三、更由於當代臺灣的佛教道場經營，已高度企業化，各種商場上的行銷手法，也普遍用來說服信眾和提高知名度。因此，誰能掌握媒體和能成功地塑造宗教偶像，誰即能對信徒有極大的吸引力。所以，當代臺灣很多出家的現代女性，其實有不少人，是受到此一風尚的影響，才走入一些社會知名度相對較高的大佛教道場的。

第八章
徘徊在中日繼承與斷裂之間的
如學尼姑王

壹、被誤解的一代臺灣尼姑王：
「釋如學禪師」簡介

在臺灣佛教界幾百年來的傳播史上，以女性而被戲稱為「尼姑王」的只有兩位，一位是戰後出任屏東「東山禪寺」住持的釋圓融尼師，另一位即是曾留學日本曹洞宗辦的駒澤大學、回臺後先後出任南投「碧山巖寺」住持和創辦臺北「法光寺」、「法光佛教文化研究所」等佛教事業，因而聲名大噪的「釋如學禪師」。

但，以佛教出家女性，而被稱之為「禪師」的，卻只有一位。那就是兩位「尼姑王」之一的「釋如學禪師」。可是，稱「釋如學」為「禪師」，實際上有點名實不符。為什麼呢？

因「釋如學」之所以被稱為「禪師」，是因她師承近代日本曹洞宗禪修大家澤木興道禪師的法嗣，法號「法光道宗」，──這只要看澤木興道授給她的「傳承法卷」，就一清二楚。

其實，在臺灣，早期的教界名人王進瑞，也同樣留學駒澤大

學、同樣拜在澤木興道門下和領有「傳承法卷」，輩分則比釋如學禪師高，是釋如學禪師的學長兼師兄。

她的同期駒大同學，共有宋春方、張玄達、呂竹木、楊聲喈四人，前三者都是「佛教專門部」畢業，只有楊聲喈讀「歷史地理科」，但也因此楊氏回臺後，在臺南柳營創辦「私立鳳和中學」，算是情況比較好的一位。

其他的人，我在數年前作田野調查時，大都不在人世了，而他們的後裔都悔恨自己的先人在日據時代讀「佛教科」，到了戰後卻被中國佛教會控制的大陸佛教僧侶所貶抑和排斥，無法一展所長，而鬱鬱以終。

至於王進瑞本人，我是在 1996 年 3 月下旬，於他的高雄市家中訪問他時，他一面感嘆從未料到有我這樣的佛教史學者的出現，一面惋惜我們相見實在太晚了，而他的記憶已不復當年了，以致無法多告訴我他經歷的佛教事務。

其實，從談話中，我也可以體會得到：儘管他擁有日據時代顯赫的佛教科高學歷，在戰後的佛教大環境，還是混得不怎麼如意，因此感慨良多！

問題是，她明明是因「法光道宗」的這一身分和禪修的背景，才可以稱「禪師」的，卻一直不敢表明。而「法光寺」、「法光佛教文化研究所」，也就是「法光」禪師之「寺」、「法光」禪師之「佛教文化研究所」的意思。——在《如學禪師永懷集》中，仁俊法師和照惠尼師，根本不清楚「法光」一詞的來源，就望文生義的胡亂解說一通，真是不像話。

但是，使釋如學禪師受困的，也正是「法光道宗」這一佛教的身分和背景。因她雖有流利的日、漢文閱讀能力，卻不能在戰

後的新佛教環境中，熟練地使用國語（北京話）和白話文來表達；以及雖有日本曹洞禪的正統禪學修練，卻拙於佛教義理的素養。

因此，她雖感嘆「臺灣佛教落後日本一百年」，卻仍必須仰賴本地一些其實不怎麼高明的「法師」和「教授」，來教導門下，以致耗費了一生的寶貴時光和大量經費，來培植佛教人才，卻成效有限。而她先前引以為傲的日本佛教背景，正是這一困境長期無法突破的根本原因。

貳、「釋如學禪師」的宗派傳承及其斷裂

「釋如學禪師」的一生，有三系的佛教傳承：第一系，是苗栗大湖法雲寺曹洞宗的法嗣，從開山覺力禪師→妙果→達精→玄深→如學。其中，達精最善收女徒弟，在當時的佛教界被批判得最激烈，因而日後，釋如學禪師常提到早逝的開山祖師覺力，並一再稱讚他的禪學深厚和佛法的精通。其實，哪有這回事。

年少出家的如學沙彌尼，絕無足夠的程度，來判斷只見幾次面的覺力的佛教知識深度及其真正之禪修實力。她的讚美，坦白說，屬於日後的回憶和感恩的成分居多。這是我們首先要知道的。

第二系，即澤木興道的日本曹洞宗法嗣。釋如學禪師當時一定有受寵若驚之感。其實，當時已進入所謂「皇民化運動」的時期，日本軍方要求加速改造臺灣本土佛教，所以大量的日本僧尼進駐臺灣各地寺廟，集訓動員本島的宗教人員，另一方面，吸收本島知識青年訓練成為日本各派的在臺代理者，也是當時的教界

共識，而最出色的臺灣佛教留日女性，是較釋如學稍晚（昭和
18 年佛教專科）的林金蓮——臺北中和「圓通寺」的開創者妙
清尼師的俗家之女。所以，釋如學禪師也被日本曹洞宗的禪師刻
意栽培，原因在此。

　　雖然如此，釋如學禪師一生佛教經驗和禪修的正統訓練，都
奠基於拜師受戒後的日本尼眾寮之薰陶。而她日後被稱為臺灣
「尼姑王」的架勢和社會聲望，其實也是得力於此。

　　只是長期以來，她只敢在自己的門下有所堅持，卻不敢對佛
教界公開傳播，所以使得「法光寺」系統的傳承，變成法系不
清、經驗不足、缺乏特色。因而不但在釋如學禪師逝世後，其門
下各寺都面臨發展上的重大危機，今後要如何成功轉型，也依然
看不出清楚的頭緒。

　　第三系是印順法師的法系。雖然釋如學禪師及其門下，長期
以來，由於新竹「一同寺」和「福嚴佛學院」的地緣關係，一直
多多少少，受到印順法師及其門下在佛教義學上的薰陶。特別是
在釋如學禪師晚年，創辦「法光佛教文化研究所」後，在首任所
長釋恆清博士的一再強調之下，印順法師的佛教思想，似乎對
「法光佛教文化研究所」的師生影響很深。但，仔細檢討後，就
會發現：影響其實相當有限。例如釋如學禪師一生，對印順法師
的學問精華，能吸收多少？可能是個謎，可是釋如學禪師門下，
雖有一些號稱留日的義學尼師，卻沒有一個可以被公認為：印順
法師的佛教思想專家。——這只要比較昭慧尼師對印順法師人間
佛教思想的熱情推廣和所表現的深度，即知第三系，對如學尼師
及其門下來說，可謂名義大於實際。

　　因此，我們可以說，釋如學禪師及其門下，是徘徊在中日佛

教的繼承與斷裂之間。

參、有關釋如學禪師的佛教事業困境問題

　　對大多數的《法光》雜誌的讀者來說，釋如學禪師的大名，是和她晚年創辦「法光佛教文化研究所」的備受教界肯定有關。在這一點上，她有點像搞布袋戲一輩子，最後走老運的李天祿一樣。其實，如學禪師良好的家世背景、日治時代已有日本本土大學畢業的高學歷、以及在戰爭未結束的艱難期即擁有私人產權的專屬尼寺等這些優秀的條件，在當時的臺灣佛教界，可謂絕無僅有。所以，她當時能吸收的門下和住眾，不但數量多，基本上也都是教界的女眾精華。事實上，她和臺中「慎齋堂」的張月珠，是被稱為佛教界的兩大富婆的。而南投「碧山巖寺」的優良出家環境，也因此讓各路佛教人馬嚮往和羨慕，甚至包括不少男性僧眾在內。

　　但是，我們從釋如學禪師的一生來看，她在經濟方面的實力，一直是很雄厚的；而她辦佛教事業和贊助教界的同道時，也出手大方，令人稱道。總之，大多數佛教寺院的經濟困境，對釋如學禪師來說，反而不是問題。

　　就是因為她一開始所擁有的經濟、人力和社會關係，都較其他道場要優秀得多，照理她可以辦各種事業，也可以培植各種佛教高級人才，都不會太困難才對，卻為何要等到晚年聘請美國威斯康辛大學的釋恆清博士一齊創辦「法光佛教文化研究所」，才聲名大噪呢？又為何她一圓寂不久，「法光佛教文化研究所」立刻就所長易人、聲望大跌呢？

問這樣的問題，的確很令人尷尬，也不容易回答。但，從「法光佛教文化研究所」的創立、它的全盛期和它的下坡期，我都在一旁看得一清二楚。簡單的說，釋如學禪師在臺灣政治解嚴之際，以及佛教界尚無大學、正需另所高等佛學研究所之時，她正好利用「法光寺」的優良地理環境、完整的軟硬體設備、全權委託恆清博士經營和聘來剛退休的國際著名學者冉雲華教授駐所任教達三年之久，所以能夠一炮而紅，不但打響知名度，也立刻吸引最多、最優秀的研究生前來就讀或選課。

而其中，尤以冉雲華教授的學術影響力居最重要，因當時大家公認聖嚴法師在新北投所辦的「中華佛學研究所」，師資陣容，在國內算最堅強，但所中無一師資的學術聲望，可和冉教授相比。所以冉教授在臺任教的三年期間，就是「法光佛教文化研究所」的全盛時期。一旦冉教授離職，「法光佛教文化研究所」就聲望大不如前了。

其實，「法光佛教文化研究所」一直存在著學術定位不清的問題。出身加拿大馬克斯特大學宗教系資深教授的冉雲華博士，專長為早期的中國禪宗史和唐代的宗密禪學研究，在教學和指導研究生方面亦經驗非常豐富，很令臺灣學界的同道折服。

可是，加拿大馬克斯特大學是西方社會的正式大學，宗教系的東方佛教學辦得如何？只是校內一學系學術評鑑水準高低的單純問題，不涉及相關道場的發展和興衰的複雜問題。佛教高等教育的舉辦與否，牽涉到支持道場的意願問題，主要就是道場的資源來自信徒和社會對道場佛教事業的支持與否。

一旦，研究所培植的人才，不能回饋道場發展的宗教需要，則研究所是否必須繼續維持下去，就很值得商榷。

　　而不幸的是，「法光佛教文化研究所」的師生，除了幫每期的《法光》雜誌寫寫稿之外，就是幫忙辦一點推廣教育的活動。這和道場方面的投入資源相比，可謂不成比例。難怪如學禪師未分家時，各道場還能群策群力，一齊幫忙。分家後，大家合作的意願便大大降低。

　　現在已是靠釋如學禪師的老本在運作，能維持多久，實在很難說。因此今後「法光佛教文化研究所」要如何處理，將會變得更尖銳化和更難解決[1]。

肆、釋如學禪師的佛教事業何去何從？

　　從目前的發展狀況來看，「法光佛教文化研究所」的轉型，不只困難，可能也錯過最佳的時機。原因是缺少一個釋如學禪師在世時，所能整合派下各寺的情形一樣。並且，當時若要改變辦學的方向，也無太大的阻力，只要釋如學禪師肯點點頭即可。

　　而更關鍵的因素，是教育部當時尚未整個開放私立大學的設立，因此一時之間，任何一所佛教高等研究所的設立，都有其必要，並且也還不會很快的被取代。在這種情況下，「法光佛教文化研究所」的一舉一動，都成了其他佛學院的注意對象，包括它的可能轉型在內。

　　可是，最佳的轉型時機，可謂稍縱即逝。因才短短幾年之

1　迄今為止，法光佛教文化研究所的辦學取向，是在藏密學者蕭金松教授的領導下，將所中的教務做為提供社會大眾或在學研究生的中繼進修學校，以及從事普及的通俗佛教教育。因此，功能雖有，但，如何與道場搭配？未來如何發展？都仍有待觀察。

間，佛教辦高等教育的大環境，已完全改觀。而「法光佛教文化研究所」的一向優勢，也如滾滾江流東逝水，奔流至海不復回！

在現階段，如學禪師的佛教事業，要如何轉型和中興呢？

1997 年夏季，我正在臺大醫院癌症病房，等候動大手術，切除右大腿骨內的腫瘤時，「法光佛教文化研究所」的現任負責人，和釋如學禪師派下道場的幾位尼師，一起到醫院探望我，並試探性的問我：一、如何使研究所轉型？二、我是否有接所長一職的可能性？當時，我回答了前一問題；至於後一問題，則因手術結果，生死未卜，無法答覆。但答應，有機會一定將當時的構想，整理後，發表於《法光》雜誌。

此篇的以下意見，就是其中的部分回答內容。

基本上，我認為，今後「法光佛教文化研究所」的教學重點和學術的研究方向，應和釋如學禪師生前所屬的道場宗派特性以及對信徒弘法的需要，都要能充分地配合。因此，釋如學禪師原有的日本曹洞宗法系，要試圖重新建立隸屬、或達成相互合作的關係。

在研究上，尤其必須重點突出曹洞禪的資料建立和成果吸收；並進一步衍生成生活的曹洞禪文化。而歷史傳承的經驗，以及活動的內容，都不脫離宗派的特色和立場。

換句話說，把曹洞宗的復興和發揚光大，當作主要的事業目標和各道場共同向心力的核心磁場，甚至直接就標榜為「臺灣曹洞宗的弘揚中心」。

如此一來，不但師出有名，且能明顯和其他道場區隔，又兼顧原有宗派法系的歷史傳承，不致造成斷裂和繼承的困難，可謂一舉數得，可行性極大。

　　這就是我當時建議的大要。究竟是否純屬書生的一己之見，就讓大家共同來想想吧。

伍、餘論

　　釋如學禪師在世之日，我從未和她有一面之緣。並且，只在傅偉勳教授返臺於「法光佛教文化研究所」公開演講期間，以及藍吉富先生、釋恆清博士、王錦華教授等成立所謂的「中華民國現代佛教學會」之後，有幾次在所中樓下大廳的活動，我曾應邀參加。但也僅止於此罷了。

　　不過，那也是「法光佛教文化研究所」後期最風光的一段歲月。我記得：當時教界名流、國際佛教學者，都紛紛走訪此一後起之秀的「法光佛教文化研究所」；而「中華民國現代佛教學會」的成立和活動，在藍吉富先生和釋恆清博士的充分搭配之下，也幾乎以「法光佛教文化研究所」為大本營，隱然有執當代臺灣佛教學術活動之牛耳的架式。

　　而當時的溫金柯先生，不但出任「中華民國現代佛教學會」的秘書長，為藍先生不可或缺的得力助手，一度也兼任《法光》雜誌的編輯，並首次批露如學禪師對日治時代臺灣佛教的看法，頗令我有耳目一新的感受，甚至影響到其後數年我研究日治臺灣佛教時的一些觀點。

　　但數年過去了，我對日治時代臺灣佛教發展的史料和教界的各種活動面相，已能充分掌握了，才警然發現：如學禪師在溫金柯先生那篇訪問稿的若干談話，是有問題的。亦即，剛從駒澤大學畢業的張繡月——如學禪師，回到臺灣時，被教界的一些前輩

認為，她不但在佛教界的資歷很淺，在佛教知識方面也相當有限。因此當時在全臺兩個本島人佛教人士集訓中心的「佛教練成所」，分別由南部的「開元寺」，和北部的中壢「圓光寺」負責：而妙果法師當時正是如學禪師的師門大前輩和曹洞宗臺灣本派的最高領導人，卻在最需用人之際，無法將其派上用場。以至於，如學禪師最後只是應邀在基隆月眉山靈泉寺德融法師主持的講習會，擔任一些課程而已。

當然，我知道持這樣的觀點來評論如學禪師，將使許多一向仰慕她的追隨者感到不快或難以接受，但我的用意並非要特別去貶抑如學禪師對臺灣佛教發展的貢獻，而是以我作為一個佛教歷史學者的評論角度，就當時的歷史真實面貌試圖加以重現罷了，若有其他證據可以證明我上述所描繪的歷史圖像與事實有出入，那我也願意當下認錯並立刻加以修正過來，否則我仍會繼續堅持我先前的觀點。

其實，讀者若連同前一章一併閱讀，就更能了解我的探討意圖。我之所選擇如學禪師和前一章的勝光法師作為觀察的線索，是因為她們都經歷有戰前戰後的兩代長期經驗、都有出國留學的國際經驗、也都有自創道場和能獨立弘法的親自實踐經驗，所以透過這樣的觀察線索，我們能獲得相對較大幅度的歷史視野，其所呈現的歷史圖像，也相對比較有內涵有深度。所以讀者在閱讀時，與其說在了解某個歷史人物的際遇，還不如說是透過此一線索來藉以了解他曾生活其中的大時代發展軌跡和其所呈現的實際歷史圖像。

第九章
從新竹出發：戰後多面向佛教
譯著家李世傑居士

壹、前言

在新竹佛教三百年來的發展過程中，除了信仰的層面與信仰場所的相關介紹之外，有關佛學思想現代學術研究的概況，又是如何？是值得介紹的。因為新竹不但有臺灣第一義學高僧印順導師（1906-2005），也有聞名國際的佛教哲學家傅偉勳教授（1933-1996），更有戰後享譽全臺佛教界數十年的重量級在地佛教學者李世傑（1919-2003）。

可是，在現有的新竹市相關的著作及大量論述中，從未有關這位新竹在地佛教大學者李世傑的相關介紹。本文此處所選定的在地佛教學者標準是，確在新竹市出生，15 歲以前，也都在新竹市居住與求學，才稱之為在地佛教學者。而本文所將要介紹的，就是這位對新竹市民眾多數，仍很陌生的佛教學者李世傑。

貳、戰前與李世傑佛學知識學習相關的臺灣現代佛學研究史概述

一、何謂「現代性佛教學研究」？

不過，在論述之前，我們有必要先說明，何謂「現代性佛教學研究」？否則讀者將不明白，我在本文以下，所據以進行析論的認知角度為何？和所指出的學術評鑑基準或相關指涉的主體標的何在？

簡單來說：所謂「現代性佛教學研究」，應具有以下幾大特徵：

（a）它是非以信仰取向為主的相對客觀性學術論述或相關探討。

（b）它的研究的方式，是以有根據的知識材料，先進行最大可能的鑑識比較、再繼之以必要的分析與批判、歸納和組合，而後才據以提出系統性的專業報告，以供學界對其進行公開的檢視、批評、或參考、引述。

（c）它是類比於近代科學研究的方式，當其在正式專業期刊發表之前，會先被設有匿名的雙審查制度所嚴謹檢視，並且必須多數同意之後，才能正式刊載。

（d）它的論述的邏輯，必須是無前後矛盾的一貫性陳述、和非由主觀性或非「內證式」的所形成的任意性雜湊結論。

（e）它的歷史性的宗教現象或具體殘存的古文物證據，實際構成近代以來國際相關學界長期致力探討的最大聚焦之處和絕大多數的論述主體。

（f）它的傳統佛教聖言量的權威性，除非先透過精確的研究和檢視，並能證明其合理性和來源性，否則在形成現代佛學研究的論據上，毫無可採信的價值。

也因為有以上這樣的學術研究環境的存在，所以新衍生物：「專業佛教研究學者」和「專業佛教研究或教育機構」，以及相關的研究方法學或相關論述，才可能大量出現（雖不一定全然合乎專業佛教學術研究所需的各項標準和相關條件）。

二、李世傑早期的新竹佛教經驗與其可觸及的臺灣現代佛學研究概況

首先，1919 年，在新竹出身的李世傑，早在他 24 歲那年，即 1943 年，就開始在當時最重要的佛教期刊《南瀛佛教會會報》，連續發表他對於世界文化或佛教解脫論的見解。[1]

而他當時並未出國，也還未有機會進入原戰前臺北帝國大學（即日後的臺灣大學）的圖書館服務。所以，他當時所能接觸的在臺灣地區的現代佛學研究資源，又有哪些呢？

因此，在以下詳論戰後李世傑在臺灣佛教界享譽數十年的事

---

[1] 李世傑，〈「佛教と輪迴」に就いて〉、《南瀛佛教會會報》第 21 卷第 7 期（1943 年 7 月），頁 18-21。〈「佛教と輪迴」に就いて（二）〉，《南瀛佛教會會報》第 21 卷第 8 期（1943 年 8 月），頁 18-23。〈「世界の文化」に就いて〉，《南瀛佛教會會報》第 21 卷第 9 期（1943 年 9 月），頁 2-11。〈「世界の文化」に就いて（二）〉、《南瀛佛教會會報》第 21 卷第 10 期（1943 年 10 月），頁 2-9。

蹟之前，我們此處先就目前所知，有關臺灣官方出版的著作，或在當時《南瀛佛教會報》、《南瀛佛教》、《臺灣佛教》等期刊上的學術資料等等，來進行相關的學術史簡明回顧。以便本文讀者可以對照理解。

此因，臺灣在 1895 年起，即由日本進行統治，前後達 50 年（1895-1945）之久，就臺灣地區的現代性佛學學術研究的開展來說，也早在 1900 年初期，就已逐漸展開了。

但，這不是基於純學術的需要，而展開的現代佛學研究，而是伴隨殖民統治的宗教行政措施的需要、與基於臺灣民眾屢屢藉宗教號召其他民眾大規模反抗殖民統治的慘痛教訓，而展開的基礎性資料調查與彙整的現代性宗教（包括佛教在內）的資訊精密解讀和法制化定位與分類的優秀學術成果。[2]

這也是亞洲地區的華人宗教研究，在荷蘭著名的漢學家高延（John Jakob Maria de Groot）已先後發表其 *The Religious System of China*（《中國宗教制度》）的第一冊（1892）和 *Sectarianism and Religious Persecution in China*（《中國的各教派與彈壓》）（1901）等劃時代的巨著之後，[3] 在中國宗教法制史或臺灣宗教

---

[2] 為了達到此一目的，所以 1901 年成立了「臨時臺灣舊慣調查會」，由民政長官後藤新平兼任會長，但實際的調查工作和資料學術解讀——「法制化」的定位基礎——則委由京都帝國大學的法學專家岡松參太郎博士和織田萬博士兩位來負責。這其實是中國法制史或臺灣法制史上的空前嘗試，其艱鉅和重要性，自不必說。必須注意的是，負責此事的岡松參太郎是以「法學家」而非以「宗教學家」來加以解讀和重新定位。

[3] 高延對傳統中國的儒家禮俗制度和歷代——特別是有清一代——所謂民間教派或眾多秘密教派，作了極深刻的探討，特別是 John Jakob Maria de Groot 的相關著作不同於日後韋伯式的理念型比較論述，他是貨真價

法制史上的空前嘗試，其艱鉅和重要性，自不必說。

　　因而，若純就宗教史學史的角度來看，負責此事的岡松參太郎博士（1871-1921）的專業，與之相較是稍有遜色的，但若從落實在具體的「法制化」層面來說，則岡松參太郎博士的解讀和重新定位，堪稱當代獨步，遠非日後負責全臺宗教調查的丸井圭治郎（1870-1934）的相關調查撰述所能比擬。

　　不過，當代學者對於日治時期的宗教研究論述，除大量引自《臺灣日日新報》、各期《臺法月報》、各期《南瀛佛教》、各期《臺灣佛教》、《宗報》和臺灣總督府宗教類公文檔案彙編[4]的資料性記載之外，最常被引據的著述，就是由丸井圭治郎在1919 年，向當時臺灣總督明石元二郎（1864-1919）所提出《臺灣宗教調查報告書》第一卷。[5]

　　　實地莫基於大量漢文原典或原始資料的純歷史詮釋，故雖無驚人偉論，但容易作相關文獻還原和具廣泛參考價值。

[4]　從現有日治初期的官方公文書來看，在宗教行政實務上，除頒布新的宗教法規之外，其實還留有官方對駐臺各宗日僧行為操守的秘密調查報告，也建立了初步的臺灣社寺臺帳的登記資料。

[5]　這是因余清芳發動「西來庵事件」以後，丸井歷經將近四年（1915-1919）的辛勤調查，所誕生出來的新結晶。可是，除了較詳的統計數字、較細的內容解說之外，基本上丸井的全書論述模式（包括分類和架構），都承襲了岡松參太郎的上述從第二回到第三回的研究成果。但是，丸井圭治郎對臺灣舊慣寺廟的管理人制度，曾有兩段重要的批評，他說：「雖然住持原應是作為管理寺廟的代表，但在臺灣，寺廟財產的管理大權，幾全掌控在管理人的手中，住持的權力反而很小，和顧廟差不多。這大概是因臺灣大規模的佛寺，為數極少，只有臺南開元寺、臺北靈泉寺及凌雲寺數所而已，故通常一般寺廟僅安住幾名僧侶，專供做法會之用，其他方面，諸如宗教知識、禮儀應對等方面，只有少數有住

　　但是，有關佛教和齋教的如何定位問題，是關鍵性的所在，所以，丸井圭治郎於 1918 年 3 月起，即曾以〈臺灣佛教〉為題，發表長篇論文於《臺法月報》的第 12 卷第 3 號和第 4 號。在日治時期 50 年當中，丸井的這篇，是首次專以〈臺灣佛教〉為論述的中心。但，丸井的文章一登出，就被柴田廉投書在同刊物加以質疑：（一）是否可以單獨抽出〈臺灣佛教〉來論述而不兼及其他？（二）丸井對「佛寺」的分類似乎有問題？（三）丸井對臺灣宗教盛行祭祀的批評，似乎缺乏同情的理解並容易招來本地人的反感。丸井當然一一加以否認和反駁。事實上，戰前有

持的水準，絕大多數是沒甚麼程度的。管理人，以前原稱董事或首事。管理之名，是日本領臺以後，若有董事，就以董事，若無董事，就以爐主或廟祝為管理人。因要申報寺廟的建地、附屬田園，才開始以管理人作為寺廟的代表，可管理財產，任免和監督廟祝、顧廟，以及掌理有關寺廟的一切事務。管理人通常是自有財勢的信徒中選任，其任期不確定。一般的情形是，其祖先若對該寺廟有特別的貢獻，則其管理人之職為世襲。又寺廟田園的管理和寺廟一般法務的經手，是分開管理的，因此管理人若有數人，而其祖先曾捐田產給該寺廟者，則其子孫按慣例，代代都管理田園。不過，當前所見，名實相符的管理人甚少。此因舊慣土地調查之時，匆促間，雖有管理人名目的設置，而不少奸智之徒趁機上下其手，以管理人之名，暗圖私利。等到此管理人過世以後，其子孫又再專斷的自任為該寺廟的管理人之職，並且對管理人的職權又不清楚，往往廟產都散盡了，還不聞不問。此類管理人，每年能明確提出寺產收支決算賬目的，為數極少。通常是將廟業田園，以低租長期佃給他人耕作，甚至有管理人為謀私利，居然自己跟自己簽約佃耕者。像此類的管理人，不但稱不上是寺廟產業的保護者，反而應該視為盜產之賊才是。」（原文日文，筆者中譯）見臺灣總督府（丸井圭治郎）編著，《臺灣宗教調查報告書（第一卷）》（臺北：臺灣總督府，1919 年），頁 77-78。

關到底要「朝向日本佛教化」或「仍舊維持臺灣佛教本土化」的爭論，即由此時正式展開。

　　柴田廉是日治時代少數以社會心理學角度研究臺灣宗教信仰特質和民族性心理的宗教行政人員，其《臺灣同化論──臺灣島民の民族心理學的研究》（臺北市：晃文館，1923）一書中的相關論點，在其出版不久後，即深刻影響剛渡海來臺，並受命展開全島第二次宗教調查臺灣宗教的增田福太郎（1903-1982），所以他也和柴田廉同樣認為：「若將臺灣人的宗教僅就形式上單純地分為道教（Tao-kau）、儒教（Zu-kau）、佛教（Hut-kau）等，則不能完全理解其本質，而是應當全面的掌握這由道、儒、佛，三教互相混合而成的一大民間宗教。」[6]因此，有關當時臺灣佛教史的研究，除部分田野調查筆記之外，無專著探討。在他的調查報告中，齋教方面，尤其令他困惑，[7]幾乎全靠其主要助手：臺籍學者李添春（1898-1977）的資料提供。

　　到了皇民化時期的「寺廟整理」，日本學者宮本延人雖保留了最多的資料，並且戰後宮本又出版了《日本統治時代臺灣における寺廟整理問題》（奈良：臺灣事情勉強會，1988）增訂版。但是，基本上，是缺乏研究成果的。

6　見增田福太郎，《臺灣之宗教》，頁 3；而本文此處索引的中譯文，是由黃有興先生主譯，見原書中譯本（2003 年，自印暫定本），頁 2。

7　增田福太郎的相關論述觀點問題，可參考江燦騰的兩篇論文：（一）〈增田福太郎對於媽祖信仰與法律裁判的神觀詮解〉，《臺灣文獻》第 55 卷第 3 期（2004 年 6 月），頁 231-248，和（二）〈增田福太郎與臺灣傳統宗教研究：以研究史的回顧與檢討為中心〉，《光武通識學報》創刊號（2004 年 3 月），頁 211-242。

　　反之，臺籍學者李添春，在 1929 年時，曾受總督府文教局社會課委託調查的《本島佛教事情一班》（按：應為「斑」）為初版手稿和其先前曾在 1925 年時，因參與在日本召開「東亞佛教大會」，並替臺灣代表之一的許林擔任現場發言的翻譯，而從許林處獲悉不少臺灣齋教的掌故和史料。於是，在其駒澤大學的畢業學位論文，即以〈臺灣在家三派之佛教〉（按：即齋教三派，先天、金幢、龍華），而獲頒「永松獎」。此後，李添春又結合先前岡松和丸井這兩者提出的相關宗教調查資料，[8]除在日治時期發表多篇臺灣佛教的相關論述之外，[9]在戰後更成為其編纂《臺灣省通志稿卷二：人民志‧宗教篇》中，有關臺灣佛教史論述的官方標準版內容，影響至為深遠。[10]

---

[8]　這是李添春首次將臺灣齋教與出家佛教合併觀察的整體思維，可以比較其在戰後論述的觀點。見李添春，〈臺灣佛教特質（上）〉，《南瀛佛教》第 18 卷 8 月號（1940 年 1 月），頁 8-17。〈臺灣佛教特質（下）〉，《南瀛佛教》第 12 卷 9 月號（1940 年 9 月），頁 13-21。

[9]　見李添春，〈寺廟管理人制度批判（1）〉，《南瀛佛教》第 12 卷 1 月號（1934 年 1 月），頁 6-9。〈寺廟管理人度批判（2）〉，《南瀛佛教》第 12 卷 2 月號（1934 年 2 月），頁 7-11。〈寺廟管理人制度批判（3）〉，《南瀛佛教》第 12 卷 3 月號（1934 年 3 月），頁 2-5。

[10]　過去從事臺灣史的研究者、或想研究臺灣宗教的人，從李添春編纂的《臺灣省通志稿卷二：人民志宗教篇》中，獲得關於書中第三章第三節對齋教（在家佛教）三派的詳細說明（幾佔全部佛教篇幅的一半）。以後王世慶於一九七一年增修時，幾未更動。直到瞿海源於一九九二年重修時，才根據宋光宇、鄭志明、林萬傳三位有一貫道背景的學者研究，將「齋教」搬家到「其他宗教」，和一貫道並列，似乎又回到岡松在第二回報告時的「雜教」立場了。但，不論如何，李添春畢竟是戰後官修文獻的主要奠基者，應無疑義。而由大陸學者王興國提出的最新研究，〈為臺灣佛教史研究奠定基礎的李添春〉的專文，是根據江燦騰先前的

　　由於時值大正昭和之際的日本現代佛學研究的高峰期，所以，當時的留日佛教學者如高執德（1896-1955）、李孝本、林秋梧（1903-1934）、曾景來（1902-1977）[11]等人，都深受忽滑

　　研究成果和觀點，再細分為：一、〈臺灣近現代佛教發展的親歷者〉，二、〈開臺灣齋教研究先河〉，三、〈提出了研究日據時期臺灣佛教的一種思路〉。但是，新意無多，參考價值不大。王興國的此文，是載於其著的《臺灣佛教著名居士傳》一書（臺中：太平慈光寺，2007年），頁 415-442。

[11] 有關曾景來的本土客家籍農村的生活背景、日治時代最早科班佛教中學教育與留日高等佛學教育、最先從事原始佛教佛陀觀的變革、探討道德倫理思想的善惡根源、大量翻譯日本禪學思想論述和建構臺灣傳統宗教民俗的批判體系等，都是臺灣近代宗教學者中的重要指標性人物，卻長期被臺灣學界的相關研究所忽略了。迄今有關曾景來事跡的最清楚討論，是大野育子的最新研究所提出的，因其能提供曾景來留日時的學籍資料、留日返臺的婚姻、工作和家庭，以及曾景來著作中的反迷信研究與批判等。見大野育子，〈日治時期臺灣佛教菁英的崛起──以曹洞宗駒澤大學臺灣留學生為中心〉，頁 53-54、136-137、161。但是，她對曾景來 1928 的重要學位論文〈阿含的佛陀觀〉，並未作具體討論，對曾景來的倫理學著述，也完全忽略了。此外，于凌波在其《現代佛教人物詞典（下）‧【曾普信】》（臺北縣三重市：佛光文化事業公司，2004 年），頁 1167-1168 的相關說明，是迄今最詳細和能貼近戰後臺灣佛教史經驗的。至於釋慧嚴對於其說明內容如下：「曾景來（年代：1902.3-?），亦名曾普信，高雄美濃人，是李添春表舅曾阿貴的三男。禮林德林師為師，1928 年 3 月畢業於駒澤大學，次年 3 月 18 日任特別曹洞宗布教師，勤務於臺中佛教會館。1931 年任曹洞宗臺灣佛教中學林教授，1932 年至 1940 年以總督府囑託身分，勤務於文教局社會課，負責《南瀛佛教》的主編工作。1949 年任花蓮東淨寺住持，至 1965 年退任。1973 年視察美國的佛教，回臺後著有《日本禪僧涅槃記》。而留日期間（1921-1929），先就讀於山口縣多多良中學林二年，畢業後，繼續在駒澤大學研鑽 6 年，其間師事忽滑谷快天，與其師德林師皆

谷快天批判禪學思想[12]和社會主義思潮的影響，[13]不但開始探討

心儀忽滑谷快天。1938 年著有《臺灣宗教と迷信陋習》一書，是一部體察國民精神總動員的旨趣為一新風潮，提倡打破改善臺灣宗教和迷信陋習的著作，時逢徹底促進皇民化運動的時期，故此書的出版，頗受當局的重視。」見《臺灣歷史辭典》（臺北：遠流出版事業公司，2004年），頁 0884-0885。可以說，相當簡單和欠完整。因于氏已明確指出：曾景來是 1977 年過世的，但是，釋慧嚴的說明，則對此事，無任何交代。再者，在《南瀛佛教》的各期，曾景來除撰述佛教或臺灣宗教的文章之外，可能是擔任多期該刊的主編，必須增補版面和增加趣味，所以譯介不少佛教文學或非佛教文學作品，值得進一步介紹其業績，也可為臺灣近代文學史增加部分新內容。至於他的有關善惡問題與宗教倫理研究，也可見曾景來，〈善惡根源之研究（一）〉，《南瀛佛教》第 4 卷 5 號（1926 年 9 月），頁 22-23；〈善惡根源之研究（二）〉，《南瀛佛教》第 4 卷 6 號（1927 年 12 月），頁 17-20；〈善惡根源之研究（三）〉，《南瀛佛教》第 5 卷 1 號（1928 年 1 月），頁 29-38；〈善惡根源之研究（完）〉，《南瀛佛教》第 5 卷 4 號（1928 年 5 月），頁 38-41；〈戒律底研究〉，《南瀛佛教》第 6 卷 4 號（1928 年 8 月），頁 26-38；〈罪惡觀〉，《南瀛佛教》第 8 卷 7 號（1930 年 8 月），頁 39-42；〈自我問題〉，《南瀛佛教》第 11 卷 4 號（1933 年 4 月），頁 10-11；〈人為財死鳥為食亡〉，《南瀛佛教》第 11 卷 8 號（1933 年 8 月），頁 10。

[12] 關於「批判禪學」的研究問題。忽滑谷快天的大多數禪學著作，除了與胡適有關的《禪學思想史》在海峽兩岸分別出現中譯本之外，可以說只在臺灣佛教學者討論日治時期的臺灣佛教學者如林秋梧、林德林、李添春等時，會一併討論其師忽滑谷快天的禪學思想，但僅限於出現在《南瀛佛教》上的部分文章而已，此外並無任何進一步的涉及。自另一方面來說，日治時期的臺灣佛教僧侶曾景來和林德林兩人，大正後期和昭和初期，彼等在臺中市建立「臺中佛教會館」和創辦機關刊物《中道》雜誌，就是直接以其師忽滑谷快天的禪學思想，作為推廣的核心思想。所以曾景來曾逐期刊載所譯的《禪學批判論》（附「大梵天王問佛決疑經に就て」一冊，明治 38 年東京鴻盟社）一書。而林德林則翻譯和出版

非超人化的人間佛陀，也強烈批判臺灣傳統宗教迷信、主張純禪修持與積極敦促改革落伍的臺灣宗教崇拜模式，並激烈辯論如何面對情慾與婚姻的相關現實改造問題。

此外，由於新僧與在家佛教化的新發展趨向，在當時的傳統

《正信問答》（原書《正信問答》1 冊：（甲）、大正 15 年東京光融館；（乙）、昭和 17 年臺中佛教會館。

但是，迄慧嚴法師 2008 年最新的研究《臺灣與閩日佛教交流史》（高雄：春暉出版社）出版為止，在其書的第四篇第三章〈臺灣僧尼的閩日留學史〉（原書，頁 504-578），雖能很細膩地分析忽滑谷快天的《正信問答》和《四一論》，可是，仍然未涉及有關之前思想源流的《禪學批判論》與《曹洞宗正信論爭》。

13 大野育子的最新研究〈日治時期臺灣佛教菁英的崛起——以曹洞宗駒澤大學臺灣留學生為中心〉，是定義「佛教菁英」為：「所謂『佛教菁英』是指日治時期由臺灣前往日本，在日本佛教系統大學內深造的臺灣人，他們是臺灣佛教史上首次出現具有高學歷的佛教知識分子，由於具備相當深度的佛學素養，流利的日文能力，因而成為日治時期佛教界的佼佼者。」大野育子主要是根據《駒澤大學百年史》的相關資料，來論述該校佛教學科的「佛教菁英」，前往日本學習佛學的意義之所在，以及彼等返臺後所呈現的宗教思想與其在日本所受教育之關聯性。

可是，在思想上源流，她很明顯地忽略了忽滑谷快天的「批判禪學」之思想的重要啟蒙和影響，甚至於她也忽略了 1926 年由河口慧海所著的《在家佛教》（東京：世界文庫刊行會）一書和 1924 年由豐田劍陵所著《佛教と社會主義》（東京：重川書店）一書的重要影響。因前者所主張的「在家佛教」理念和後者以社會主義思考佛教思想的新課題，都是當時臺灣留學生的主要課外讀物之一，這只要參看殘留的《李添春留學日記手稿》內容，就不難明白。此外，釋演的《佛教家庭講話》（東京：光融館，1912 年）一書，更是林德林和曾景來師徒，作為彼等製訂《在家佛教憲法》的重要依據，但是，此一事實，也同樣並未被大野育子的最新研究所提及。

儒佛知識社群間，曾一度產生彼此認知角度和信仰內涵差異的集
體性強烈互相激辯的宗教論述衝突，[14]此種影響的相對衝擊，也
迅速反映在當時留日佛教學者如高執德、李孝本兩者所撰寫的反
排佛論學位論文內涵[15]和林秋梧對朝鮮知訥禪師的經典名著所做

---

[14] 參考江燦騰，〈日據時期臺灣新佛教運動的開展與儒釋知識社群的衝突
——以「臺灣佛教馬丁路德」林德林的新佛教事業為中心〉，載《臺灣
文獻》第 51 卷第 3 期（2000 年 9 月），頁 9-80。此外，翁聖峰，
〈《鳴鼓集》反佛教破戒文學的創作與儒釋知識社群的衝突〉，其主要
論述觀點如下：「……論述《鳴鼓集》除精熟其文獻，尚須配合崇文社
所有徵文、徵詩與傳媒，才能充分掌握問題的全貌。《鳴鼓集》反佛教
破戒文學的創作與其維護倫常規範是一體兩面，互為表裡的，論者或以
『色情文學』稱之實未允當。詮釋《鳴鼓集》固然不容疏離當前的生命
處境與價值觀，然亦須注意儒學與佛學的核心價值，方不致使問題流於
以今律古，才能較周延闡釋儒釋衝突的文化意義。」《臺灣文學學報》
第 9 期（政大臺灣文學研究所，2006 年 12 月），頁 83。此外，釋慧
嚴，〈推動正信佛教運動與臺灣佛教會館〉一文說明，是其新著《臺灣
與閩日佛教流史》中的一小節內容。但此文，其實是據江燦騰先前的相
關研究成果，再另補充新材料，故其新貢獻有二：（1）討論林德林接
受忽滑谷快天「法衣」的拜師經過。（2）討論林德林在臺灣佛教會
館，從事社會救助的「臺中愛生院」經營狀況。這些資料說明，都出自
《臺灣日日新報》的各項報導，所以頗有新意。見釋慧嚴，《臺灣與閩
日佛教交流史》（高雄：春暉出版社，2008 年），頁 579-584。

[15] 舉例來說，高執德在駒澤大學的 1933 年學位畢業論文《朱子之排佛
論》，資料詳盡、體系分明、批判深刻，應是臺灣本土知識分子所撰批
判儒學論述的前期鼎峰之作。可惜的是，臺灣當代的諸多儒學研究者，
甚至於連高執德有此巨著的存在，都毫不知情。事實上，繼高執德之
後，同屬駒大臺灣同學會的吳瑞諸在 1933 年的「東洋學科」由小柳司
氣太和那智陀典指導的〈關於大學諸說〉和同校「佛教學科」的李孝
本，也在小柳司氣太和境野哲的聯合指導之下，於 1933 年撰寫了另一
長篇《以明代儒佛為中心的儒佛關係論》的駒大學位論文。另一方面，

的《真心直說白話註解》（臺南：開元寺，1933），都相繼展現出和當時日本佛教學者新研究成果發表幾近同步的有效吸收，[16]並能具有一定新論述特色的優秀表現。

　　但是，由於中日戰爭的爆發和其後官方的高度管制與過度干預或介入，所以，現代佛學的研究，此後直到戰爭結束時為止，除「皇道佛教化」[17]的數種新「佛教聖典」編輯與出版之外，即

　　我也觀察到：在當代臺灣學界同道中，雖有李世偉博士於 1999 年出版《日據時代臺灣儒教結社與活動》（臺北：文津出版社）、林慶彰教授於 2000 年出版《日據時期臺灣儒學參考文獻（上下）》二冊（臺北：臺灣學生書局）、陳昭瑛教授於 2000 年出版《臺灣儒學：起源、發展與轉化》（臺北：正中書局）、以及金培懿的〈日據時代臺灣儒學研究之類型〉（1997 年『第一屆臺灣儒學研究國際研討會論文集』，頁283-328）等的相關資料和研究出現。可是，此類以儒學為中心的專題研究和相關資料，共同的缺點之一，就忽略了同一時期還有臺灣佛教知識菁英群（知識階層）的思想論述或文化批判。

16　例如久保田量遠，《支那儒道佛三教史論》（東京：東方書院，1931年）和常盤大定，《支那に於ける佛教と儒教道教》（東京：財團法人東洋文庫刊行，1930 年）兩者出書時，都是和高執德與李孝本在日寫相關論文的時間接近。

17　關正宗在其博士論文，稱日治時期的臺灣佛教為「皇國佛教」，所以關正宗在其博士論文的標題全文，即書寫為〈日本殖民時期臺灣「皇國佛教」之研究：「教化、同化、皇民化」的佛教〉（2010 年，國立成功大學歷史研究所博士論文）。可是，我不能同意他的此一論文名稱的，因為在當時日本殖民政府的國家體制中，只有跟天皇統治正當性有關的國家神道，才是官方施於全民的教育目標和崇拜對象，所以皇民化時期所改造的臺灣佛教，才正式被稱為「皇道（化的）佛教」。但，這種特殊時期的「皇道（化的）佛教」名稱，就其性質和適用範圍，並不能等同於「皇國（化的）佛教」，因佛教只是全日本官方統治下各轄區中的眾多民間宗教之一，所以，稱其為「皇國（化的）佛教」，並不精確，

全告停滯和無重要的成就。

參、戰後與李世傑佛學譯述相關的　　臺灣現代佛學研究史概述

　　李世傑在戰後出版的第一本譯著，是他與當時臺大哲學系教授巴壺天（1904-1987）合譯，前日本東京帝國大學名教授木村泰賢（1881-1930）原著的《人生的解脫與佛教思想》（臺北：協志工業叢書），時間是 1958 年。第二本譯著，是他獨譯的近代日本世界聞名的禪學大師鈴木大拙（1870-1966）原著《佛教禪學入門》（臺北：協志工業叢書），時間在 1970 年。

　　至於他自己寫作出版的佛學著作，是《中國佛教思想史（上卷）：漢魏兩晉南北朝佛教思想史》（臺北：臺灣佛教月刊社），時間是在 1964 年。

　　而當時還是處於戰後強烈去日本佛教影響的時代，為何他會從事此一翻譯？以及他何以出版《中國佛教思想史（上卷）：漢魏兩晉南北朝佛教思想史》一書？相關的時代佛教學術研究究竟真相為何？以下，本文也就此疑問，進行相關的戰後臺灣現代佛教學術史發展的簡明介紹：

　　戰後臺灣地區，在整個戒嚴時期（1949-1987），可作為現

也與真正的歷史事實不符。此書最近出版時，雖內容略有刪減，並易名為《臺灣日治時期佛教發展與皇民化運動：「皇國佛教」的歷史進程（1895-1945）》（新北市：博揚，2011 年）。但其書名中「皇國佛教」的用語，與真正的歷史本質不符，則與未出版前無異。

代性佛教學術研究典範的薪火相傳最佳例證，[18]從大陸到臺灣胡適（1891-1962）禪學研究的開展與爭辯史之相關歷程解說。

　　此因戰後臺灣佛教學術的發展，基本上是延續戰前日本佛教學術的研究的學風和方法學而來。而這一現代的學術潮流是普遍被接受的，這與戰後受大陸佛教影響佛教界強烈的「去日本化佛教」趨勢恰好形成一種鮮明的正反比。

　　儘管當時在來臺的大陸傳統僧侶中，仍有部分人士對日本學界出現的「大乘非佛說」觀點，極力排斥和辯駁，[19]甚至出現利用中國佛教會的特殊威權對付同屬教內佛教知識僧侶的異議者（如留日僧圓明的被封殺事件即是著名的例子）。[20]但是不論贊成或反對的任何一方，都沒有人反對開始學習日文或大量在刊物上刊載譯自日文佛學書刊的近代研究論文。

　　這種情況的大量出現，顯示當代佛教學術現代化的治學潮流，足以衝破任何傳統佛教思維的反智論者或保守論者。具體的例子之一，就是印順（1906-2005）門下最傑出的學問僧人演培（1917-1996），不但是為學習佛學日文才從香港來到臺灣新竹靈隱寺，並且他才初習佛學日文不久之後，就迅速譯出戰前日本著名佛教學者木村泰賢（1881-1930）的《大乘佛教思想論》

18　龔雋在〈胡適與近代型態禪學史研究的誕生〉一文中提到：「如果我們要追述現代學術史意義上的禪學史研究，則不能不說是胡適開創了這一新的研究典範。」見龔雋，《中國禪學研究入門》（上海：復旦大學出版社，2009 年），頁 7-8。

19　闞正宗，《重讀臺灣佛教：戰後臺灣佛教（正篇）》（臺北：大千出版社，2004 年），頁 140-152

20　闞正宗，《重讀臺灣佛教：戰後臺灣佛教（正篇）》，頁 148-169。

（1954），並加以出版。

　　然而，戰後偏安於臺灣地區的佛教學術界，其學術研究的業績，雖有印順傑出研究出現，但僅靠這種少數的例外，仍缺乏讓國際佛學界普遍性承認的崇高聲望和雄厚實力，加上當時來臺的多數大學院校、或高等研究機構的人文社會學者，仍帶有「五四運動」以來濃厚的反迷信和反宗教的科學至上論學風，因此不但公立大學的校區嚴禁佛教僧尼入內活動，相關佛教現代化的學術研究，也不曾在正式的高等教育體系裡被普遍接納或承認。

　　唯一的例外，是由新擔任南港中央研究院的院長胡適博士，所展開的中古時代中國禪宗史的批判性研究，不只其學術論點曾透過新聞報導，廣泛地傳播於臺灣社會的各界人士，連一些素來不滿胡適批判論點的臺灣佛教僧侶和居士們，也開始藉此互相串連和大量撰文反駁胡適的否定性觀點，其中某些態度激烈者，甚至以譏嘲和辱罵之語，加諸胡適身上或其歷來之作為。[21]

21　樂觀法師曾特編輯，《闘胡說集》（緬甸：緬華佛教僧伽會，民國 49
　　年 6 月），在其〈引言〉有如下激烈批胡之語：「查胡適他原本是一個
　　無宗教信仰者，在四十年前，他主張科學救國，與陳獨秀領導五四運
　　動，打倒『孔家店』，破除迷信，即本此反宗教心理，現刻，他對《虛
　　雲和尚年譜》居然公開提出異議，若說他沒有破壞佛教作用，其誰信
　　歟？分明是假借「考據」之名，來作謗佛、謗法、謗僧勾當，向青年散
　　播反宗教思想毒素，破壞人們的佛教信心，一經揭穿，無所遁
　　形，……。（中略）衛護佛教，僧徒有責，我們這一群旅居緬甸、越
　　南、香港、菲律賓、印度、星洲的僑僧，對祖國佛教自不能忘情，自從
　　胡適掀起這個動人的風潮之後，全世界中國佛弟子的心靈都受到震動！
　　覺得在當前唯物主義瘋狂之時，玄黃翻覆，群魔共舞的局勢情況之下，
　　胡適來唱這個『反佛』調兒，未免不智，大家都有『親痛仇快』之
　　感！」頁 1。

其後，又由於胡適和日本著名的國際禪者鈴木大拙兩人，於 1953 年間在美國夏威夷大學的相關刊物上，曾有過針鋒相對的禪學辯論，更使反胡適者找到強有力的國際同情者，於是趁此機緣，鈴木大拙的多種禪學相關著作，也開始被大量翻譯和暢銷於臺灣的知識階層之中，且風行臺灣地區多年，影響至為深遠。[22] 因此，胡適和鈴木大拙兩人，都對戰後臺灣教界的禪學思想認知，曾發生了幾乎不相上下的衝擊和影響。[23]

---

[22] 當時，是：一、鈴木大拙著，李世傑譯，《禪佛教入門》（臺北：協志工業社，1970 年），先行從日文本譯出。其後，則是以志文出版社的【新潮文庫】為中心，先後從英文原著中譯出的鈴木禪學作品，就有：二、鈴木大拙著，徐進夫譯，《禪天禪地》（臺北：志文出版社，1971 年）。三、鈴木大拙著，劉大悲譯，《禪與生活》（臺北：志文出版社，1974 年）。四、鈴木大拙著，孟祥森譯，《禪學隨筆》（臺北：志文出版社，1974 年）。五、鈴木大拙、佛洛姆著，孟祥森譯，《禪與心理分析》（臺北：志文出版社，1981 年）。六、鈴木大拙著，徐進夫譯，《歷史的發展》（臺北：志文出版社，1986 年）。七、鈴木大拙著，徐進夫譯，《開悟第一》（臺北：志文出版社，1988 年）。八、日文傳記，是秋月龍珉著，邱祖明譯，《禪宗泰斗的生平》（臺北：天華出版社，1979 年）。九、禪藝方面，鈴木大拙著，劉大悲譯，《禪與藝術》（臺北：天華出版社，1979 年）。十、鈴木大拙著，陶陸剛譯，《禪與日本文化》（臺北：桂冠圖書公司，1992 年）。十一、基佛類比方面，鈴木大拙著，徐進夫譯，《耶教與佛教的神祕教》（臺北：志文出版社，1984 年）。十二、淨土著作方面，鈴木大拙、余萬居譯，《念佛人》（臺北：天華出版社，1984 年）。

[23] 有關這方面的研究史回顧，有兩篇較完整的論文，可供參考：（一）莊美芳，〈胡適與鈴木論禪學案——從臺灣學界的回應談起〉，1998 年 1 月撰，打字未刊稿，共十一頁。（二）邱敏捷，〈胡適與鈴木大拙〉，收錄於鄭志明主編，《兩岸當代禪學論文集》（嘉義：南華大學宗教文化研究中心，2000 年 5 月），頁 155-178。此外，邱敏捷在另一篇論文

　　另一方面，必須注意的，是胡適的這種處處講證據的治學方式，在佛教界同樣擁有一些同道。他們不一定完全贊同胡適對佛

中，又提到說：「首先，陳之藩於 1969 年 12 月 9 日在中央副刊上發表〈圖畫式與邏輯式的〉（《中央副刊》，1969 年 12 月 9 日，第 9 版）；翌年底，楊君實也撰文〈胡適與鈴木大拙〉（《新時代》10 卷 12 期，1970 年 12 月，頁 41）。1972 年元月，巴壺天對「禪公案」的詮釋。此外，針對鈴木大拙的禪學觀點有所批判，並就「禪公案」提出詮釋觀點的代表人物應首推巴壺天（1905-1987）。他與當時之釋印順有所交往，其在「禪公案」的論著對後輩晚學產生不少影響作用。巴氏認為「禪」是可以理解的，他不苟同鈴木大拙《禪的生活》（Living by Zen）所提「禪是非邏輯的、非理性的、完全超乎人們理解力範圍」的觀點。他指出：「自從日人鈴木大拙將禪宗用英文介紹到歐美以後，原是最冷門的東西，竟成為今日最熱門的學問。不過，禪宗公案是學術界公認為最難懂的語言，參究瑞福（Christmas Humphieys）蒐集鈴木大拙有關禪的七篇文章，編為《Studies in Zen》，由孟祥森譯，臺北志文出版社以《禪學隨筆》列為新潮文庫之一發行問世。鈴木大拙的〈禪——答胡適博士〉，即係書中一篇。從此以後，鈴木大拙的禪學作品，自日文或英文本相繼譯成中文版。半載後，《幼獅月刊》特刊出『鈴木大拙與禪學研究專輯』，除了將上述的楊文載入外，又有邢光祖的〈鈴木大拙與胡適之〉。再過一個月，胡適用英文寫的〈中國的禪——它的歷史和方法〉由徐進夫譯出，刊在《幼獅月刊》總號 236 號。至此，胡適與鈴木大拙兩人所辯難的問題，才漸為國內學者所關注，陸陸續續地出現了回應性的文章。1973 年朱際鎰〈鈴木大拙答胡適博士文中有關禪非史家所可作客觀的和歷史性的考察之辨釋〉、1977 年錢穆〈評胡適與鈴木大拙討論禪〉、1985 年傅偉勳〈胡適、鈴木大拙、與禪宗真髓〉、1992 年馮耀明〈禪超越語言和邏輯嗎——從分析哲學觀點看鈴木大拙的禪論〉，以及夏國安〈禪可不可說——胡適與鈴木大拙禪學論辯讀後〉等數篇，均是回應胡適與鈴木大拙辯論而發。」見邱敏捷，〈巴壺天對「禪公案」的詮釋〉，《臺大佛學研究》第十六期（臺北：臺灣大學文學院佛學研究中心，民 97 年 12 月），頁 230-231。

教的批判，但是不排斥以客觀態度來理解佛教的歷史或教義。而其中堅決遵循胡適禪宗史研究路線的是楊鴻飛。他在 1969 年 5 月，投稿《中央日報》，質疑錢穆（1895-1990）在演講中對胡適主張《六祖壇經》非惠能所作的批判，[24]因而引起臺灣地區戰後罕見的關於《六祖壇經》作者究竟是誰？神會或惠能的熱烈筆戰。

　　不過，1969 年在臺灣展開的那場禪學大辯論，主要的文章，都被張曼濤（1933-1981）收在《六祖壇經研究論集》（臺北：大乘文化出版社，1976），列為由他主編的「現代佛教學術叢刊」一百冊中的第一冊。而張曼濤本人也是參與辯論的一員。[25]他在首冊的〈本集編輯旨意〉中，曾作了相當清楚的說明。尤其在前二段對於胡適的研究業績和影響，極為客觀而深入，茲照錄如下：

　　　　《六祖壇經》在我國現代學術界曾引起一陣激烈諍論的熱
　　　　潮，諍論的理由是：「《壇經》的作者究竟是誰？」為什
　　　　麼學術界對《壇經》會發生這麼大的興趣，原因是《壇
　　　　經》不僅關係到中國思想史上一個轉換期的重要關鍵，同
　　　　時也是佛教對現代思想界一個最具影響力的活水源頭。它
　　　　代表了中國佛教一種特殊本質的所在，也表現了中國文

24　見張曼濤主編，《六祖壇經研究論集》（臺北：大乘文化出版社，1976
　　年），收在「現代佛教學術叢刊」，第 1 冊，頁 195-204。

25　張曼濤的文章有 2 篇登在《中央日報》的副刊上，一篇是〈關於六祖壇
　　經之偈〉；一篇是〈惠能與壇經〉。其中後一篇，已收入《六祖壇經研
　　究論集》，頁 245-251。他用筆名澹思發表。

化，或者說中國民族性中的一份奇特的生命智慧。像這樣一本重要的經典，當有人說，它的作者並不是一向所傳說的六祖惠能，那當然就要引起學術界與佛教界的軒然大波了。這便是近四十年來不斷繼續發生熱烈討論的由來，我們為保存此一代學術公案的真相，並為促進今後佛教各方面的研究，乃特彙集有關論述，暫成一輯。列為本叢刊之第一冊。

（2）胡適先生是此一公案的始作俑者，雖然他的意見，並不為大多數的佛教有識之士所接受，但由於他的找出問題，卻無意中幫助佛教的研究，向前推展了一步，並且也因是引起了學術界對《壇經》廣泛的注意，設非胡先生的一再強調，則今天學術界恐怕對《壇經》尚未如此重視，故從推廣《壇經》予社會人士的認識而言，我們仍認胡適先生的探討厥為首功，故本集之編，為示來龍去脈及其重要性起見，乃將胡先生有關《壇經》之論述，列為各篇之首。[26]

從張曼濤的說明，可以看出 1969 年的《六祖壇經》辯論，正反雙方，都是接著胡適研究的問題點而展開的。這一先驅性的地位，是無人可以取代的！但這場辯論的展開，已在胡適逝世後的第 7 年了。

所以，雖然胡適本人在 1962 年春天，即已病逝於臺灣，但其禪學研究所點燃的巨大學術諍辯的烈火，依然繼續在佛教界熊

---

[26] 見《六祖壇經研究論集》，〈本集編輯旨意〉，頁 1-2。

熊地燃燒著。

而印順的《中國禪宗史》（臺北：正聞出版社，1971 年）一書，就是因為那場因胡適禪學研究論點所激起的諍辯，所引發的最新研究成果。日本大正大學在其頒授文學博士學位的〈審查報告書〉，其最後的結語是這樣的：

> 本論文對舊有的中國禪宗史將可以促成其根本而全面的更新。於是，本論文的問世對於學術界貢獻了一部而卓越的精心創作。27

這也是 20 世紀以來，唯一以禪宗史研究，獲頒日本博士學位和擁有如此高評價的國人著作。可以說，由胡適發掘新史料和提出新問題開始，經過了將近半個世紀，才有了如此卓越的研究成果。播種者胡適和收穫者印順，都各自扮演了重要的角色。

當然，張曼濤和印順兩者的學術貢獻，並不只在上述的中國禪宗史研究的文獻編輯和專書論述這一點業績而已。

事實上，張曼濤於 1974 年，在中國佛教會的道安（1907-1977）大力支持之下，曾克服巨大文獻資訊的艱難，而彙編出《中華民國六十年來佛教論文目錄》，蒐錄相關資料達十五萬七千多筆，並附有索引和相關作者查詢線索，是其在 1978 年彙編和出版「現代佛教學術叢刊」的重要前期預備工作。至於他在大谷大學的碩士論文《涅槃思想研究》（臺北：大乘文化出版社，

27　此報告文，由關世謙中譯，改名為〈《中國禪宗史》要義〉，收在藍吉富編，《印順導師的思想學問》（臺北：正聞出版社，1985 年初版），頁 333-340。

1991 年），也是戰後臺灣關於印度佛教思想史現代性學術研究的上乘之作。

　　不過，戰後最優秀的關於印度佛教唯識學思想的現代性學術研究論述，是來自南臺灣的葉阿月（1928-2009）。她曾於戰後初期，受教於高執德的「延平佛學院先修班」。其後，因高執德橫遭「白色恐怖」下的政治冤獄而慘遭槍決（1955），葉阿月深感內疚，[28]為報師恩，特矢志前往高執德昔日留日時期的駒澤大學深造，專攻唯識學，於 1963 年畢業。其後，考入東京大學印度哲學研究所，於 1966 年，以〈中邊分別論三性說之研究：以真實品為中心〉的畢業論文，獲頒碩士學位。這是歷來第一次由臺籍本土佛教學者，獲日本公立佛學研究所頒授關於印度唯識學研究碩士學位的現代性專業學術論述。

　　受此鼓舞，於是，同年（1966）春末，葉阿月再入同校的博士班攻讀，由該校著名學者中村元（1912-1999）親自指導，並於 1972 年以〈唯識學における空性說の特色〉，獲頒博士學位；旋即返臺，從此長期任教於臺灣大學哲學系。[29]1975 年，葉阿月在臺出版其日文版《唯識思想の研究：根本真實としての三

28　此為葉阿月親自告訴我的內情，時間在 1994 年春天，地點在其研究室。

29　事實上，根據〈故董事長葉阿月博士行狀〉一文，所提到的詳情如下：「1969 年，葉阿月博士課程修畢，先受臺大哲學系主任洪耀勳教授聘為講師，1972 年獲得東大 PH.D.文學博士回臺大復職時，被當時系主任成中英教授聘為專任副教授，並於 1979 年成為教授。在臺大講授『唯識』、『印度哲學史』及梵文等課程。任教期間，頗受前輩學者，哲學大師方東美教授之器重提攜。葉博士教學之餘，仍研究不斷。」http://fgtripitaka.pixnet.net/blog/post/29019424。

性說を中心にして》（臺南：高長印書局）一書，是其生平學術
論述的最高峰之作，一時頗獲來自學界的高度稱譽。但因其日文
版全書，始終未能譯成中文出版，且其生平，雖能持續治學嚴
謹，但孤傲難處、中文論述又非其所長，所以終其一生，都未能
產生巨大的典範性研究效應。[30]

　　至於印順的現代性大量佛學著作，已如綜合佛教思想大水庫
般地，在當代華人的佛教學界間廣為流傳和被研究，因此有「印
順學」的研究顯學現象，正在當代佛學界開展。[31]此外，他對
「人間佛教思想」的倡導與推廣，也有大量的追隨者出現。但，
在此同時，來自不同立場的教界批判者，也相繼出現。[32]所以，
這是正在發展中的未定型但非常重要的思想傳播潮流，值得今後

30　根據〈故董事長葉阿月博士行狀〉一文，雖也曾提到葉阿月於「1987
　　年，翻譯中村元博士著作《印度思想》，並於 1996 年在臺灣由幼獅出
　　版社出版。1980 年，將其著作《超越智慧的完成──梵漢英藏對照與
　　註記》在新文豐出版公司出版。1990 年將《心經》從梵文原典譯成口
　　語中文。1974 年 12 月發表佛學著作《以中邊分別論為中心比較諸經論
　　的心清淨說》。另曾在臺大哲學評論（1985.1-），發表有唯識思想的
　　十二緣起說以中邊分別論為中心的論文，（1987.1）發表中邊分別論之
　　菩薩『障礙』與『能作因』之學說的論文，（1989.1）發表窺基的
　　『心』與『行』之學說的論文，以及以『心經幽贊』為中心等文章，其
　　他論文及在中外學會發表之論文不計其數，無法一一介紹。葉博士學識
　　深厚，可說是著作等身，令人欽佩」。http://fgtripitaka.pixnet.net/blog/p
　　ost/29019424。但，筆者的上述論述，仍與事實接近。

31　參見邱敏捷，《「印順學派的成立、分流發展》訪談錄》（臺南：妙心
　　寺，2011 年初版）。

32　參見釋禪林，《心淨與國土淨的辯證──印順導師與人間佛教思想大辯
　　論》（臺北：南天書局，2006 年）。

繼續對其關注和探索。

　　由於儒佛思想的互相交涉，長期以來，即是研究中國思想史的主要傳統論述與思惟內涵的組成部分，因此，延續民國以來歐陽漸、梁漱溟和熊十力以來的儒佛思想的相關論述傳統，戰後以熊十力北大高徒自居的牟宗三（1906-1995）其人，不同於馮友蘭（1895-1990）、方東美（1899-1977）、唐君毅（1909-1978）和勞思光（1927-2012）四者的佛學論述，而是以《佛性與般若》（臺北：臺灣學生書局，1977 年）兩巨冊（這是牟氏受印順相關佛教論述的研究影響之後），立足於當代新儒家的立場，來進行脫歷史相關脈絡性的中古佛學精義的新解與新判教的自我建構。

　　因此，嚴格而論，牟宗三這兩巨冊書的相關內容，其實是一種異質的新佛教思想體系的現代書寫，所以其書雖能在析論時，邏輯推論相當精嚴、和在進行相關概念詮釋時，也表現得相當深刻和極富條理性，但是全書如此詮釋，是否會有流於過度詮釋的嫌疑？以及是否能與原有歷史的發展脈絡能夠充分符應？卻是大有商榷餘地的。[33]但無論如何，牟宗三的此一《佛性與般若》兩

---

33 例如賴賢宗就曾嚴厲批評牟宗三的此書論述，他說：「牟氏認為天台的『一念無明法性心』並未能如陽明心學之真正的『存有論的創生』，只是『縱貫橫說』，而非陽明心學之『縱貫縱說』，而天台的『縱貫橫說』的目的只在『作用的保存』（作用的保存則來自儒家的良知心體，而非佛智），天台的『不斷斷』和『圓』最後表現為一連串的『詭詞』（弔詭之言詞），牟氏認為這就是天台『不斷斷』的『圓教』的實義和歸趣。極其明白的是，牟氏認為佛教之究極和歸趣只是『團團轉的圓』和『一連串的詭詞』，這樣的論斷雖然在牟氏自己的論說中也自成體系，但卻帶有對佛教的極大的偏見，和佛教的自我詮釋之距離太大了，

巨冊的全書內容，仍算具有現代學術研究的大部分特質，所以也堪稱是戰後臺灣現代佛學論述的高峰成就之典範著作之一。

戰後臺灣在專業的現代佛學研究期刊方面，張曼濤在編《華崗佛學學報》之前，於 1976 年為主編《道安法師七十歲紀念論文集》（臺北：獅子吼月刊社）的相關內容，集當時張氏所邀集的國內外諸多著名學者所合刊的內容，已達堪與現代型國際專業佛學研究論述相比肩的最高水平。

此後，不論張曼濤所編的《華崗佛學學報》或釋聖嚴的中華佛學研究所所長期支持的《中華佛學學報》，其研究主題內容的多元性與豐富性，雖有高度成長，但，若要論其是否有專業性的重要突破表現，則包括《中華佛學學報》在內的多種佛學研究學報，可以說從未在超越過 1976 年出版《道安法師七十歲紀念論文集》時的最高水平。

以上這些戰後的臺灣現代佛學研究發展時間，是與底下將要論述的李世傑佛學著作、翻譯、教學課程，是息息相關的。而他當時所扮演的歷史角色又是如何？

充滿了儒家護教的封閉心態。」見賴賢宗，〈論吳汝鈞《天台佛學與早期中觀》所論的中觀學及佛性取向的詮釋〉，《東吳哲學學報》第 3 期（1998），頁 43-51。

肆、新竹在地佛教學者李世傑（1919-2003）的崛起及其相關譯述概況

一、李世傑的傳記及自學佛學過程

　　李世傑是新竹市北門人，1919 年生。這年恰當日本殖民統治的第 24 年，是臺灣民眾前 20 年，以「武裝抗日」結束之後的第 5 年；[34]也是震驚全臺的「西來庵事件」爆發後，[35]臺灣總督府展開首次全臺宗教調查，歷經數年後提出正式的《臺灣宗教調查報告書（第一卷）》年。[36]

---

[34] 王育德在《苦悶的臺灣》（臺北：鄭南榕，1979 年），將武裝抗日分為 3 期。第三期從 1907 年起到 1915 年，即「西來庵事件」是最後一次。而之前的一次，是 1913 年的羅福星事件。

[35] 日治初期，在「西來庵事件」爆發之前，臺灣民眾對日本殖民統治當局激烈地武裝反抗運動，雖自領臺以來一再發生，但幾不曾有藉宗教組織、或宗教理由為起事的號召者。因此對於臺灣宗教應該如何處理的問題，日本的在臺殖民統治當局，基於維持統治的穩定考慮上，其實大多將其定位為屬於民俗改革或傳統文化的現代傳播，所以在施政的優先順位上，如何處理傳統臺灣宗教和民宿信仰的問題，始終是居輔助性的角色，而非以其為主要的施政考量對象。然而，「西來庵事件」的突然爆發，既是發生於臺灣民眾的武裝抗日運動已漸趨消沈之際，卻又是不折不扣的與宗教團體結合的大規模臺灣民變，這一事實無疑是對日治在臺當局無疑已構成治安上的一大威脅，必須及時有所因應以避免類似事件的再度爆發或一再重演同樣激烈的官民衝突。

[36] 日本統治初期，所進行的舊慣調查依岡松參太郎，在《臨時臺灣舊慣調查會第一部調查第三回報告書——臺灣私法》，第 1 卷（臺中：臺灣省文獻會，1990 年）的〈敘言〉所說，從 1900 年 2 月開始，到 1903 年 3 月完成。原書，頁 1。所以大規模的宗教調查報告，是繼此而進行的。

　　臺灣歷史上第一次出現（在 1917 年 4 月 10 日開學）的「私立臺灣佛教中學林」，[37]也才在臺北市開辦二年餘。第一屆的畢

當時負責督導此次宗教調查事務的人，是日後擔任社寺課長的丸井圭治郎。丸井圭治郎原為臺灣總督府囑託的調查主事者。見同氏著，《舊慣に依ける臺灣宗教概要》（臺北：1925.12）〈序〉。大正八年，丸井由臺灣總督府編修官兼翻譯官轉任地方部社寺課長，大正九年再移任為內務局社寺課長。承慧嚴博士指正，特此誌謝。他從 1915 年開始督導。1919 年 3 月，他依據多年來調查完成的資料，撰《臺灣宗教調查報告書》第一卷。

[37] 日本曹洞宗在臺創立的「私立臺灣佛教中學林」，是臺灣佛教史上第一所正式的佛教學校。根據村上專精（1851-1929）在《日本佛教本史綱》的說法，日本本土自宗制、寺法於 1884 年規定後，各宗都劃分區域，辦理學校，其中曹洞宗除有「大學林」外，以「中學林」設 30 個為最多。但「私立臺灣佛教中學林」，則是曹洞宗「臺北別院」第 7 任（1913-1920）佈教總監大石堅童，在任內極力促成者。大石堅童在 1907-1911 年，已擔任過同一職務，是為第 5 任總監，與江善慧結緣甚深。因此「私立臺灣佛教中學林」的創辦，他自任「林長」而委由江善慧任「學監」。但，「私立臺灣佛教中學林」的創辦，其最重要的功能是，臺灣本土佛教僧侶從此「似乎」有了較正規的現代養成教育之所在，亦即藉此中學教育的知識培養，往後的下一個階段，所謂高水準的宗教師或宗教學者，才有陸續出現的可能。此因之前臺灣僧侶的社會地位甚低，學養嚴重不足，常遭來臺的日僧和日本官員的鄙視。而其中能通日語者，極為罕見，更不用說有進中學就讀的機會了。故事實上，若未經歷中學階段的正規教育，縱使有機會到日本國內深造，也不可能越級進入正規的大學就讀，更不用說再入研究所攻讀高等學位了。為了進一步了解其在臺灣中學教育史上的地位，底下所列出的是迄 1922 年，「由於『臺灣教育令』改正各中等學校實施『共學』制度」，導致臨濟宗的「鎮南學林」被併入「私立曹洞宗臺灣中學林」為止，全臺相關中學設置名稱、年代及法令的列表資料：

業生，要到隔年才會產生，並影響深遠。

中等學校名稱	創立年代	中等學校名稱	創立年代
1.私立臺南基督長老教會中學	日治以前	9.私立臺南商業學院（淨土宗）	1918 年
2.私立臺南基督長老教女學校	日治以前	10.公立臺北女子高等普通學校	1919 年
3.私立淡水中學（長老教會）	1914 年	11.公立彰化女子高等普通學校	1919 年
4.公立臺中中學校	1915 年	12.公立臺北第二中學校	1922 年
5.私立鎮南學校（臨濟宗）	1916 年	13.公立臺南第二中學校	1922 年
6.私立靜修女學校（天主教）	1917 年	14.私立淡水女子學院（長老教會）	1922 年
7.私立臺灣佛教中學林（曹洞宗）	1917 年	15.私立曹洞宗臺灣中學林（改制）	1922 年
8.私立臺灣工商學校（東洋協會）	1917 年	16.私立苗栗中學園（真宗苗栗佈教所）	1923 年

說明：1.佛教界專為臺灣人子弟而辦的中學，最早是 1913 年 3 月提出的「私立臺灣真宗中學校」，但未辦成。2.臨濟宗辦的「私立鎮南學校」初辦於 1916 年，但非中學，1917 年才改中學課程；一直到 1918 年才獲「公稱」，可是至 1922 年，即被裁撤、併入「私立曹洞宗臺灣中學林」。3.因「臺灣教育令」是 1919 年頒佈，故從此年開始，臺灣民眾子弟才能進公立的各工、商、農中學校。特別是公立女子中學對臺灣女子教育開闢了新途徑。並且，一般「公學校」的 6 年制義務教育，也確立下來。4.「臺灣教育令」頒佈後，新增臺灣學生須定期朝禮臺灣神社的條款。5. 1922 年，「臺灣教育令」修訂，各中學開始施行共學制度。但培養有關僧侶的教育，亦被禁止在正式體制內的學校中實施。（資料來源：《真宗本派本願寺臺灣開教史》（臺北：芝原玄超，1935），頁 302-303）。從以上的資料來看，「私立臺灣佛教中學林」的創辦，除西洋教會學校所辦的中學之外，僅次於臺人首創的「臺中中學校」，但早於「臺灣教育令」頒佈之前 2 年。換言之，幸好是處於過渡的階段，才能允許此種培養佛教人才的私立中學存在，否則就必須在體制外的道場培訓或到大學去就讀佛教學科了。

　　這也意味著，日本現代殖民教育，從語文學習到國家認同到現代佛學教育，都逐一躍上臺灣現代的歷史舞臺。

　　而李世傑，在當時出生新竹市，從小隨母親出入在地佛寺齋堂，直到他青年時期，在新竹讀完中學，並開始長期自學。1945年，日本結束在臺灣長達 50 年之久的殖民統治，而李世傑也已26 歲了。

　　李世傑在戰後初期，也就是在他 27 歲之年，透過國際的函授課程，選擇與臺灣佛教界關係特別密切的日本曹洞宗私立駒澤大學，註冊有關西洋哲學、中國哲學、印度哲學的函授課程，持續學習數年之久，奠定他日後有能力閱讀與消化日本現代佛學專業著作的各種哲學或歷史的內容。

　　1953 年，李世傑經由朋友的推薦進入臺灣大學，從事圖書館的服務。這一來，他正好可以藉著工作地點與工作性質的雙重便利，大量接觸臺灣大學圖書館內的豐富日文佛學著作。戰後在印度哲學或印度佛教哲學方面的中文著作編寫，幾乎很少其他學者，在數量與範圍上，能超過李世傑。

　　他日後回憶說：在臺大圖書館服務時，同事間常戲稱他，是介紹印度哲學到臺灣的第一個人。如：印度奧義書、六派哲學、原始部派佛教、大乘佛教思想等印度哲學思想，都是在李世傑的個人研究、翻譯論著下，引進臺灣佛教界。[38]

　　而他最先與戰後臺灣佛教界的接觸，是接受當時的國民大會代表兼佛教界大學派的實質操控者李子寬（1882-1973），他當

---

[38] 釋自衍，黃惠珍，〈臺灣地區佛教圖書分類法的前輩——李世傑居士〉，載《佛教圖書館館刊》第 1 卷（嘉義：香光尼眾圖書館，1995年 3 月），頁20。此文承蒙侯坤宏教授提供，特此致謝。

時已購下臺北市日本淨土宗留下的名剎善導寺，出擔任董事長之外，也在寺內附設「太虛佛教圖書館」。因此，李子寬邀請當時已在臺大圖書館任職的李世傑，到寺內附設「太虛佛教圖書館」兼差。

　　他主要負責的工作，就是分類編目。鑑於佛學書籍日漸增多，卻未能有一套適用於佛學典籍的分類法可以適用；所以在公餘之暇，李世傑以「太虛佛教圖書館」的館藏為依據，參考各種資料，將所需之類目一一寫下，約一年左右，整理完成一份「佛教圖書分類法」的底稿，並於 1962 年 6 月底出版發行。這就是日後臺灣佛教界普遍使用的「佛教圖書分類法」。他在「太虛佛學圖書館」，還曾編製了書名、著者、期刊論文等多套卡片目錄，因乏人管理，現在已不知去向。而當時，他也在兼差三年後，就終止雙方的委任關係了。

　　李世傑專任臺大圖書館的工作，長達 25 年，1978 年退休，才 60 歲。但，作為戰後臺灣新竹本土著名佛教學者「李世傑」，從 1960 年代中期，至 1990 年代初期，是長期活躍於臺灣許多佛教學院中，幾乎所有佛學課程都教的著名佛學教師。他更是臺灣佛教界長老淨心法師（1929-），倚重最久的重量級佛學教書。2003 年，李世傑年老病逝，享年 84 歲。

二、李世傑的相關佛學著作目錄

甲、編寫類：

1.　《中國佛教思想史（上卷）：漢魏兩晉南北朝佛教思想

史》，臺北：臺灣佛教月刊社，1964 年。

2. 《奧義書哲學》，臺北：臺灣佛教月刊社，1965 年。

3. 《印度奧義書哲學概要》，臺北：慈航佛學院，1965 年。

4. 《印度部派佛教哲學史》，臺北：臺灣佛教月刊社，1967年。

5. 《印度六派哲學綱要》，臺北：正聞出版社，1969 年。

6. 《因明學概論》，臺北：中國佛教學院，1970 年。

7. 《原始佛教哲學史：印度佛教哲學史》，臺北：慈航佛學院，1971 年。

8. 《中國佛教哲學概論》，臺北縣：中華佛教文獻編撰社，1973 年。

9. 《俱舍學綱要》，臺北縣：中華佛教文獻編撰社，1977年。

10. 《華嚴佛教哲學要義》，臺北：佛教出版社，1978 年。

11. 《印度佛教哲學史》，臺北縣：中華佛教文獻編撰社，1979年。

12. 《印度大乘佛教哲學史》，臺北：新文豐出版公司，1982年。

13. 《杜順》，臺北：臺灣商務印書館，1987 年。

14. 《吉藏》，臺北：臺灣商務印書館，1987 年。

15. 〈天台哲學原理〉，載《華岡佛學學報》第 4 期。臺北：中華佛教學術研究所，1980 年。頁 167-186。

乙、翻譯類：

1. 木村泰賢著，巴壺天、李世傑譯，《人生的解脫與佛教思想》，臺北：協志工業叢書，1958 年。

2. 宇井伯壽著，李世傑譯，《中國佛教史》，臺北：協志工業叢書，1970 年。

3. 鈴木大拙著，李世傑譯，《佛教禪學入門》，臺北：協志工業叢書，1970 年。

4. 川田雄太郎等著，李世傑譯，《華嚴思想》，臺北：法爾出版社，1989 年。

5. 高崎直道等著，李世傑譯，《唯識思想》，收入藍吉富主編，《世界佛學名著》67，臺北：華宇出版社，1985 年。

6. 高崎直道等著，李世傑譯，《如來藏思想》，收入藍吉富主編，《世界佛學名著》68，臺北：華宇出版社，1985 年。

7. 梶山雄一等著，李世傑譯，《中觀思想》，收入藍吉富主編，《世界佛學名著》63，臺北：華宇出版社，1985 年。

8. 藤田宏達著，李世傑譯，〈印度的淨土思想〉，《佛教思想：在中國地展開》第 2 卷，臺北：幼獅文化出版社，1987 年。頁 1-30。

9. 金岡秀友著，李世傑譯，〈中國的密教思想〉，《佛教思想：在中國地展開》第 2 卷，臺北：幼獅文化出版社，1987 年。頁 88-98。

三、有關李世傑佛教學術著作的特色及其佛學成就

1.相關特色

　　根據以上所述，我們知道：李世傑是出生在新竹市，日治時代讀到中學畢業。戰後 1953 年，有人介紹他到臺大圖書館服務，直到退休。他利用工作的地利之便，又能閱讀日文佛學著作，所以他是戰後日文佛學資料，編成大量佛教哲學著作的一位。不過，他中文表達能力不佳，所以著作都由他人幫忙修改，才能流暢可讀。[39]而他翻譯日文佛學著作多種，很具參考價值。

　　只是，他過去很少被詳細研究，[40]在評論他時，也非常空泛簡單。[41]直到他在 77 歲那年，接受一位來自嘉義縣竹崎鄉著名香光寺的比丘尼釋自衍的採訪，並由黃惠珍整理後，以〈臺灣地區佛教圖書分類法的前輩——李世傑居士〉的文章標題，發表在《佛教圖書館館刊》上，[42]我們才可以根據他本人的口述資料，來進一步理解他。我此處摘錄幾段相關重點，作為我們後面討論與批評基礎。在該文一開頭，就說：

39　王興國，《臺灣佛教著名居士傳》（臺中縣：太平慈光寺，2007
　　年）。

40　藍吉富編，《當代中國人的佛教研究》（臺北：商鼎，1993 年），頁
　　39-40。

41　釋自衍、黃惠珍，〈臺灣地區佛教圖書分類法的前輩——李世傑居
　　士〉，載《佛教圖書館館刊》第 1 卷（嘉義：香光尼眾圖書館，1995
　　年 3 月），頁 20-22。此文承蒙侯坤宏教授提供，特此致謝。

42　釋自衍、黃惠珍，〈臺灣地區佛教圖書分類法的前輩——李世傑居
　　士〉，載《佛教圖書館館刊》第 1 卷，頁 20-22。

提到「李世傑」三個字，臺灣地區的佛教學術界，幾乎無
人不知，無人不曉。因為他的撰著如《印度哲學思想
史》、《印度部派佛教史》，擴展了學子們學術領域視
野，不再侷限於中國佛教的範疇；更透過他的譯著，讓我
們領略到日本學術界如高楠順次郎（1866-1945）、木村
泰賢（1881-1930）等的研究風格。這些事蹟歷歷鮮明烙
印在佛學者的心目中。再從佛教圖書館界來說，那更是親
切。因為多年來臺灣地區很多佛教圖書館一直使用他編訂
的「佛教圖書分類法」作為圖書分類的依據。

但是近些年來，我們很少聽到這位長者的訊息，大家幾乎
忘掉這位老人家了。[43]

在提到李世傑致力於佛學的研究問題時，則提到：

在佛學研究方面：李居士認為最有興趣的是佛教思想的研
究，其次是史學、哲學方面。他認為作學術研究者，倘若
沒有史料的依據，那麼思想研究必然掉入玄談。所以，史
料是檢擇思想的利器，無論中外學者都是如此。也因為這
個原因，思想必需配合歷史進程才會有基礎，也才信實可
徵。[44]

---

[43] 釋自衍，黃惠珍，〈臺灣地區佛教圖書分類法的前輩——李世傑居
士〉，載《佛教圖書館館刊》第 1 卷，頁 21-22。

[44] 釋自衍，黃惠珍，〈臺灣地區佛教圖書分類法的前輩——李世傑居
士〉，載《佛教圖書館館刊》第 1 卷，頁 21-22。

2.相關成就

至於為何會去教佛學呢？李世傑地本人回答是：

> 由於當時佛學師資缺乏，而自己在史學、哲學、佛學有點
> 心得。因此當文化學院（今文化大學前身）開立佛學課程
> 時，就有人來找我去授課。
> （中略）此後他也在五、六所佛學院兼課。約莫八年前
> （1986 年）礙於體力關係，逐漸中止佛學院的授課，而
> 淨覺佛研所的教學也在五年前停止。
> （中略）曾經在佛學院開過的課程差不多有十幾門課。但
> 他認為以俱舍、唯識、大乘起信論、因明學、華嚴要義、
> 三論玄義等課程，算是比較有特色。[45]

對於他的佛學著作，他在採訪時，所作的回答如下：

> 最早的著作是在 1947 到 1960 年之間出版的《中國佛教哲
> 學概論》，此書是將他自己所學及參考文獻整理發表，該
> 書的出版對佛學、思想都有很大的啟發。在著作歷程上早
> 期多為創作，約有五、六冊；晚期則多為翻譯性作品，約
> 有十多冊。問及最得意的著作是《印度大乘佛教哲學
> 史》。較遺憾的是《印度哲學史》之第一冊約二十一萬

---

[45] 釋自衍，黃惠珍，〈臺灣地區佛教圖書分類法的前輩──李世傑居
士〉，載《佛教圖書館館刊》第 1 卷，頁 21-22。

字，內容含奧義書、原始佛教史，卻因經費因素而無法再版付梓，僅以講義稿之形式存在。[46]

最後，在提到所最景仰的佛教人物，並影響他一生的，有如下這幾位：

對他一生有重大影響的人。在日本方面有高楠順次郎（1968-1945）、木村泰賢、鈴木大拙等。因為他們研究佛學的態度及思想觀念開拓了他研究的領域。在中國方面：太虛大師（1890-1947）思想的圓融成熟、印順法師（1906-2005）中觀空的思想，都是他學習過程中的典範。[47]

伍、結論：我們如何來評價李世傑上述現代佛學譯述呢？

根據以上所有的討論之後，如今我們究竟如何來批評李世傑的現代佛教學術著作呢？以下，我們將分為四個層面來總結：

第一、李世傑的一生，所編譯的所翻譯的，主要是來自日本明治維新以後才出現的相關著名佛教學者的各類佛學著作；而且，他長期在臺灣各佛學院教書，所以就他所傳播的佛學資訊內

---

46 釋自衍，黃惠珍，〈臺灣地區佛教圖書分類法的前輩──李世傑居士〉，載《佛教圖書館館刊》第 1 卷，頁 21-22。

47 釋自衍，黃惠珍，〈臺灣地區佛教圖書分類法的前輩──李世傑居士〉，載《佛教圖書館館刊》第 1 卷，頁 22。

容來說，的確是影響巨大的歷史事實。因此，他過去名氣很大，其程度到了全臺佛學院的僧眾與教師，都知道「李世傑」這個名字，與來自新竹市的重要佛教學者或佛學教師。

第二、李世傑的日文佛學著作的解讀，是相當精準的。所以，翻譯的日本佛學著作，縱使中文不是太流暢，也是很可信賴的。因此，他翻譯的日文佛學名著，可以在相當長的時間內，繼續被臺灣現代佛教學者所參考或引用。

第三、李世傑所自寫的佛學著作，不管過去如何被推崇，現在都完全過時。理由有三：甲、他號稱自己寫的書，內容都不是他的自己研究所得，而是根據所閱讀多本日本佛學著作內容編譯而來的。乙、書的內容，有列參考書目，可是沒有任何引述的來源註解，所以只能當教材講義，不能當學術著作來看。丙、當臺灣出現比他的著作更有優秀的佛學著作時，他所自寫的佛學著作，就注定會被取代。

而戰後有三個里程碑，都是李世傑著作水準，無法相比的：A.是 1961 年睿理（日後還俗的林傳芳）所編撰的《佛學概論》（臺中：國際佛教文化出版社）。B.是 1967 年印順所撰的《說一切有部論書與論師之研究》（新竹：印順）。C.是 1978 年張曼濤主編《現代佛教學術叢刊》（臺北：大乘佛教文化出版社）。特別是後者，李世傑編著佛學著作，可納入的有用章節，幾乎都被張曼濤挑選後全納入了。因此，他的著作現在可能還會被參考的，就是後者這些多半過時的資料了。

第四、最嚴重的致命傷是，李世傑的著作，沒有學術史的問題意識與現代佛學研究的創新概念。他是最典型的學術「拿來主義者」，是有效的日本佛學資訊的利用者與批發商。

所以，他造成的嚴重負面影響，就是教過的佛學院學生，多半不具備現在佛學研究的問題意識與學術史的相關概念，只知道佛教義理有哪些？而不知道進一步去探索當中的知識論所要探索的為何是這樣？

因此，綜合以上四點來看，他的確堪稱是一位出身新竹市，並在戰後臺灣佛學界相當有名的「過渡形階段的佛教學者與教師」、以及迄今仍很重要的日本佛學名著翻譯家。

第十章
從新竹到國際：活躍在解嚴前後的傅偉勳教授

壹、前言

　　有關活躍在解嚴前後（1983-1996）的著名佛學思想家：傅偉勳教授（1933-1996）的學術傳記，首先必須承認他是當時臺灣公眾學術壇最耀眼的兩位明星之一。另一位則是余英時教授（1930 年出生）。他們都是當時極少數可以大量在報紙與各類期刊雜誌發表學術論述與文化批評，[1] 又可以在被當時執政的國民黨文化工作會十分倚重的海外學者中躋身於佼佼者之列。[2]

---

[1]　這些相關資料，最早期的，可參考傅偉勳，《「文化中國」與中國文化：「哲學與宗教」三集》（臺北：東大圖書公司，1988 年）一書的序或內容各篇的註解或文後的原載出處，像《中國時報》、《中國論壇》、《文星》、《哲學與文化》等。特別是《中國時報》副刊主編金恆煒還為其特闢專欄，讓他定期發表。之後，金恆煒主編《當代》月刊，也是他的主要發表園地。

[2]　他曾被邀做專題演講、參加國建會並與其新竹中學同學周應龍（中國國民黨文化工作會主任）和另一黨籍高幹周世輔教授之子周陽山，兩者都交往密切。

　　而他們之別，只是前者是哲學文化與大乘佛學詮釋學的美籍華裔臺灣新竹出身的名教授。後者則是中國歷史與思想文化的美籍華裔大陸安徽（天津出生）出身的名教授、中央研究院院士。[3]

　　此外，傅偉勳教授不但與當時的佛教界的學術活動密切關聯，並且還是新大乘佛學詮釋學的主導性權威學者，以及臺灣學界的「生死學」開創者。[4]所以，作為新竹市佛教人物誌的傳記書寫，絕對有其必要。

　　但，他成為耀眼學術明星的時代，正好是臺灣戰後政治與本土化兩者都處於最大的轉折期，也是他的生命後期。但，他是何時才成為臺灣繼李敖（1835-2018）[5]之後，逐漸躍昇成一顆閃亮耀眼的學術明星呢？直至八十年代前期才開始。

　　因他在 1966 年，正當我要服兵役之年，正好是傅偉勳第二次帶著妻子鍾淑兒，一起到美國伊利諾大學攻讀博士學位之年。

---

[3] 余英時，男，祖籍安徽潛山，生於天津，華裔歷史學家，中華民國中央研究院院士、美國哲學會院士，主攻思想史研究，他的大部分職業生涯都在美國，克魯格人文與社會科學終身成就獎、首屆唐獎「漢學獎」得主。（維基百科）

[4] 可參考傅偉勳，《死亡的尊嚴與生命的尊嚴：從臨終精神醫學到現代生死學》（臺北：正中書局，1993 年）一書。鄭志明，〈論傅偉勳的佛教生死學〉，載《宗教哲學》（臺北縣：中華民國宗教哲學研究社，第三卷第四期，1997 年 10 月），頁 131-148。

[5] 李敖，字敖之、幼名安辰，人稱李大師，已故臺灣知名歷史學家、主持人、作家、文學家、小說家、政治評論員、時事評論員、政治人物、前無黨籍立法委員、文化批評者、中國近代史學者、諾貝爾文學獎被提名人。生於中國滿洲國時期的黑龍江哈爾濱市，籍貫吉林省扶餘縣，祖籍山東省濰縣。國立臺灣大學歷史研究所肄業、國立臺灣大學歷史學系畢業。（維基百科）

之後，他們夫妻就長期滯留在美國十七年之久，並入籍成為美國人。直到八十年代初期，傅偉勳才首次因應邀到香港參與學術評論之後，並順道回臺探訪親友及學界同道。

從此，他就較常往來於美國與臺灣之間，並應邀談論他在美國所接觸，前幾批在大陸「十年文革」（1966-1976）之後，[6]因鄧小平（1904-1997）[7]所主張的「開革開放」政策，而有機會到美國從事學術深造或交流的一些大陸菁英學者。

所以他的此一特殊經驗，使他最有資格與能力來為臺灣公眾媒體的持續發表或被爭相報導此方面的最新權威資訊，於是快速竄起成為一顆耀眼的學術明星，並一直持續到他 1996 年秋，淋巴癌再度復發治療無效逝世為止。

所以，本文介紹的重點，就是針對這一時期（1983-1996）的學術傳記。至於傅偉勳生命前期的早期家族狀況、或從他在新竹誕生、成長、受教中小學教育，乃至讀臺大哲學系、任教該系，或二度留美讀碩博士，並曾長期在美國天普大學任教等等傳記介紹，已有黃祖蔭先生在《竹塹文獻》雜誌第十八期（2001年一月號）上刊載「儒林巨擘：傅偉勳」長篇介紹。

6　毛澤東所發動，利用大量青年紅衛兵無產階級文化大革命，通稱文化大革命、簡稱文革，是中華人民共和國歷史上的一場政治運動，於 1966年 5 月 16 日－1976 年 10 月 6 日間發生在中國大陸境內。因其時間長達十年之久，故也被後世稱為「十年動亂」或「十年浩劫」。

7　鄧小平，原名鄧先聖，由啟蒙老師在法國留學時改名鄧希賢，1927 年正式改名為鄧小平，男，四川廣安人，中國政治家、軍事家、思想家、革命家及外交家，是中國共產黨及中華人民共和國於 20 世紀 70 年代末至 80 年代末期的實際最高領導人。中華人民共和國官方將鄧小平定位為黨和國家的第二代中央領導集體之核心。（維基百科）

此外，傅偉勳教授早就出版過他廣為人知的學術傳記：「哲學探求的荊棘之路」[8]與《學問的生命與生命的學問》（臺北：正中書局，1993），對於他從小到大的相關自我回顧等，他都有分項的詳寫過。所以除非涉及必要的學術背景解析，否則我在本文中就不重複介紹。

再者，他的生命後期學術傳記，雖有很多面向可以介紹或重新理解。但能從實際長期與其本人密切交流乃至互相分享學術幕後真相的剖析者視角來書寫者，其實為數不多。而我個人算是其中之一。所以我擬從他與我之間曾長期相互交流的學術傳記面向來剖析與書寫。因此，我只以下分幾個主題來解明：一、我與傅偉勳教授實際學術交流與相關影響。二、有關傅偉勳在解嚴前後的學術著作解讀問題。三、相關結論與討論。

貳、我與傅偉勳教授實際學術交流與相關影響

一、從不認識到開始接觸的轉折歷程

首先，我必須聲明：我實際與傅偉勳教授個人開始交流，其實是在臺灣與美國斷交（1978 年 12 月）之後的八十年代初期。在此之前，我只是偶而聽過他的大名；或從當時的新聞媒體上，不時讀到有關他的學術動態；或在相關期刊上，偶而會讀到他發表的學術文章。

---

[8] 載傅偉勳，《從西方哲學到禪佛教：「哲學與宗教」一集》（臺北：東大圖書公司，1986 年），頁 1-50。

　　所以我能確定，我起初並沒有渴望結識他，也不清楚他的早期學經歷究竟如何，因而也就不會想進一步去探明他，究竟是怎樣一位長期在美任教的臺灣新竹學者？

　　之後，由於他已開始較常回來，並一度到大陸講學，因而很受各方矚目。我於是才開始產生好奇並逐漸弄清楚，他在美國長期定居與教學這段時間，主要擅長的學術領域，其實是在大乘佛學思想與現代禪學詮釋專業方面；但他或又借重海德格存有論哲學，或又結合牟宗三的新儒家心性論及其佛性論佛學觀點，或又融入當時常接觸西方各家新「詮釋學」觀點，共三大類思維，極其靈活兼用地來消化他所喜愛閱讀的近代日本佛教學者的各種著作，並很快寫出大量新詮釋著作。

　　相較於戰後八十年代臺灣在地學者，他所提倡的新穎且吸引人的大眾化佛教哲學新詮釋學的論述取向，[9]的確很快影響了新一代的佛學詮釋思維。例如其高徒林鎮國教授，就是承襲這一學術源流而來。[10]並且，近三十多年來，啟蒙及開展臺灣學界的現

9　傅偉勳此方面相關著作目錄，主要有：《從西方哲學到禪佛教：「哲學與宗教」一集》、《批判的繼承與創造的發展：「哲學與宗教」二集》（臺北：東大圖書公司，1986 年）、《「文化中國」與中國文化：「哲學與宗教」三集》（臺北：東大圖書公司，1988 年）、《從創造的詮釋學到大乘佛學：「哲學與宗教」四集》（臺北：東大圖書公司，1990 年）、《佛教思想的現代探索：「哲學與宗教」五集》（臺北：東大圖書公司，1995 年）、《道元》（臺北：東大圖書公司，1996 年）、《死亡的尊嚴與生命的尊嚴：從臨終精神醫學到現代生死學》、《學問的生命與生命的學問》。其中，只有《道元》一書，較為專門，要有一定水準才能讀通。

10　林鎮國教授的三本當代性力作：《辯證的行旅》（臺北：立緒文化事業公司，2002 年）、《空性與現代性》（臺北：立緒文化事業公司，

代佛教思想詮釋學研究新潮流的主要領軍人物，就是由傅偉勳教授與林鎮國教授師徒二人代表。

而我當時雖已考上臺大歷史研究所碩士班，也深受在美名校任教的余英時教授結合歷史與思想理念的新論述模式之影響，可是當時對於傅教授所提倡的新「詮釋學」的論學方法，仍相當陌生。

不過，既然留美學者回臺之後，經常都常談及「詮釋學」的新論學方法，而我又身處臺大校園最敏感的新潮與新思維的激盪知識圈內，就不免會跟著學界潮流走；並且儘管當時，我依然還是一知半解，卻也逐漸願意接受像這類型的現代佛學新詮釋法。因其可從多角度對傳統知識進行所謂「批判性繼承」與「創造性詮釋」，就不至於完全翻轉我一直所從事的臺灣現代佛教在地轉型的史學詮釋理念。

於是，我開始嘗試在一些佛學會議上，或一些小型的研討會場合上，與傅教授有了初步關於日本佛學術資訊方面的短暫交流。但，由於每次接觸的時間過於匆促，彼此雖有應酬式的簡短交談，事實上也沒有實質的學術切磋。

不過，在另一方面，我與傅偉勳教授真正第一次碰面與認識的日期，現在已記憶模糊了，因此我不敢確定，就是在哪年哪月或哪日，我被介紹給他認識？但，我敢確定，兩人初次交流地點，就是在當時臺北市新生南路上，那間著名茶藝館「紫藤廬」

2004 年）、《空性與方法——跨文化佛教哲學十四論》（臺北：政大出版社，2012 年）。這三本優質力作，都是我非常佩服的新論述，因其最能與國際佛教學術潮流接軌，因此成為我平素治學的重要資訊來源，而且，彼此也經常對此交換意見。

內。

因當時成立未久的「東方宗教討論會」，每月第三星期的週末下午，都例行性的會召開一次有被指定的會員，由其發表新主題論文後，大家才開始熱烈對其論點或參考資料，唇槍舌劍般的互相激辯長達三小時之久，才算盡興。之後，大家還會繼續轉往附近小館聚餐長談。

我非常喜歡像這樣新潮的實質論辯方式，所以很少錯過每月一次的此種聚會，並且我在討論會輪到可發言時，我的直率批判往往既犀利又專業，此舉雖可能造成一些尷尬與不快，卻意外促使我在宗教研究學界的新銳名聲很快崛起，還被稱為「學術殺手」，可見惡名昭彰。

並且，當時那些與會者，日後也都成為臺灣宗教研究的少壯派菁英學者，彼此成為可長期相切磋所學的學術良伴。所以，我是在這樣的學術氛圍下，與傅教授開始第一次學術交流的。我既非他的學生，也不是他的仰慕者，而是互相論學的同道。當然他的名氣比我大太多，在學界的聲望也大大超過我，可是我還是與他平等論學。

再者，當時作為我與傅教授相識的中介學者之一，其實是他在臺大哲學系教書時的學生的楊惠南教授，當時同樣也在臺大哲學系教書。至於另一位中介者，則是藍吉富居士，他正在編輯與出版數套相關佛教叢書。此外藍吉富和傅教授及我三人，恰巧都對日本佛學的著作都非常熟悉，便因而有了較多的彼此學術交流活動，於是陸續發生了以下所述的深度交流軼事，並影響深遠。

二、正式互動的聚焦點： 攸關臺灣佛教逸事重建問題

說來有趣，我與傅教授的最初正式互動的聚焦點：其實是有關臺灣佛教逸事重建問題。以下我舉出幾件實例，作為說明其中的相關性：

其一，先是在 1989 年 7 月 15 日，有我在當天的《自由時報》副刊上，以罕見筆名「丹青」發表一篇，相當轟動學界的文章：「臺灣佛教逸事」。特別是少數知道內情的行家，都給予高度肯定。而其中最推崇的一位，就是傅偉勳教授。

因而，不久在一次半夜裡，我突然接到來自美國的陌生越洋電話。我仔細手握電話筒並傾聽對方聲音後，很意外地得知，居然是他與林安梧教授兩人，在一起喝酒微醺之後，才給我打越洋電話。而我之前，其實從不曾與他們用越洋電話互相交流過。可是，傅偉勳教授在電話中，還特別交代我：日後一定要為後世留下一本《佛林外史》才能死去。

他又稱讚我說，再沒有比我適當的佛教史家，來撰寫當代臺灣的《佛林外史》了。而後，我終於知道，他之所以會打電話給我，是我在《自由時報》副刊上，所登的那篇「臺灣佛教逸事」文章引起。況且，當中提及他的那則軼聞，其實也是他提供的。他當時還特別交代我，要將其寫進《佛林外史》一書。因此，我才會將其轉述如下：

……在美國天普大學任教的傅偉勳教授，是才思敏捷的學者，他常往海峽兩岸跑。當年（1989）星雲法師率隊到大

陸，他是擔任星雲法師的學術顧問，風風光光，熱熱鬧鬧地，完成了一趟觀光兼弘法的一個類似的佛教之旅。因此傅教授事後，曾對我講過一個他親身遭遇的故事，以說明星雲法師的「禮賢下士」之風。

據說有一次，傅教授和星雲法師同乘一班華航班機，星雲是坐頭等艙，傅教授則是二等艙；但互相不知對方在同班飛機上。

星雲法師是上完洗手間，返座途中，發現傅教授在座位上睡覺的。他一聲不響，站在座位旁等傅教授醒來，才上前打招呼。

傅教授說：他不知星雲在旁邊站多久？但星雲「大師」是飛機上的顯赫人物，華航空服員伺候唯恐不周，卻自甘站立等待，以便禮貌招呼。

為什麼要打招呼呢？因為佛光山有比丘在天普求學，受傅教授指導。為了向自己徒弟的老師打招呼，如此的謙遜有禮，使傅教授心中有無限的溫暖和感動。的確，這樣的有風度，真不簡單呀！值得其他出家人多效法。……

其二，可是，他回臺之後，在另一次聚會時，卻自動對我提起：他真搞不清楚，為什麼大和尚要把一個腦袋有點短路的徒弟，送到天普來當他的博士班研究生？明明程度很差，連一些規定的讀書報告都寫不好，只會買一堆原版日文佛學著作送他。

之後，到了 1989 年 12 月底，恰逢香港「法住學會」的創辦者霍韜晦（1940-2018）首次舉辦「太虛大師百年誕辰紀念學術研討會」，並同時邀請大陸與臺灣佛教學者，包括傅偉勳教授在

內，多人參加。這是當年「六四事件」之後，傅偉勳教授第一次再度與大陸及臺灣佛教學者共聚一堂，討論數天。

不過這期間，曾有發生一件關於香港小道刊物，採訪及報導藍吉富先生一件很聳動的有關臺灣某某大和尚的桃色軼聞。傅偉勳教授也另外聽過其他方面的類似軼聞，所以他也在香港期間提出來，與幾位有交情的臺灣佛教學者分享。

並且，他們回臺後不久還分別告訴我，彼等在香港開會期間的所見所聞，尤其傅偉勳教授還特別交代我：一定要寫入《佛林外史》一書才行。

可是，由於相關內情，過於有爭議性，目前還不宜在《竹塹文獻》這樣的刊物上刊載。因此，我只能等待恰當時機再完整說明，以實現我對傅偉勳教授生前此一囑託的親口承諾之事。

三、我與傅教授再次深刻化彼此治學業績的原因與影響

再者，如非我與傅偉勳教授的一次邂逅火花，否則不會有我個人在日後有建構「臺灣本土佛教轉型史學」之舉出現。這當中的相關轉折如下：

話說從前，此事其實是肇因於聖嚴法師曾與中華文化總會，於 1994 年 7 月，在中央圖書館「漢學研究中心」的國際會議廳，合辦一場「佛教與中國文化國際學術會議」活動。而我先是參與發表論文「解嚴後的臺灣佛教與政治」，之後也參與當晚在北投農禪寺，由傅偉勳教授主持的相關會後檢討。

但為何會由他主持？反而身為當事者聖嚴法師，卻未親自出

席主持，只有派一位他的會講英語出家徒弟，在場旁聽呢？其原因有三：

1.在當時臺灣媒體上和相關學術圈內，傅偉勳教授都是像明星般的到處被邀訪和四處公開演講，不但和韋政通教授聯合主編三民版的世界哲學家叢書，到處約稿，還為正中書局規劃了一系列的西方最新學術著作的出版名單，所以他已是貨真價實且令人難以忽視的一位學術文化明星。

2.聖嚴法師前一屆（1990 年元月 12-15 日）所舉辦的「佛教倫理與現代社會」的國際研討會，有關「會議論文集」的英本版，日文論文英譯和中文版，都交由聖地亞哥州立大學的華珊嘉教授與傅偉勳教授二人負責主編，英文版先是由紐約綠林出版社印行，之後的中文版則由傅偉勳教授負責主編，交給三民書局出版，書名《從傳統到現代：佛教倫理與現代社會》。顯然他們彼此合作的效果甚佳。

3.特別是傅教授的英日文學術知識豐富，又與來臺參與國際會議的各國學者大多認識，彼此交談無礙。所以當晚的會後檢討，由傅偉勳教授主持，是最恰當不過。

可是，正當我在場邊座位上，預備聚精會神在傾聽相關各國學者的發言意見時，先是由傅教授問與會的外國學者，對此次會議有何意見？之後在座的各國學者都有類似的以下三點意見提出：

1.主辦單位的招待是一流的，無話可說。

2.就學術的創新來說，收穫很少，因都是把各自的舊論述，略為改變而已，所以並無實質的新意可說。

3.很想知道，當代臺灣佛教的發展現況如何？卻無英文著作

可參考。

當時，傅教授曾根據他所聽到的以上三點意見，便指定由聖嚴法師的親弟子作答有關第三點的問題。可是這位聖嚴法師的得意門徒，光只是在解說一些有關聖嚴法師的佛教事業，便立刻被一些在座外國佛教學者，阻止了他繼續發言。

因為他說的這些，他們都已知道，而他們最想知道的是，其實是其他各道場的狀況，以及相關歷史變化或與當代臺灣社會的相互關聯性。

可是，這卻是大難題，因為臺灣現有的各道場，向來都是各立山頭，誰也沒有多理誰，所以聖嚴法師的得意門徒，只好雙手一攤，表示無法說明。當場，氣氛非常尷尬，不知如何是好？

於是，傅教授便把眼光直接投向我。我一看到這樣，便立刻在心裡有了閃電般的重大決定：這將是我畢生最大的學術賭注和千載難逢的良機，未來人生勝敗，就在此決一空前的大拚搏！

主意既定，我立刻舉手，當眾對傅教授說：

1.我可以解說，絕無問題。

2.我無法於五分鐘內講清楚，請徵詢所有學者的同意，最少有三十分鐘讓我發言。

3.我無法用英文直接表達，請傅教授替我翻譯成英文，以便讓各位外國學者了解。

傅教授聽後，立刻把此意徵詢與會者，大家一致同意，我可以沒有時間限制。於是我便大聲侃侃而談：這是由於我早在張慈田的「臺北新雨道場」，早做過類似的系列演講了，所以胸有成竹，體系架構非常清楚，且所陳述的各項要點，也都能切中要害，並展現新意。

　　我一口氣，足足講了四十分鐘。當然，其中每講一小段，就要停下來，等傅教授英譯之後，我再繼續發言。如此，我的思考，反而更細密、更有條理。因而，當我個人秀完成之後，我知道，其他的臺灣佛教學者，此後只有靠邊站的成分啦。

　　可是，我心中仍有隱憂。當時我的最大對手，是著名佛教出版家和佛教史學者藍吉富先生，他出道早，人脈廣，又有出版社和業務助理，若他和我一齊展開競爭，我無疑是會落敗的。於是，我回家後，懷著心中的忐忑不安，便試探性的撥電話給藍先生。我只問：藍先生，你對臺灣佛教界這樣熟，為何不研究臺灣佛教史呢？它不是很值得研究嗎？

　　當時，在電話中，藍先生是如此回答的：我才不要研究。那些和尚，都少讀書，沒有文化，光會向信徒要錢而已。除了印順法師以外，沒有值得研究的。何況，中國佛教史的研究，已是大學問了，哪裡有時間研究臺灣佛教史？臺灣佛教史，只是中國佛教史的邊陲性和枝末性的傳播地而已。我一聽他的回答如此，心中的一顆大石頭，才整個放下來。

　　我知道，他二年內，必定大為後悔。可是，已太遲了。我不會讓他有任何機會的。於是，我開始狂熱無比的全生命投入去全方位耕耘。從此，每年至少出一本新書。

　　而在我認真地，展開研究與從事撰述之後，果如預期地在1992 年時，我的第一本《臺灣佛教與現代社會》，正式交由東大圖書公司出版。

　　由於此書是被列入由傅偉勳與楊惠南主編「現代佛學叢書」之一。因此之後，我立即寄贈一些西洋佛教學者與傅偉勳教授各一本。但，傅偉勳教授看了之後，立即告訴我說，他雖作為主編

之一，卻沒有過目此書稿。

　　於是，他立刻邀我再寫一本，同樣列為他與楊惠南主編「現代佛學叢書」之一。我當下點頭承諾，並立即狂熱快速進行。1993 年的《當代臺灣佛教文化的新動向》，廣受各界的好評。並且，果真如約定，被列入由傅偉勳與楊惠南主編「現代佛學叢書」之一。

　　之後，我於 1994 年在高雄淨心文教基金會，開始出版《現代中國佛教史新論》，精裝本五千冊。1995 年又在高雄淨心文教基金會，出版《二十世紀臺灣佛教的轉型與發展》，同樣精裝本五千冊。此兩書基金會贊助我稿費，但登報讓各界免費索取，新聞報導後，來自全臺各地的踴躍索取讀者，在一星期內全部拿光光。

　　傅偉勳教授得悉後，不斷的對我當面豎起大拇指。特別是在他逝世（1996 年 10 月 15 日）之前六個月，亦即在他被邀參與一場「紀念馬關條約割臺一百年學術會議」之前，當讀他讀完我所贈一本在南天書局出版的精裝新書《臺灣佛教百年史之研究：1895-1995》時，書內的大量歷史照片與系統詮釋，在在都使他感動莫名。因而隔天，我們又再度會議場上見面交談時，他當面直接對我提出兩個願望：

　　1.設法把三百年來的《臺灣佛教史》寫完出版。

　　2.建議我能去天普深造，而他或許能讓我畢業時拿到二個博士學位。

　　對於他的這一鄭重囑託及建議，我是相當受感動的。可是，我只能承諾做到他的第一個願望，至於第二個願望，我當下就加以婉拒。

　　理由很簡單，因我在臺大歷史研究所博士班的歷年學業成績都是頂尖，且畢業在即，所以沒意願前往。但迄今，仍然深感他生前對我的學術才華曾給予高度的肯定這一珍貴情誼。

　　至於他的第一個囑託，則是拖了十多年才達成。其原因是：我在他死後第二年也罹患「多發性骨髓癌」。所以，我依然能持續堅持地遵照他的遺願，一邊搜集撰寫相關材料，另一邊還必須經常治療自己罹患的「多發性骨髓癌」。況且，我還有幾十萬字的博士論文要完成。此外，也有一本《當代臺灣佛教》新書，急著在南天書局出版。

　　我是直到 2009 年（同時也是我罹癌治療的第十二年）時，才總算把《臺灣佛教史》全書撰述完成（共計三十五萬字，分二十二章），交由臺北市的五南圖書出版公司出版，並在此書的自序最後一段，特別將撰出此書的相關因緣，加以簡明敘述。

四、我與傅教授在大陸從事學術交流經驗的
異同比較[11]

　　首先，傅偉勳教授是以美籍華裔的哲學教授，於 1986 年，應大陸中國社會科學院世界宗教研究所之特邀，前往大陸交流講學三星期，並與當時大陸一批較有代表性的學者個別交談。主要

---

[11]　之所以在此提出相互比較，是後面將涉及我為傅偉勳教授的佛學著作的介紹與評價。因我與他是不同研究類型的佛教學者，所以先在此略為比較我們的佛學著作，在大陸出現後的相關學術評價問題。以免，我後面的批評，會被不知情者認為我的專業性素養不足，因而質疑我的論述是否具有可信度？

的議題，是中國文化的現代性發展議題。

其次，我是在 1996 年夏季，也應大陸中國社會科學院世界宗教研究所之特邀，前往大陸交流講學一星期，主要是交流有關：當代臺灣政治與佛教發展，以及晚明時期佛教改革史的研究經驗談。

傅偉勳教授第二次前往大陸交流講學，是在 1989 年春季，做為佛光山星雲前往大陸探親交流的學術顧問之一前往的，但二個多月之後，「六四天安門」事件爆發，所以之後，就不曾有第三次前往大陸交流講學。

而我第二次前往大陸交流講學，是與龔鵬程教授代表佛光山南華大學的佛教學者群之一，前往北京大學哲學系舉辦的「佛教與現代社會」學術研討會。

但，我在會議期間力戰大陸當代佛學菁英多人的佛學研究激辯所造成的巨大震撼，則是傅偉勳教授做不到的。因此，傅偉勳教授著作，在大陸出版只有三種：

1. 《從西方哲學到禪佛教：「哲學與宗教」一集》，北京：生活・讀書・新知三聯書店，1989 年。
2. 傅偉勳著、商戈令選編：《生命的學問》，杭州：浙江人民出版社，1996 年。
3. 《死亡的尊嚴與生命的尊嚴：從臨終精神醫學到現代生死學》，北京：北京大學出版社，2006 年。

而我卻有四種：

1. 《明清民國佛教思想史論》，北京：中國社會科學出版社，1996 年。
2. 《新視野下的臺灣近現代佛教史》，北京：中國社會科學

出版社，2006 年。

3. 《晚明佛教改革史》，桂林：廣西師範大學出版社，2006
年。

4. 《20 世紀臺灣佛教文化研究史》，北京：宗教文化出版
社，2010 年。

並且，我的佛教史研究在大陸學界的評價，遠遠高於傅教授
的佛學著作在大陸學界的評價。[12]而且，我的禪學史研究，有日
本禪學研究泰斗柳田聖山（1922-2006）的高度評價，[13]傅教授

---

[12] 可參考方立天，〈一部富有開創性的力作——江燦騰《臺灣佛教百年史
之研究（1895-1995）》〉，《法音》1996.7（合作）。張雪松，〈兩
岸佛學研究風格比較：以江燦騰與樓宇烈對胡適禪學研究評述為例〉，
《哲學門》，總 17 輯，第九卷第一期（北京：2008 年 9 月）。後全文
收入《複印資料・宗教》2009 年第 4 期。大陸人民大學佛教與宗教學
理論研究所的張雪松博士，雖於近年來在北京大學的權威刊物《哲學
門》上撰寫專論，探討〈兩岸佛學研究風格比較：以江燦騰與樓宇烈對
胡適禪學研究評述為例〉，並提到說：他是「選取江燦騰先生的《當代
臺灣人間佛教思想家：以印順導師為中心的薪火相傳研究論文集》（臺
北：新文豐出版公司，2001 年），與樓宇烈先生的《中國佛教與人文
精神》（北京：宗教文化出版社，2003 年），特別是兩位先生在他們
這兩部論文集中對胡適禪學研究的評述，進行一番比較，闡釋兩岸佛教
學者在佛學研究方法上的異同」。

[13] 對於此問題，我曾發表〈胡適禪學研究在中國學界的發展與爭辯〉，收
在我的《現代中國佛教史新論》（高雄：淨心文教基金會，1994 年）
一書。柳田本人在晚年完全接受我的看法，特別在他的巨著《禪佛教研
究——柳田聖山集第一卷》（東京：法藏館，1999 年），其長篇的
〈作者解題〉的頁 674、680，兩度引述我的看法，並明白註明是根據
我書中的看法。其相關論述要點如下：
日本學者柳田聖山在 1974 年，就曾收集胡適生平關於禪學研究的相關
論文、講詞、手稿、書信等，編成相當完整且深具參考價值的《胡適

則沒有類似的日本學者評價。

五、我對傅教授在晚期所自稱其 曾有死亡悟道的相關批評

　　傅偉勳教是在 1996 年過世，雖活了六十三歲，還是死得太早一些。他得淋巴癌，第一次治療有效，是在五十八歲。其間歷經五年存活期後又復發，並回到美國去治療，可是很快就因併發症感染去世。

　　我後來檢討他在那五年存活期的各方面後，發現他在第一次治療有效後，居然就使他因此而得意忘形起來，於是他的日常生活依然沒有節制，又常自稱已看破生死，是悟道者。

　　可是，我很早就知道，其實是算命師告訴他，可以活到八十

禪學案》，由臺灣的正中書局出版。在同書中，還附有柳田本人所撰的一篇重要研究論文〈胡適博士與中國初期禪宗史之研究〉將胡適一生的禪學研究歷程、學術影響和國際學界交流等重要事蹟，都作了細密而清楚的分析。這是關於此一研究主題的極佳作品。可以說，透過《胡適禪學案》一書的資料和介紹的論文，即不難掌握了理解關於胡適禪學研究的詳細情形。可是，在柳田的資料和論文中，仍遺漏不少相關資料。例如胡適和忽滑谷快天的著作關聯性，柳田都沒有作系統的交代。為了彌補此一缺憾，所以之前，我曾撰文討論過此一重要的關鍵課題。其後，柳田本人看到我的著述之後，也認同和幾度曾在其著作中引用，並實際曾對日本曹洞宗的學者產生重估久被忘懷和屢遭學界貶抑的忽滑谷快天之國際禪學者的應有地位。亦即，是由於我論證胡適在研究出其確曾受忽滑谷快天的影響，才對神會的研究有突破。這也就是為何胡適雖較矢吹慶輝（1879-1939）的發現敦煌的新禪學文獻為晚，卻能發現矢吹慶輝所沒看出的神會問題。

歲，他才開始變得非常有自信，根本與他是否已看破生死或已成悟道者無關。另外，他把手術時的全身麻醉而全部暫時喪失感覺數小時的精神寧靜感，當作佛教禪坐的最高境界體驗。例如他在回答薛文瑜採訪，〈瀟灑走過死亡──傅偉勳專訪〉時，曾說：

> ……問：您在自傳式的結語中提到您自幼怕死，而為了克服對死亡的恐懼，才去攻讀哲學、宗教學。但真正面對可能的死亡時，究竟是什麼力量支持您去超越、克服它？
>
> 答：最大的關鍵是我幾十年來研究的領域與生死問題有關，覺得自己對死亡不應僅僅停留在思慮上的「解悟」層次，進而應在精神上達到「證悟」或「徹悟」的境界。換句話說，如果我在精神上過不了這關，無法克服對死亡的恐懼，不論最後結果如何，我會感到很羞愧，這就好像作生意的人連本錢都丟掉了一樣。這種羞愧心多少刺激我非得解決它不可。
>
> 問：您在書中用「甜蜜即死亡」形容您面對癌症的經驗，可否較詳細地與讀者分享您的體會？
>
> 答：那是我生平從未有過的經驗。在第一次手術後返家，覺得很累很累，只想休息。可是那種累沒有半點痛苦，就是毫無力氣。因此，每天睡眠時間長達二十小時，而且睡得好甜。
>
> 在那之前，睡前總得想一想今天的感觸、明天的計畫，永遠有事情在腦子裡轉，感到精神上的疲倦。相較之下，開刀後那種很喜歡睡，而且睡得很甜，是一種幸福。我忽然覺得：如果這樣甜蜜的長眠，就等於死亡的話，那麼死亡

一點都不可怕。[14]

所以，我雖是在他死後第二年，即 1997 年夏季，罹患了「多發性骨髓癌」，並開始初期治療。但我記取他生前所犯過的那些錯誤行事教訓，因而我始終小心翼翼地，年復一年地，苦撐到第十四年才痊癒。

迄今雖已過二十四年，我還是不敢大意，也希望對本文讀者能有點參考之處。

再者，傅偉勳教授雖是臺灣教育史上有關「生死學」這門課的提倡者。但是他其實是從教存在主義哲學而涉及死亡學的通識課程起家。

他曾對我說，最初在臺灣某大學演講「死亡學」時，有的學生看到講題之後，驚恐之餘，根本無心聽講，紛紛跳窗逃走。並且，他在美國開課也遇到類似的情況。

所以，現在很多大學，雖然都根據他提倡的這門「生死學」課程來教學，其實是他根據最初講「死亡哲學」時，曾有不少學生聽後，臉上帶著驚恐，紛紛跳窗逃走的慘痛經驗，才決定改為「生死學」的。

問題是，在他得淋巴癌後，首次治療一年多，病況才有起色，他卻誤以為已痊癒了，不但對外一直宣稱自己有對於死亡超克體驗，還能夠建構出最新最深刻的大乘佛教心性論的創造性詮釋學，之外還忙著交女朋友。我記得，有一次，我們和國際友人

---

[14] 薛文瑜採訪，〈瀟灑走過死亡——傅偉勳專訪〉，載《光華雜誌》，1994 年 4 月號。

聚餐，席間他居然挑戰說，因他常聽人稱我是「男人中的男人，可是卻能不二色」，因此他要弄清楚：他跟我，究竟誰的性能力較強？令我當場在眾人面前，簡直啼笑皆非。

可是，我當場又不能沒有任何回應，否則會激怒他。所以最後只能持續微笑以對，才算化解那一尷尬場面。不過之後，我就儘量避免出席這類宴會，而他也不久就掛了。所以，如今只留下這些另類的特殊記憶而已。

六、關於傅教授晚年的幾位結拜兄弟問題

傅偉勳教授 1995 年元月十四日，在美國南加州聖地亞哥自宅，為其出版新書《佛教思想的探索：哲學與宗教五集》（臺北：東大圖書公司，1995 年）寫序之前，先在內容首頁題詞：獻給林光明居士，又在隔頁登出兩人在日本南禪寺門前的彩色合照。

之後，在序中提到，他是於 1992 年夏季，曾與藍吉富及林光明三人結拜為兄弟。按年紀排序，他是老大，藍吉富是老二、林光明是老三。

到了 1996 年 3 月，他在中研院文哲所，曾親自在他送我的新書《道元》（臺北：東大圖書公司，1996 年）提詞，以感謝我先前贈他一本《臺灣佛教百年史之研究：1895-1995》新書。

而我拿到後，很快發現，他在書的內容前面，先在首頁上題詞：獻給藍吉富居士，又在隔頁登出兩人在日本曹洞宗祖庭，亦即在道元所創永平寺門前的一張彩色合照。可是，據我所知，當時他還邀請「現代禪」創立者李元松居士，希望加入結拜兄弟中

的老四，被李元松居士以自身並非資深佛教學者而婉拒。所以，原先的結拜計畫，不是只有三人，而是四人。

以上這些歷史記事，就是用來補充過去外界大眾或相關佛教學者，很少接觸到的有關傳教授與我交往期間，我所聽所見所聞的往事記憶。以下，我們就開始介紹有關傳教授的學術著作形成史，及其過去不少其實沒有被正確理解的真正思想主張。

參、有關傳偉勳在解嚴前後的學術著作解讀問題

一、相關著作的分類與性質

傳偉勳著作目錄，英文的論文及其博碩士論文不計，中文著作除 1965 年出國前的那本《西洋哲學史》（臺北：三民書局，1965 年）外，底下八本都是他生命晚期的主要學術著作。

1. 《從西方哲學到禪佛教：「哲學與宗教」一集》（臺北：東大圖書公司，1986 年）
2. 《批判的繼承與創造的發展：「哲學與宗教」二集》（臺北：東大圖書公司，1986 年）
3. 《「文化中國」與中國文化：「哲學與宗教」三集》（臺北：東大圖書公司，1988 年）
4. 《從創造的詮釋學到大乘佛學：「哲學與宗教」四集》（臺北：東大圖書公司，1990 年）
5. 《死亡的尊嚴與生命的尊嚴：從臨終精神醫學到現代生死學》（臺北：正中書局，1993 年）
6. 《學問的生命與生命的學問》（臺北：正中書局，1994

年）

7. 《佛教思想的現代探索：「哲學與宗教」五集》（臺北：東大圖書公司，1995 年）

8. 《道元》（臺北：東大圖書公司，1996 年）

而在八本之中，除《道元》1996 年（死前前半年）所出版全新的日本曹洞宗祖師傳記著作外。他的最暢銷兩本書（《死亡的尊嚴與生命的尊嚴：從臨終精神醫學到現代生死學》與《學問的生命與生命的學問》），其實只是前四本內容摘要的系統新編性通俗版，又另取兩個新書名而已。至於《佛教思想的現代探索：「哲學與宗教」五集》，則是他的佛學研究論文集，與當代臺灣佛教的現況議題最有關聯。

在他六十歲大壽時，他的新結拜兄弟老二藍吉富先生，[15]專為他主編一本《中印佛學泛論：傅偉勳教授六十大壽祝壽論文集》。各篇目次與作者分別是：

1. 批判心靈的昇華——釋迦的教育理想／楊惠南。

2. 龍樹中觀學與比較宗教哲學——以象徵詮釋學為比較模型的考察／林鎮國。

3. 《佛性論》的研究／釋恆清。

4. 心性論——佛教哲學與中國固有哲學的主要契合點／方立天。

---

[15] 藍吉富，1943 年生，臺灣南投縣人，佛教史學者。畢業於東海大學歷史系、歷史研究所碩士班。著有《隋代佛教史述論》、《中國佛教泛論》、《二十世紀的中日佛教》、《佛教史料學》等書。編有《現代佛學大系》、《大藏經補編》、《世界佛學名著譯叢》、《中華佛教百科全書》等書。

5. 佛教與中國傳統哲學／賴永海。

6. 二諦與五祖傳法的雙重肯定／游祥洲。

7. 早期天台禪法的修持／釋慧開。

8. 禪話傳統中的敘事與修辭結構／Steven Heine 著‧呂凱文譯。

9. 道綽、善導和唐代淨土宗／楊曾文。

10. 龔自珍對《法華經》的理解／蔣義斌。

11. 日據前期臺灣北部新佛教道場的崛起——基隆月眉山靈泉寺與臺北觀音山凌雲寺／江燦騰。

12. 略談現代禪的核心思想與修證方法——回憶創立現代禪五年的歷程／李元松。

13. 傅偉勳教授六十歲以前學術經歷表（中文）／林光明編。

這個作者群，包括我在內，是涵蓋當時兩岸佛學研究最前端的第一線菁英在內，可見當時他的學術地位是重量級的，非泛泛之輩可比。所以編者的介紹說：

> ……本書共搜集十二篇文字，涉及的層面包括佛教哲學、歷史、文學與現代佛學。所討論的內容涵蓋印度、中國以及臺灣佛學發展現況。撰文作者分別是美國、中國大陸及臺灣的優秀學者或宗教修行者，可謂篇篇嘔心瀝血之作，句句精闢透徹之言。因此，從各文的分量或作者的水平上看，本書內容之精采充實及學術價值應該予以肯定。[16]

---

16 見藍吉富主編，《中印佛學泛論：傅偉勳教授六十大壽祝壽論文集》（臺北：三民書局，1993 年 12 月），內容說明。

　　另外，傅偉勳還主編過至少一本會議論文集，最重要的事是之前已提過的，聖嚴法師在 1990 年元月 12-15 日所舉辦的「佛教倫理與現代社會」的國際研討會。有關「會議論文集」的英本版，日文論文英譯和中文版，都交由聖地亞哥州立大學的華珊嘉教授與傅偉勳教授二人負責主編，英文版先是由紐約綠林出版社印行，之後的中文版則由傅偉勳教授人負責主編，交給三民書局出版，書名《從傳統到現代：佛教倫理與現代社會》。因此次會議的其中部分論文，涉及相關佛教戒律的激烈爭辯問題，所以，在此略作說明：

　　此次的會議論文目次與作者分別是：

雖然主編傅偉勳教授介紹說：「本書共收錄發表於此次會議中的十五篇中文論文，內容涉及傳統佛教戒律的理解與詮釋、佛教倫理現代化的落實與發展、佛法與世法的關聯，以及其他有關佛教倫理與現代社會等迫切課題。這些課題及其解決方法，共同構成大乘佛法的繼往開來，與中國佛教啟蒙教育推動工作的重要環節。期盼藉由十方碩學的集思廣益，使傳統佛教與現代社會，能夠恰到好處的銜接配合，相得益彰」。

但是，楊惠南的「從『十事非法諍』論戒律的方便性」與藍吉富的「大乘經典中之在家佛教徒的地位及其角色功能」這兩篇，卻因主張與批評涉及非常敏感的僧俗戒律改革問題。因此偉勳教授引言中提到，前者的論文是反映出：「臺灣大學哲學系教授楊惠南……下了結論：佛教傳入中國，並進而進入目前的臺灣，其時空上的變化無疑地相當大。在這樣不同（古印度）的時空背景之下，要中國或臺灣的佛教徒來遵守這些戒律，是不可能的。因此，目前所顯示的現象是：人人受戒，人人破戒。……」可以說，戰後臺灣佛教國際學術會議中，前所未有的嚴厲批判。

至於後者的論文發表，偉勳教授引言中提到：「……在所有中文論文中，引起數百位在場學者與場內聽眾的公開討論（甚至

出家眾與在家道信徒的辯論）最熱烈的，莫過於現代佛教學會理事長藍吉富居士提出的『大乘經典中之在家佛教徒的地位及其角色功能』這一篇。他在大乘經典找理據，證實在家佛教徒的地位及角色，在大乘初期已有顯著的改變，其主要特質是『在家佛教徒逐漸地易附屬最自主、轉卑下為平等』。據此，他批判地檢討傳統中國佛教界所流傳的『僧尊俗卑』的意識形態，是否合乎大乘佛教的倫理原則。……」

但是，他不清楚，當時的這篇論文背後是，反映當時臺灣政治解嚴後，過去長期獨佔最高教權的「中國佛教會」傳戒霸權，已隨人民團體組織法的頒布，而被多元化的佛教組織所取代。因此，當時以李元松所創立的「現代禪在家菩薩教團」正快速崛起，並因曾收出家僧尼為徒，而引起出家眾組織與其激烈互相爭辯中。

因此，他在接受《佛教新聞週刊》記者採訪時，竟然火上加油，進一步提出「和尚可以結婚」，就像日本和尚一樣。於是，招來當時最富批判性的佛教著名社會運動者釋昭慧比丘尼的一連串強烈的犀利批判。

但，傅偉勳教授在事後回顧說，他當時並未回嘴，而是謹守身為在家士的佛教倫理所致。[17]可見，他的論述主張，立刻被瓦解了。並且，之後迄今，他的主張依然沒有被佛教界接受。

反而是我因藍吉富先生的強烈反彈，又無法宣洩，才換我親自出馬，在當時的《自由時報副刊》上（1989 年 12 月 21-22日），發表「蓮花筆下且留情」的長文，直接挑戰釋昭慧比丘尼

---

17 見《佛教思想的現代探索：「哲學與宗教」五集》，頁 230-231。

的所扮演的「護教者」角色的正當性？所以，我是最後才被捲入的！

　　並且，我在 2011 年出版教育部學術補助的專書《戰後臺灣漢傳佛教史》（臺北：五南圖書出版公司）的第 10 章「現代性在家教團的崛起與頓挫（1987-2010）」，來解說不論我們如何進行討論戰後臺灣「在家佛教的信仰」或「各類居士佛教團體的組織和活動」。假如沒有將其分析的概念提升到「在家教團」（這是在家佛教發展到最高峰的宗教產物），以及將解嚴後最重要的「在家教團：現代禪在家教團」納入對象與問題的探討[18]，則很難完整理解戰後甚至近百年來臺灣在家佛教的發展。

　　事實上，自明清時代以來，長期流傳於臺灣地區的傳統齋教三派（龍華、金幢、先天），就是傳統「在家教團」的一種。但傳統的齋教三派，雖在戰後戒嚴體制下的不利環境無法成功轉型而趨於沒落，不意味在家佛教徒都不從事「非僧侶主義」的信仰自主性的追求。

　　因為戰後基督教新信仰型態對民眾、特別是佛教徒的強烈刺激、大量現代西方文明知識或新文化概念的輸入、出版業的高度發達、鈴木禪學著作的風行、資訊的流通快速、教育的機會提高、社會經濟條件的大幅改善、都會化與疏離感的增強等，都促使戰後臺灣民眾有意願和有能力去從事新信仰的追求。所以我們在現代禪在家教團創立者李元松的身上，可以觀察到上述影響的清楚軌跡。

---

[18]　此因彼等是呈現出最具典範性的發展經驗，所以本文暫不討論「新雨」、「正覺同修會」和「印心禪學會」等在家佛教團體。

　　因而，反映在此等「在家教團」的規範和信仰內涵上，則處處都可看出有民主觀念和合議制運作的強調、理性化和多元性知識的高度攝取、注重溝通與協調、與學界往來密切、在財務上透明化和謹慎取用等。所以，研究解嚴後的臺灣佛教「在家教團」的發展與頓挫，即是研究戰後在家佛教信仰型態或歷史現象的最核心和最具代表性的主題和問題。

　　至於楊惠南、藍吉富與傅偉勳三者，其論文實際涉及當時對於「現代在家教團」的特質，但他們並未進一步定義：何謂「在家教團」？所以，我才將其問題意識，進一步提出如下的解釋：

　　1.它雖是臺灣佛教的「非出家眾組織」之一、卻非屬於傳統的「在家居士團體」之任何一種。

　　2.它並無傳統「僧尊俗卑」的心態，且根本不遵循傳統佛教徒，以僧尼為皈依師的原信仰倫理。

　　3.所以，它不但擁有本身所清楚主張的「在家教團意識」，而且還擁有本身的強烈、獨立自主的「教團」規範、組織和運作之實際表現。

　　4.因而，它的正確名稱是「在家教團」，而非「出家教團」或「居士團體」。

　　5.儘管如此，因它事實上迄今為止，仍無像明清以來臺灣傳統齋教三派那樣，有鮮明地與「出家佛教僧尼」有徹底正面對抗的決裂意識和相關的顯性作為。

　　所以，它既有異於「傳統臺灣齋教三派」的宗教意識和相關作為，也不能視其為「傳統臺灣齋教」直接衍生物。因此我新創

「新齋教」這一概念用語，[19]可以考慮作為與「在家教團」另一同義詞來使用。[20]

但，我也同時公平的提到：「至於解嚴以來的佛教兩性平權議題的倫理學研究，則釋昭慧（1957-）的《佛教倫理學》（臺北：法界，1995）和《律學今詮》（臺北：法界，1999）等各書，都是其最具代性的相關力作」。[21]

---

[19] 見江燦騰，〈戰後臺灣齋教發展的困境〉，江燦騰、王見川合編，《臺灣齋教的歷史觀察與展望——首屆臺灣齋教學術研討會論文集》（臺北：新文豐出版公司，1994 年），頁 269。江燦騰，《臺灣佛教百年史之研究》（臺北：南天書局，1996 年）。

[20] 而根據以上的概念使用和定義的內容，來檢驗迄今為止，國內外研究現況，則在當代臺灣學者中，確曾以臺灣佛教「在家教團」這樣的分析概念，作為探索的主要觀察角度和相關面向，並將當代臺灣最具代表性的「在家教團」：「佛教現代禪在家教團菩薩僧團」觀察和研究方式來說，其實只有我於 2007 年 12 月 15 日於高雄市由中華佛寺協會所舉辦的，「臺灣佛教的過去、現在與未來學術研討會」所發表的簡報型論文：〈解嚴前後臺灣佛教的在家教團：發展與頓挫（泡沫化？）〉一文而已。

[21] 此類著作，所反映的時代意義如下：雖然臺灣佛教兩性平權運動與女性新禪學家的出現，雖直到 21 世紀初，才躍上歷史舞臺，但其發展歷程卻為時甚久。此因 1949 年之後，大量大陸逃難來臺的出家僧侶，以白聖法師等為首，透過匆促在臺恢復組織和活動的「中國佛教會」所主導的，傳授戒律活動與頒發受戒證明，成功地，以大陸「江蘇省寶華山式的佛教傳戒制」度為基調，在臺順利地，重塑出家女性比丘尼的清淨神聖形象，並成為戰後臺灣社會，最能接受與認同的主流。彼等從此，就代替，類似臺灣傳統「齋姑」，在「齋堂」的功能和角色那樣，擔負起全臺灣佛教，大大小小各佛寺內，各種日常性事物的處理。例如，彼等須妥善應對來寺功德主，或信眾們宗教需求等。所以彼等其實是，寺中事務處理重要負責人。也就是說，彼等在寺院中，是各種雜務或大小庶

以上，就是我對於當時所涉及最敏感的戰後臺灣佛教倫理變

務的，主要的擔綱者，同時也是，寺中男性比丘的重要助理。正如家庭主婦，在一般家庭中，無可代替的地位一樣。可是，其實質地位並不高。其背後真正原因是，儘管戰後，臺灣佛教出家女性比丘尼的清淨神聖形象，已被社會或佛教信徒認可，但由於受到傳統印度佛教戒律中，「男尊女卑」的落伍意識形態的深層影響。所以從戰後初期，到解嚴前，臺灣佛教的出家女性寺內地位，相對於寺內出家男性來說，仍甚卑微。儘管在事實上，她們的總人數，要多於出家男性的三至四倍之多，並且彼等，在出家資歷、佛教專業知識、教育程度，和辦事經驗等各方面，除少數例外，一般來說，若與出家男性相比，是毫不遜色的，甚至於，尤有過之者。但是，傳統宗教意識形態之積習難改，所以在相對的成熟條件不具備時，就是有心要改變，也不易成功。此種情況的改變，正如解嚴後政局劇變一樣。亦即，臺灣佛教兩性平權運動，在解嚴後的新發展和最後能成功，除有昭慧尼及其眾多追隨者的堅毅努力之外，不可諱言，是亦步亦趨地，繼之前臺灣社會婦運的成功，而展開的，故曾受惠於之前婦運的經驗和成果，也是無庸置疑的。我們須知，臺灣社會在解嚴前後，在婦運團體所出現爭取新兩平權運動中，曾分別針對現代女權新思潮、兩性平等新概念，在教育、立法、公共輿論三方面，提出強烈訴求；再結合相關社會運動的急劇催化，不久，即大有斬獲，並大幅度地，改善或提升臺灣社會兩性不平權的非正常狀況。從此以後，這一重大成就，就成為已通過立法，和可以透過教育傳播的臺灣現代主流思想和生活模式的重要內涵。於是，受惠於此社會改革成功的影響，以改革急先鋒的昭慧比丘尼為首，戰後新一代的臺灣的佛教女性們，也相繼提出彼等對傳統佛教戒律中「男尊女卑」的落伍觀念強烈的質疑和絕不妥協的凌厲批判。而彼等之所以能以出色精研的新佛教戒律專業知識為依據——主要是吸收一代佛學大師印順的原有相關知識精華——作為與其出家男性對手論辯時，才得以致勝的強大利器。因此，在歷經一場，激烈的相互論辯，與對抗後，當代臺灣佛教，兩性平權的改革運動，終於渡過其驚濤駭浪般的爭議階段，逐漸走出開放的坦途。見江燦騰，《認識臺灣本土佛教：解嚴以來的轉型與多元新貌》（臺北：臺灣商務印書館，2012 年），頁 69-70。

革現況的補充說明。否則，讀傅偉勳教授的主要力作之一，《佛教思想的現代探索：「哲學與宗教」五集》所涉及的相關大爭議問題，就無從理解。

二、其他相關著作的特色、時代意義和詮釋問題之一

在這一部分，我並不想每一本他的著作各篇內容都介紹，而是綜合性的提出幾個層面來解說。並且，我為了這一部分解說，重新與佛教學者侯坤宏博士、溫金柯博士候選人、清大哲研所楊儒賓教授、傅偉勳的高徒林鎮國教授，以及當代第一流的佛教哲學專家劉宇光教授，都分別交換過彼此對於傅偉勳教授的生命晚期的時代特殊性角色，及其各層面學術的優缺點及其實質的影響層面。

當然，我之前就在現代中國及臺灣的佛學研究百年回顧的長篇論文中，如此定位傅偉勳教授與其高徒林鎮國教授的不同學術貢獻：

> ……在引進國際現代佛學研究的新趨勢方面，雖然歸國學人傅偉勳（1933-1996）教授大力提倡「詮釋學」的多層次研究進路，也撰寫關於日本禪師《道元》（臺北：三民書局，1996）的精彩研究。但是，傅偉勳的主要的相關著作：《從西方哲學到禪佛教》（臺北：東大圖書，1986）、《批判的繼承與創造的發展》（臺北：東大圖書，1986）、《從創造佛教詮釋學到大乘佛學》（臺北：

東大圖書，1990）等，大多是奠基於二手研究資料的歸納性主題論述，所以能有鼓吹學界的新嘗試作用，但並未真正形成有效的典範性研究傳承。

反之，其門下高徒林鎮國的《空性與現代性》（臺北：立緒，1999）一書的出版，真在當代海峽兩岸都引起相應的學術共鳴和一定程度的後續效應。日本當代的「批判佛教」問題和歐美多角度的現代性佛教詮釋學，可以說，都是由《空性與現代性》一書的多篇主題，所提供給當代臺灣佛教學者的重要資訊來源。

1999 年時，由江燦騰親自主持《空性與現代性》一書的集體學界評論活動，也在臺北清大的月涵堂公開舉行：由林安梧、賴賢宗、曹志成等當代少壯派佛教學者共同參與相關主題的哲學辯駁。此後，賴賢宗開始撰寫有關佛教詮釋學的多種著作；而大陸的新銳佛教學者龔雋，更是延續林鎮國在其《空性與現代性》一書的相關探討課題，並以更大規模的方式，繼續推動有關歐美學者對於「批判佛教」的探討和新禪宗史研究的相關課題。此外，呂凱文、釋恆清、吳汝鈞等，也相繼探討有關「批判佛教」的問題。所以，這是有實質擴展性的現代佛學研究發展。[22]

　　我的這一論斷，包括傅偉勳教授的高徒林鎮國教授在內，在海峽兩岸的佛學界，迄今仍未被質疑持論錯誤。而且，劉宇光教

22　江燦騰，《認識臺灣本土佛教：解嚴以來的轉型與多元新貌》，頁 62-63。

授在 2020 年 11 月 2 日回信中，如此精確的評述說：

> 江教授，您好
>
> 傅偉勳教授的佛學著作我在大學年代（80 年代後期）和
> 90 年代中讀過當中詮釋方法的討論，當年覺得不錯，唯
> 今天回想，大體是些在方向上的通則，不算很具體，而且
> 遇上史語法的研究進路時，很可能被嚴屬質疑。我個人沒
> 有直接討論過他的觀點，但教學上仍然會介紹研究佛教思
> 想的碩生讀他對詮釋方法之討論，但博生基本上就不需要
> 了。個人覺得他的觀點在華文佛研上有階段性的方向啟
> 迪，但需要同時運用其他方法與資料才能對今天的學子起
> 持續的啟迪，否則角色有點淡出。這純屬個人不成熟的淺
> 見。宇光

基本上，劉教授的見解，與我的一致，只是表達的重點與方
式不同。因此，我們以下將相關討論，轉至另一層面。

三、其他相關著作的特色、
時代意義和詮釋問題之二

林鎮國教授在其「朝向辯證的開放哲學：從詮釋學的觀點讀
傅偉勳著《哲學與宗教》」一文中，首次提到：「傅先生曾於八
十年代，精研馬、列、毛思想，其了解之深入，當代至於哲學者

恐無出其右」。[23]他並告訴我，在傅偉勳家中書房，發現大量關
於馬克思的著作。但，林鎮國教授的評論並不精確，傅偉勳對於
克思的代表性著作《資本論》第一冊，從未提出個人獨到的學術
解讀。反之，他對西方新馬克思主義的各類著作，卻是如數家
珍。

所以，他在 1987 年於臺灣《聯合報》系的《中國論壇》第
293 與 294 兩期，發表「後馬克思主義與新馬克思主義」時，[24]
的確是被當時國民黨文工會主任周應龍，他的新竹中學同學，特
邀演講的最佳的第一流教材，堪稱當時臺灣學界對西方新馬克思
主義的各類著作詮釋的最高權威。

在此同時，他當時對於兩岸的當代「中國文化」交流，以及
對於「大陸書籍在臺解禁」的屢次公開呼籲或建言，應該承認是
當時學界第一人，罕有出其右者。所以，他對於當時大陸學術的
動態介紹、相關學者重要著作的公開評介或促成在臺出版，造成
所謂「大陸熱」的一大景觀，都應該是當之無愧的最耀眼仲介
者。並且，他的這本著作《「文化中國」與中國文化》各篇，雖
已有點過時，但若論解嚴之前的實質影響，則無疑是一本當時兩
岸文化交流論述的經典著作，值得再三閱讀。

---

23 見傅偉勳，《從創造佛教詮釋學到大乘佛學》，頁 478。
24 此文收入傅偉勳，《「文化中國」與中國文化》，頁 284-309。

四、其他相關著作的特色、
時代意義和詮釋問題之三

　　有關作為「生死學」的開創者，他的主要代表作《生命的尊嚴與死亡的尊嚴》，雖是他著作中影響的最大也被討論最多的一本書。但，我在本文之前，《生命的尊嚴與死亡的尊嚴》一書，只是他教學材料與討論西方已曾提過「死亡學」課程材料的新編通俗版而已。作為一種新的觀念提倡，的確有其開創性的影響力。但作為「死亡學」的改良版，則在性質上混淆了兩個不同領域：死亡與臨終。為何如此批評呢？

　　我們可以從庫羅斯曾有巨大影響的這本書，亦即在她 1969 年出版的《死亡與臨終》（*On Death and Dying*）的性質來看，這是從精神科醫師的臨床個案總結而來，有關現代化工業資本社會中絕症病人極其孤獨無助的絕望接受歷程的精神狀態解析，並提出「庫伯勒－羅斯模型」（Kübler-Ross model）描述了人對待哀傷與災難過程中的五個獨立階段：否認、憤怒、討價還價、抑鬱、接受。絕症患者被認為會經歷這些階段。當然，羅斯本人也承認，這些階段不一定按特定順序發生，病人也不一定會經歷其中所有階段，但是她認為病人至少會經歷其中兩個階段。[25]但是，這是屬於過度資本主義工業化社會的「孤獨死」、「無緣死」及其絕症醫療下的臨終照顧問題。

　　但是，就西方的「死亡哲學」來說，大陸學者段德智教授，在美國收集相關著作後，早傅偉勳教授的《生命的尊嚴與死亡的

---

[25] https://zh.wikipedia.org/zh-tw/庫伯勒-羅丝模型。

尊嚴》書二年，出版《死亡哲學》（湖北人民出版，1991），轟動大陸學界。但繁體版在臺灣五南圖書出版公司出版，則是晚傅偉勳教授的此書一年出版。可是，我們看其全書目錄，[26]就可以

26　見段德智，《死亡哲學》，2017 年，商務印書館版的目錄：導論一、死是一個我們不能不猜的謎——對死亡哲學概念的「靜態」分析。二、死亡哲學是一個「在發展中的系統」——對死亡哲學概念的「動態」考察。三、論馬克思主義的死亡哲學的歷史地位。四、論中國死亡哲學的歷史地位。

第一章　死亡的詫異、第一節　原始死亡觀的崩解與人的死亡的發現、一、原始死亡觀與原始宗教神話、死亡不是不可避免的、死亡不是生命的絕對終結、超個體靈魂是不死的、二、原始死亡觀的崩解與人的死亡的發現的幾個先決條件、人的個體化、精神自律信念的破除、時間觀念的更新、抽象思維能力的提高、三、人的死亡的最初發現與哲學的出現、死亡的發現與哲學基本問題的提出、哲學的出現與人的死亡的最初發現、第二節　對死亡本性的哲學思考：從赫拉克利特、畢達哥拉斯到蘇格拉底、一、赫拉克利特：「死亡就是我們醒時所看見的一切」、「智慧就在於聽自然的話」、「我們既存在又不存在」、「對於靈魂來說，死就是變成水」、「在我們身上，生與死始終是同一的東西」、二、畢達哥拉斯：死亡是靈魂暫時的解脫、三、蘇格拉底：「對於死亡本性，我不自命知之」、「男子漢應當在平靜中死去」、「對於死亡本性，我不自命知之」、「死可能比生更好」、「像我這把年紀的人，因無可避免的死期而苦惱悲戚，那就不成話了」、「追求好的生活遠過於生活」、第三節　對死亡本性的再思考：從德謨克利特、柏拉圖到亞里士多德、一、德謨克利特：「死亡是自然之身的解體」、「死亡是自然之身的解體」、靈魂是「有形體的」和「有死的」、「愚蠢的人怕死」、「逃避死亡的人是追逐死亡」、二、柏拉圖：「死亡是靈魂從身體的開釋」、「靈魂不死需要許多證明才能使人信服」、「死亡是靈魂從身體的開釋」、哲學是「死亡的練習」、三、亞里士多德：神聖的理性不死，「整個靈魂在人死後繼續存在是不可能的」、「能動心靈」與「能動理性」不死，我們應當盡力「過理性生活」，「使我們自己不

了解，這是將古希臘時代，自從蘇格拉底一直到西方現在的死亡哲學論述，從「邏輯和歷史兩個維度對死亡問題做了較為全面、較為深刻的闡釋。一方面該書稿指出並論證了死亡或死亡哲學，作為哲學的一個分支，不僅具有世界觀的或本體論的意義，而且還具有人生觀或價值觀的意義；另一方面，該書稿還指出並論證了死亡哲學是一個『在發展的系統』，揭示了死亡哲學從『死亡的詫異』到『死亡的渴望』、『死亡的漠視』和『死亡的直面』再到馬克思主義的死亡哲學的歷史發展進程」。[27]

　　所以，此書於 1991 年出版後，在大陸學界產生了較大的影響。《中國圖書評論》、《讀書》、《中國社會科學》、《哲學動態》、《哲學年鑑》、《北京日報》以及臺灣《鵝湖》、《哲學與文化》等 30 多家報刊雜誌和廣播電臺都發表了書評，進行了報導，稱讚其為「中國人寫作的第一部真正具有學術水平的死亡哲學的專著」。該著曾先後榮獲過中南地區人民出版社 1991 年度優秀社會科學圖書獎（1992 年 6 月）、第六屆中國圖書獎（1992 年 12 月），湖北省社會科學優秀成果首屆省政府獎（1995 年 5 月）和國家教委首屆人文社會科學研究優秀成果獎（1995 年 12 月）。[28]

朽」，死亡是可怕的但它可以為勇氣和美德所克服。第四節　對死亡恐懼的治療：從伊壁鳩魯、盧克萊修到塞涅卡和馬可？奧勒留第二章　死亡的渴望、第三章　死亡的漠視、第四章　死亡的直面、第五章　馬克思主義的死亡哲學。附錄一　古今中外哲學家論死亡名言薈萃、附錄二　主要參考文獻、初版後記、再版後記、第三版後記。

[27] 見段德智，《死亡哲學》，2017 年，商務印書館版的內容簡介。

[28] 見段德智，《死亡哲學》，2017 年，商務印書館版的內容簡介。

　　然後，我們在對比，美國大學中，最富盛名的謝利・卡根所開《耶魯大學公開課：死亡》（中國計量學校出版，2014）的新書介紹：

　　　　《耶魯大學公開課：死亡》一書源於最受歡迎的國際名校公開課之一《哲學：死亡》。在這本通俗易懂的哲學著作中，謝利・卡根教授挑戰了對於死亡，許多我們習以為常或未經深思的觀點，邀請讀者系統反思死亡的哲學之謎，以更清晰的概念探討死亡的意義為何，從形而上學到價值觀，認真、理性地思考生命和死亡的真相。有了對死亡的深刻意識，才會有對生命價值的深刻了解。蒙田說：「探討哲學就是學習死亡。」[29]

29　對此我也有同樣的閱讀經驗：「論哲學就是學死」，我青年時期，和當時很多人一樣，喜歡讀法國著名散文家蒙田的【蒙田隨筆】，英國哲學家培根的【培根論文集】，可是這兩本書中，都有一篇談到死亡的問題，而「論哲學就是學死」這樣的文章篇名，就是出自【蒙田隨筆】。當時，我還年輕，恐懼死亡，所以看到這樣的文章篇名，就像看到鄰家在辦喪事一樣，既害怕又討厭，恨不得馬上把書丟掉，不要再多看一眼。可是，另一方面，又有很強烈的好奇心，想看這位名作家，如何論述這個主題？於是，強忍著害怕和厭惡，慢慢開始讀。可是，文章一開始就提到：西賽羅說：哲學就是學死。我則根本不知西賽羅是誰？為何他要這樣說？後來，我知道西賽羅是羅馬共和時期的政治家、哲學家、最偉大的演說家和拉丁散文家，總之他是拉丁文散文寫作的最佳典範，他是將希臘哲學羅馬化的最佳詮釋者之一，但他的悲劇是，他雖討論【柏拉圖對話錄】中的蘇格拉底被判喝毒汁死亡的問題，他自己也被凱撒的大將安東尼所捕殺。所以，那句論哲學就是學死，就如日本武士道

「由於對死亡的認識所帶來的反省，致使人類獲得形而上
學的見解，並由此得到一種慰藉。所有宗教和哲學體系，
主要即為針對這種目的而發，以幫助人們培養反省的理
性，作為對死亡觀念的解毒劑。」叔本華對死亡哲學的闡
述，對本書來說至為貼切。死亡雖是我們每個人的宿命，
但看待死亡的視角，卻可以讓人們獲得拯救。[30]

於是，我們便可以知道，段德智這本《死亡哲學》教材原
型，就是參考美國大學中，最富盛名的謝利・卡根所開《耶魯大
學公開課：死亡》的教材，再增補而成。

若再拿來對比傅偉勳教授的《生命的尊嚴與死亡的尊嚴》，
他的論述都是從存在主義的文學與哲學西方名著來介紹的。換句
話說，整個西方文明數千年的「死亡哲學」傳承思潮，就被刪除
了。所以，他的此一更動，使傅偉勳教授的《生命的尊嚴與死亡

中的死亡哲學一樣，是哲學家和武士，在其生涯中，所無法逃避的問
題。我因此，也在臺北市重慶南路上的一家正文出版社，買到一本當時
才新臺幣八元的胡宏適譯【柏拉圖對話錄】一書。這是文言文，可是文
筆流暢優美，前有陳康教授的著名柏拉圖理型說的詮釋，而全書雖只八
篇，可是另有一本【柏拉圖理想國】全譯本，以及【柏拉圖對話錄】每
篇都有詳細註解。所以，我完全被迷住了，我此後的思維和人生見解，
就是由此確定了。我很慶幸，我是先以古希臘哲學的精華，當人生哲學
的基底。特別是，當時大同公司的協志工業社，有出版曾在全美造成轟
動的威爾・杜蘭的【哲學史話】，以其生花妙筆分章介紹西洋哲學史，
所以，我的學習更完整了。這就是我的公民教科書，我的一生都受其影
響。而以後的歲月，就是更進一步深化學習而已。所以，死亡的哲學，
我可以說，比任何其他臺灣青年，更早啟蒙和長期持續學習。

www.books.com.tw › products。

的尊嚴》的「生死學」提創，其實是一種變種的新學說。因此，當代臺灣學術論文，也有對其提出批判的。[31]

肆、結論與討論

我在開始「結論與討論」之前，恰好在網路上讀到與傅偉勳教授交往最密切的臺灣佛教界的大和尚星雲，是如此說明他與傅偉勳教授的佛教學術關聯性：

> 傅偉勳先生（1933-1996），臺灣新竹人。臺大畢業、美國天普大學（Temple University）宗教系名教授，一生學貫中西，兼通中、英、日、德四種語言，早期在臺灣教授西洋哲學史、印度哲學史，後致力於推動生死學教育，對學界影響甚巨，被譽為「臺灣生死學之父」。曾多次參加佛光山舉行的學術會議。
>
> 傅教授任教於美國天普大學時，我派臺大畢業的弟子慧開，到天普大學就讀博士班，跟著傅教授研究生死學，並請他擔任指導教授。
>
> 慧開法師一去美國十年，可謂「十年寒窗苦，題名天下知」，用現在的話說「學成歸國」，應該不為過的。慧開得到博士學位回來後，時值我接辦的南華大學開學不久，便以副教授的身分，擔任生死學研究所的所長，而自己也

31　王妙純，〈傅偉勳《死亡的尊嚴與生命的尊嚴》析評〉，《興大人文學報》第四十七期（2011 年），頁 271-288。

用功研究、著書立作，在學術上有所成就，讓「生死學」成為教育界的熱門學科，提升了社會大眾對生命教育的重視。現在慧開已升任副校長，也成為生死學的權威，經常在大陸各個大學、論壇講授生死學。

一九九三年左右，傅教授知道我要辦佛光大學時，就承諾我說「願意把終生賣給我」，意思是說他到佛光大學教書，就不再離開，甚至不要薪水。但是**在就任之前，希望我幫助他三十萬美金，讓他美籍的妻子有所安置。**他的妻子華珊嘉（Sandna Wawuytho）並不用傅教授養活他，但是傅教授是一個有情有義的人，以盡一個中國丈夫的責任，對他有所安排，我也很加許他的為人道德。

可惜後來佛光大學籌備中，就因工程的建築程序、立案程序延宕，很不幸的在開學之前，傅偉勳檢查出罹患癌症，不久就去世了。我失去這一位名學者在佛光大學任教，也覺得很可惜、很慨嘆。

華珊嘉女士，也是一個佛學家，任教於美國加州大學聖地牙哥分校，曾多次獲得優良教師獎，具有中國人報恩的情義，都替傅偉勳回報佛光山，每年暑假都到叢林學院講授《金剛經》、《法華經》、《維摩經》等。他們當初是怎麼樣結婚的，情況我是不太了解，不過，夫唱婦隨，在佛學上，有共同的信仰、共同的研究，這是不容易的。其實，不管我走到哪裡，只要知道有人具有專才、技能，我都不忘請他們來給學生上課、講演或舉行座談。尤其在佛學上深有研究的，如：吳怡教授及義大利裔的桑底那教授等，都曾受邀為佛光山叢林學院的學生授課。

我在一九八九年，率領「國際佛教中國弘法探親團」到大陸訪問一個月，傅教授也隨團參加。在大陸的學術界，他的聲望很高。後來他就此行的心得，曾在雜誌上說：「此次的探親團，對於佛教本身以及整個亞洲思想與文化來說，實為極大的幸運，實乃中國佛教的起死回生，有不可抹滅的歷史意義。」我不敢說在大陸這一個月的隨緣講說，就能起這麼大的作用，但是撒下的佛法種子，相信是會有開花結果的一天。

他曾一再對我表示，要把佛光大學辦成一個有特色的佛教大學，要把佛光大學辦成一個世界佛學研究中心的指標大學。他也一直希望我，為佛教培養三十個佛學的人才，英文是必備條件，將來能到美國、歐洲去講說佛學……他對教育都抱著一股熱忱，一心希望把佛教大學辦好，這是我們的共通點。雖然傅教授已往生，可是他所說的話，都記在我的心裡，也依這樣的理想一直在努力。

所謂「十年樹木，百年樹人」，傅偉勳教授在西來大學、佛光大學設立之初，都曾擔任課程委員，為南華大學成立「生死學系」，並且為相關課程規劃奉獻心力，帶動日後其他大學要成立生死學系，都會以南華大學為標竿。

雖然傅偉勳教授英年早逝，但遍布天下的桃李，和他一生的奉獻與學術成就，都為「生與死的尊嚴」下了最佳註腳。[32]

32　www.merit-times.com › NewsPage2018-06-09《人間福報人間佛教學報‧藝文綜合版》。

　　這是兩年前寫的，離傅偉勳教授過世，已經有二十二年之久。全文的內容，面面周到，相關評論也四平八穩。可是，有一處提到傅偉勳教授向星雲主動要三十萬美金這件事，據我所知，好像有不少出入。除非傅偉勳教授生前的話是騙我的，否則那是由於涉及佛光山方面的多層原因，所以主動預付十年教授的薪水與所得稅，於是傅偉勳教授才從任教的美國天普大學正式退休。我過去所知，一直沒有改變。換言之，極可能又牽涉更早的香港事件，才有後來的拿錢發生。之前我已隱約提及，所以我對於星雲的現在說法，是存疑的，只是我礙於不能提出正式的相關證據來反駁，就只能提到這裡。

　　但是，綜合我全文的相關解說，可以有幾點是確定：

　　一、傅偉勳教授是一位學界公認「現代過渡型的新佛教詮釋學」大學者。

　　二、是來自新竹土生土長的重要國際有名的西洋哲學博士與東方宗教思想長期研究者、教學傳播者、大著述家。

　　三、在二十世紀八十年初期到大陸發生「六四事件」（1989年）為止，他是首倡「文化中國」概念，與鼓吹臺灣開放大陸禁書政策，以及實際促成兩岸學術文化交流的大先驅之一，堪稱是此領域的一顆耀眼巨星。

　　四、他與其高徒林鎮國教授，是近四十年來，持續領航當代臺灣現代佛教詮釋學的代表性學者。

　　五、傅偉勳教授是一流的各類叢書主編者，他的學術人脈之廣，少有能出其右者。

　　六、傅偉勳教授讀書多、雜、快。寫作各種主題，也是下筆如駿馬奔馳，又快又好。因此，他可以應付各方人馬的邀稿或到

處接受訪談。

七、但，他力倡「批判繼承」與「創造詮釋學」的相關大乘佛學論述，除了仰賴大量日本佛教著名學者的研究成果之外，基本上是帶著邏輯武斷的「過度詮釋」。例如他大談惠能的《六祖壇經》的各種深層義涵，卻沒有發現「本來無一物」的說法，是宋代才改的。唐代的原文是「佛性本清淨」。

八、又如他大為頌揚鈴木禪，可是卻不知，德國大社會學家韋伯在其《印度宗教》一書，已多處質疑鈴木英譯的《大乘起信論》有問題。鈴木的博士論文，充滿引述資料的錯誤，概念錯解。早有外國專業學者批評。而他自傲的臨濟禪詮釋，讓傅偉勳深信。可是，當代的日本禪學研究者，都只當成鈴木的創造，而正解。戰前，日本現代禪學語錄研究大學者井上秀天，公開質疑鈴木禪詮釋公案的有效性。在當代北美，則胡適與柳田聖山的禪宗史研究法躍居主流，林鎮國教授的論文介紹，恰與其師的先前見解成反比。[33]

九、所以，傅偉勳的大乘佛教詮釋學著作，只能成為具有「過渡時期的學術產物」特色的樣版。

---

[33] 參考林鎮國，「禪學在北美的發展與重估：以鈴木禪與京都禪為主要考察範圍」，國科會專案研究計畫成果，編號：892411H004019.pdf，頁3-5。

第十一章
埋骨風城：現代佛教改革健將
大醒在新竹三年記事

壹、前言

現代中國佛教改革健將大醒（1900-1952）在新竹三年（1949-1952）記事，過去很少有臺灣佛教史學者或新竹在地的文史工作者，能從較深入的歷史發展脈絡與處在現代臺灣佛教巨大轉折點上的歷史角色這雙層兼顧的觀察角度，來理解他與介紹他，導致他在新竹三年的相關記事，通常被提及的就僅限以下幾點：

一、1949 年四月底，因大陸統治權即將鼎革，所以在一片離亂的大逃亡潮中，大醒帶著過度高血壓的病軀，匆忙離開浙江名剎雪竇寺住持的職位，只帶著身為太虛改革派機佛教刊物《海潮音》主編的相關稿件與證件等，先到臺北市仍有市府兵役科和警務處的交通大隊在內的名剎善導寺短暫落腳，擔任該寺導師之一與主編《海潮音》的在臺復刊事宜。

　　二、但因在善導寺的居處環境不佳，[1]又法務過於忙碌，導致高血壓病況嚴重，不得已在 1950 年四月底轉到新竹市香山一座北門鄭家所有的「一善寺」養病，同時繼續編輯與發行《海潮音》的臺灣版。該寺的環境幽雅，花木扶疏，房屋不多，鄰近海邊，又有寺中帶髮修行的幾位齋姑，很細心的照料他的生活起居。[2]

　　三、1951 年秋季，大醒因來新竹市香山養病一年半多，他的高血壓病況略有好轉，便應聘到新竹市青草湖靈隱寺主持「臺灣佛教講習所」的第一屆招生與教學工作。1951 年十一月十八日，舉行開學典禮。

　　可是，病軀不堪負荷，才主持一個多月的教學與教務工作，又於同年十二月十二日，並一度帶著學員北上臺北縣五股坑觀音山凌雲禪寺，替蔣經國的亡母毛福梅舉辦大型經懺法會祈冥福。這是延續他在浙江奉化住持雪竇寺時的慣例。[3]

---

[1]　根據星雲的回憶，當年「我們在路上，雨愈下愈急，水已深達腰際，只能寸步移動，找尋高一點的道路慢慢前行。終於在午後黃昏時到達善導寺，大醒法師見到我們，他表示自己住在這裡，也是寄人籬下，自身難保，對我們前來，實在難以幫助。這也難怪，那個時候的善導寺，有臺北市政府的兵役科及警務處的交通大隊住在裡面，只留一個小木屋給善導寺的幾個人眾居住，另外就只有一個大雄寶殿而已」。星雲，《參學瑣談：憶大醒法師》，人間佛教通訊社，2017 年 9 月 23 日。

[2]　幻生，〈從認識大醒法師說起〉，沈九成主編，《內明》69 期（1977年 12 月），頁 23。

[3]　根據佛光山星雲的說法，他認為：「一九四六年，大醒法師繼太虛大師之後，接任浙江奉化雪竇寺住持，蔣公從小住在雪竇寺，母親經常禮佛誦經，蔣公因而對佛教很護持。很多人都說，雪竇寺好像蔣家的寺院一樣。大醒法師告訴我，在妙高臺上，他送過不少次的書、煮了很道地的

　　不過，他這次沒有按佛教慣例，分給前往參與凌雲禪寺法會助唸經懺者，應得酬勞，反而決定用此筆酬勞，來為學員統一置辦僧鞋僧服等，以改進學員外在威儀。但，對處於極端窮困下的眾學員來說，能有收入可供日常開銷才是第一優先，所以有人撕去講堂上所貼的公告，以示極度不滿的無言抗議。

　　之後，由於路況不佳，又在半夜搭軍方所派的車輛前往，「山上又沒有電燈，也沒有包些錢分給大家，只是當人情。回來之後，因為大家不舒服，也沒有什麼好處，二方面大醒法師被唯慈與許多法師，弄得難以招架，哭了起來。三更半夜在房間哭得蠻傷心的大醒法師，回到山上來，再加上鬧了風波，整晚沒睡，為此就中風了。一中風當然我們就這樣解散了」。[4]

素菜給蔣介石先生食用，可見他和老蔣先生關係密切。……（大醒到靈隱寺辦學）不久後，聽說蔣經國先生要在觀音山做一場佛事，超薦他的母親毛夫人。毛夫人是蔣介石先生的原配，也就是經國先生的生母，於抗戰初期在大陸被日本人的飛機投彈炸死，據聞經國先生那時候十分悲痛，誓言要『血債血還』。後來到了臺灣，於一九五一年，應該就是他母親逝世十周年紀念，便想舉行一堂超薦佛事。由於大醒法師曾是奉化雪竇寺的住持，過去雪竇寺和蔣家一直有很深的因緣關係，知道大醒法師在臺灣，蔣經國先生很高興，就邀請大醒法師主持這一場佛事」。星雲，《參學瑣談：憶大醒法師》，人間佛教通訊社，2017 年 9 月 23 日。

4　以上的發展過程，根據當時年紀幼小的學員淨良，曾有如下的簡單記憶：「當時大醒法師當我們的監學，大醒法師睡講堂後面房間，跟我們睡一個木板而已。後來蔣經國母親毛夫人在觀音山做七，因大醒法師跟蔣過去有往來，透過某種關係請達心法師，帶著我們同學幫蔣母唸經，是時三更半夜，坐阿兵哥車子，山上又沒有電燈，也沒有包些錢分給大家，只是當人情。回來之後，因為大家不舒服，也沒有什麼好處，二方面大醒法師被唯慈與許多法師，弄得難以招架，哭了起來。三更半夜在

　　如此則他既無法持續主持「臺灣佛教講習所」的教學與教務工作，就只好委請他人暫時代理。[5]1952 年一月二十九日，他被送到臺北鐵路醫院，請醫生治療無效。之後被草率安置在善導寺，勉強用各種藥物試著治療，直到一年後（1952.12.13）病死為止。所以，他在公務方面，與靈隱寺的關聯性，僅此一個多月在該寺主持「臺灣佛教講習所」的教學與教務工作而已。

　　四、之後，因靈隱寺主持無上法師，接受大醒信徒與學員共同支付建塔所需費用，便親自辛勞地為其建一簡陋的有水泥基座的方形塔，以置放大醒火化後的靈骨舍利。

　　此塔旁立有一塊建塔因緣的碑文。又因大醒平時常自署「隨緣老人」，所以此塔取名「隨緣塔」。

　　五、但因「隨緣塔」地點偏僻，又長期無人照顧清理，十分荒廢，雜草叢生。所以等到其同門印順長老所創辦、位在新竹市高峰路丘陵上的「福嚴精舍」內，增建一處「福慧塔院」時，便將靈隱寺「隨緣塔」內的大醒靈骨舍利，移至「福慧塔院」置放。

　　六、迄今，靈隱寺「隨緣塔」內已無置放任何骨灰，只是空塔依然存在，供人憑弔而已。

　　所以，過去雖有五種主要記事來源：1.侯坤宏博士所寫的

房間哭得蠻傷心的大醒法師，回到山上來，再加上鬧了風波，整晚沒睡，為此就中風了。一中風當然我們就這樣解散了」。釋堅如，「淨良長老專訪」（抄本）（高雄佛教道場：2002 年元月一日）。

5　釋見豪、釋自衍採編，《樸野僧・無上志：新竹靈隱寺無上和尚圓寂五十週年紀念》，頁 145-151。

「未竟之業：新竹靈隱寺辦學史」。[6] 2.印順長老所寫的「行狀」。[7] 3.演培在《一個凡愚僧的自白》所提及的。[8] 4.于凌波在「把《海潮音》遷至臺灣的釋大醒（1899-1952）」的相關介紹。[9] 5.釋見豪、釋自衍採編，《樸野僧・無上志：新竹靈隱寺無上和尚圓寂五十週年紀念》，有較完整說明。但以上共五種的任何一種，其相關材料與敘述，都不出上述內容。

　　因而，我們擬增加大量的新資料，[10]並改以新佛教人物傳記的書寫角度與內容介紹；亦即，從從較深入的歷史發展脈絡與**處在現代臺灣佛教巨大轉折點的歷史關鍵性角色的雙層觀察角度**，來理解他與介紹他。

　　此外，他死前兩個多月（1951 年九月十七日），曾到「臺中佛教慎齋堂」參加有「臺灣佛教馬丁路德」之稱的林德林（1890-1951）葬禮，並致贈輓聯，其內容為：

> 廿三年文字交深，現代僧伽，南瀛佛教，曾同一鼻孔出氣。
> 千萬經卷論理妙，典中水潦，島上葛藤，無第二知識分

6　載《竹塹文獻雜誌》第 64 期，2017 年 9 月，頁 28-42。

7　收在大醒法師遺著編輯委員會編，大醒法師著，《大醒法師遺著》（臺北：海潮音社，1963 年）的序文部分。

8　演培，《一個凡愚僧的自白》（臺北：正聞出版社，1989 年）。

9　收在于凌波，《中國近代佛門人物誌（三）》（臺北：慧炬出版社，2004 年），頁 245-256。

10　見本文「參考書目」。

清。[11]

可見他是在稱讚林德林與過人佛教智慧，並表示他作為「太虛流新僧」，早已和林德林建立深厚交情。但，這一對「佛教馬丁路德」與「佛教改革新僧」，在此之前，是如何建立彼此交情的？其歷史真相為何？也是本文要加以解說的。

貳、歷史背景：從太虛到大醒的改革傳承史解析

一、新竹佛教人物傳記的新詮釋概念及其運用對象

（一）新詮釋概念的相關說明

首先，在侯坤宏博士在《竹塹文獻雜誌》71 期刊出的「新竹市佛教人物掠影」一文中，曾提到：「傳記主體是一個人的歷史，在展現個人歷史的同時，也記錄了一個時代的各種具體文化現象；吾人可以透過佛教人物傳記，了解一個地區在某個時代的佛教歷史」。

因此，有關「新竹佛教人物傳記」的必要撰寫對象，他認為可以從以下三方面來界定：

一、凡是曾經在新竹市佛教寺院擔任住持或常住的僧人：如斌宗、印順、演培、續明、仁俊、真華、幻生、明宗等法師；

11　收在大醒法師遺著編輯委員會編，大醒法師著，「第一位是德林和尚」，收在《大醒法師遺著》，頁 900-901。

　　二、曾經是新竹市佛教界所辦之佛學院（如臺灣佛學院、靈隱寺佛學院、福嚴佛學院、壹同女子佛學院）之師生：如大醒、印海、妙峰、通妙、修嚴、淨明、厚基、能學、超定等法師；

　　三、出身新竹市或與新竹市佛教關係非常密切的人士：如靈隱寺無上法師、淨業院勝光法師、永修精舍寬謙法師、李世傑居士等」。

　　我同意這個觀點，所以我在《竹塹文獻雜誌》第 71 期，負責所撰述的對象，就是擔任傅偉勳教授（1933-1996）與大醒法師的傳記書寫。

　　再者，我過去雖認為：「在臺灣新竹市佛教三百年來的發展過程中，除了信仰的層面與信仰場所的相關介紹之外，有關佛學思想現代學術研究的概況，又是如何？是值得介紹的。

　　因為新竹不但有臺灣第一義學高僧印順導師（1906-2005），也有聞名國際的佛教哲學家傅偉勳教授，更有戰後享譽全臺佛教界數十年的重量級在地佛教學者李世傑（1919-2003）」。[12]

　　亦即，當時我側重的雖是「有關佛學思想現代學術研究的概況」。

　　可是，當時因為時間匆促，所以來不及介紹傅偉勳教授；也沒有足夠的相關資料來撰寫一位現代中國佛教改革健將大醒法師在新竹三年記事。

　　直到我主編本期的「新竹市佛教人物專輯」時，才終於將此兩者的佛教學術思想傳記完稿，[13]了卻生平一大心願！

12　江燦騰主編，《跨世紀的新透視：臺灣新竹市 300 年佛教文化史導論》（臺北：前衛出版社，2018 年），頁 351。

13　有關〈活躍在解嚴前後的佛學思想家：我所實際接觸與所理解的傅偉勳

（二）運用對象：從太虛到大醒的改革傳承史

在探討有關「太虛流新僧」[14]大醒的前期佛教事業傳記、及其作為改革歷史角色的形成之前，有必要先將其俗家背景，略作引言，以作隨後相續解說時的論述指引線索之用。

新僧大醒是在二十世紀的第一年，出生於江蘇省東臺縣，俗姓袁，是清末士紳家族的子弟，受過良好的正規教育。他出家之年（1924），已虛歲二十五，但才剛從東臺師範學院畢業，前途似錦。所以他當時的處景，大不同於其他出家僧侶那樣不得已的人生處境，才因不得已而走向出家為僧之路。反之，他是帶著清醒的理性選擇與具備必要的現代教育師資訓練之後，才毅然選擇走向革命性的新僧侶志業生涯的。

此從印順長老為其撰述的「行狀」前幾段，就可以清楚讀到我以上所述的同樣情況，只是他用典雅精練的文言文來表達而已。例如，首先他說：

> 法師名機警，晚年別署隨緣。太虛大師字以大醒，因以大
> 醒行。俗姓袁江蘇東臺世家子；畢業於母里師範。讀《憨
> 山夢遊集》，[15]遽然有出世志，因從讓之和尚剃落；時民

學術傳記〉一文，將與本文在第 71 期「新竹市佛教人物專輯」內，一併刊出。

14　在本文中，「太虛流新僧」與「新僧大醒」或「新僧」，都是指大醒的同義詞。

15　《憨山夢遊集》是明末四大師之一憨山德清的文集，是明末大佛教改革實踐家禪僧憨山德清所著文獻彙編。基本上，近代中國改革的啟蒙教

國十三年，年廿五矣。是年夏，虛大師講《維摩經》於光
孝寺，法師始側講席。秋，去「武昌佛學院」，專心內
典。法師於整僧護教，願力甚宏，揭「新僧」為號召；虛
大師因為字以「大醒」。[16]

　　但是，他上述的出家前後的相關變化歷程，如果用來對比他
出家後矢志追隨的現代中國佛教革新派領袖太虛本人的情況，恰
成強烈的對比。

　　因此，以下本文先介紹太虛是如何成為著名的當代佛教改革
者。我們須知，這一部分的解說之所以必要，是因大醒是成年後
才出家，在出家之前，他與當時的佛教界接觸不多；但他又在出
家不久，就躍居成為重要的佛教改革健將，這是不合歷史常規
的。

　　而之所以能支持他能作為改革家的角色，其實完全是奠基於
其追隨者太虛的改革教育事業，以及太虛的佛教成長經驗。若缺
這一塊介紹，大醒的歷史角色就不明顯，也不可解。

　　所以，本文特先將其詳加介紹，當作歷史背景來理解。如此
一來，大醒與太虛的改革共識，便具有足夠的歷史理由來支持。

　　之後，才接著介紹作為改革者太虛的最親信、也最得力的改
革助手大醒本人，也相繼成為「太虛流新僧」的相關歷程，及其
實質作為狀況。於是兩者的歷史銜接就可以清楚建構起來。

材，主要是承襲明末改革經驗的。見江燦騰著，《晚明佛教改革史》
（桂林：廣西師範大學出版社，2006年）。

[16] 印順，「行狀」，收在大醒法師遺著編輯委員會編，大醒法師著，《大
醒法師遺著》，序文。

二、新僧大醒的師承典範：太虛本人實際的出家經驗與初學佛教叢林日常作息事務的相關簡介

首先，年輕太虛是 1904 年春天，以十六歲之年，因貧窮、多病、內向、不慣勞作、喜歡文藝、多愁善感，以及功名無望，才使他走上出家之途。就出家的心態來說，是不健全的，對於社會、對於家人都未能有強烈的責任心。

這對於他欲走入的當時佛門社會來說，如非其機緣特殊，相信也只是寄食之客罷了。但，原本以他這樣消極心態出家的人，日後居然成了民國時期佛教史上的偉大佛教革新家，必然曾經歷過巨大的心理變革，才有可能。

事實上，從他出家那年到清代結束這年，在這短短的七年之間（1904-1911），也就是正當清末的革命思潮，最為波濤洶湧時期，而各種欲圖推翻清朝政府的激烈革命行動，更是前仆後繼地日趨擴大，直到 1911 年十月十日，辛亥革命爆發，清朝政府終於遭革命行動推倒為止。

所以，太虛當時的心理所出現巨大轉變，其原因，就像他自己在日後所供述的那樣，的確也是深受清末的各種革命思潮的影響和各種革命行動的強烈衝擊，而後才促成他的革命性新僧心理的蛻變與革命性新僧思想的快速啟蒙。

再者，太虛出家當時，所受的清末叢林教育是式微的傳統中國漢傳佛教模式，他曾親歷：在剃渡時宗派的歸屬、戒場規矩的教導、新戒優異表現的獎勵、新戒比丘的叢林教育和相關啟蒙師資、參禪與聽經訓練、自學與閱藏、新道友與新思潮、革命僧與新教育等等。在此也順便一提：

　　太虛是 1904 年五月剃髮的，臨濟宗派下取法名「唯心」。到當年的九月到十月之間，開始前往鎮海縣，依止住於團橋鎮上玉皇殿的師祖奘年法師，他的師祖又為其立了「太虛」為表字。他的師祖見他患有瘧疾，為他求醫治病，恢復了健康。然後，他前往寧波天童寺受戒。

　　不久，他在戒堂中，對於課誦唱念很快聽熟，對於要求背誦的《毗尼日用》及《沙彌戒本》、《四分戒本》、《梵網經戒本》和各種問答，都能以超強的記憶力，全部背誦如流。如此的充分準備，使他在一次問答的演練中，成為場上新學員中，唯一能答得完全的。當時在現場的戒堂師長，計有：得戒和尚寄禪法師、尊證和尚道階法師、開堂和尚淨新法師等人、都一致認為他是非常優秀的新一代佛門可造之才。

　　而當整個傳戒程序全部完畢，太虛要像各位戒堂師長拜別的時候，教授師了餘和尚當面極力誇獎他，而得戒和尚著名的八指頭陀寄禪法師，還特別以他具有類似唐代玄奘的才華來高度肯定他，並傳話給他的師祖奘年老和尚，要特別留意和維護他這個出色的徒孫。當場還交給太虛一封重要的介紹信，要他前往另一位當時著名的水月法師那裡，跟他學習梵唄、讀經、熟練佛教界普遍應用的制式文書寫法、以及各類來往酬答的信件表達方式與相關稱謂規矩。

　　而我們從以上的敘述至此，已可清楚地知道，太虛在戒場上，高人一等的背誦本領，和他能熟記並流利地表達出全部的《戒規須知》或《應用問答》練習題的測試答案內容，就是使他

從此，就能快速走上出人頭地之途的最大原因。[17]

　　日後和太虛一起從事改革金山寺的仁山法師（1887-1951），便曾當眾宣稱：若在金山寺內的三、四百位僧人中，能有一位可以寫出一封三百字左右的通達書信文，他可以很樂意地當場砍掉自己腦袋。[18]

　　而我們須知，金山寺是清末當時頂尖的大叢林，是在燼於太平天國戰火之後，才由湘軍著名領袖曾國藩（1824-1890）力設法將其重建恢復的名剎，而僧眾的知識低落如此，難怪清末楊仁山（1837-1911）居士在辦「祇洹精舍」時，即曾痛斥清末叢林中的禪宗各派下徒裔，往往空腹高心，虛有其表，而實際個個不學無術。[19]

　　由此可知，太虛在戒場上的出色表現，又正處在清末時代，叢林中又大多為庸庸碌碌的低知識水平僧侶，或根本就是一群文盲的那些眾多僧眾中。

　　若將兩者對比一下，當時的他，實在堪稱出類拔萃，所以才能立刻被關注和被器重，並有意願主動持續地栽培他，使他早日成為佛教界的真正棟樑人物，好替佛教界作更大的貢獻，自有其合於情理發展的良好結果出現，亦可謂勢所必然，不足為奇。

---

[17]　江燦騰，《太虛大師前傳（1890-1927）》（臺北：新文豐出版公司，1993 年），頁 62-63。可以合理的推測，當時僧團中的年輕一輩，能像太虛這樣有充分學前教育的，可能為數不多。有幾個例子，可以證明，出家前有學識基礎的，出家後較容易出人頭地：像印光大師（1861-1940）、弘一大師（1880-1942）、印順導師（1906-2005）等，都是著名的例子。

[18]　江燦騰，《太虛大師前傳（1890-1927）》，頁 63。

[19]　江燦騰，《太虛大師前傳（1890-1927）》，頁 46-47。

　　所以，太虛自從受完比丘戒之後，就因得戒和尚寄禪法師的器重與特別推薦，帶著寄禪在拜辭之際，當面交給他的一封親筆引介信，便開始前往浙江寧波永豐寺，去拜見歧昌法師，並從此在他的指導下，接受清末叢林最佳的傳統佛教教育，前後有二年之久。

　　歧昌法師應是太虛生平受教時間最久，也是最早啟蒙他佛學知識的清末叢林師資。我們如今根據日後（1939），太虛對他的啟蒙師回憶資料，即可以清楚地知道，他第一年的受教內容，在佛經知識方面，一開始先背誦《法華經》直到能快速全部背完為止。不背經的時間，則自行閱讀庫房內的禪宗語錄、高僧務傳等，不懂的地方，可以隨時請問。除外，就是將禪宗語錄中的話頭，獨自去參究。

　　第二年的教育內容，是開始指導太虛讀《楞嚴經》，並買了詩韻，練習作詩文。[20]當時太虛跟這樣的指導者學習，歷練的機會自然較他人為多。況且，這和他在俗家時的學習，不過略微差別而已。

　　而日後太虛在佛教界的主要對手圓瑛法師（1878-1952），當時正在努力提升文字的表達水準，常來到歧昌法師處請教。

　　因此機緣，才結識亦正好在該處努力學習詩文的太虛。兩人日後雖交惡，各自成為敵對陣營的主要領袖，但彼等的共同之處，就是早年較一般僧界人士，先擁有語文的表達利器。

20　但在清末時期寧波的佛教界，其實，詩文表達最好的，是寄禪法師。而歧昌法師則是當時教界公認為最頂尖的佛教應用文高手，是當時佛教界請託撰文的主要對象，最常請託項目如下：一般應酬書信、緣起、疏、啟等文書，大家都紛紛請求他代筆。

何以此事，是如此重要呢？因為佛教內部的組織，向來是鬆懈的，在傳統中國社會裡，能左右、支配僧團命運的極大部分因素，是來自朝廷官僚或在野的仕紳，他們在傳統中國是精英的領導階層，要和此輩交往，必須遂其所愛，或以詩唱和、或以禪語酬對，等到能夠稱彼等心意之後，才能獲得彼等真正的大力支持。先了解這一點，而後我們才知道語文學習的重要性——它是出家眾能夠崛起成為領導階級的主要憑藉之一，在清末尤其如此！

但，歧昌法師在義學方面的弱點，亦逐漸暴露。他對太虛解答經義的開示，無法消除太虛內心的疑慮。於是，他請假到天童寺的禪堂去聽經。到 1906 年時，遂因聽經而離開了歧昌法師之處。太虛當時自覺當時他處在僧眾中，已有鶴立雞群之感。歧昌法師在當年底集眾談話，評各人性情時，亦指出太虛有點驕傲的地方。太虛則認為歧昌法師對他的指導，在知識方面不及在德性方面的獲益。

對於這樣的相互批評，從好的一方面說，太虛因知識漸增，自信漸強，從反面來看，他的進步，即意味著他和教內師長輩之間，距離愈拉愈遠。而這兩者之間的縫隙，究竟要如何拉近？可能就是太虛日後所要面對的主要課題！

三、新僧大醒的師承典範：太虛實際接觸傳統中國佛學教育與接受禪修方法的內情解說

我們根據太虛在其《自傳》上的資料，可以知道，他曾以批判的角度，回顧了早期他在叢林教育中，所受的另外兩項重要的

訓練：講經與參禪。

　　當時教授講經的，是道階法師；教授禪法的，是寄禪法師。兩者都是當時最優秀的師資。太虛之前來寺受戒時，此二位都是戒場上的傳戒師長。如今則是分別教授講經和教授禪法。

　　有關寄禪的介紹，據太虛撰的〈中興佛教寄禪安和尚傳〉的寄禪簡歷，曾提到說：

> 寄禪，法名敬安，湘潭人。年十八（同治七年，西元一八六八年），投湘陰法華寺出家。於歧山悟入心地，尋至阿育王寺，燃指供養舍利，因自號八指頭陀。少失學，長而善詩，海內士大夫稱之。光緒二十八年（西元一九〇二年），來主天童。任賢用能，百廢俱舉，冬講夏禪，一無虛歲，天童稱中興焉。[21]

　　關於道階的簡歷介紹如下：

> 道階，法名常踐，湖南衡山人。從南嶽默庵學，宗天台而兼賢首、唯識。[22]

　　道階法師是寄禪法師請來天童寺講經的；而太虛則是寄禪本人一手提拔，之後又回到天童寺參予聽講和學禪的。

　　由此可以了解，當時佛教的教育中心，是寄禪主持，集合各

21　江燦騰，《太虛大師前傳（1890-1927）》，頁66。
22　江燦騰，《太虛大師前傳（1890-1927）》，頁67。

方才俊加以培訓。但是，對太虛來說，不論是寄禪的坐禪訓練，或道階的講經內容，都不夠高明，無法滿足他的需求。以下即是當時他的觀察和批評：[23]

　　太虛是十八歲（1906）夏天，到天童寺聽道階講《法華經》，並由此學會了住在禪堂內與習禪者（禪和子）一起過團體生活，像：坐香、跑香、吃放參、敲叫香、當值、出坡等。

　　但是，他先回憶說：那時的聽經也叫學教，因為講的經，大抵是《法華經》、《楞嚴》與《彌陀疏鈔》，不是遵依《天台四教儀》講，便是遵依《賢首五教儀》講。學講的人，必須先學會《天台四教》或《賢首五教》的架子。道階法師承南嶽默庵法師的傳，專天台而能兼通賢首與慈恩的《相宗八要》，且依蕅益的《唯識心要》，講過《成唯識論》，亦於禪宗能達其要旨，在當時的法師中，也已放一大異彩。

　　接著，就提到他起初的親自聽講經驗，說他初起，因口音的差異，又沒有看註解，大半聽不懂。過了五、六日，口音習慣了，又借閱了幾種註解，運用特佳的記性，將聽講的內容，全記下來。後來知道，大概是依《法華會義》講的，將此書的註解也全記下來了。這樣一來，較之其他的聽講者，成績自是超出很多。

　　其中，有次道階要求學生覆講某些經文，別人兩三分鐘，便沒得講了。等到太虛自己上了座，把聽到、看到、記得的全貫串起來，大講特講了差不多兩小時，聽者無不驚異！可是，太虛隨

---

[23] 以下當時他的觀察和批評的內容，主要參考：江燦騰，《太虛大師前傳（1890-1927）》，頁 67-69。

即揭穿當中內幕說，他只不過是在背講罷了，等於鸚鵡學人說話，本身沒有一點見解。換句話說，他是在暗批當時著名的講經師道階，只不過是先看一些註解罷了，沒有大本事。

此外，太虛舉的另一個批評的例子是，有次，道階他在講經座上，當場要求聽講者說，他未帶《法華經》本文來：「哪一個把本子送上來看？」有人送上去時，便說：「你這是註解，不是本文，下去」！太虛空手走到座前拜了一拜，道階卻對他說：「你卻將本文來。」隨即下座，走回自己的房間休息去了。別人都以為太虛參禪有得，太虛自己則說，「那其實只是看禪宗語錄學來的小把戲而已，根本沒什麼好稱讚的」。

對於寄禪的禪法教學，太虛也沒有很高的評價。因為雙方都按禪宗語錄上的老套路和著名實例的公案內容，彼此在黑夜中大膽的演出一番問答和禮拜。所以，這也是似是而非的花樣。顯然的，明末叢林公案禪形式化的流弊和積習，到了清末即將快終結的年代，還是沒有多大的改善。

雖然如此，太虛仍繼續接受道階的傳授經義；道階為他於晚飯後，講《教觀綱宗》。太虛是十九歲（1906）那年，仍在天童寺聽講《相宗八要》、《楞嚴經》和《賢首五教儀》。至此，他總算在連續地聽經、學教之後，有了些經典義理的基礎了。

不過，他在清末叢林教育中的經義啟蒙階段，也自此告一段落了。以後，就是他自行摸索學習的新階段開始了。而這其實是延續他在俗家時的閱讀經驗而來，並非之前完全沒有經驗。

況且，由於清末一般講經師所知有限，只要有能力自行閱讀的學僧，要勝過一般經典的傳授師，並非難事。所以，自行閱讀的有效之處，他是完全一清二楚的。

四、新僧大醒的師承典範：太虛自習佛教典籍知識 的早期「閱藏」經驗解說[24]

在前往西方寺閱藏之前，太虛跟最早的啟蒙師歧昌法師所
學，真有收益的地方，是在詩文表達技巧方面。至於經義的講解
方面，歧昌法師所教導給他的，並不透徹，曾留下甚多疑惑。後
來，他轉至天童寺，去聽道階講經的次數雖很多，亦不滿意。

反而，在同一時間，他靠自行閱讀，從《禪宗語錄》、《法
華經會義》、《楞嚴經蒙鈔》、《楞嚴經宗通》等經書，自行吸
收不少東西。這些閱讀，使他在覆講考驗，較常人出色。因此他
被特允：可以住進了道階本人的寮房內，並可自行大量閱讀其房
中的各類佛教典籍。

而他從中讀到的《弘明集》、《法琳傳》、《明教嵩文集》
等護教文章，更啟發了他後來弘法護教的心理。

但是，聽講和私下閱讀，依然不夠。當他聽說道階曾閱讀
《大藏經》，收穫甚大，而圓瑛尤其鼓勵他去汶溪西方寺閱讀，
於是聽經告一段落，他便回永豐寺，拜別歧昌法師。

當時太虛是由圓瑛帶去引見西方寺淨果法師，獲准在該寺藏
經閣的閱經室「閱藏」。這是太虛自我深造的開始，他日後為此
而感激圓瑛的相助之情。

在西方寺自行「閱藏」是嶄新的經驗。但，正如一般未受
「閱藏」訓練的生手，無從下手一樣，他起初專注在《大藏經》

---

[24]　本節的解說，主要參考：江燦騰，《太虛大師前傳（1890-1927）》，
頁 69-75。

中，找明末佛教名著《夢遊集》、《紫柏集》、《雲棲法彙》，以及各種經論，很沒有系統的抽來亂看。

同住藏經閣的老法師，勸他從《大般若經》起頭看，再按全藏編目的順序，每天按進度，由經、而律、而論、而雜部，如此，方能把《大藏經》看一遍。他聽勸之後，就照著順序閱讀，果然收穫不少，對經論的義理知識，大大增進。

可是，如此地持續閱讀，使他的理解力為之增強了，他在思想上的邏輯性方面，也更加綿密和嚴謹了；反之，他原先的超強記憶力，開始轉弱了，連眼睛也因變得近視，視力顯然衰退了。但，其最大的獲益是，真正使他對於整體佛教法義的新認識，讓他宛如全然都為之脫胎換骨了。

不過，在西方寺「閱藏」的一年多期間，他曾外出三次，再返回「閱藏」。所以《大藏經》未能整個看完，是他最感遺憾的事情。……

五、新僧大醒的師承典範：太虛早期「閱藏」之餘的結識教界優質同道過程簡介[25]

太虛本人在西方寺「閱藏」期間，雖未能閱完全藏，與原先理想有些差距，而留下遺憾。但他在結交道友切磋方面，則大有收穫。其中，最重要的是圓瑛與昱山二人。

圓瑛是福建古田人，1878 年生，俗名叫吳亨春，法名宏

---

[25] 本節的解說，主要參考：江燦騰，《太虛大師前傳（1890-1927）》，頁 69-72。

悟，別號叫韜光。他在六歲（1883）時，父母已雙亡。十八歲
（1896）時，曾中過秀才。但在十九歲（1897）時，他則前往福
州鼓山湧泉寺，禮拜增西為師出家，之後又到雪峰寺，擔任僧
眾。

圓瑛在二十六歲（1905）時，來到天童寺，跟隨該寺住持八
指頭陀寄禪參禪。之後，於歧昌法師處。結識太虛。

1906 年，太虛前往天童寺聽道階法師講經、並跟八指頭陀
學參禪時，曾與圓瑛，共同聽講。

由於太虛在聽講的眾學僧中，表現出色，使年長的圓瑛相當
激賞，主動親寫結拜書，與太虛訂盟結為法兄弟。

圓瑛的年齡比太虛大九歲，所以他在佛教界活動的資歷和廣
結人脈方面，都堪稱是年輕太虛的早期教界前輩。

後來，透過圓瑛本人的一再鼓勵和多方協助，才促成太虛到
西方寺閱藏的心願。他可以說是，早期給太虛幫助最大的人。

但是，曾和太虛同時受戒，並同在西方寺閱藏的昱山，才最
被太虛懷念。昱山先於太虛到西方寺閱藏，故當太虛前來時，昱
山先歡迎他、並贊助他舖設居住之處。在閱藏期間，昱山是太虛
一起唱和詩文的最佳夥伴。

當太虛有冥想入定時，是昱山為他擔心，他反而不在意。並
且，昱山本人先入住西方寺內，先後閱藏六、七年之久，不曾遷
移過，更不時地督促太虛要專心於道業的精進；但，後來的太虛
只住一年多，未看完全藏，就離開了。所以，太虛對他最為懷
念！

太虛離開西方寺之後，與華山、淨寬等，同往寧波七塔寺，
去聽諦閑法師講天台教義，並曾與諦閑法師爭論過幾次關於義理

思想上的相關詮釋問題。

因此，直到 1907 年為止，太虛能接交的道友們或其從學的師資中，在思想上給他深刻影響的並不多，大致上只是一些助緣而已。

而太虛本人的自求進步，如靠大量閱讀、勇於吸收，才是他超越同輩的主因。

可是，作為清末新佛教改革家的太虛，又是如何呼應當時的革命思潮呢？顯然他的轉變，是出現在此之後的事。所以，我們的追蹤考察，也必須跟著邁向另一新的劇變階段，否則難以了解。

六、新僧大醒的師承典範：
太虛所承襲的革命思潮之一

華山是第一個引導太虛正式接觸清末新思潮的僧人。

清末太虛到西方寺的藏經閣，去借閱傳統佛教知識的大叢書彙編《大藏經》，他原來的目的，只是想有系統地溯源佛教傳統的各類思想，從而能真正了解它的源流和之後它所弘傳的豐富經義內涵，藉以增廣見聞和作為精進僧人道業的有效自學之途。

但是，清末和太虛一樣到西方寺的藏經閣去借閱《大藏經》的，還有來自不同地方、或屬於其他道場來此的形形色色僧人。所以，他同時也能在西方寺藏經閣閱藏的經室中，陸陸續續地接觸新認識的各類閱藏同道。

因此，透過像這樣一條新的接觸途徑，他就能有機會了解更多和更新的外界正在風行思潮或各類信息。

　　所以，他在西方寺閱讀藏經時，不但於他個人在佛學知識學習的精進上有助益，同住的閱藏諸道友，易因彼此志業相近，自然地就聚成新的學術圈和相互交流不同信息的良好切磋之所。

　　可見，在清末像西方寺這樣良好的讀書環境，常能吸引各方同道，前來相訪或交流。而其中，溫州僧人華山的到來，不但與太虛互換信息，溝通友誼，實際上，太虛也因他帶來清末外界流行的各類新學說，而在太虛的心理上和思想上，都帶來很不小的激盪和造成他的巨大轉變。

　　根據太虛本人對華山的描述說：「有溫州僧華山，別號雲泉者，與淨果、淨寬為故友，亦慕藏經閣閒適，翩然暫來棲息，日翻閱禪錄，以資談柄。華山在少年時，已蜚名於講肆，文字口辯，俱所擅長，其詩、書、畫，亦頗堪酬應：而疏放、灑脫，敏感過人，在當時的僧眾中，開新學風氣的先導。已於杭州，與僧松風等設辦僧學，交遊所及，多一時言維新辦學之士」。[26]像這樣新型的出家人，出現在西方寺，對個性內向，出家受戒之後，一直勤勉學佛的太虛來說，無疑是非常奇特新僧流的初體驗。

　　新僧華山，在與太虛交談之際，常強調當時的世界和清末中國的新趨勢，佛教必須速革流弊，振興僧學，才有希望。這種新觀點，因前所未聞，似乎和親身經驗的現況不符，令太虛甚不以為然，兩人還為此各自撰文、互相辯駁，歷經十餘日，仍未有決論。推測太虛此時的心態，似可理解為：不論他是否滿意叢林教育的種種，基本上他並未全面否定傳統的中國佛教。

　　更何況，從他受戒以來，直到來西方寺閱藏為止，他所處

26　江燦騰，《太虛大師前傳（1890-1927）》，頁81-83。

的，都是當時江浙一帶，最佳的出家環境。而寄禪等佛門師資，所辦的僧教育，正是新改革的一種。太虛被安排隨歧昌法師學詩文、佛法，與道階法師同住、聽經、自由閱讀，乃至與寄禪本人習禪坐，在實質上，似已包涵了當時佛教界所能提供，全部的僧教育內容。

　　至於，他到西方寺來閱藏，僅是舊佛學知識更系統化的吸收，而非根本變革。如果，新僧華山法師口中所說的新教育，與寄禪法師舉辦的，有所不同的話，那又是什麼新類型的僧教育呢？

　　在淨寬的調停之下，太虛逐漸地發現，華山談的，是他過去在中國書裡，不論出家前、後，都沒有見識過的新知。他也萌生起好奇心，想一窺究竟，於是向華山借來所攜的各種新學書籍，親自嘗試著全都閱讀看看。

　　當時，他看到的有：康有為（1858-1927）的《大同書》、梁啟超（1873-1929）的《新民說》、章炳麟（1869-1936）的《告佛子書》、嚴復（1854-1921）譯的《天演論》、譚嗣同（1865-1998）的《仁學》，及五洲各國地圖，中等學校的各種教科書等。讀後，深受譚嗣同《仁學》裡，那種急欲衝出羅網的革新思想與濟世胸襟所感動！

　　他也徒然地激發了自己，開始要以佛學來入世、救世的宏願和熱心，滿懷急切地想改變自己的內向個性、努力去除自己向來都很消極的不正常精神狀態，他認為當務之急，就是必須應趕快去效法譚嗣同在《仁學》裡所強調的，也是凡仁人志士都須有的，那種義無反顧地、及勇往直前地、去大無畏衝決羅網的濟世胸襟和相應行動，以突破自己當前的現實困境，並從此積極地改

走入世濟人的新改革途徑！他因此，和華山結為好友，往往相見時，兩人深談，就是持續一整天。

顯然地，迄目前為止，太虛在事實上，已逐漸踏上他日後，所長期從事的、新僧改革不歸路了。

問題是，譚嗣同在《仁學》裡所強調的，並非提倡佛教改革的書，只有章炳麟的《告佛子書》才稱得上。

因譚嗣同在《仁學》裡的內容，其實是雜揉了當時各種的新舊學說，激勵人心衝破禮教和專制的羅網，從事新的改革，並關懷社會。

太虛當時急切地想要遵循這樣的革新思想，與其說是振興佛教教育、改革僧團，不如說，是踏入社會與政治的改革領域，所改革的和所關懷的，以非僅限佛教內部，相反的，是將佛教納入這一社會整體而從事徹底的改造。

然而，這樣的理想是否可行呢？要如何實踐呢？恐怕不是當時初次接觸此種的思想震撼的太虛本人，所考慮到的！

七、新僧大醒的師承典範： 太虛所承襲的革命思潮之二

太虛與清末革命思潮的初步接觸及其影響，是源自清末當時的革命思潮，已在各地風傳，相應的革命行動，也此起彼落，沒有間斷，宛如已決堤、氾濫的滔滔洪水，到處橫溢，浪捲波湧，其勢迅疾，難能阻遏，沒田淹舍，沖街漂櫃，人奔車逃，不會輕易止流。

而這也像太虛當時的革命情緒一樣，所以，他雖遭來寄禪大

前輩的嚴厲指責，仍不輕易去改變其已強烈認同溫州僧人華山，所曾帶給他的，清末各類新思潮的論點。而革命僧人李棲雲的來訪，更進一步地帶領他直接涉入革命行動。

根據太虛本人對革命僧李棲雲的描述說：「棲雲姓李，湖南人，似聞曾赴考中秀才。弱冠出家，嘗從八指頭陀等參禪，歷五、六年後，又捨而去日本，留學速成師範，加盟孫中山先生的同盟會，與徐錫麟、秋瑾等回國潛圖革命。曾充教員於秋瑾在紹興所設學校，時以僧裝隱佛寺，亦時短髮、西裝、革履、招致人猜忌」。[27] 這是比華山更激進的革命分子，但與其說他是革命僧人，不如說他是偽裝僧人的革命家。何以要如此區別呢？

因為從邏輯上來講，革命僧人的關懷對象，應以僧團的改革為主體，雖不排斥參與社會革命，仍須依佛教律制的原則，在行為上也應有所約束，不該如革命家一樣的主張徹底摧毀或進行嚴苛改造。

至於偽裝僧人的革命家，以革命的對象為主體，可能是政治的、社會的、乃至宗教的、思想的；然而，既偽裝僧人，則改革對象，便非一定以佛教本身為主體，如孫文（1866-1925）的《三民主義》、鄒容（1885-1905）的《革命軍》等，即是以推翻滿清政權，改為新的民主政權為其主張，而非提示如何去從事各項佛教的改革等（雖非全然排斥）。

太虛當時可能已了解這點，而他會接受李棲雲的革命思想，有可能是基於中國的政治革命應先於佛教革命的行動邏輯。換句話說，他的關懷點仍在佛教本身，只不過是在順序上，前後有所

27　江燦騰，《太虛大師前傳（1890-1927）》，頁84。

區別罷了。

以上，我們已就新僧大醒的追隨者：太虛的出家後相關內部歷練及其接受外部大環境革命思潮影響，所逐步形塑改革者的歷史，重新建構以作為他的後繼接棒者：「太虛流新僧」是如何據以落實改革志業的主要共識之所在。因此，以下我們便將論述轉移至：新僧大醒在「武昌佛學院」時期的受教環境解說。

八、有關新僧大醒在「武昌佛學院」時期的受教環境，究竟是怎樣的歷史映像呢

（一）新僧大醒在「武昌佛學院」親歷經驗，有何特質與重要性？

在大醒未出家之前的二十五年間，其在非僧界的成長、受正常教育與面對清末至民初的時代大變局經驗，從表面上看，雖與其師太虛長期身在教界的親歷經驗大不同但他與太虛師徒兩者在此二十年間，卻是同樣處於具有特殊時代性（從清末政權鼎革到五四運動後社會思潮高漲）的生命歷程。

特別是，大醒出家前，已是成年之後的現代中國師範合格教師，知識豐富，眼界已開，堪任教學與教務的足夠能力。

所以日後大醒雖常自嘲自己是半途出家，所以對於傳統佛教經懺唱誦的本領非常生疏。[28]但，對於太虛的佛學院教學與教務

---

[28] 大醒在佛教義理方面，也所知有限，他也不以講經說法聞名，他的長處是具有完整的世俗師範教育訓練，知識足夠，此外他即是絕對忠於其師太虛改革理念的行動派，辦事能力強，邏輯觀念清楚，文筆流暢易讀，

的得力助手，並非到處都能找到的傳統佛教經懺唱誦僧尼，而是像大醒這樣，略為調教佛學知識之後，馬上就能派去獨當一面的現代佛教知識菁英。

因此，他與大醒的佛教改革理念，不但有極大共識，此後更形成長期佛教改革事業：教育與組織改造兩方面，最能搭配的一對。

此種情況，宛如是中共政權建立前期，主席毛澤東（1893-1976）與國務總理周恩來（1898-1976）的絕妙搭擋一樣。

太虛最擅長新佛教思想提倡，到處創辦或接辦新型佛學院教育，但缺乏辦事能力與持續治理的耐性。反之，大醒是辦事盡責、能力高強的新佛教改革運動落實的真正貫徹者與推動者。

然而，返本溯源，大醒初期的現代佛學教育，確實是到當時號稱全中國內最佳的佛學教育機構「武昌佛學院」入學就讀的。但，為時很短。

因為他在 1924 年春出家，夏季第一次聽太虛講經，很能認同，所以秋季才進「武昌佛學院」就讀。

可是，「武昌佛學院」在 1922 年創辦時，他還在就讀東臺師範學校中，而「武昌佛學院」第一期的學制才三年，等於初級中學，1924 年夏季是第一期畢業時間。所以大醒 1924 年秋季，才到「武昌佛學院」成為新生，自然是就讀第二期第一學年的。[29]

所以能將太虛的改革理念真正消化，並以太虛的宣傳者為天職。這就是他異於太虛門下其他菁英之處。用太虛改革理念的堅定清教徒或革命黨員來形容他，可以說非常貼切。

[29] 1924 年夏天，暑假前舉行畢業典禮，畢業者 60 多人，只留 20 名在院繼續研究，其餘皆回去了。鑒於第一期的課程變動和學生的水準不一，

　　但一進「武昌佛學院」後，他很快就成為學員中的活躍改革派的核心人物，並以「新僧」自居，有別於傳統中國僧侶。

　　之所以如此，是因他從來沒有在傳統寺廟長期生活過。因此儘管他在當時中國大陸佛教界，還是剛出家才半年多的新人，但他在教育學養上與人格及心智上，都已屬當時新潮的現代知識分子之一，兼且出家不久毫無被傳統僧侶陳舊陋習馴化的經驗，卻又具有強大的論述能力。所以他在自我表達上或進行批判上，完全可以暢通無礙。

　　再者，在知識青年社群中，當時中國境內「佛化新青年會」的組織和運動，正如火如荼地展開。這是迥然不同於傳統的出家或在家團體的新佛教青年運動。

　　1925 年，來華參與廬山講習會後，應邀到「武昌佛學院」以及「北京佛教青年會」參觀之後，代表之一的東京帝國大學木村泰賢博士（1881-1930），對「佛化新青年會」，給予極高的評價。[30]回日本後，在所撰的〈支那佛教事情〉一文中，木村博士提到：

　　　……其間計畫周詳，規模宏遠，屹立長江上游，有宰制一

太虛原擬在第二期加以改進，其計畫是：第一期畢業的，留下二十名成績優秀的，設研究部讓彼等深造。新召的對象，限受過比丘戒的學僧，計 40 名。寄宿之處，仿禪堂廣單制，先注重律儀訓練，施以嚴格的生活管理。

30　木村泰賢所指的，可能是針對由陳維東發起、太虛擔任「總導師」的「武漢佛化新青年會」而言，但因張宗載、寧達蘊後來也和日本來華代表貼得很近，所以兼指張、寧所代表的「佛化新青年會」，也說得過去。

切之威權，操縱一切之資格者，則為武漢之佛學院與佛教會。《佛化報》、《海潮音》《佛化新青年》等雜誌，皆其宣傳之機關報。對於佛化運動，甚為活潑有力也！是等運動，不出於職業宗教家之僧侶，而出於側面之護法精神。彼等所唱之高調，確信能救濟世界之人心！[31]

木村是東京帝國大學的印度哲學科第一講座教授，主授印度哲學，在當時可謂頂尖的佛教學者，故說服力甚強。所以，處在當時的「武昌佛學院」中的大醒，自然也被捲入這一股強大的佛教改革浪潮。只因他是出家僧侶，所以才自標「新僧」的招牌。

如此，他就無須再花大量時間去深造相關的佛教典籍，而是明智擇取具有奉獻大悲願的地藏菩薩經句專注理解與效法，再加上他的原有世俗師範教育的知識水準就能使他揮灑各種主張的論述武器。

他也因此很自然地快速成為狂熱的太虛追隨者，而太虛本人也因此就很快的賞識這一新加入的狂熱門徒，兩者之形成日後改革的命運共同體，可以說是水到渠成，勢所必然。

問題在於，他在「武昌佛學院」的畢業班就讀期間，他實際體驗的當時最新進的佛學院教育內涵，又是如何？

所以，我們此處要附帶介紹「武昌佛學院」的成立史與實質教學狀況，以便可以對照日後大醒主持佛學院教務時，兩者的異同何在？

亦即，我們有必要先行理解：在大醒入學之前，第一期三年

31　轉引印順編，《太虛大師年譜》，頁 180-181。

已畢業的學員，所接觸實際的教學師資、授課科目、教學方式，
又是如何呢？

（二）來自「武昌佛學院」創辦人太虛的親歷經驗談

對此，創辦人太虛曾回憶說：

> 十一年（1922）春，我（太虛）到武漢講經，商量改進佛
> 教，須有基本幹部人才的養成，得著李開侁居士等援助，
> 平空產生了「武昌佛學院」，課程參取日本佛教大學，而
> 管理則參取叢林規制，學生出家在家兼收。
> 第一期是造就師範人才，畢業後，出家的實行整理僧伽制
> 度，分處各地去做改進僧寺及辦理僧徒教育的工作；在家
> 的依著〈人乘正法論〉去組織「佛教正信會」，推動佛教
> 到人間去。這就是改進佛教理論的進一步的實施，也就是
> 改進僧制過程中的一個重要的關鍵。[32]

在教員與圖書設備方面，雖然太虛在佛學院開學之前，也曾
先聘請空也和史一如擔任佛學教員，杜漢三擔任國文教員。史一
如還負責《海潮音》的編輯，另請李隱塵等出資，辦一所「正信

---

[32] 見太虛，〈佛學院院董會略史〉，載《太虛大師全書》第 29 冊，【文
　　叢 19】，頁 4-66。太虛，〈我的佛教革命失敗史〉，載《太虛大師全
　　書》第 29 冊，【文叢 19】，頁 93。

圖書館」，以備大量印刷流通經典和佛學院講義之用。[33]並且，第一期招考的正備取生有 60 名，來自各省，於 1922 年 7 月 20 日，正式開學。

但是，怎麼教呢？教什麼內容呢？在當時，中國的佛教學者，仍為數有限。像「支那內學院」的一群佛學菁英，誠然優秀，但因本身需要辦學研究，不可能支援「武昌佛學院」。而如梁啟超、章太炎這樣的名學者，也不可能屈就「武昌佛學院」的教職。

在此情況下，太虛面臨的，已不是理想的建構問題，而是實質內涵如何提升和傳授的問題。他能克服多少這樣的現實困難呢？

他將課程訂為三年畢業，而非原先理論上的五年。他在學制方面，採取結合中國傳統叢林規範和日本課程的混合方式。每日上六或五小時的講堂課程之外，有三至四小時的自習時間。

另規定了早誦、坐禪一小時和晚課一小時，晚誦用《彌勒上生經》及念彌勒菩薩，有別於傳統淨土的佛號和淨土。如對照當時印光深受各界崇信的西方彌陀淨土思想，也不難看出太虛處處別樹一幟的作法。

他旨在養成佛教的師範人材，等於在辦一個高等師範學校。此看他在〈答武昌佛學院請為院長書〉[34]和 1924 年寫的〈志行

33　太虛，《自傳》，載《太虛大師全書》第 29 冊，【文叢 19】，頁 262-263。

34　太虛，〈答武昌佛學院請為院長書〉，載《太虛大師全書》第 31 冊（臺北善導寺版），頁 1512。

自述〉[35]，即可明白他的意向所在。問題只在於現實是否允許他如此罷了。

在講授內容上，明顯看出，在佛學研究上日本的先進和不得不倚重之處。[36]像第一學期，空也講《楞嚴經》；太虛講世親菩薩的《發菩提心》和《瑜伽真實義品》，後來，就改以《大乘起信論》為教材。

太虛另外也自編講義，教《佛教各宗派源流》和《八囀聲義》、《六離合釋》等。所以，除了太虛、空也所講的一些傳統的佛學之外，全是日本佛教學者的研究成果，較之「支那內學院」主要是來自本身研究的課程，[37]顯然遜色多多。

學生素質不夠，亦是一大問題。佛學知識如何，暫且不談，連國文教學都不理想，英文教學徹底失敗。日文教了二年，也只有六、七人，上課者的十分之一，稍能跟得上。

太虛後來回憶說：「教學方面，精神尚好，其稍有煩惱者，則為事務處辦理，未能臻於健全，與學監、教員、學生，時有摩擦。冬天（1922），智信因病亡故，竹林、玉皇亦辭職。……大慈亦在這年冬初，以病重……而死。」[38]可以說，佛學院的運

35　太虛，〈志行自述〉，載《太虛大師全書》第 17 冊（臺北善導寺版），頁 186-191。

36　例如史一如講「小乘佛學」和「哲學」，都是譯自日本的《小乘佛學概論》、《俱舍頌講話》、《印度佛教史》、《印度六派哲學》和《因明入正理論講義》等為課本。

37　見《內學年刊》（臺北：漢聲出版社，影印一版，1973 年），頁 190-193。

38　太虛，《自傳》，載《太虛大師全書》第 29 冊，【文叢 19】，頁 262-263。

作，一開始就不太順利。

第二學期，問題依然。教員方面，空也被學生轟走了，譯書最多的史一如，也病死了。但，新聘了張化聲和唐大圓。張化聲教「國文」、《中論》，兼編《海潮音》；唐大圓專教「中國哲學」。太虛本人自授《三論玄要》、《十二門論》及《百論》。

張、唐兩人的學養尚佳，因此被太虛倚為與「支那內學院」法義之諍的左右手。

但，嚴格說來，彼等的程度，仍稍遜太虛，又缺乏史一如的譯書本領，所以實際仍以太虛本人為主要的攻擊手。但，此種法義諍論的展開，往往是「支那內學院」提出新的佛學研究觀點之後，才為太虛所批評。

故我們可以說，主導佛教潮流的是「支那內學院」諸君，而非「武昌佛學院」這邊。換句話說，換句話說，太虛以如來藏為核心思想的佛學觀點，除了堅持己見之外，很難再有新的突破了。

因此，儘管太虛長久以來，大量吸收諸如社會主義、無政府主義的新思潮，可是無助於佛學研究上的突破，在佛學的講授上，他依然是走中國心性論佛學的老路；亦即，他其實是一方面空掛者高度理想的革命旗幟，卻在另一方面仍然是隱沒在傳統佛學的暗影中。[39]

太虛的困難還不只是這些。他發現「禪林的管理訓練」未達預期效果，學監也是一換再換。學生的程度又不整齊，自動退學

---

[39] 這種發展的局限性，在當時太虛可能未明顯地察覺到，如今對於一個研究者來說，已十分清楚了。

或淘汰的，將近一半（按：原招生 60 人，但續有新加者，最多達百餘人）。

為了解決這種不穩定的狀況，太虛乃宣布縮短一年課程，改成二年畢業。講授內容，以「法相唯識」為中心，其他各宗佛學，斟酌在講授時略為指導。這是明顯受到梁漱溟（1893-1988）出版《東西文化及其哲學》（1921）後的巨大成功所影響，同時也顯示「支那內學院」的「法相唯識」新學術主張，已躍居當時中國佛學知識圈的主導性地位。

故其第二年的實際任課情形，太虛主要講《成唯識論》，在天台宗方面，講了《教觀綱宗》，禪宗則編了一本《古潭空月》。妙闊被加聘來講《賢首五教義》。張化聲講「西洋哲學」，及未完的《中論》。唐大圓續授「中國哲學」，並代太虛講《解深密經》。陳濟博教日文，並譯講未了的《印度六派哲學》與《中國佛教史》。「國文」另由他人代張化聲課。以上為前半學期的課。

最後一學期，太虛仍續講《成唯識論》外，還講了淨土方面的《彌勒上生經》及《彌陀經》，同時又編有《慈宗三要》和講了《瑜伽菩薩戒》。妙闊專講《楞伽經》。張化聲、唐大圓和國文老師，仍續上學期課程。大勇由日本回來，至院傳密及講《密宗綱要》。

1924 年夏天，暑假前舉行畢業典禮，畢業者 60 多人，只留20 名在院繼續研究，其餘皆回去了。鑒於第一期的課程變動和學生的水準不一，太虛原擬在第二期加以改進，其計畫是：

一、第一期畢業的，留下二十名成績優秀的，設研究部讓彼等深造。

二、新召的對象，限受過比丘戒的學僧，計 40 名。

三、寄宿之處，仿禪堂廣單制，先注重律儀訓練，施以嚴格
　　的生活管理。

在此同時，又設「女眾佛學院」於鼓架坡，由李德本為董事
長，李隱塵為院長，收比丘尼和在家女學生約 20 名，課程由
「武昌佛學院」的教師及研究生兼任。到了秋末，太虛即藉口胃
疾，必須休息，而告別他去。[40]

當時讀研究部的學生，都已離開。第二期生，除少數的，如
大醒、亦幻、寄塵、墨禪、盧愚等，後來隨他學習外，其餘甚少
受到他的教導。[41]此事意味著，他的教育實驗，還要重新開始，
理想與差異，仍待拉近。

然而，像改革者太虛這樣的「徒有理想，而無可行的實踐辦
法」，能通行無阻嗎？這就是當時就讀「武昌佛學院」的大醒等
太虛的追隨者，所要去長期面對的。

40　當時，他這一離去，曾引起種種揣測。太虛後來回憶說，係胃病和第二
　　辦學，未符所願，減低熱心所致。印順則指出，係密教盛行，經費轉用
　　之故。但，離開是解決之道嗎？恐怕未必！太虛如不離開，在教學規模
　　上，雖不能擴充，然在程度上仍可增強。持續兼收在家眾，以及密教傳
　　授，實可視為新教育的一環，而加以容攝之。如今率而離開，於事無
　　補，反而讓人感覺其缺乏穩定性，和未顧大局之心，實為下下策。1925
　　年，太虛雖一度返任，但已為時太晚了。

41　太虛，《自傳》，載《太虛大師全書》第 29 冊，【文叢 19】，頁 288-
　　289。

九、輪到新僧大醒登場： 簡述他是如何出色落實太虛佛教改革志業的？

之前各節，我們都在介紹新僧大醒如何在出家後，成為著名的佛教改革者太虛門下的一位表現卓著的「新僧」歷程、及其所面臨的「從太虛出家之初，一直延續到二十五歲的大醒本身，也開始出家為僧後」，這對師徒兩代之所以能有極大改革共識的時代氛圍（不論外在社會環境或內在佛教環境），所交雜構成之命運共同體的形成因緣。

其目的不只是在介紹新僧大醒個人，而是藉以在解說其所承襲的傳統佛教現況，以及實質促成其作為改革健將的「太虛流新僧」的相關助緣之所在。

因他很快就追隨太虛去主持其他佛學院的教務，而他僅有的佛學院教育經驗，也就是只在「武昌佛學院」的第二期就讀兩年的歷練而已。

第三年（1927），他是前往南京金陵寺禁足一年，學習自己作為佛教僧侶的相關作為規矩與佛教知識。但到 1928 年春天，他就被太虛派到福建廈門南普陀寺擔任該寺的監院，並主持當時常常鬧學潮的「閩南佛學院」，前後五年，直到 1932 年冬季，才與太虛一起離開。

而後，有關「新僧大醒追隨太虛改革志業的實際作為」的表現狀況，根據印順長老所述：

（前略）

廿二年，小住潮汕。冬，還武院，主編海潮音，鼓吹人間

佛教。

翌年，講地藏本願經於漢口正信會；蓋法師於地藏悲願，景仰彌深。

廿四年，去日本考察佛教，備受彼邦佛徒歡迎。

廿五年，住持淮陰覺津寺，革弊建新，且將追閩院之盛！半覺津佛學院，覺津月刊；主持七縣僧眾救護訓練；講學於感化院。護教救國，頗為地方當局所重。迨戰火逼近，法師乃退而自修。

後嘗主持高郵善因寺，時值戰亂，隨緣而已。

抗戰勝利，法師出任中國佛教會整理委員會秘書長職。

卅五年，繼虛大師主持奉化雪竇寺。翌春，虛大師圓寂於滬濱，法師悲痛無已！其後，太虛全書之編撰，太虛舍利塔之建築，並多得其力。……[42]

　　在這一精練而準確的「行狀」介紹中，縱使對於現代中國佛教史所知不多的讀者，也可以了解，「太虛流新僧」大醒，是一直追隨太虛的改革事業的，有時成為代理人，有時成為接棒者，以及成為主要協同推動者，以及繼承並順利處理太虛死後的各種善後問題。

　　但，其中，他最具經驗與績效的是：有關佛學院的教務、住持佛寺革新、協助地方政府訓練抗戰期間的僧侶救護隊、負責中國佛教會組織的再造事務、創辦或主編佛教刊物，用來宣傳「太

---

[42] 印順，「行狀」，收在大醒法師遺著編輯委員會編，大醒法師著，《大醒法師遺著》，序文。

虛流新僧」的改革核心理念：「人間佛教」思想。特別是最後一點，對當代盛行的「人間佛教」來說，更是具有指引的先驅者的時代深刻意義。

所以，本文開頭就稱他為「現代中國佛教改革健將」，可為名符其實。他是典型的「太虛流新僧」也無問題。

只是有關他在大陸時期的那些輝煌成績，本文限於篇幅，無法細說，而在底下一章，須要轉至本文的主題：他在風城的三年記事。根據印順長老所述：

> （前略）
>
> 卅七年，復主編海潮音。
>
> 嗣以戰火南侵，乃奉潮音來臺灣；因任善導寺導師。歷年憂勞，血壓甚高。
>
> 卅九年，移住新竹之香山。
>
> 四十年，復發起主辦佛教講習所於新竹之靈隱寺，雖才財兩難，而足能勉成之。冬以腦溢血臥疾，纏綿及載，四十一年十二月十三日，乃別人寰、時年五十有三。[43]

但其所述這些來臺因緣與在臺三年相關事蹟，正如本文在前言已提過的那樣，並非只是停留在新竹，而是包括他在臺北善導寺的活動狀況在內。所以，在下一章的敘述焦點，就是繼續完整敘述：

43　印順，「行狀」，收在大醒法師遺著編輯委員會編，大醒法師著，《大醒法師遺著》，序文。

一、來臺初期活動事蹟。

二、從養病、治病到死亡相關歷程。

三、從隨緣塔到福慧塔院。

四、《大醒法師遺集》的編輯與出版。

五、「臺灣佛教馬丁路德」VS.「太虛流新僧」的真相。

參、避難海隅與埋骨風城的相關經過

一、來臺初期活動事蹟

（一）新僧大醒來臺：其實是在情勢所逼下的不得已抉擇

佛光山星雲說：「在諸多大陸來臺的長老法師中，第一個到達臺灣的，應該要算大醒法師了」。「大醒法師到臺灣，應該與李子寬居士有關；李子老一生崇拜太虛大師，他只接受太虛大師，以及對太虛大師的學生信任之外，佛教界人士幾乎都不容易看在他的眼裡」。「在他接受臺北善導寺之後，那時正是一九四八年，大陸到處戰雲密布，所以他就邀請大醒法師把《海潮音》帶到臺灣發行」。[44]

但是，根據楊書濠博士的精細比對資料之後，發現如下的事實：「戰後百業凋敝，加之國共內戰加劇，出版事業也深受嚴重的影響，上海一地在民國 38 年（1949）已見若干雜誌、新聞報

---

44 星雲，《參學瑣談：憶大醒法師》，人間佛教通訊社，2017 年 9 月 23 日。

紙停刊。大醒法師原本想要找尋新任主任編輯的心願，也因局勢的動盪而無法如願。民國 38 年 2 月，大醒法師先行來臺，並在臺灣編輯海刊三期」。[45]然而，大醒實際來臺時間，是在 1949 年四月底，所以他不能算是最早來的。

不過，大醒會來臺灣，的確也與李子寬合資買下臺北名剎善導寺有關，因而他才力邀「太虛流新僧」大醒來臺發展。編輯《大醒法師遺著》的幻生，之後從皈依大醒的在臺女信徒口中，也證實了這一點。[46]

但楊書濠博士，也未解釋「局勢的動盪而無法如願」的歷史具體真相為何？事實上，大醒來臺是非常萬不得已的。

因在他來臺之前三個多月，關係國共內戰勝負最決定性「徐蚌會戰」（中共稱「淮海戰役」），已在 1949 年 1 月 10 日結束。[47]緊接著，四月間的「渡江戰役」，國共兩軍已在激烈交鋒

---

[45] 見楊書濠，〈戰後臺灣佛教雜誌的發展——以在臺復刊後的《海潮音》月刊為主（1949-2010）〉，《佛教圖書館館刊》第五十五期（101 年 12 月）。

[46] 見幻生，〈從認識大醒法師說起〉，沈九成主編，《內明》69 期，頁 22-24。

[47] 按：「徐蚌會戰」（中共稱「淮海戰役」），是第二次國共內戰中的「三大戰役」之一，由中國人民解放軍進攻中華民國國軍徐州剿匪總司令部防區。時間從 1948 年 11 月 6 日開始，1949 年 1 月 10 日結束。根據維基百科的資料。此一戰役歷時 65 天，解放軍殲滅國軍 5 個兵團和 1 個綏靖區部隊，計 22 個軍 56 個師，共 55.5 萬人（其中俘虜 32 萬餘人，斃傷 17 萬餘人，投降 3.5 萬餘人，改編 2.8 萬人；國軍將領被俘 124 人，陣亡 6 人，投降 22 人，叛變 8 人。被消滅國軍統計中還不包括潰散和逃亡人數），此外還擊退由蚌埠方面屢次北援之第六、八兩個兵團。國軍方面，由徐州剿匪總司令部總司令劉峙及副總司令杜聿明指

中。[48]而一向與當權派蔣氏親近的「太虛流新僧」，除非先逃到香港暫時安頓，否則就只能在投共、死亡與渡臺反共之間，三者擇一。

　　所以大醒之所以最終選擇來臺，其實是情勢所逼，別無他途可走的下，才來投靠在臺已有佛寺據點的李子寬的。但也從此陷入一條充滿波折與絕望並最終埋骨風城的不歸路！

（二）認識李子寬居士的在臺真面目[49]

揮，造成解放軍傷亡 13.4 萬人。此戰役被中國國民黨及中華民國方面稱為「徐蚌會戰」（徐州、蚌埠），中國共產黨及中華人民共和國方面稱為「淮海戰役」（淮陰、海州）。見維基百科，自由的百科全書—Wikipedia zh.wikipedia.org ＞ zh-tw，「徐蚌會戰—」條目。

[48] 渡江戰役又稱京滬杭戰役，是第二次國共內戰末期，中國共產黨領導中國人民解放軍為攻下當時中國經濟最為繁榮、人口最為稠密的長江中下游地區，於 1949 年 4 月 21 日至 6 月 2 日期間，強渡長江，向中華民國國軍發起大規模戰略進攻的戰役。最終，解放軍佔領中華民國首都南京、全國經濟中心上海，及杭州、武漢等大城市，並快速向南方推進。見維基百科，自由的百科全書—Wikipedia zh.wikipedia.org ＞ zh-tw，「渡江戰役」條目。

[49] 本節主要的參考資料是：陳雯宜，〈試論佛教居士李子寬進入中國佛教會領導圈之因〉，《中正歷史學刊》16 期（嘉義，2013），頁 87-107。吳國展，「李子寬與戰後臺灣佛教的發展（1945-1972）」（臺灣師範大學歷史研究所在職班碩士論文，2016 年）。印順，《平凡的一生（重訂本）》（新竹縣：正聞出版社，2005 年，新版一刷）。演培，《一個凡愚僧的自白》（臺北：正聞出版社，1989 年）。賈懷謙，〈從得病到圓寂〉，沈九成主編，《內明》（香港新界：第 69 期 1976 年 12 月）。李子寬，《百年一夢記》（臺北：手稿本，1970

在慈怡主編，《佛光大辭典》的「李子寬」條目，是如此簡潔介紹的：

> （1882-1973）湖北應城人。名基鴻。法名了空。為太虛大師之在家弟子。畢生於黨國貢獻甚大。民國三十五年（1946），膺選為國民大會代表。曾連任漢口佛教正信會會長十五年，並任武昌佛學院院護、漢藏教理院院董、世界佛學苑董事、中國佛教整理委員會常務委員等職，輔助太虛、章嘉二師整理佛教事務。
>
> 氏一生誓願弘深，對太虛大師之弘法護持最力。太虛大師入寂後，負責推動佛教文化社、海潮音雜誌、太虛大師全書之發行等工作。抵臺後，以臺北善導寺為其弘法事業之主要道場，並多方扶持中國佛教會，為民國四、五十年代之臺灣佛教界名人。著有聖揆錄、百年一夢記等書傳世。[50]

但是，如以李子寬與大醒在 1927 年，於福建廈門南普陀寺「閩南佛學院」與大醒結識算起，[51] 他與大醒所擔任的有關太虛

年）。朱鏡宙，《夢痕記》（臺北縣：文海出版社，1997 年）。于凌波，〈近代佛教大護法李子寬〉，《近代佛門人物誌（二）》（臺北：慧炬出版社，1993 年）。于凌波，〈把《海潮音》遷至臺灣的釋大醒（1899-1952）〉，《中國近代佛門人物誌（三）》（臺北：慧炬出版社，2004 年）。

50　慈怡主編，《佛光大辭典》（高雄：佛光出版社，1989 年），頁2957。

51　根據近人的研究：民國十五年（1926）蔣中正率軍北伐，任蔣作賓為湖北招討使，李子寬為政治部主任。李氏成功招降守將劉佐龍，收復武

交辦佛教改革事務、乃至太虛死後的一切善後問題，兩者幾乎是長期重疊的。但，來臺後的李子寬與大醒在大陸時期的佛教權力相互關係，完全顛倒。

因為 1949 年之後的李子寬，更被國民黨中央組工會所倚重，作為其藉「中國佛教會」在臺組織系統，掌控全體僧尼動態情資的「白手套」。換言之，徹底國民黨化的「中國佛教會」在臺組織、以及掌控全體僧尼動態情資的日常運作等各項工作，李子寬幾乎就是上承下接相關任務的主要「白手套」之一。

另外，包括僧尼來臺的入境許可、離境許可、組織動態、黨化宣傳、辦佛學院或辦佛教刊物許可，也幾乎都可以透過李子寬這位黨部的忠實「白手套」或這條仗勢欺人的「看門狗」來轉達。連帶地他也有從中私下運作特權，來替自己謀利的彈性空間。

所以，大醒來臺後，只剩他的「太虛流」重要夥伴僧侶身分、相關佛教學養（如擔任善導寺導師之一）、教務與寺物的出色經驗（如在 1951 年，參與主持在善導寺啟建的大型「仁王護

漢，並任湖北省財務委員會秘書長。民國十六年（1927）後又受蔣之命，擔任福建省財政廳廳長。某日閒遊福州鼓山湧泉寺，巧遇太虛大師，太虛大師為保護寺廟免遭共產黨毀壞而向李氏請命，李氏亦請福建省軍政當局出示保護全省寺廟，此為李子寬首次順太虛大師意旨行事。見吳國展，「李子寬與戰後臺灣佛教的發展（1945-1972）」（臺灣師範大學歷史研究所在職班碩士論文，2016 年），頁 23。至於李子寬與大醒的結識，則是因當時大醒任教「閩南佛學院」，並擔任南普陀寺的「監院」之後。而當時，李子寬又因正擔任：福建省財政廳廳長、財政部禁煙處長、淮北鹽運副使三項要職，責任重大，又怕有閃失，所以前往南普陀寺請教大醒如何妥善處理？大醒提供他一些建議。於是兩人開始有交往。

國法會」活動）之外，就完全被他困住了。

特別是當 1949 年十二月蒙古籍的章嘉活佛（1891-1957），從四川成都匆促飛來臺北之後，大醒在「中國佛教會」的殘餘影響力，就被實際擔任第一任「理事長」的章嘉活佛所取代了。從此巴結章嘉活佛與利用章嘉活佛替自己謀利、就成李子寬主要的攀緣對象。

換言之，大醒來臺，對他來說，起初只是作為在以僧侶為主佛教組織中，可以實質有助於他拉幫結伙的有力教界人士，以及能提供有用佛教人力資源，好讓他運用的「工具」而已。所以，當大醒的高血壓沒有嚴重到無法正常行動時，他就被李子寬役使的「佛教黨化權力工具」，否則就是不堪再多關注的佛教「地攤貨」，可以另外找合適者取代他。

這樣可以解釋，為何他對於大醒的高血壓病重後的相關治療問題，會根本視若無睹，宛如陌路過客。[52]連大醒過世後的一切善後，他也沒有接手處理。因為他立刻找到同為「太虛流」的著名僧侶：演培與印順兩者，相繼從彼等逃亡暫居地香港來臺，無縫接軌大醒的高血壓病重後，所留下的教務與寺物的相關空缺。

但，因演培與印順相繼來臺後，一直到李子寬死後（1973年九月七日），都活得好好的。所以彼等與李子寬之間必然萌生僧俗之爭的激烈化，就成為無可避免的惡性循環。[53]不過，這已

---

52 見幻生，〈從認識大醒法師說起〉，沈九成主編，《內明》69 期，頁22-23。

53 見印順，《平凡的一生（重訂本）》（新竹縣：正聞出版社，2005年，新版一刷）。演培，《一個凡愚僧的自白》（臺北：正聞出版社，1989 年）。

不在本文處理範圍，在此可以省略。

二、從養病、治病到死亡相關歷程

　　有關大醒來臺前後數年，從養病、治病到死亡相關歷程，有新銳佛教史學者楊書濠博士，根據大醒來臺前後數年，刊載在海潮音上的相關編務記事，所撰寫的精彩論文「戰後臺灣佛教雜誌的發展——以在臺復刊後的《海潮音》月刊為主（1949-2010）」，讓我們現在可以從中清楚地看到：

　　大醒來臺第一年，高血壓轉趨嚴重的原因有二：一是印刷所需的紙張，因物價飆漲，所以導致現有週轉資金不足，無法按期準時出刊。二是他一人獨挑編務大樑的過度勞累，導致身體健康難以維持。[54]

---

[54] 楊書濠在〈戰後臺灣佛教雜誌的發展——以在臺復刊後的《海潮音》月刊為主（1949-2010）〉，《佛教圖書館館刊》第五十五期（101 年 12月）一文，提到：「海刊從第 30 卷（1949）第 5 期起，即遷移臺灣印刷出版，發行部方面的事務與編輯部事務，在同一處辦公，完全由大醒法師負責。然而在匆忙倉促間遷臺，發行物件除了訂戶名冊外，費用、物資（先前在上海購買的白報紙）等均來不及攜帶，來臺後就面臨無法發行出刊的窘境。

「為了維持海刊在臺的發行，大醒法師向孫張清揚居士商借了舊臺幣 1千 1百萬元，作為維持海刊發行的基金，此項借款費用，後來得到了空居士捐 5百萬、侯慧玉居士捐 1百萬、李慈蓮居士捐 2百萬，以及許多善信知識的代募或自捐才得以還清。有了此筆基金的支持，海刊才可以繼續在臺延續慧命。

「至於此筆基金在海刊發行業務上的運用，大醒法師在找定印刷所後，會先給付印刷費若干，再以此基金充作預付款項，與印刷所簽訂印刷契

　　但在大醒來臺前後數年，從養病、治病到死亡相關歷程中，不論是在第一次發病後，或是第二次發病後，所有生病中的照顧，並非李子寬或善導寺派人照料，反而都是全仰賴靠一位原信仰一貫道的道親賈懷謙（大醒來臺在善導寺當導師，演講佛法之後，也在場聽講的賈懷謙，從此放棄的信仰，皈依大醒成為在家

約；印刷所在代印海刊的期間，能夠拿到此筆基金的利息，充當不足額的印刷費用，契約到期後，印刷所再退還此筆基金。

「以此克難的發行方法，海刊與印刷所簽訂了八期的合約，順利完成第30 卷（1949）在臺的印製與發行。民國 39 年（1950），政府發行新臺幣，舊臺幣被以 4 萬元兌換 1 元新臺幣，海刊以新臺幣 2 千 5 百元作為預付金，與印刷所簽訂了四期的印製契約，完成第 31 卷（1950）的發行出版工作。本年度的發行出版工作讓大醒法師心力交瘁，挫折感甚深，發行經費的短缺與印製費用的高漲當然是其困擾的一個因素，在第31 卷第 1 期時即有提到：『臺灣的印刷費特別高，現在的印費較八個月以前，增加到十倍以上。』

「也因此深具編輯經驗的大醒法師不禁特別感嘆：『從三十七年二十九卷編本刊起，我才開始覺得，我的能力——什麼都不夠』！『十五六年前，我的膽子很大，自信力強，認為我主編一個雜誌，這點力量還能勝任，……誰知到了十五年以後的前年，再來主編本刊時，才深知慚愧，覺得我雖具有佛教服務的一顆熱騰騰的願心，但檢討自己的力量實在什麼都不夠』！

「海刊自第 32 卷（1951）起，原為月刊發行改為季刊，表面上是為了響應政府反共抗俄『戰時節約紙張』的政策，縮短了編輯的篇幅；實際上，主因還是經費的考量，為了保持發行基金，以及避免再勞動道友們募緣，因此海刊與印刷所簽定印製四期契約，改為季刊發行，預定發行時間為一年。然而第 33 卷（1952）仍然維持季刊的型態發行，主要的原因與主編的健康有關，由於大醒法師高血壓疾病纏身，至民國 41 年（1952）時，已累到臥病在床，再也無法進行繁重的編輯工作，在接續主任編輯人選未能確定前，海刊只能維持季刊的方式發行」。

居士）所照顧。[55]

　　再者，大醒的第二次致病，也是無可奈何中的意外。根據佛光山星雲的親歷敘述，即詳盡的提到：「……其實，大醒法師一生最不喜歡做經懺佛事，但是在這種因緣關係之下，他也不得不歡喜接受。就把講習會裡一、二十位大陸來的青年，一起帶到觀音山做了三天法會。聽說事後經國先生還包了一個大紅包給大醒法師，因為在大陸上做經懺，一向誦經以後，都會有嘓錢（紅包）供養。大醒法師就和大家說：『這些錢我們就不必分了，把它做為講習會的基金。』我認為這是很好的事情，但是有人不以為然。不過，這也難怪，那時候大家都窮，都沒有錢」。[56]

　　「大醒法師非常氣憤，很不以為然，認為大家應該要發心，要為了佛教，所以就集合大家訓話。他站在講臺上，手拿粉筆，想要在黑板上寫『三皈依』，當寫第一個『自』的時候，手就停在那裡，拿不下來，中風了。停頓了很久，大家趕快趨前去扶他時，他就倒下來了。大醒法師曾經跟我講過，他知道自己會中風，他說：『我身上有一顆藥，假如我中風的時候，要趕快把那一顆藥給我吃下去。』大概就是可以即刻往生。為什麼呢？他也曾告訴我：『我一生英雄，我可不能中風以後做狗熊。』」[57]

55　見賈懷謙，〈從得病到圓寂〉，沈九成主編，《內明》，香港新界：第69 期，30-34 頁。以及同期，印海，「大醒法師示寂的前後寫實」，沈九成主編，《內明》，頁 29-30 之文。

56　星雲，《參學瑣談：憶大醒法師》，人間佛教通訊社，2017 年 9 月 23日。

57　星雲，《參學瑣談：憶大醒法師》，人間佛教通訊社，2017 年 9 月 23日。

「但是那個時候，一群學生誰敢拿那一顆藥給他吃呢？大家忙著趕快把他送去就醫搶救。只是後來還是嚴重到不能講話，甚至癱瘓，呈現半植物人的狀態，從此以後就靠著他的在家弟子賈懷謙照顧」。[58]

「這一位賈居士真是菩薩，比兒女都孝順，侍候大醒法師一、二年有餘，直到往生。大醒法師圓寂時，才只有五十三歲」。[59]

反之，邀請他來臺灣當善導寺導師之一的李子寬，當大醒的高血壓沒有嚴重到無法正常行動時，他對於大醒的高血壓病重後的相關治療問題，會根本視若無睹，宛如陌路過客。[60]

當時，大醒被住院治療的「臺北鐵路醫院」，認為已難以改善病情，而將其強迫出院時，大醒回到善導寺的情況，是在無法自理尿屎的髒臭狀況下，被寺方草草安置的。

若非工友老杜、賈懷謙居士負責，或雇人照料，或請皈依大醒的女居士捐款協助開銷，否則很難想像那是怎樣既悲慘又無助的生命末期煉獄？

所以大醒的死，除少數教界人士與學員或信徒，略有照應之外，沒有任何他作為教界改革健將與佛學院教育最具經驗者的應有尊嚴。

---

[58] 星雲，《參學瑣談：憶大醒法師》，人間佛教通訊社，2017 年 9 月 23 日。

[59] 星雲，《參學瑣談：憶大醒法師》，人間佛教通訊社，2017 年 9 月 23 日。

[60] 賈懷謙，〈從得病到圓寂〉，沈九成主編，《內明》，頁 30-34。

三、從「隨緣塔」到「福慧塔院」

　　至於大醒死後被火化，遺骨灰最初是放在善導寺內，然而善導寺雖是臺北市最著名的佛教骨灰罈存處，終年為亡者超渡的經懺法會，不但次數居冠，收費也最豐厚。但，初來臺灣落腳之處的善導寺，在此後讓大醒歷經無限滄桑與毫無尊嚴的生命晚期歲月，所以將這種對他不友善的臺北市最著名的佛教骨灰罈存處，當作他死後的骨灰罈永存之所，未免太過尷尬與不妥。而當時，新竹福嚴精舍的「福慧塔院」仍未建造。

　　所以，與靈隱寺的住持無上商議後，同樣也不放進該寺著名的「靈壽塔」存放，而是提供一處寺院最偏僻的空地建塔安置。但，寺方不負擔任何建塔所需經費。於是賈懷謙居士發動教界募款，但所募的款項不大，只供購買一些建築材料而已。靈隱寺的住持無上只好親自動手建築，獨自辛勞一個多月，才建成無上自己構想的方形雙層水泥基塔，取名「隨緣塔」，塔旁立碑。碑文如下：

大醒法師塔銘

大雄垂教，漸被中夏，普燭重昏，首標般若。維師擢秀，
釋門健者。理會有無，諦融真假，聞者莫逆，瞻顏不捨。
妙義泉流，元言瓶瀉。爰初弘法，實基閩夏，徒中莘莘，
如金就冶。建幢鄂渚，振錫懷因，雪峰勝境，浙海潮音。
智悲雙運，願力同深，修羅兵劫，航葦南臨。法輪大轉，
淄素歸心。現光明拳，宣廣長舌。了此音塵，莫可思說。
指月方資，津梁遽折。追念精勤，永懷芳潔。我抽秘思，

載銘幽碣。陵谷有遷，蘭菊無絕。

中華民國四十二年六月白衣張寬慧敬撰並書。

對聯：

月下海潮音習習人間獅子吼。

塔中般若種年年湖上草湖清。[61]

　　這篇「大醒法師塔銘」，應該是我生平所讀過最不肉麻、最典雅、最優美、最精確的四言古詩頌詞，所撰成神來之筆。在新竹佛教史上，是僅有的絕唱！

　　但，「隨緣塔」本身，卻因過於建築簡陋，與靈隱寺中原有高度藝術化的「靈壽塔」名塔外型與美麗裝飾，形成強烈反對比。

　　而因其外表毫不起眼，又無法替寺方帶任何觀光收益，所以只是孤零零座落在僻處雜草叢生的荒涼環境之中。

　　不時，還有些到靈隱寺的遊玩的無聊參觀者，會任意在「隨緣塔」壁上，胡亂塗鴉，肆無忌憚，更加污損其紀念雙層方塔的清潔外貌。賈懷謙居士為此悲憤莫名，但無法可想。

　　之後，印順長老的福嚴精舍，在續明法師過世後，因他對印順長老與福嚴精舍、甚靈隱寺，都是具有重要相關性的著名僧侶，所以在福嚴精舍增建「福慧塔院」以為安處。

　　賈懷謙居士向福嚴精舍方面再三懇求被同意，後終於也將

61　見幻生，〈從認識大醒法師說起〉，沈九成主編，《內明》69 期（1977），頁 23。

「隨緣塔」的大醒骨灰罈，存入「福慧塔院」內，並有遺照掛在
紀念室牆上，與其他「印順流的亡僧們」同在，長期被供奉與不
時接受佛教儀式禮敬！[62]

四、《大醒法師遺集》的編輯與出版

大醒死後第三年，才因賈懷謙居士發起，要為大醒法師的幾
種散落著作，編成紀念大醒圓寂五週年紀念集，並請演培法師具
名宣佈，發起文由幻生執筆。之後而才有幻生負責主編的《大醒
法師遺著》，於 1963 年在海潮音出版社問世。

但，有關《大醒法師遺著》的編輯與出版的經過，在該書於
1963 年 3 月 30 日在臺北的「海潮音社」出版時，只有簡單的
「編輯例言」說明，卻沒有指出當時負責主編全書的，其實是幻
生與賈懷謙居士等，只以「大醒法師遺著編輯委員會」具名而
已。

所以，我們將根據曾全文重新校訂《八指頭陀評傳》，並長
期負責《大醒法師遺著》的主編者幻生之文，[63]其所提供的完整
資料，在此稍加介紹。

首先，我們須知，大醒原是太虛門下，在大陸地區宣傳「人
間佛教」最力的健將，也最早為人所知。

所以他來臺後，除在主編的《海潮音》上，發表幾篇文章

外，初期曾用在善導寺的法會收入，還出版過一本《青年教與佛教青年》小冊子，[64]是印來結緣贈送的。其次，是他的在家弟子陳慧復，花錢自動替他出版過一本《人間佛教的實行家》小冊子，[65]同樣是印來結緣贈送的。前者，我沒看過；後者，卻是他作為「太虛流新僧」，最簡明的「人間佛教」基本信念。[66]

　　所以他主張：「佛教是在人間的，人間也是離不開佛教」的。人間佛教的和樂國要怎樣建立？這可以從：

　　1.建立人間佛教的民眾教育。

　　2.建立人間佛教的民眾生活。

　　3.建立人間佛教的國家政治。這三方面來施設。

　　因為「這三事是與安定國家政治為造成和樂國家的三大基礎」，並有關於這三點，非常詳盡的說明。[67]

　　但，他的經典根據，與印順長老從原始佛教的《阿含經》找到的「佛在人間」的片段經句不同。因為他是自《佛說孛經》中

64　見幻生，〈從認識大醒法師說起〉，沈九成主編，《內明》99 期，頁 21，曾提及此事，幻生也收到一本有作者簽名的。

65　在賈懷謙，〈從得病到圓寂〉，沈九成主編，《內明》99 期，頁 33。曾提及此事。

66　所以他在小冊中的第一篇〈我們理想中之人間佛教和樂國〉提到：「佛教傳到這人間的我們中國，也已有了一千八百餘年的歷史。佛教的學說思想對於我國的全般的文化上雖然有了很深刻的影響，而直接對於我國的民眾教育民眾生活以及國家政治實際方面的關係，仍未能把佛教的精神完全貫輸進去顯揚出來。換句話說：佛教在我國還沒有人間化——佛教人間化，人間佛教化」！已收在大醒法師遺著編輯委員會主編，大醒著，《大醒法師遺著》，頁 688-669。

67　大醒著，〈我們理想中之人間佛教和樂國〉，收在《大醒法師遺著》，頁 688-669。

譯出，經文則為支謙所譯的。所以他將其改寫成白話版的〈孚：一個人間佛教實行家的故事〉。

他提到「這個故事是佛在舍衛國祇樹給孤獨園為卑先匿王說的」。其內容是，「在以前有一個蒲隣奈國，國中有一個梵志姓瞿曇氏的兒子，他名字叫做孚。孚在幼年就好學，才藝過人，一切學問以及九十六種外道的經典，他都通達，無所不知。並且『能却淫心，消伏蟲道，武略備有，而性慈仁』」。

「後來孚的父親死了，他有兩個哥哥非常的嫉妒他，在分他父親的遺產的時候，要少分與孚，說他的父親為孚幼時讀書曾用去很多的教育費；應該要分得少些；而他的母親不承認。可是在孚呢，他覺得人生皆為貪苦，他若不離開家庭總不能相安於無事的。因此，他商得他的母親的同意就去親近明師做了沙門」。

「孚在山中學道，他很勤勇他的工夫能得四意止：一、能慈念一切眾生如母親愛兒子那樣的慈愛。二、能悲愍一切眾生教化令其解脫。三、自己因為能體解道意心常歡喜把煩惱斷除了。四、能護持一切應作不應作的沙門戒條不犯」。「他又得了四意：一能制伏貪淫。二能除却恚怒。三能去除痴念。四能得樂不喜逢苦不憂」。「他又能絕五欲：一目不貪色。二耳不貪聲。三鼻不貪香。四舌不貪味。五身不貪細滑。他又能以他的智慧方便之道，去順化天下，教人使行十善：一孝順父母，二敬事師長，三破諸疑惑，四令信道德，五知死有生，六作善獲福，七為惡受殃，八行道得道，九見憂厄者為解免之，十見疾病者為施醫藥」。「這樣，孚不但成了那一國的一個人間佛教的實行家，並

且是個大教育家大慈善家信仰他的人也不知有多少」！[68]

這是戰後在臺灣首次出現有關「人間佛教」宣傳的小冊子。

可是，在 1949 年因內戰失敗而逃難到臺灣的僧侶和一般信徒，仍處於兵荒馬亂的驚恐中，前途茫茫，一切未知，而上述的信念與經典實例，因為太平淡無奇了，無助於安慰彼等極度恍惑與騷動未寧的逃難心靈，所以影響不大，也不為後來的佛教史家所注意。

若不是在林德林創辦的「臺中佛教會館」中，還在書庫藏有一冊，否則如今閱讀《大醒法師遺著》的人，也不會發現他的重要性，而只是納入《大醒法師遺著》中，[69]聊備一格而已。

至於其他的早期出版著作，像《八指頭陀評傳》，他生平最用心寫的近代中國佛教改革家的第一代領袖寄禪傳記，也是寄禪的追隨者第二代接棒的，太虛出家初期就受其啟蒙的最重要僧界典範。所以，第三代的「太虛流新僧」改革健將大醒，也繼續將其視為最早傳承的典範來寫他的傳記。因此被納入《大醒法師遺著》的第一部分，是很恰當的處理。

其他的則有《日本佛教視察記》一書，其實是應日本近代兩大佛教統戰要角之一的藤井草宣所促的，前往日本考察佛教與進行私人交流。這也是追蹤過去太虛曾到日本考察的類似經驗。但，太虛是主動要求前往，大醒則是幾次日方邀請才前往的。

---

[68] 大醒，〈李：一個人間佛教實行家的故事〉，《大醒法師遺著》，頁650-667。

[69] 見大醒著，《大醒法師遺著》，頁 650-667、668-682。可是，編輯把小冊子中的第一篇〈我們理想中之人間佛教和樂國〉與第二篇〈李：一個人間佛教實行家的故事〉的兩篇文章前順序調換。

　　藤井草宣在他訪日期間，一直陪伴與做行程安排。考察報告以日記的方式，逐日都非常精準的被記錄下來，成為《日本佛教視察記》一書出版。所以，被納入《大醒法師遺著》中的第二部分，理所當然。

　　至於他本身是從創辦的《現代僧伽》而崛起於當時的佛教界，其發表各篇具有巨大批判影響力的時論，後來被集結成充滿自嘲意味的《口業集》出版，曾被轟傳一時，並激起新舊兩陣營對立的尖銳化。大醒來臺灣後自己回憶說：

> 民國十七年二月，我奉大師命，往廈門南普陀寺主持閩南佛學院教務。我在此時就創辦了一個雜誌，名叫現代《現代僧伽》，兩年之中樹立了一種新型的佛教言論刊物。十八年，在杭州西湖博覽會，全國雜誌刊物展覽中，曾受到「全國佛教革命的唯一雜誌」評語。當時在死氣沈沈的中國佛教之中，可以說起了很大的激動。《現代僧伽》，攻擊舊式僧徒，不遺餘力，所以有某山某寺揚言，欲買流氓僧到廈門去刺殺我，我實在沒有想到我的刊物，還有這樣的感動力。[70]

　　這是歷史文獻，有其時代意義，當然也被納入，成為第三部分之一。

70　見大醒，〈《海潮音》三十念紀念致詞〉，收入《大醒法師遺著》，頁918。

　　此外他在各期《海潮音》上發表的佛教評論，因每篇都具有鮮明針對性的佛教時事的建言與反思，其中也包括來臺後所寫的幾篇，都有類似性質，所納入第三部分的評論集之二。

　　不過，這部分，雖具有最重要的現代中國佛教改革文獻的，第一手史料彙編，很值得深入解讀，卻迄今少有被全面解析者。

　　最後《大醒法師遺著》中的，是由他的日記彙編與出版的《空過日記》。這是大醒作為現代佛教改革者與教育家的日常作息紀錄。

　　至於未找到的《地藏經說要》與《隨緣詩草》，則由於無法長期等待，賈懷謙居士斷然決定放棄納入。

　　所以，出版時，不稱「文集」或「全集」，負責主編的煥生建議改用「遺著」出版。這就是目前《大醒法師遺著》的全部內容。當時，這些大醒法師的言論著作，都是動員臺灣與香港各地的教界人士協尋，然後陸續有人願意提供，才能編輯完成，但已前後費時多年。

　　遲遲無法完成的原因，是負責主編的幻生剛好身體疾病沈重，又發現《八指頭陀評傳》中的大量被引用的原來指頭陀詩詞，出現很多不精確的轉引，他抱著病軀將全部《八指頭陀評傳》的全部資料，都一一核對後，動手修正錯誤之處，所以才費時很長。

　　當時，印順長老沒有實際參與編輯，但最重要的大醒法師「行狀」，則是他大手筆完成，是迄今最權威的大醒簡明傳記。

　　此外，他又一篇「懷念大法師」，登在印順著《平凡的一生

（重訂本）》的第十章，相當精彩動人。[71]

不過，賈懷謙居士過世六年左右時，他的文章〈從得病到圓寂〉，卻被當附錄的「遺著」，登在香港《內明》雜誌的 69 期（1977 年十二月）《特刊》上。這是由《內明》雜誌主編沈九成，與前往香港短期訪問時，所共同促成的「大醒法師示寂二十五週年紀念專輯特刊」的附錄的「遺著」。其他相關作者與悼念文章如下：

1.印順，「大醒法師行狀」。

2.演培，「記念已來人間遊化的新學菩薩」。

3.幻生，〈從認識大醒法師說起〉。

4.編輯室，「大醒法師遺墨・遺像・隨緣塔」。

5.印海，「大醒法師示寂的前後寫實」。

6.仁俊，「一生心底念醒公」。

7.賈懷謙，〈從得病到圓寂〉。

不過，在登載《內明》雜誌的 69 期《特刊》上的，印順發表的「大醒法師行狀」，並非新寫，全文只是將《大醒法師遺著》的「行狀」重刊一次而已。

五、「臺灣佛教馬丁路德」VS.「太虛流新僧」的真相

日本現代禪學思想領航者的忽滑谷快天博士（1867-1934），他在日治時期臺灣唯一真正的領有僧人弟子傳法卷的，

---

71 印順著，〈懷念大法師〉，登在《平凡的一生（重訂本）》（新竹縣：正聞出版社，2005 年），頁 45-59。

就是當時在臺中市創建「臺中佛教會館」的林德林（1890-1951）。

　　而他（林德林），不只在新建的「臺中佛教會館」以作為傳播其師忽滑谷快天的批判禪學思想大本營，也翻譯與自辦中道雜誌刊載大量其師忽滑谷快天的批判禪學作品。

　　同時他也正式成為仍兼有日本曹洞宗僧侶身分的忽滑谷快天門徒，並且他在臺中市創辦「正信」的新佛教組織，舉辦新式佛教婚禮等，都是忽滑谷快天的其他在臺追隨者所不及的。雖然他的上述作為，之後還曾導致一場歷數年的禪儒知識社群的思想路線分歧大爭辯，但也因此被當時他同門的佛教學者李添春，稱他是「臺灣佛教馬丁路德」。我們如今的理解，[72]可以清楚知道他有以下六點值得關注之處：

　　一、林德林本人當時雖是出身貧寒，卻是一個臺灣佛教史上少見的才華洋溢的非凡人物，不但飽讀書詩，能說能寫，並能注重圖書設備和廣納各種新知，以作為自我精進和弘法教化之用。他一生的佛教事業，如上述主要是奉行日本曹洞宗著名的禪學思想家忽滑谷快天所提倡的「正信佛教」新禪學思想。

　　二、此一新佛教的信仰內涵，其特徵是強調神佛分離，奉釋迦佛為本尊，破除鬼神迷信，致力於宏揚日本曹洞宗祖師道元的正眼禪風，並以觀音大悲的普渡精神從事向社會弘法的救渡工作。而在日治大正後期（1922）所新建的「臺中佛教會館」，就是他推展此一新佛教運動的根據地。

---

[72] 本節內容，主要參考，江燦騰，《臺灣佛教史》（臺北：五南圖書出版公司，2009年），第十三章，頁259-288。從《南瀛佛教》第七卷第一號（1929年一月）以下各期。

　　三、因此，他在初期，即頗獲當時臺中都會區中產階級士紳的歡迎及熱烈贊助，使他的新佛教事業能多元發展，快速擴張。

　　四、但，也因為這樣，他的佛教事業立刻招來當地保守的儒生團體之側目和嫉妒，導致後來雙方多年的激烈對立，平添不少的發展阻礙。再加上，他的個性又剛毅過人，勇於突破傳統，例如他以出家僧侶之身，卻敢於仿效日僧在弘法的道場內公開舉行本身的結婚典禮，雖遭到保守派僧侶的責難和儒生社群的強烈圍剿，仍不屈服。由此可以看出他敢於走在時代前端的膽識和決心。

　　五、只是如此一來，也使他成了當時爭議性最大的新派僧侶，並導致原有會館信徒的大量流失。

　　六、戰後由於日本退出臺灣，又有大批逃難的大陸僧侶來臺，使得臺灣佛教再度面臨另一次重大的變革，即必須「去日本化」改用「大陸佛教制度」。因而他也開始遭到來臺大陸僧侶的批判。其中最引人注意的是：來自「太虛流新僧」大醒，對他的兩種極端對立的批判。

　　因為大醒到臺灣後，前後三次到臺中去探望他。但第三次去「臺中慎齋堂」（1952 年九月十七日）），卻是參與林德林的葬儀。而他之所以有第三次前往，是林德林臨死前特別請當時臺灣省佛教理事長宋振修帶話給在臺北善導寺養病的大醒舊友。所以，他在自己死前的二個多月，抱病勉強前往，並致悼念輓聯讚嘆他：

　　　　廿三年文字交深，現代僧伽，南瀛佛教，曾同一鼻孔出氣。

千萬經卷論理妙，典中水潦，島上葛藤，無第二知識分
清。

但是，等到他回到臺北善導寺之後，在寫文章時卻批評林德
林說，他雖是臺灣的「舍利弗——智慧第一」。

不過，「可憐他（指林德林）四十歲以後，受了日本和尚的
一些影響，背了幾個大小包袱」。所以，「對於這位臺灣舍利弗
感嘆他的不智之甚」！[73]

此外，當時林德林所推崇的《正信問答》思想與信仰，因被
視為其中充滿如來藏的「泛神論思想」，在戰後重新推出時，也
被受印順影響的圓明（楊鴻飛）所公開批判，頓告沒落。

所以晚年的林德林，雖曾努力要適應講國語（北京話）的環
境，但一來體弱多病，二來大環境的不利情況至為嚴重，又是他
難以適應的。

只有臺中市「慎齋堂」的堂主張月珠是他最常往來教界知

---

[73] 見大醒法師遺著編輯委員會主編，大醒著，〈看看輪到我〉，收在《大
醒法師遺著》，頁 901。問題在於林德林與大醒之間，在彼等於 1929
年，互相交換《現代僧伽》與《南瀛佛教》，而建立此後「廿三年」之
久，彼此志同道合的「文字交深」一事，可能存有誤解。因為《南瀛佛
教》第七卷第一號及下各期內容，主題都在談類似現代佛教的佛誕活動
方式、佛教徒的社會關懷等。不過其中有具名林德林的各期文章，都在
寫〈金剛經物語〉長篇連載。至於林德林另用筆名（如二樹庵、祇園、
正信生）發表的，則是佛教現代兩性的敏感話題，例如和尚娶妻論等。
由於大醒並沒有發現另用筆名發表的那些文章，其實就是林德林本人寫
的，才會誤解成，「可憐他（指林德林）四十歲以後，受了日本和尚的
一些影響，背了幾個大小包袱」。

音，連他過世時，都是由張月珠堂主為其送終的。但，其生平所一意推動的新佛教事業，仍自此即冬眠迄今。

　　而很巧，在這一點上，「臺灣佛教馬丁路德」VS.「太虛流新僧」的兩者長篇深入歷史傳記，都是由我完成的。所以，他們是不會被遺忘的！

參考書目

1. 大醒法師遺著編輯委員會編，大醒法師著，《大醒法師遺著》，臺北：海潮音社，1963 年。

2. 印順，《太虛大師年譜》，臺北：正聞出版社，1992 年。

3. 印順，《平凡的一生（重訂本）》，新竹縣：正聞出版社，2005 年，新版一刷。

4. 演培，《一個凡愚僧的自白》，臺北：正聞出版社，1989 年。

5. 演培，〈記念已來人間遊化的新學菩薩〉，沈九成主編，《內明》，香港新界：第 69 期，1976 年 12 月。

6. 幻生，〈從認識大醒法師說起〉，沈九成主編，《內明》，香港新界：第 69 期，1976 年 12 月。

7. 仁俊，〈一生心底念醒公〉，沈九成主編，《內明》，香港新界：第 69 期，1976 年 12 月。

8. 印海，〈大醒法師示寂的前後寫實〉，沈九成主編，《內明》，香港新界：第 69 期，1976 年 12 月。

9. 編輯室，〈大醒法師遺墨・遺像・隨緣塔〉沈九成主編，《內明》，香港新界：第 69 期，1976 年 12 月。

10. 賈懷謙，〈從得病到圓寂〉，沈九成主編，《內明》，香港新界：第 69 期，1976 年 12 月。

11. 釋見豪、釋自衍採編，《樸野僧・無上志：新竹靈隱寺無上和尚圓寂五十週年紀念》，嘉義：香光書鄉出版社，2016 年。

12. 李子寬，《百年一夢記》，臺北：手稿本，1970 年。

13. 朱鏡宙，《夢痕記》，臺北縣：文海出版社，1997 年。

14. 侯坤宏，〈未竟之業：新竹靈隱寺辦學史〉，《竹塹文獻雜誌》，新竹：第 64 期，2017 年 9 月。

15. 星雲，〈大陸僧侶在臺灣〉，《百年佛緣 7：僧信篇 1》，高雄：佛光出版社社，2012 年。

16. 于凌波，「近代佛教大護法李子寬」，《近代佛門人物誌（二）》，臺北：慧炬出版社，1993 年。

17. 于凌波，〈把《海潮音》遷至臺灣的釋大醒（1899-1952）〉，《中國近代佛門人物誌（三）》，臺北：慧炬出版社，2004 年。

18. 于凌波，〈主編《現代僧伽》的釋芝峰（1901-1971）〉，《中國近代佛門人物誌（三）》，臺北：慧炬出版社，2004 年。

19. 于凌波，〈達超〉，《現代佛教人物大辭典（下）》，高雄：佛光出版社，2004 年。

20. 了中，〈善導寺沿革之一〉，《海潮音》，第 97 卷第 8 期，2016 年 8 月。

21. 了中，〈善導寺沿革之二〉，《海潮音》，第 97 卷 9 期，2016 年 9 月。

22. 淨良，〈我們對慈航菩薩的崇敬與感念〉，《佛教導航》，2009 年 5 月 15 日

23. 吳國展，〈李子寬與戰後臺灣佛教的發展（1945-1972）〉，臺灣師範大學歷史研究所在職班碩士論文，2016 年。

第十二章
在新竹市東郊的印順導師與
當代人間淨土思想的大爭辯
及其新開展

壹、前言

　　近 30 年來，在臺灣各地佛教道場盛行的人間佛教淨土思潮，不僅在當代臺灣各地、甚至在香港和大陸地區，都是不少佛教學者論述的熱門課題；而與此相關的教界人士和著名道場，也都紛紛各自標榜新創的詮釋術語和本身思想的源流與依據。

　　因此，當代人間佛教的思想潮流，是既廣泛流行又涵義分歧的當代新佛教意識形態之特有氾濫現象。這雖不是對新竹市佛教界所特別產生的影響，卻也無法例外，而不受其影響，例如釋寬謙比丘尼，就是當中最著名的實例之一，她不但一直弘揚印順導師的著作與思想，連福嚴佛學院的大改建時，也都由她一手包辦全部設計的。因此，我們絕對有必要針對此思潮與印順導師（1906-2005）的關係之間，進行必要的解說，才能知道整個事件發展的來龍去脈。

　　但是，人間佛教的思想潮流中的核心概念及其相應的社會實踐趨勢：佛陀的非超人化和佛教的入世關懷，其實是與戰前的近代化趨勢和社會主義思潮在東亞逐漸流行的各類實踐化表現，具有密切的關聯性。

　　因此，事實上，1936 年之前的大陸佛教界不少改革派人士和日治下的臺灣佛教知識菁英間，彼此都有多次的思想交流，雙方甚至都具有高度的近代思想同質性內涵。[1]

　　可是，由於 1936 年後的東亞戰爭，逐漸促使各類思想朝向包裹民族主義外衣的法西斯化、亞洲統合論和唯物社會主義思想的三者之混合時潮發展。

　　唯一例外的是，當時還在大陸地區的傑出佛教思想家印順導師。由於他在戰時，曾對印度佛教滅亡史進行深刻的反思，而後又溯源性地引述原始佛教的相關佛經典據，並提出印度佛教思想流變的新詮釋體系，所以大量具有近代性反思性質的傳統經論新解論述，也逐漸流傳各地。而當 1949 年，國共內戰大局底定之後，他又先是逃離到香港；之後，從 1953 年起，再長期定居於臺灣新竹、臺北、臺中、嘉義等地，直到 2005 年過世於花蓮。因此之故，也帶來他最具典範性的新佛教思想的認知內涵和多元視野。

　　不過，人間佛教的思想潮流，之所以能在兩岸三地成為不少佛教學者論述的熱門課題，其實是根源於臺灣解嚴前後的特殊社會轉型期的新思維的產物，並且筆者和楊惠南兩人，是初期最重

1　江燦騰，〈大正後期臺灣僧侶首次參與國際交流和兩岸佛教的互動及影響〉，《臺灣佛教史》（臺北：五南圖書出版公司，2009 年），頁 193-236。

要的推廣者；其後，印順與太虛（1890-1947）的差別和新舊淨
土思想的不同實踐路線之爭，就成為佛教界各自論述的主要源
頭。

　　而其中，佛教兩性平權、生態關懷、國際急難救助和現代弘
法，則是臺灣教界目前的主要成就。受此影響，大陸佛教界人
士，也不甘示弱，紛紛提出趙樸初（1907-2000）與太虛的人間
佛教思想論述。所以，目前此新（意識形態）的思潮，仍在兩岸
三地，各自繼續分歧發展。

　　但是，為何會出現印順導師與當代淨土思想的大爭辯及其新
開展？本章就是在解說此事情來龍去脈。又由於筆者本身，不但
是作為研究當代臺灣佛教史的學者；在此同時，長期居住在新竹
地區的筆者，又是實際介入歷史發展的相關「局內人」之一。所
以，在親自現身說明之餘，也可能有當局者迷的認知盲點。因
此，本章只是代表筆者的一家之言而已。

貳、相關歷史溯源

一、先從 1991 年 10 月 20 日印順導師與筆者 在新竹的一次對話說起

　　雖然在臺灣當代的佛教學術圈，並不缺乏學有專長的佛教學
者。但是，在 2005 年之前，要像印順導師那樣，幾乎受到僧俗
兩眾，一致推崇的佛教學者，並仰之為當代佛學最高權威者，可
謂絕無僅有。

　　不過，論世俗名聲上，他比不上南部佛光山的星雲法師，甚

至也比不上他門下的證嚴法師。但是，在真正的佛教學術研究圈裡，卻唯有印順導師一人，能具有一言九鼎的公信力。

也因為如此，在臺灣的佛學界居然出現一種有趣的現象，即：有不少佛教道場，經營會對外界表示，他（她）們奉印順導師為「導師」的；而印順導師的佛學見解，就是彼等修行的最高指導原則。換句話說，在當代臺灣的佛教學術界裡，掛印順導師的「招牌」，已經成了一種新的流行。

本來，佛法的流布，就是要深入廣大社會的，並非只是出家人自己關起門來說說而已。所以當年佛陀在菩提樹下，悟得無上的解脫道之後，隨之而來的，是遊走四方，傳播所悟正道；不拘對象，不論印度種姓如何、不分貧富、賢愚，凡有所求法者，無不一一為其決疑和開示，務必使其蒙受法益而後已。

總計佛陀從 35 歲悟道到 80 歲入滅的 45 年間，弘法、利生，即是他行道的主要宗旨，也是他實踐佛法的主要方式。

從這個角度來看，印順導師，自 25 歲出家以來，就在佛法中薰習和成長；而自 26 歲撰寫〈扶擇三時教〉和〈共不共之研究〉二文發表於《現代僧伽》以來，也已經歷了近幾十個年頭的弘法生涯。

他的《妙雲集》和其他多種傑出的佛學著作，質精量多，幾乎涉及到經、律、論三藏的每一層面，堪稱一套小型的「三藏」寶典，為傳統佛學和現代佛教思想，建立起一條寬坦的溝通橋梁。

對於這樣的佛教高僧，身為佛教徒或佛法的愛好者，能閱讀他的書、以研討他的思想為榮，毋寧是很值得稱許的。而筆者自1971 年起，便因工作的關係，長期定居新竹縣竹北迄今，也常

常讀他的相關書籍，並逐漸寫過不少有關他的著作。[2]

可是，一開始，還未認識印順導師本人。筆者是先認識住在
新竹市南門街的一位翻譯日本佛學著作的東北籍人關世謙先生，
之後才有機會認識印順導師本人。

那時關世謙先生還在新竹市議會擔任秘書，也常在佛教期刊
上發表譯自日文佛學的文章發表。他和個子嬌小的妻子，是住在
新竹市南門街的一棟老舊日式平房宿舍內。關世謙先生也是
1949 年大陸變局而來到臺灣新竹的，又是虔誠的佛教徒。所以
對於大陸僧侶在當地的活動，他都熱心參與，熟知來龍去脈。

而筆者當時，一方面在新竹縣竹北鄉泰和路的臺灣飛利浦電
子公司竹北廠的廠務部擔任機房操作員，負責氧氣製造，另一面
又在臺灣大學歷史研究所碩士班就讀，專攻明代佛教史。

有一次，筆者曾從臺大圖書館複製日本佛教學者阿部肇一的
《中國禪宗史》增訂版給關世謙先生翻譯，其後此譯本是由三民
書局的東大圖書公司出版的。

因為這樣的關係，筆者常從竹北家中騎機車到關世謙先生的
南門街宿舍。當時，還是在臺灣政治解嚴的初期階段，但先前管
制思想的環境已大為開放了。

當時，臺灣知識菁英的活躍表現，有《當代》、《中國論
壇》、《思與言》等刊物，可以暢所欲談。而筆者主要是在《當
代》上發表。

其中，有一篇是筆者討論臺灣佛教高等教育的問題，並特別

2　江燦騰，《人間淨土的追尋》（臺北縣板橋市：稻鄉出版社，1989
年）。

指名當代臺灣佛教界首席佛學權威印順導師本人，應在有生之年，針對新儒家大師牟宗三的《佛性與般若》中，所針對印順本人觀點的批評，有所回應。而不應留下未解的問題，讓像筆者等這些後輩學者來煩惱。[3]

　　沒想到，有一天，筆者去關先生家，關先生剛從新竹市東郊丘陵上的福嚴佛學院回來，他是去參加印順導師的生日慶祝會的。

　　但，他告訴筆者，來參加導師生日慶會的人很多，可是導師一個人坐在沙發椅上，手裡拿著《當代》雜誌，正認真讀筆者的文章。關先生對他說，他認識作者。結果，印順導師拿著《當代》雜誌給關先生看，嘴裡一直在抱怨著：你看看，你看看，還居然要我和牟宗三辯論！……

　　筆者頓時恍然大悟，任何學者都是重視自己的學術思想，在專業同行中的看法。所以，他對生日活動是否熱鬧，一點也不在乎。他在乎的是，筆者居然丟給他一個傷腦筋的學術課題！

　　後來，印順導師本人，也親筆給筆者一封信。所以，筆者知道，他是把我當知音的，因此，他對筆者特別客氣，態度也和對其他人不同。

　　記得他 92 歲那年，筆者到福嚴看他。因假日大門關閉，等通報後打開。筆者進去時，抬頭一看，當年 92 歲的他，居然在二樓的走廊上，一手扶著鐵欄杆，一手對筆者揮舞，表示歡迎，令筆者無比感動。也就是在這訪談中，他坦承，並不反對共產主

3　江燦騰，〈為臺灣佛教高等教育把脈〉，載《當代》第 37 期（臺北：1991 年 3 月），頁 100-106。

義，認為那是人類的理想之一，所以無須反對。但，他反對用殘
酷的手段來傳播共產主義。

不過，在 1991 年 10 月 20 日的一次聚會中，印順導師本人
卻對我個人談起他的著作被濫引濫用的情形。他還感嘆早期來臺
灣，有心教卻找不到程度好的學生來學習，以後又因身體弱，無
法將內心所想的一一寫出。

因此他認為，他在臺灣佛學界的影響力一定很弱（※當時在
場的，還有來自臺南妙心寺的傳道法師。我們都是來參加福嚴佛
學院的改建落成典禮，才與印順導師碰上的）。

不過當時，筆者隨即對他表示：在臺灣，他的書已成為當代
知識分子，要接觸佛教思想的最佳媒介，即連一些新儒家的年經
學者，也多多少少讀過一些。因此他的佛學影響力，是無可置疑
的。

然而，真正能對他思想做深刻掌握的，並不多。換句話說，
當代的臺灣佛學水準，儘管有印順導師的著作可讀，由於理解不
精確，很難評估提升多少。這樣的狀況，到底要怎樣扭轉，便值
得探討了。

另一方面，筆者之所以要慎重其事地，重提這一段關於當代
臺灣佛教界對印順導師的矛盾影響現象，其真正用意是，是想藉
導出一個相關的論述主題。

亦即，我們可以由此發現，當代整個臺灣佛教界的學術水
準，其實並不如想像中那樣高，而事實上這又是印順導師在臺灣
已經經營了近幾十年的結果。可見他過去的努力，是何等地艱
辛、何等地不易。

再換另一角度來說吧！我們都知道有一些佛學界的同道，相

當同情 1953 年到 54 年之間，印順導師因《佛法概論》被檢舉為「為匪宣傳」的這件事。甚至有些學者（如楊惠南教授）還把此事，當作印順導師遭受保守派迫害的實例。同時，也批判包括慈航法師在內的教界領袖。

於是有個新的研究結論提出：認為臺灣戰後的佛教發展，所以在水準尚未大幅度地提昇，是由於印順導師受迫害，以致失去其領導性的地位，連帶也喪失原可循印順導師思想發展的大好機會。總之，在《佛法概論》這件事上，印順導師不但被當成受難的英雄，也使保守派必須擔負了佛教發展落後的嚴重責任。

然而，我當時認為，如果我們繼續環繞著這件事打轉的話，可能對整個順印導師的時代角色與地位，會判斷不清。

因為從事件的過程來看，印順導師並未被關，或被逮捕，甚至連限制行動的禁令也未發出，僅是在處理上，有警總和黨部介入，且要求對某些關於北拘蘆洲的描寫作修改而已。

其後印順導師在經營道場和弘法活動上，一點也未遭到官方的干涉。所以我們如果太過強調此事的迫害性質，則有可能會誤導判斷的方向。做為一個現代佛教學者，在觀察此一事件的本質時，不能太感情用事，應該用較深度的視野來分析才對。這是我在展開以下的說明之前，首先要強調的一點。

其實我們可以從他在心智上的偉大創造，以及對人間苦難的關懷這兩點，來評估他的人格特質以及他在佛教思想方面的卓越成就。

就第一點來說，筆者曾在一篇文章中，提到：「印順導師的最大貢獻，是以此三系（性空唯名、虛妄唯識、真常唯心）的判教，消化了日本近代佛教學者的研究成果，融會自己探討的資

料，而以流利的中文傳出清晰可讀的現代佛學作品。迄今為止，
他的確代表了當代中國佛學研究的最高峰，臺灣近 40 年來的佛
學研究，抽去了印老的著作，將非常貧乏，可見其分量超重量級
的。」[4]

另外我在〈孤獨的佛教哲人〉一文中，也曾提到他說：「像
這樣的佛學專家（印老），卻是長年身體虛弱，不斷地和病魔抗
爭，幾度徘徊在死亡邊緣的。他的心力之強，心思之邃密，心智
之清晰，實在令人驚嘆不已！」[5]

假如人類的偉大性，是指人類對內在脆弱性的強化與不斷地
提昇，那麼像印順導師這一堅毅的創造性表現，實在是相當不易
的。

況且，在這一心智的偉大創造背後，印順導師又具有關懷人
間苦難的強烈取向。可以說，他對佛法解脫道本質的理解，是界
定在對人間為主的強烈關懷上。由於這樣，他一方面極力探尋印
度佛法的原始意義為何？一方面極力強調初期大乘是佛教真正解
脫的精神所在。在這樣的佛教思想主張，其實又和印順導師的學
佛歷程，以及當時國家社會的危難局勢有關。

換言之，印順導師在作為出家人的角色上，他不只是隱逸式
的探求佛法而已，他在內心深處，始終和時代的處境，有一密切
的關聯性。因而，他的著作內容，其實是以佛教的社會關懷，作
為對時代處境的一種回應。

我們在他的自傳之文《平凡的一生》和學術史回顧《遊心法

4　江燦騰，〈臺灣當代最偉大的佛教思想家印順盛正〉，《人間淨土的追
　　尋》，頁 232-233。

5　江燦騰，〈孤獨的佛教哲人〉，《人間淨土的追尋》，頁 235。

海六十年》這一小冊子中，即可以看到他的長期治學，厥在尋求佛陀本懷，同時也可發現他對民族的尊嚴和時代的使命，抱持著一份強烈的關懷。例如他曾反對太虛弟子和日本佛教界過於親近。

他的理由是：「日本軍閥的野心是不會中止的，中日是遲早要一戰的。處於這個時代的中國佛教徒，應該愛護自己，不宜與特務化的日僧往來。」[6]這是他從 1935 年起，和太虛大師有一年多未交往的主要原因。

到了 1938 年冬天，中日戰爭已爆發，全國上下正努力對日抗戰，面對此一國族危難，他眼見廣大的佛教信眾，無以解國族之急和聖教之危，於是他深切反省佛教的過去與未來，想探明問題出在哪裡？而當時新儒家的大師梁漱溟在四川縉雲山與他談到學佛的中止與時代環境的關涉時，更令他思考：「是否佛法有不善之處？」然後在《增一阿含經》中讀到「諸佛皆出人間，終不在天上成佛也」的句子，之道佛陀的本來教法，就是以人類為本的。他因能找到「人間佛教」的法源，內心為之欣喜、熱淚為之奪眶而出！[7]

從此以後，揭櫫佛教的人間關懷，即成為他的為學主要方針。一度他甚至不惜為此一主張而和太虛大師有所諍辯。由於這是他親探佛教經藏的原義，而後才確立其堅決主張的。因此他敢

6　江燦騰，〈當代臺灣人間思想的領航者〉，《當代臺灣人間佛教思想家》（臺北：新文豐出版公司，2001 年），頁 20。

7　印順，《印度之佛教》（臺北：正聞出版社，1986，再版），頁 1-3。

於喊出：「我不屬於宗教徒裔，也不為民族情感所拘蔽。」[8]他
並且提出他的治學理念說：「治佛教史，應理解過去的真實情
況，記得過去的興衰教訓。佛法的信仰者，不應該珍惜過去的光
榮，而對導致衰落的內在因素，懲前毖後嗎？焉能做為無關於自
己的研究，而徒供庋藏參考呢！」[9]所以佛法的研究，對他而
言，是具有時代的使命感的。

　　而他日後來臺灣，所寫的龐大著作，也都具有像這樣的關懷
在內。因此要理解他的思想，即必須將他的思想放在時代的大架
構中來理解。否則是掌握不到他的真正的思想特質的！

　　但是，他的研究，儘管文獻解讀精確、立論嚴謹、證據充
分，可是由於他的同時也吸收了不少國外學者的研究成果，在詮
釋上便和傳統佛教的佛教僧侶產生了很大的差異。例如他重視原
始佛教，他的《佛法概論》一書，即是以原始佛教的經典為主要
內容。

　　可是對傳統派的中國僧人而言，《佛法概論》其實是小乘的
佛法；而流傳在中國的傳統佛法確是以大乘佛法為主。他們視大
乘佛法為佛陀的成熟教誨，是原始佛教為不了義。如此一來，雙
方在認知上產生了巨大的衝突。於是印順導師便遭到了長期的批
評。

　　他在《法海微波》（序）中有一對沉痛話，提到他的作品遭
遇和失望的心情。他說：「（從）民國 20 年來，我寫下了第一

8　江燦騰，〈當代臺灣人間思想的領航者〉，《當代臺灣人間佛教思想
　　家》，頁 20。

9　江燦騰，〈當代臺灣人間思想的領航者〉，《當代臺灣人間佛教思想
　　家》，頁 20。

篇《抉擇三時教》，一直到現在，紀錄的與寫作的，也不算少了，但傳統佛教界給予的反應，除極少數外，反對、不滿、厭惡、咒詛、都有口頭傳說中不斷流行，這實在使我失望！」[10]

這是他在 1987 年所寫的感嘆之辭，離他寫第一篇文意的時間，已經過了二分之一的世紀有餘。

他其實是很歡迎公開批評討論的，例如他曾因唯識新舊譯的問題和守培（1884-1995）筆戰，因三系判教的問題和默如（1905-1991）筆戰等，都是相當精采的。可是佛教界能有實力和他公開討論的，畢竟不多。

事實上，印順導師在臺灣所遭受的批判，除了他的《佛法概論》被指為「為匪宣傳」外，他的《淨土新論》被反對派大批放火焚燬，他獲頒日本大學的博士學位被圍剿為「有損清譽」。其中關於《佛法概論》事件，尤其令印順導師耿耿於懷。[11]他在《平凡的一生》中，詳細交代經過，並點出他來臺灣進駐善導寺，以及佔了赴日代表的名額，是整個事件的內在主因。[12]

但是，他似乎忽略了思想上的差異，才是根本原因所在。例如他提到「漫天風雨三部曲」，其一是圍剿圓明、其二是慈航為文批他、其三是反對派向政府檢舉，而其中一和二，即是思想上的差異所引起的。

並且在政府不追究《佛法概論》的思想問題之後，印順導師長期在臺灣的傳統派隔閡的，仍是思想的歧異，而非利益的爭

---

10 印順，《法海微波》（臺北：正聞出版社，1987 年），頁 2。

11 印順，《平凡的一生》（新竹縣竹北市：正聞出版社，1994 年初版，2005 年新一版），頁 79-85。

12 印順，《平凡的一生》，頁 75。

奪。——為甚麼呢？

因為印順導師批評傳統佛教，從天台宗到禪宗和淨土的思想，皆在批判之列。就天台宗言，印順導師指出：智者大師的空、中、假三諦、非龍樹《中論》本義。在禪宗方面，他指出印度禪法，被「中國化」的過程，以及中國人禪宗人物重視修行、急於證悟，卻忽視三藏經教、和未能多關懷社會的缺失。

至於淨土思想，他則批判彌陀思想受太陽崇拜的影響，以及此一思想太偏於死後的關懷等。凡此種種，都是極富革命性的批評，因而引起反彈，毋寧是理所當然的。從臺灣佛教發展史來看，臺灣戰後的最大變遷，應是佛教人間化的提倡。

而在這一思潮之下，可以有各種不同的活動形態。其中以著作為主，並且強調原始佛教和初期大乘的佛法為核心思想的，即是印順導師的最大特色。至於像佛光山的「人間佛教」理念，則強調佛法的現代化、生活化，所謂「給人信心、給人希望、給人歡喜、給人服務」，因此佛法不分宗派的高下，一概予融通活用。在這一立場上，筆者曾在一篇論文中指出，星雲法師可說是：太虛佛教精神的追隨者；而印順導師則是：「批評地繼承」了太虛的佛教思想。[13]

亦即，在法源上，印順導師重視原始佛教和初期大乘，特別是以中觀思想為核心，不同於太虛的法界圓覺思想；然而，太虛的強烈社會關懷，則印順導師並不反對；所以他是「批評地繼承」，這也是他和星雲法師的最大不同點。

他和星雲法師也因此分別代表了臺灣戰後以來，兩大「人間

13　江燦騰，〈孤獨的佛教哲人〉，《人間淨土的追尋》，頁235。

佛教」的思想潮流。[14]但，這已是 20 世紀 90 年代初期的狀況了。在此之前，又是如何呢？

二、追溯當代「人間佛教思潮」
作為「學術議題」的開端

戰後初期，臺灣佛教界當時在思想詮釋上的激烈爭論，主要是關於大乘佛教的信仰來源，是否符合原始佛陀教義的問題。

這在一定程度上，是反映戰後 1949 年，自大陸逃難來臺灣的僧侶們，對於日本佛教學者所主張的「大乘非佛說」的不滿和質疑。所以其後，便曾發生過印順導師遭到指控，其佛教著述中，有涉嫌沾上紅色「共黨思想」的思想危機。

因此，儘管印順本人在此之前，早已講過《淨土新論》的反傳統淨土思想的前衛觀點，但是當印順在其僥倖地，以道歉和修正部分觀點、並從原先所面臨的紅色思想的嚴重指控之中，脫困之後，便一再宣稱自己是主張「大乘（義理）是佛說」，因而除了其《淨土新論》一書，曾被其他佛教人士搜羅和遭焚毀之外，大致上並未被其先前的對立者繼續糾纏，或不斷地追擊批判。

反之，在逃難來臺的大陸僧侶中，有釋煮雲（1919-1986）以高雄縣的「鳳山蓮社」為中心，釋道源（1900-1988）以北臺灣為中心，以及山東籍的李炳南（1891-1986）以「臺中蓮社」為中心、並宣稱是近代中國淨土宗大師釋印光（1862-1940）的忠實追隨者，於是在彼等大力宣揚下，中國佛教傳統佛教中所謂

14　江燦騰，〈孤獨的佛教哲人〉，《人間淨土的追尋》，頁 235。

「稱名唸佛」的淨土法門信仰，以及連續七天不斷地誦唸佛號和
繞著佛像而走的所謂「打佛七」的修持方式，很快地便擴散成為
戰後臺灣地區佛教徒的主流信仰內涵和最風行的修持方法。

　　不過，此種淨土思想的首次遭到質疑，卻是遠自海外首次應
邀來弘法的漢籍密教上師陳健民（1906-1987）所提出的。

　　1980 年 11 月 21 日起一連 5 天，陳健民上師假臺北市建國
南路，慧炬雜誌社的淨廬地下室，主講「淨土五經會通」。講演
綱目分 11 章，第 2 章的內容講是「罪福會通」，所以他批評傳
統中國淨土古德所提倡的「帶業往生」說法，是經文無載的錯誤
觀點，他主張以「消業往生」代之。

　　由於涉及傳統信仰權威，引起佛教界的大風波，各種責難和
商榷的文章紛紛出現。後來由天華出版公司收為《帶業往生與消
業往生》一書，由祥雲法師（1917-1999）主編，列為天華瓔珞
叢刊第 59 種。

　　但是，爭論的聲浪始終未能平息，所以其後由著名的臺灣佛
教史家藍吉富在其進行現代佛學叢刊的主編計畫時，雖曾收有陳
健民其餘著作的《曲肱齋叢書》出版，但對陳氏這方面的作品，
仍心存猶豫，僅將論戰文章的部分，附在叢刊另冊處理。

　　所以，類似這樣的事件，背後涉及的思想層面都是相當複雜
的，也意謂臺灣傳統佛教的信仰意識形態，在解嚴之前的仍是相
當牢固和保守的。

　　可是，1986 年臺灣新一代的宗教學者以未註冊的方式成立
「東方宗教討論會」，開始每月一次，進行嚴格的宗教學研討和
當代佛教學新學術議題之倡導。次年期末年會召開。當時，由於
道教學者李豐楙的特別建議，要當時仍就讀於臺大歷史研究的筆

者，提出以印順導師的淨土思想為中心的相關論述，並邀請任教於臺大哲學系的楊惠南教授擔任筆者論文的評論者。當代臺灣學術界的精英多人，亦曾參與此一論題的討論。

所以此一新佛教學術議題，宛若被點燃的火藥庫，立刻爆炸開來，成為此後多年海峽兩岸佛教學者大量重估印順、太虛兩者的人生佛教與人間佛教之別的契機。

當然，1980 年代的臺灣，正處於退出聯合國和臺、美正式斷交（1978 年）之後的激烈轉型期，其後又爆發了嚴重的臺北市第十信用合作社「蔡辰洲弊案」的大醜聞，所以戰後蔣家在臺政權的第二代政治強人蔣經國（1910-1988）總統，便開始下重手進行遍及黨政軍的大規模政治整頓，此舉也導致在臺灣佛教界有重要影響力的南懷瑾居士（1918-2012），為避嫌而選擇倉皇逃離臺灣轉到北美去另尋發展之途。

因此，在 1986 年時期的臺灣佛教界，正處於保守勢力逐漸衰退，而新一代佛教學者以佛教史家藍吉富為中心開始，從事對印順學的新解讀與新典範的確認。當代臺灣新銳學者筆者，就是直接受到藍氏此舉的重大影響，因而才有其後的一連串相關對於印順淨土思想的再詮釋或新檢討。[15]

---

15 禪林的著作有兩段話，可以說明當時臺灣佛教界新舊淨土思想轉型的狀況：「……此因傳統淨土信仰與已和臺灣民間大眾的老年心態相結合，亦即其在現實上已成為精神生活或習俗內涵的一種，故很難被視為具有對抗性的激進佛教思想，所以也無法成為批判社會現實問題的強大衝擊力量。」「直到 1986-1989 年間，恰逢臺灣正式宣告解除戒嚴前後期間，各種社會運動相繼湧現，使臺灣地區在解嚴前後對佛教組織的管理大為放鬆，因而伴隨這股潮流，也促使當代臺灣年輕一代的佛教學者開始反思重統淨土思想的嚴重缺陷問題。於是彼等有計畫地援引前輩佛教

三、筆者當時詮釋的新舊淨土思想衝突，
其相關論點為何？

　　1987 年筆者在「東方宗教討論會」的年會中，提出首次
〈當代臺灣淨土思想的新動向〉一文，並以罕見的學術熱情和肆
無忌憚地態度，針對當時臺灣學、教界曾涉及此相關之議題者，
展開了強烈批判性的反思，其中尤以「虛、印之別」，作為討論
觀察印順導師人間佛教思想與中國傳統淨土思想爭辯的判別基
準，最為特殊。

　　事實上，以印順和太虛的淨土思想差異，作為傳統與現代的
淨土思想之別認知基準，並不十分精確，可是筆者的此一舉動，
其實是企圖達到其所訴求的兩大目標：

　　一、是對李炳南居士所代表的傳統淨土思想的不滿。因筆者
過去曾於臺中市，參與李炳南居士的一次戶外大型弘法演講。

　　但筆者當時頗不贊同當時李炳南以傳統淨土信仰的思維，在
公開場合中強烈批評近代科學認知的偏頗和無效性，於是斷然視
李氏為佛教頑固保守派的反智論代表，並決意此後一反李氏的淨
土思想主張，另尋新典範取代之。

　　所以，筆者此次特地於其論文中，首次公開具體指名「李炳
南居士」曾發動信眾燒毀印順導師的新淨土著作的不當之舉。筆
者之文被批露之後，雖然有李氏的弟子，要求印順導師出面為

思想家——印順導師的人間佛教思想——作為論辯和再詮釋的根源性理
論依據，並立刻在學術圈和佛教界，激起對此相關議題的熱烈討論，或
互相激辯。」見禪林，《心淨與國土淨的辯證——印順導師與人間佛教
思想大辯論》（臺北：南天書局，2006 年），頁 15。

文，代其否定，卻被印順本人委婉拒絕。[16]

於是新舊淨土思想之爭，自此之後，便由原先只在教界私下議論的宗教敏感話題，開始逐漸正式浮上檯面，不久便成為戰後臺灣佛教學術界的最勁爆的新課題。

二、筆者對於當時臺灣佛教界流行將印順導師的龐大複雜的佛教著作，或以其《妙雲集》的解讀為中心，或以「大乘三系：性空唯名、虛妄唯識、真常唯心」的新判教，來質疑其理論建構的有效性。

筆者認為此類的認知方式，是缺乏歷史關聯性的「信徒式」解讀。於是在其論文中，一反常態地將印順導師的所有著作，都視為是對時代苦難關懷的人間思想詮釋。

因此筆者主張：（a）印順的全部著作就是反中國傳統淨土思想的「人間佛教」論述體系之展現，（b）印順的思想出發點，就是對太虛所代表的以心性論為最高原則的傳統中國佛教思維的強烈質疑。（c）筆者在同文中也質疑印順的佛教思想，雖陳義極高，但嚴重缺乏對相關歷史情境的對應認知，所以是否有當代實踐性的可能？仍有待檢驗。[17]

這的確是一個爆炸性的議題，所以其後的發展，都和這一論述的提出有關。

但是，禪林則認為：當年筆者之文的發表，之所以能發生極大的效應，其一、是其發表的地點相當特殊；其二、發表其文的刊物影響力極大。

---

16 見印順，《永光集》（新竹：正聞出版社，2004 年），頁 268-269。

17 見禪林，《心淨與國土淨的辯證──印順導師與人間佛教思想大辯論》，頁 23。

　　在其一的說明中，禪林指出：此因當時筆者能率先將論題，
訂為〈當代臺灣淨土思想的新動向〉，除有其對傳統淨土思想的
發展所作之長期的反省與思考外，其最大因素，應與發表的地點
有關。[18]

　　換言之，她認為當年筆者，是掌握得天獨厚的好因緣，出現
於「東方宗教討論會」的年度會議上，所以才能對於她討論印順
導師淨土思想，在當時的學、教界，起了如此巨大推波助瀾之作
用。

　　事實上，禪林在「其二」的觀點中，她是同意並引用佛教史
家王見川教授的意見，認為當年筆者的發表，之所以能發生極大
的效應，就其後續的演變來看，不能忽略《當代》刊物在當時傳
播之效應。

　　因此她認為，「這本刊物以人文思想為主，其內容格外備受
重視，流傳至今仍不衰。所以江氏當年亦鎖定此份刊物，並將題
目修改為〈臺灣當代淨土思想的新動向〉，於 1988 年 8 月 1 日
投稿於《當代》雜誌第 28 期；隔二期，又有印順導師本人在同
刊物（第 30 期），即以〈冰雪大地撒種的痴漢──「臺灣當代
淨土思想的新動向」讀後〉作為對江文的回應。於此，我們足以
窺見《當代》雜誌在學、界早已頗受一些著名學者、專家留意，

---

[18] 她認為，「江氏是因參加 1987 年 9 月『東方宗教研究所』會議，而撰
　　文和公開發表此文。恰好此一地點，又正是當年學、教界彼此交流知識
　　學術會議之重鎮，並且講評者正好又由楊惠南來評審，所以導致楊氏隔
　　幾年亦將他對江氏觀察也發表在同刊物。」見禪林，《心淨與國土淨的
　　辯證──印順導師與人間佛教思想大辯論》，頁 17。

可見影響力之一斑。」[19]

　　但是，筆者的認知過程，則同樣反映出當時新一代佛教學者的現代治學經驗。因為筆者的正式接觸印順導師佛學思想，其實是在筆者就讀臺灣大學歷史研究所的第二年（1976）時，才有清楚的認識。

　　當時，筆者曾試圖將印順導師與太虛的思想作比較，卻發現印順本人處處明白表示他的思想與太虛的思想有別，可是戰後來臺的印順追隨者，包括新一代的臺灣本地認同他思想的眾多僧侶，居然毫無警覺地，將印順的思想直接視為太虛思想的繼承者或將兩者的思想視為是同質性的內涵。

　　因此，筆者當時心中生起的第一個念頭，就是，「追隨他（按：印順導師）的學生和一些弟子，對印順導師的『人間佛教思想』，實際上並不理解」。[20]因而，這股強烈意識，從一開始，便引發筆者積極求證，並對修嚴法師等 1986 年所理解的「人生佛教是等同於人間佛教」觀點，萌生了質疑的大問號。

　　筆者並非一開始就了解印順與太虛的思想差異，他的認知轉

19　江燦騰，文中提到：「可見〈淨土新論〉的批評傳統西方淨土信仰，並未起革命性的改變。江燦騰認為〈淨土新論〉的批評傳真西方淨土思想，……批評者（按：印順導師）在佛學精深認識，在義理上傑出貢獻，在傳統的熱忱，對佛陀本願的執著，以及所開示『人間佛教』之路，都令人有高山仰止之嘆！但是，對中國文化本質與因衍生的中國佛教思想體系，缺乏同情，……批評者的論斷不免有架空之感。」筆者，〈臺灣當代淨土思想的新動向〉，頁 212-213。

20　筆者，〈從「撕毀八敬法」到「人間佛教思想」的傳播溯源〉，《臺灣近代佛教的變革與反思：去殖民化與臺灣佛教主體性確立的新探索》（臺北：東大圖書公司，2003 年 10 月），頁 260。

變，其實是能接觸到當時的二大新的佛教知識來源：

其中之一，是印順導師的舊著《印度之佛教》一書，剛由佛教史家藍吉富於 1986 年設法重印出版，而筆者每月參與「東方宗教討論會」的地點，恰好就是由洪啟嵩、蔡榮婷等人所主持的「文殊佛教活動中心」，該處又剛好有此書的公開陳列和販售，所以筆者才有機會根據此書的序言和全書內容體系，真正了解印順其人的全部思想詮釋和其對傳統中國佛教的強烈質疑心態。

其二是，筆者再於同年根據楊惠南於 1980 年撰述《當代學人談佛教》〈中國佛教的由興到衰及其未來的展望〉一文，確定楊氏與郭忠生訪談印順導師內容，就是在於清楚地表達了太虛人生與印順導師的人間佛教思想是不同的。[21]

所以筆者其實是經過以上的知識查證之後，才積極地在 1987 年發表了〈戰後臺灣淨土思想的爭辯與發展〉一文，並極力認為，臺灣淨土新的發展動向，絕非單純是一樁信仰興論。

於是，其後的發展，就如禪林所指出的，「他（指筆者）在撰寫此文之餘，即就著印順導師爭議之作〈淨土新論〉作為主題，作大突破的改寫，如此一來，早年只是在學、教界長期默默存在或反抗淨土信仰紛歧的問題，便被江氏以學術論述的性質來

21　楊惠南教授在那一年，也出版他編寫的《當代學人談佛教》一書。而其中有一篇，題為〈中國佛教的由興至衰及其未來的展望〉，這是 1980 年郭忠生先生與楊惠南教授到臺中縣太平鄉的「華雨精舍」訪問印順導師，在訪談中，印順導師清楚談到他與太虛是不同的，並且特別指出不同之處，就是他的「人間佛教思想」與太虛的「人生佛教思想」有本質上的差異。當時筆者便得出一個結論，即印順導師的門徒不一定認識印順導師。見筆者，〈從「撕毀八敬法」到「人間佛教思想」的傳播溯源〉，頁 262。

比對其他人物，並將之明朗化，因而構成其後的一連串強烈的
學、教界回應，且餘波盪漾，久久未息。」22

四、筆者論文發表後的相關連鎖反應概述

（一）來自印順導師本人對筆者論述的即時回應

　　印順導師本人在 1988 年 10 月，於《當代》雜誌第 30 期
上，發表〈冰雪大地撒種的痴漢：《臺灣當代淨土思想的新動
向》讀後〉一文；23於《當代》雜誌的第 30 期上，也一併刊出
李炳南居士在臺灣蓮社幾位主要追隨者，所聯合撰寫的否認燒書
的聲明稿。24但是，當時筆者為保護最先提供其內幕信息的，某
位教內重要佛教學者，所以選擇沉默而未作回應。

　　至於印順的回應之文，在一開頭，先是謙稱：「江燦騰先生
所作，是一篇有意義的文字。該文所說我的地方，似乎過分推
崇，期望也就不免高了些，有關於佛教思想的史實，我想略作補
充。」25

　　印順接著即解釋說，他的淨土思想最初，確曾受到太虛宣講

22　禪林，《心淨與國土淨的辯證——印順導師與人間佛教思想大辯論》，
　　頁 19。
23　江燦騰，《人間淨土的追尋——中國近世佛教思想之研究》（臺北：稻
　　鄉出版社，1989），頁 221-226。
24　同註 23，頁 227-228。
25　印順，〈冰雪大地種的痴漢：「臺灣當代淨土思想的新動向」讀後〉，
　　收入《華雨集》，第 5 冊，印順導師將題目改為〈臺灣當代淨土思想的
　　動向〉，頁 99。

《彌勒大成佛經》的影響，而他日後會特別留意彌勒淨土思想，其認知的發點也正是由原先太虛觀點而來的。不過，兩人的共同點也僅於此點而已。

因為兩者對大乘三系思想的認知，是大不相同的，太虛是以如來藏的真常唯心思想，作為其最高義理的判準依據，印順則是以性空唯名的龍樹中觀空義，作為作究竟的義理判準的最高原則。所以他過去即曾質疑過太虛所主張的「人生佛教」理念，是基於「方便而融攝密與淨的思想」而來。[26]因此，他認為，太虛是「深入中國佛學而天超越了舊傳統」。至於印順本身，則自認為，雖是秉承大虛所說的方針，卻更為「著重印度佛教」，因為它「是一切佛教的根源」。

此外，印順導師也對筆者在結論中對他的質疑，表示完全的認同，所以他也於該文中坦承：「（筆者所指摘的）《淨土新論》高超理想……，卻不被臺灣佛教界廣為接受。顯然存在著理想與現實的差異。這句話（指筆者）說得非常正確！」[27]

只是，他在結尾處又無奈地自嘲說：「我（印順）只是默默的為佛法而研究，為佛法而寫作，……我想多少會引起些啟發與影響。不過，也許我是一位在冰雪撒種的痴漢。」[28]

而臺大哲學系的楊惠南教授，即是讀到印順的此一感嘆之後，開始有了強烈的認同和一連串的後續反應。

26　釋印順，《華雨集》，第 5 冊，頁 100。

27　釋印順，《華雨集》，第 5 冊，頁 104。

28　釋印順，《華雨集》，第 5 冊，頁 104。

（二）來自楊惠南教授的回應與相關批評

楊惠南教授先是在應邀講評筆者所發表的〈臺灣當代淨土思想的新動向〉一文，但是當時覺得筆者對印順導師的部分批評，有失公允。因此他在 1988 年 12 月以〈臺灣佛教的「出世」性格派系紛爭〉一文，發表在《當代》雜誌上。

楊氏並特別於文中指出，戰後在臺復會的「中國佛教會」本身，對於「出世性格」保有極為濃厚的觀念，三大派系中，像注重傳戒的白聖長老（1904-1989）等，即是屬於傾向傳統保守派系之一，所以其出世性格特濃，並且對於參與社會關懷意願不高。

楊氏當時即是用此一觀點，加以檢驗筆者批評人間淨土，遭受到建構困境原因所在。

楊惠南並曾感慨地於文中認為，筆者的原先論點，對於「腐敗現實」似乎太過妥協了。[29] 於是楊氏接著指摘，戰後臺灣佛教思想的主要問題，是來自由中國傳統佛教僧侶，如白聖之流所操控的中國佛教會，其過於保守的佛教觀念，由於長期得不到知識分子認可，久而久之，自然走向出世之道，則是在所難免。

楊氏還認為戰後保守派的佛教理念，可以歸納如下：

> 所謂與世無爭的出世「教派」，至少有下列幾個可能的意
> 思：（一）厭棄本土而盛讚他方世界；（二）散漫而無作

---

[29] 楊惠南，〈臺灣佛教的「出世」性格與派系紛爭〉，收在《當代佛教思想展望》一書（臺北：東大圖書公司，1991 年 9 月），頁 43。

為的教徒組織；（三）社會政治、文化等事業甚少參與；
（四）傳教方式的落伍。[30]

　　所以，楊氏其實是與筆者持不同的看法。因為筆者的批評對
象，是針對李炳南居士所代表傳統淨土信仰，而楊氏所批評對
象，卻是屬於禪宗系統的白聖長老與其所操控的「中國佛教
會」。

　　因此，筆者的論述，是將李炳南居士的傳統思想，看成是印
順新淨土思想的直接對立面。而楊氏則指責白聖之流，排斥了印
順作為「中國佛教會」領導者的緣故，才導致臺灣佛教徒和組
織，形成與社會脫節的濃厚「出世性格」。

　　因此，對於楊氏將中國佛教會的派系歸諸於「出世性格」的
論點，筆者覺得此一觀點，在經過歷史學的實證檢視之後，頗與
原來真相大有出入，並且他和楊氏的思想路數，也無任何交集之
處。

　　所以，筆者選擇另撰寫〈處在臺灣佛教變遷點上的慈航法
師〉和〈從大陸到臺灣：近代佛教社會運動的兩大先驅——張宗
載與林秋梧〉兩篇長文，先後在《佛教文化》月刊和《當代》雜
誌分期發表，以顯示出：戰後臺灣佛教的「出世性格」其實有更
大歷史淵源在影響著，並非如楊氏的批評觀點所質疑的情況那
樣。

　　儘管如此，其後的發展是，筆者繼續增強其原先論述的

---

[30] 楊惠南，〈臺灣佛教的「出世」性格與派系紛爭〉，《當代佛教思想展
　　望》，頁1。

「虛‧印之別」觀點；而楊惠南教授則在其論文發表後，立刻形成教界的空前大風暴（當時教界甚至傳言，其後白聖的鬱鬱過世，與曾受楊氏此一嚴厲批評觀點的重創不無關係）。

當時，不但有來自釋昭慧比丘尼，在隔期的《當代》雜誌上，針鋒相對地公開嚴厲反駁楊氏的論點，[31]更有出身臺大哲學研究所的劉紹禎撰寫長篇批判性的論文，針對印順的佛教思想和楊惠南兩人詮釋的淨土主張，分別提出尖銳的質疑。

（三）來自筆者和劉紹禎兩者異議觀點的相關質疑

1、有關大乘三系思想的爭辯

筆者曾在 1989 年，再行補充〈從「人生佛教」到「人間佛教」：戰前虛、印兩師思想分歧之探索〉一文，商榷了印順導師對大乘三系的立場，並首先作出如下的評斷：「從表面上看，似乎兩者（按：太虛與印順導師大乘三系教義）的差異，並不像想像中那樣大，此因兩者當時雖然所依據的教義互有偏重，但對現實社會的苦難、國家的憂患處境，乃至佛教現代適應的問題，都有高度的關懷意識。可以說，對大乘菩薩的普渡精神，兩者皆能認同和有所發揮。」[32]

---

[31] 釋昭慧，〈是治史還是說書？〉，《當代》第 32 期（臺北：1998 年 12 月），頁 145。

[32] 江燦騰，〈從「人生佛教」到「人間佛教」：戰前虛、印兩師思想分歧之探索〉，見《當代臺灣人間佛教思想家：以印順導師為中心的薪火相傳研究論文集》（臺北：新文豐出版公司，2001 年 3 月一版），頁 92。

　　但是，筆者接著即指出，「對於教義印順導師以印度性空論
為主，太虛則偏向在中國傳統佛教真常唯心，這是兩人所堅持立
場」。[33]

　　問題在於，當印順導師以性空學為參考路徑，提出另一種有
別於傳統中國佛教的突破性的新觀念時，筆者也根據文獻，同時
指出，「太虛大師卻以『性空論者』要為『密教』的盛行，負最
大的責任，來反駁！……因此太虛大師認為：新佛教體系，正要
從傳統的中國佛教思想再出發！」[34]

　　所以，最後筆者在其總結論點，是指出：「（虛、印）兩人儘
管在義理上，都能建立一貫體系，在思想上，卓然起家。但是，
能否附諸普遍的實踐上呢？恐怕仍是一個待實證的問題。」[35]

　　此外，筆者在同文中，還認為印順導師所採用「性空思
想」，雖然是以「人間佛教」的思想，作為其針對現實關懷的有
力考量。但是，此一過於理性的宗教心態，「固然對治了傳統佛
教中常有的重經懺體驗的成分和喜神秘神通的流弊現象，但是同
樣也削弱了其中的宗教體驗成分」。[36]反之，太虛卻是根據其宗

33　江燦騰，〈從「人生佛教」到「人間佛教」：戰前虛、印兩師思想分歧
　　之探索〉，《當代臺灣人間佛教思想家：以印順導師為中心的薪火相傳
　　研究論文集》，頁94。

34　江燦騰，〈從「人生佛教」到「人間佛教」：戰前虛、印兩師思想分歧
　　之探索〉，《當代臺灣人間佛教思想家：以印順導師為中心的薪火相傳
　　研究論文集》，頁94-95。

35　江燦騰，〈從「人生佛教」到「人間佛教」：戰前虛、印兩師思想分歧
　　之探索〉，《當代臺灣人間佛教思想家：以印順導師為中心的薪火相傳
　　研究論文集》，頁97。

36　江燦騰，〈論太虛大師與印順導師對人間佛教詮釋各異的原因〉，《當

教體驗而建構其佛教思維的。

因此，筆者最後認為，印順與太虛之間的修行路線抉擇，是無法有最後是非定論的，只能靠各人依其當下的需要，去作見仁見智的必要抉擇了。

2、來自劉紹禎批評淨土三系思想會通的現世問題

對於此一問題，根據禪林研究後，認為劉紹禎在 1995 年時，曾發表〈大乘三系與淨土三系之研究〉長文，並且，劉氏在其的研究結論中，已曾經質疑印順導師生平所判定的大乘三系與淨土三系的正確性。

因為劉氏當時在文中曾提到：「三系說典範的二大預設，（按：印順導師）緣起自性空與人間佛教，不但在立論上，限於內在理路的構思和偏頗，且不能依判準一致的原則用於本系。……依此預設所論斷的印度佛教滅亡之因。」[37]接者劉氏又質疑說「三系中觀學派『緣起自性空』說法，龍樹對於性空理論，雖以破一切法，可是空性立場預設到最後，仍不出形而上的範圍，龍樹似乎已陷入循環論證的矛盾，印順卻把自性空當作成第一義，誤判為了義。」[38]

代臺灣人間佛教思想家：以印順導師為中心的薪火相傳研究論文集》，頁 106。

[37] 劉紹禎，〈大乘三系與淨土三系之研究〉，《諦觀》第 81 期（南投：1995 年 4 月），頁 65。

[38] 劉紹禎，〈大乘三系與淨土三系之研究〉，《諦觀》第 81 期，頁 18-19。

　　然後，劉氏又以龍樹的《中論》中所說的，「是故一切法，
無不是空者」之言，[39]認為「顯然龍樹對空義本身論理，已有矛
盾現象，錯將空義，當成一切都不存在，破壞世間一切因果理
則，印順導師對於空義的理解，確是以龍樹空義作為基礎，不斷
聲稱『有空，才能善巧建立一切』」。因此，他認為這雖是印順
導師一直把空義，判為了義說的理論根據之一，他卻不能同意。

　　到底不了義說不歸屬性空這一系，大乘三系其中二系：妄唯
識系、真常唯心系，前者印順導師把唯識系建立在不空假名，[40]
而後者的真常唯心，它認為這是空過來的，加以貶抑，從本質上
認定他是破壞空性緣起法，是不了義之說。[41]

　　其實，根據劉氏在 1991 年所撰寫的〈西中印空無觀研究〉
一文，早就質疑印順導師判析太過獨斷，他當時就提到：「印順
未加論證以形而上本體論和神秘實在論，來批判真常系，依拙文
分析可知，是一種獨斷。」[42]

　　令人訝異的是，楊惠南和印順本人，都未針對劉氏的觀點提
出反駁，反而是在印順過世之後，才由昭慧比丘尼在《當代》雜
誌上，公開反駁劉氏對印順思想觀點的質疑。[43]

39　高楠順次郎，《大正藏》，第 30 冊，頁 32 中欄。

40　印順，《中觀今論》（臺北：正聞出版社，1992 年 4 月，修訂一
　　版），頁 190。

41　印順，《中觀今論》，頁 190-191。

42　劉紹禎，〈西中印空無觀研究〉，《諦觀》第 77 期（1994 年 4 月），
　　頁 17。

43　釋昭慧第一次的反駁劉氏，應是在 1993 年，見其〈印順導師「大乘三
　　系」學說引起知師資辯論〉，《諦觀》第 72 期（南投：1993 年 1
　　月）。第二次的反駁，見〈法義可以辯論但不疑有不實指控〉，《當

　　劉紹楨也同樣認為，楊惠南先前所指出的是因為戰後「中國佛教會」的保守心態所導致的「出世性格」，並非只是以「往生西方」為主的單一化概念所能決定的。因此，他批評楊氏持論觀點，其實是「以機械因果論西方淨土出離心，乃中國佛教出世之因」，[44]所以，他不能同意楊氏的此一論點。

　　此外，劉紹楨也指摘說，印順導師所批判阿彌陀佛的論點，也只是將其直接連結到他力信仰的宗教之非自力性解脫上，因此這種定義，在劉氏看來「是何其狹隘」！[45]對於此點，禪林的研究指出：

　　　　顯然劉氏無法忍受西方彌陀淨土被當成純他力信仰，這必
　　　　將會激起他對想護教彌陀淨土之熱忱，於此當不難瞭解其
　　　　背後之用心。[46]

（四）解嚴後印順與星雲兩大淨土思想路線的新主張和相關詮釋擴展

　　1989 年時，臺灣地區由於已經是政治解嚴之後的第三年

代》第 216 期（臺北：2005 年 8 月號），頁 140-142。

[44] 劉紹楨，〈大乘三系說與淨土三系說之研究〉，《諦觀》第 81 期，頁 60。

[45] 劉紹楨，〈大乘三系說與淨土三系說之研究〉，《諦觀》第 81 期，頁 55。

[46] 禪林，《心淨與國土淨的辯證——印順導師與人間佛教思想大辯論》，頁 39。

了，並且蔣氏在臺政權的第二代強人領導者蔣經國氏（1910-1988），也在其嚴重的糖尿病所引起的心臟疾病惡化後，導致提早死亡，而繼其位者正是當時當擔任副總統的臺籍人士李登輝，於是臺灣現代史上首次出現無強人統治的民主化時代。

當時反映戰後臺灣社會各種弊政的大型街頭群眾運動，也因之立刻如風起雲湧般的經常出現臺北市離總統府不遠的各街道上，所以當時不只官方在政治權力的運作，曾遭到民間各種不同政治立場的反對勢力之連番挑戰，連一向主控戰後臺灣佛教組織動態的中國佛教會，也因領導者白聖的早已過世和解嚴之後的所開放的同級新佛教大型組織的相繼出現，而陷於威權式微和指導無力的尷尬狀況。

正是在這樣的氛圍之下，1989 年當年，代表戰後臺灣人間佛教思想的兩大路線倡導者：印順和星雲，[47]分別提出其相關的著作和新觀點的詮釋，於是已經歷時三年多的關於印順人間佛教思想的爭辯問題，立刻在印順本人新著作的背書之下，成為代表其一生佛教著作的正式且唯一的思想標籤。

以此作為分水嶺，從此臺灣佛教界所爭論的淨土思想問題，已被化約成為贊成或反對兩者立場，以及印順和星雲兩者的人間佛教理念，何者更具有社會的實踐性問題。

筆者是首先將印順視為是對太虛思想的「批判性繼承」者，

---

[47] 星雲曾於 1989 年以「如何建設人間佛教」為議題，在 1990 年舉行一場國際性學術會議，表明他對人間佛教的看法，並以佛教現代化為主題，作為改善佛教的準繩，強調佛教「現代語言化」、「現代科技化」、「現代生活化」、「現代學校化」等四項。為走入時代，將佛法散播各角落，可見星雲有意將人間佛教引領到現代化。

而認為依星雲所走的佛教路線他應該算是太虛思想的「無批判繼承」者，並公開指出印順曾對星雲人間佛教思想中的融和顯密思想，有所貶抑的情形。[48]

可是，作為印順思想的忠實追隨者的邱敏捷博士，在其博士論文中，則一反筆者的並列方式，而是以印順的人間佛教思想為其判準的最後依據，一舉將包括佛光山、慈濟功德會和法鼓山等，當代臺灣各大佛教事業場的人間佛教思想，一概判定為屬於非了義的世俗化人間佛教思想。[49]

事實上，邱敏捷博士的上述論點，並非獨創的見解，而是延續其指導教授楊惠南，對慈濟功德會和法鼓山這兩大佛教事業道場的人間佛教思想之批判觀點而來。

因為楊氏認為，不論是慈濟功德會所主張的「預約人間淨土」或法鼓山所創導的「心靈環保」，都是屬於過於枝末性的社會關懷和過於唯心傾向的淨土認知。他認為此兩大佛教事業道場，不敢根源性地針對官方和資本家的汙染源，提出徹底的批判

---

[48] 印順導師曾指出，臺灣推行人間佛教傾向，以目前：「現代的臺灣，『人生佛教』、『人間佛教』、『人乘佛教』，似乎漸漸興起，但適應時代方便多，契合佛法如實，本質還是『天佛一如』。『人間』、『人生』、『人乘』的宣揚者，不也有人提倡『顯密圓融』嗎？」釋印順，《契理契機之人間佛教》，頁65。

[49] 邱敏捷〈印順導師人間佛教思想：臺灣當今其他人間佛教之比較〉，此篇文章早期發表於《人間佛教薪火相傳：印順導師思想理論實踐學術研討會》，之後，作者又略事修改，已收入邱敏捷，《印順導師的佛教思想》一書（臺北：法界出版社，2000年1月），頁133-160。

和強力要求其改善，[50]反而要求一般的佛教信眾以《維摩詰經》
中所謂「心淨則國土淨」的唯心觀點來逃避問題，[51]所以他指責
這是「別度」的作法，而非「普度」的作法。[52]

　　所以，邱敏捷博士的上述持論立場，其實是將其師楊氏的此
一論點，再擴大為，包括對佛光山星雲的人間佛教思想的理念和

---

[50] 楊惠南曾於 1994 年 12 月，以〈當代臺灣教環保理念的省思以「預約人
間淨土」和「心靈環保」為例〉，提出社會關懷解決方案。直接針對慈
濟功德會所發起「預約人間淨土」，和法鼓山「心靈環保」，認為當代
佛教推動環保最具成效兩大團體，這方面的成就是有目共睹，就事論
事，這兩大團體只在「『量』上限定於幾環保面相」，更值得注意的
是，工業污染（化學污染）、核能污染，這些都是「來自於資本家和政
府」。楊惠南，〈臺灣佛教現代化的省思〉，《臺灣佛教的歷史與文
化》（臺北：靈鷲山般若文教基金會，1994 年 5 月），頁 288。

[51] 楊惠南的批評是：檢視當代臺灣佛教環保運動，之所以侷限在「浪漫路
線」的「易行道環保運動」的範圍之內，原因固然在於主導法師保守的
政治理念態度，……把環境保護和保育，視為「內心」重於「外境」這
件事，如果不是錯誤，至少是本末倒置的作法。見楊惠南，〈當代臺灣
佛教環保理念的省思以「預約人間淨土」和「心靈環保」為例〉，《當
代》第 104 期（1994 年 12 月 1 日），頁 40-41。

[52] 楊惠南認為，「大乘佛教所發展出來的『（半途型）世俗型』的普渡眾
生」，「還是同樣強調物質的救渡」，相反的，「大乘佛教的普渡眾
生，有出世的意義『目的型』的救渡」。並指出：「世俗」型的物質救
渡，又可細分為二種：其一是一個一個、小群一小群，或一個區域
的……筆者（楊惠南）稱之為「別渡」……以致成為「頭痛醫頭，腳痛
醫腳」的「治標」救渡法。……他們寧可假日到郊外撿垃圾，然後回到
廟裏說「唯心淨土」，宣說「心靈環保」，卻不敢向製造污染的資本家
的政府抗議。另外一種「世俗」型的救渡，乃是透過政治、經濟、社會
制度，全民……這樣的救渡，筆者才願意稱之為「普渡」。見楊惠南，
〈臺灣佛教現代化的省思〉，《臺灣佛教的歷史與文化》，頁 288-289。

做法在內的全面性強力批判。

其後，在佛光山方面，雖然立刻由星雲女徒，慈容比丘尼撰文反駁，但如純就佛教義理的思維來說，慈容的觀點是無效的陳述，所以同樣遭到來自邱敏捷博士針鋒相對地論述強力回擊，因此其最後的發展是，雙方既沒有交集，也各自仍然堅持原有的觀點，不曾有任何改變。

（五）現代禪在家教團與印順佛教思想的長期衝突

現代禪是由李元松（1957-2003）於 1989 年春，率領其短期禪訓班的眾弟子，所創立的「佛教現代禪菩薩僧團」。由李元松擔任祖光傳法長老，撰寫各種〈傳法教材〉、制定「宗門規矩」、「道次第」、「血脈圖」、「發願文」，並以「本地風光」為現代禪的根本心法。

但是在 1993 年已合法登記的「全國財團法人現代禪文教基金會」，卻無法改善現代禪和出家眾持續存在的緊張狀態。

特別是當代佛學大師印順長老，正式在佛教刊物《獅子吼》第 11/12 期（1993 年 11 月）發表〈「我有明珠一顆」讀後〉長文，強力反批現代禪對其批評的各項論點。因為李元松在其書《我有明珠一顆》（1993.8）中提到：許多當代佛教徒之所以排斥禪徒或禪宗，是受印順批評傳統禪宗言論的影響所致。

印順導師則認為：他的過去對傳統禪宗的批評，可能「障礙」了現代禪的發展，而非「影響禪宗的式微」。而當時，最支持現代禪的著名佛教史學者藍吉富，也同樣反對李元松對印順「影響禪的式微」的批評。

　　藍吉富當時是認為，當代臺灣根本無正統禪宗的傳承，更何
來有印順影響禪的式微之舉？在前述的雙方爭論在法義抉擇上的
有所差別，其實只是爭論：社會性（發菩提心，慈悲心）是否必
須與智慧性（如實智）並重或列為優先？

　　就大乘菩薩道的印度原意來看，當然印順的詮釋是正確的；
但李元松和溫金柯則認為：對於宗教本質的根本認知，除非有
「智慧性」的「如實智」作為必要條件，否則空有「社會性」也
無法達成？所以「社會性」是被其排在第二順位的。

　　現代禪在堅持「智慧性」是大乘菩薩道的第一義，而「社會
性」只是第二順位之後，再加上李元松以本人的實修經驗和體悟
進行對此主張的背書，雖無法在當代臺灣佛教界獲得普遍的共鳴
或認同，卻順利成為其內部修法的高度共識和強大凝聚力，並反
映在其後長期潛修時，教團對外活動的相對封閉性和保守性，使
其性格反而接近小乘佛教的修道態度。

　　1999 年 12 月「現代禪網站」的成立，雖然立刻變得非常熱
門和功能多元、以及所載資料也極為豐富，因此使現代禪的全
貌，遠較過去更為教界和社會大眾所理解，連大陸方面的點閱人
口、相關佛教學者通信內容、現代禪因敏感且屢屢主動發動的反
批其他支持印順者的文章，都迅速地被登載其上，也同樣迅速地
激起強烈的反批判聲浪。

　　特別是支持印順長老論點的楊惠南教授，在國科會大型研究
計畫的贊助之下，曾對「解嚴後臺灣佛教新興教派的研究」中，
對現代創立者李元松、教理研究部主任溫金柯、已皈依教團的數
位比丘尼和其他早期參與後來卻離開的重要幹部，作深刻詳細訪
談之後，卻立刻又為文下重筆批評現代禪的種種觀念，使現代禪

深受大打擊和強烈反彈。[53]

可是，儘管現代禪費盡力氣，向各方學界或教界人士申明被扭曲或要求為其主持公道，並在 2000 年 8 月發表〈八二三宣言〉，宣稱：「今後」對於各方的批評或指教，不論對或錯，現代禪強烈希望「都不予回應！」將一心深入止觀和佛學研究，以便徹底脫「辯誣」之漩渦。

然而，溫金柯隔年卻出版其重要的反駁著作《繼承與批判印順法師人間佛教思想》一書。[54]另外佛教界的「如石法師」和大陸學者「恆毅博士」，也對其表示聲援，甚至展開對印順論點的全面批判。

如此一來，迅即遭來包括：李志夫、性廣尼、昭慧尼和林建德居士等多位重要學者，如排山倒海般地強烈反批判。其中尤以林建德的反擊，最有體系和為時最為持久。[55]

於是，現代禪李元松，一方面雖於 2002 年 4 月 26 日，透過招慧尼牽線，正式皈依印順長老門下；一方面也卸下宗長職務。

可是，由於實際未曾真正放棄原先的論點，所以相關爭論也依然持續進行中。最後終於導致「現代禪網站」的完全閉（2003年 9 月），並且教團的走向，也急轉直下。然而，原現代禪教理部的主任溫金柯本人，依然堅持其原有看法，迄今仍未改變。

53　見楊惠南，〈人間佛的困局——從新雨社和現代禪為中心的一個考察〉，《會議論文集》（桃園：弘誓學院，1999 年 10 月）。

54　溫金柯，《繼承與批判印順法師人間佛教思想》（臺北：現代禪出版社，2001 年）。

55　林建德的各篇論文，後來彙編成為《力挺佛陀在人間——諸說中第一》（臺南：中華佛教百科文獻基金會，2003 年 2 月 2 版）。

（六）性廣比丘尼與印順導師人間佛教禪法的闡揚

　　相對於前述的對立狀況，戰後臺灣首位女禪學思想家釋性廣
比丘尼，在 21 世紀開始的階段，曾歷經解嚴之後的多年努力，
但在其最仰慕的印順導師的人間佛教思想的影響之下，首度撰有
《人間佛教禪法及其當代實踐》一書[56]，來提倡人間佛教禪法。

　　性廣比丘尼的此書內容和主要概念，因頗能注重禪修的思想
正確性，和不忘處處關懷周遭環境及其與社會互動的悲憫心之培
養。所以此書一出版，即普受教內識者的接受與稱頌，一時間流
傳甚廣。[57]

　　性廣比丘尼也自書出版之後，不但經常應邀到其他佛教道
場，去開班傳授人間佛教禪法的正確修行次第，也曾應邀到部分
臺灣的大專院校去講授她本人詮釋和首創的人間佛教禪法。

　　而她的新禪學體系，雖在核心觀念上，得力於印順的啟蒙和
奠基，卻非僅止於原樣的轉述，而是經過重新詮釋和添補新知
的，所以就此一創新的意義來講，是超越了當代所謂禪學思想的
任何流派的。

56　釋性廣，《人間佛教禪法及其當代實踐》（臺北：法界出版社，2000
　　年）。

57　溫金柯曾撰文〈繼承與批判印順法師人間佛教思想：評性廣法師《人間
　　佛教禪法及其當代實踐》〉，批評的重點是（1）性廣在書中將「信仰
　　立場」與「學術立場」的混淆；（2）尋求他人背書的心態；（3）「照
　　著講」與「接著講」；（4）美化師長而淺化經典；（5）草率評斷禪宗
　　與密教。2.現代禪與印順法師有共許和不共許之處。見溫金柯，《繼承
　　與批判印順法師人間佛教思想》（臺北：現代禪出版社，2001 年 8 月
　　初版），頁 9-44。但，此一批評，對性廣尼毫無影響。

　　對於此一新佛教文化現象，我們若回顧整個東亞漢民族，近一千多年來的佛教傳播史上，可以說皆屬男性禪學思想家的天下。換言之，在過去從無有一位佛教比丘尼，夠得上被稱為所謂「人間禪法之禪學家」者。

　　因此，她的此一新禪學思想書的問世，可說具有臺灣本土佛教女性新禪學家出現的里程碑意義。

（七）昭慧比丘尼與印順導師對佛教兩性平權運動的辯證發展

　　由於印順導師的刻意栽培，所以昭慧比丘尼，根據印順導師原先主張人間佛教的兩性平權思想，於 2001 年 3 月 31 日，在臺北南港中央研究院舉辦「人間佛教薪火相傳」的研討會時，曾公開宣讀〈廢除八敬法宣言〉，也實際結合僧俗兩眾，當場撕毀了「八敬法」的條文。

　　而此一漢傳佛教千年來前所未有的大膽革新舉動，當時除了立刻獲得臺灣社會各方輿論的普遍肯定之外，也使臺灣現代比丘尼呼籲佛教兩性平權的有力訴求，不但直接強烈衝擊著二度來訪的達賴喇嘛，使其不得不立刻回應（※儘管仍躲躲閃閃）此一具有普世人權價值的理性專業訴求。

　　其後，昭慧比丘尼的撕毀「八敬法」的條文此舉，連帶也衝擊到臺灣傳統的佛教界和亞洲其他地區的佛教界，並且儘管彼等的回應方式頗不一致，甚至連世界華僧內部的共識也遲遲未能達成，但臺灣佛教現代比丘尼的專業水準之高、及其能倡導亞洲佛教兩性平權新思維的睿智遠見，已堪稱為百年所僅見的世紀大手筆。

　　另一方面，當時臺灣傳統佛教界的部分比丘長老們，在面對此一新世紀的佛教兩性平權新思維時，不但無法根據本身的律學素養來為自己一心想堅持的舊思維辯護，反而耍小手段到當時年紀已 96 歲高齡的印順導師身上，然後以其回信中的一句「八敬法是佛制」的簡單論斷，公之於「中國佛教會」的刊物上，想藉以堵塞昭慧比丘尼所一再發出的滔滔雄辯和有力的訴求。

　　問題在於，當時印順導師那句「八敬法是佛制」的簡單論斷，正如他的另一名言「大乘是佛說」，原不能望文生義地只將其等同傳統的佛所說或佛所制來看。因此，有佛教學者（筆者），曾將此意透過中華佛寺協會的林蓉芝秘書長，於 2001 年 7 月 23 日去電「華雨精舍」，向印順導師求證：其語意實際何指？

　　結果，印順導師明確地回答說：清德比丘尼在其《印順導師的律學思想》一書中所說的，較符合其本人的原意。可是，清德比丘尼研究「八敬法」的結論，與昭慧比丘尼所主張的，根本完全一致。

　　亦即，「八敬法」中，只有比丘尼應尊重比丘的這一精神，因各律見解一致，可以推定是佛制遺風；至於「八敬法」本身，其實是佛陀之後，部分法派所制定的，故各部派之間的見解並不一致。

　　由此看來，「中國佛教會」的刊物上所登的那句「八敬法是佛制」，其實是被一語兩解了。

　　但，也不難瞭解，印順導師其實已太老了，並且已無法精確詳說他的看法了，所以才會引來上述的誤解。因此不論他過去曾如何卓越？他如今都只能被當傳統的歷史人物來看待了。

　　再者，為了不徒托空言，所以由昭慧比丘尼和性廣比丘尼所

聯合創立第五十二期（2001 年 8 月）佛教的《弘誓》雙月刊，
便是以「告別傳統——迎接佛教兩性平權的新世紀」，作為專輯
各文的主軸。

這意味著此一專輯的作者，不只敢於正面回應來自傳統派昧
於時代潮流的無謂挑戰或淺薄的質疑，更能以專業的自信和理性
的堅持，用大氣魄、大格局的新時代視野，來發揮其由智慧眼和
菩提心所凝聚的大願力，以呼應兩性平權的普世價值和時代潮
流，並帶領臺灣當代的佛教界，向改革的途徑勇往邁進。

其後，昭慧比丘尼更相繼出版多本佛教倫理學的專書，其中
最前衛的，是《後設佛教倫理學》（臺北：法界出版社，2008）
一書，其議題之新在亞洲堪稱第一。

參、結論

對於本章以上的解說，到底可以有何結論提出呢？由於當代
的一切思潮都在持續發展與不斷變化中，所以筆者想從 2005 年
6 月 9 日，應當時《中國時報·人間論壇》的報社編輯邀約所寫
的一篇〈後印順時代的人間佛教〉專論談起。其全文內容，應該
可以作為本章的最後結論。論述的內容如下：

當代海峽兩岸華人公認成就最高的，一代佛教思想家印順盛
正，於 2005 年 6 月 4 日，上午圓寂，享壽百歲。

假如沒記錯的話，他應是繼民國虛雲禪師、唐代清涼澄觀之
後，第三位在人間存活接近、或超過一世紀的漢傳佛教高僧。

難怪幾年前，天下文化的高希均教授和他的編輯群，在臺中
華雨精舍與印順本人洽談傳記撰寫的授權時，看到身分證上的印

順，居然是出生於清末慈禧太后還活著的年代，不禁驚叫起來。
由潘煊撰寫的《印順導師傳》，在天下文化出版，並有數萬冊的
巨大銷售量。

　　再者，經我多年的建議及其他有力人士的協助之下，去年正
忙於競選連任的陳水扁總統，終於頒授「二等卿雲勳章」給印
順。之後學界居然有人嘲笑說：「陳總統沒什麼文化，頒幾個獎
章，也不會提昇什麼。」

　　我聽了之後，立即反駁：「此種頒獎，陳總統只是因他剛好
是現任國家領導人，所以才由他來頒。要知道勳章是國家的名
器，若能授與應得者，即表示我們整體社會對得獎者的衷心感
謝，這對社會是一種有意義的示範，也是臺灣社會的文化薪火，
能代代相承之意！」

　　為何我要這樣說呢？我的理由是，假如我們把漢人來臺的移
墾，作為歷史的開端，則在數百年來的臺灣社會文化史中，所出
現的最有深度、成就最大、實踐最廣的思想家，我們大概可以舉
出兩位，即：胡適和印順。

　　而兩者中，最和當代近十五年人間佛教思想有關的，就是以
印順本人。所以，當代的人間佛教思想的領航者，就是印順盛正。

　　若再問：臺灣有無出現世界級的思想家？當然有，就是印順
盛正。理由有二：首先，漢民族在全球的人口數居最多數，而在
分布全球的華人中，若論佛教的思想影響力，而非論佛教事業的
大小或信徒的多寡，則印順的思想影響是海峽兩岸最被肯定者；
也是到對岸後，唯一能令中共最高佛教領導人趙樸初，甘心下跪
頂禮的一代高僧。

　　其次，根據政大哲研所教授林鎮國轉述，哈佛大學詹密樓教

授認為：在亞洲，像日本著名的世界級佛教學者，雖有不亞於印順或超過印順的佛學成就，但沒有一位能在思想的傳播層面或社會實踐面上，堪與印順相比。所以印順在華人的佛教信仰圈內，是獨樹一幟偉大思想家。

但，在肯定這些成就之後，是否有其他的副作用出現呢？有的，茲列舉數點如下：

一、由於「人間佛教」一詞，非屬專利品，所以包括兩岸的學者和許多經營大道場的僧侶，都樂於自行再定義，所以其氾濫程度，幾等於無原則和無檢別。所以像亂寫文章的學者，或什麼錢都敢要的大道場都紛紛出現了。這是最大的隱憂。

二、對岸過去一直是以中原天朝的心態，來看臺灣的邊陲和枝末的佛教信仰。如今在著名本土的慈濟新佛教事業之外，又有印順的人間佛教思想，在臺高度發展，頓然使其有由中心淪為邊陲之虞，所以目前對岸當局，對於印順的人間佛教思想是否要在大陸推廣？迄今仍在猶豫中。

三、臺灣社會近十五年來，太忙於政治的議題，導致忽略了政治和經濟以外的實質成就與發展。例如新的佛教在家教團的出現、真正有深度的新禪學思想或佛教倫理學的著作等，都仍未受到臺灣一般學界的注意。但，實際上，與臺灣人間佛教有關的數次大辯論，已出現於過去的數年間，連研究此大辯論的專書，都即將出版。可是，在佛教圈以外，卻少有人知。

像這種知識或文化在不同社群之間的傳播隔閡，也是臺灣社會超多元文化發展的一大隱憂，值得大家再來思考。

國家圖書館出版品預行編目資料

風城佛影的歷史構造：
三百年來新竹齋堂佛寺與代表性人物誌

江燦騰著. – 初版. – 臺北市：臺灣學生，2021.04
面；公分

ISBN 978-957-15-1847-3 (平裝)

1. 佛教史　2. 新竹市

228.33　　　　　　　　　　　　　　110003532

風城佛影的歷史構造：
三百年來新竹齋堂佛寺與代表性人物誌

著　作　者　江燦騰
出　版　者　臺灣學生書局有限公司
發　行　人　楊雲龍
發　行　所　臺灣學生書局有限公司
地　　　址　臺北市和平東路一段 75 巷 11 號
劃 撥 帳 號　00024668
電　　　話　(02)23928185
傳　　　眞　(02)23928105
E - m a i l　student.book@msa.hinet.net
網　　　址　www.studentbook.com.tw
登 記 證 字 號　行政院新聞局局版北市業字第玖捌壹號
定　　　價　新臺幣六〇〇元
出 版 日 期　二〇二一年四月初版
I S B N　978-957-15-1847-3

22802